第三帝国的兴亡

纳粹德国史

The Rise and Fall of the Third Reich

第3卷

[美国] 威廉·夏伊勒——著 董乐山 等——译

译林出版社

第三卷目录

第四编 战争：初期的胜利和转折点

第四编

战争：初期的胜利和转折点

第十八章

波兰的覆亡

1939年9月5日上午10点，哈尔德将军同德国陆军总司令冯·布劳希奇将军和北方集团军司令冯·博克将军谈了一次话。他们对德国进攻波兰后第五天早晨的形势做了一番估计之后，一致认为，“敌人实际上已经被打垮了”(哈尔德日记语)。

冯·克鲁格将军所率领的第四军团从波美拉尼亚向东推进，冯·屈希勒将军所率领的第三军团从东普鲁士向西推进。两军会师后，夺取走廊的战斗在前一天晚上就宣告结束了。在这次战役中，海因茨·古德里安将军用他的坦克初次显露头角。他的坦克在穿过走廊向东驰进的时候，在某一个地点遭到波莫斯卡骑兵旅的抗击，作者在几天以后来到现场，目睹了这场屠杀所留下的触目惊心的惨象。它象征着整个短促的波兰战役。

战马与坦克搏斗！骑兵的长枪与坦克的大炮对抗！尽管波兰人英勇顽强，但在德军的进攻下却归于土崩瓦解。这是他们，也是全世界第一次领教闪电战的滋味：突然的奇袭；成群的战斗机和轰炸机在头顶上吼叫着，进行侦察和袭击，散布着烈火，制造恐怖；施图卡式战斗轰炸机俯冲时发出凄厉刺耳的声音；整师整师的坦克横冲直撞，如入无人之境，一天推进三四十英里；能够迅速开炮的摩托化重炮甚至在坎坷不平的波兰道路上也能以每小时40英里的速度滚滚挺进；连步兵也行动神速，

150万乘坐机动车辆的大军，通过错综复杂的无线电、电话和电报网所组成的电讯系统统一指挥，协调行动。这真是人世间前所未见的机械化大屠杀。

不到48小时，波兰空军就被摧毁了。500架第一线的飞机大部分没有
625 来得及起飞就在自己的机场上被德国的轰炸机炸毁了。地面设施全部被毁，大多数地勤人员死的死，伤的伤。波兰第二大城市克拉科夫于9月6日陷落。当天夜晚，波兰政府从华沙逃到卢布林。第二天，哈尔德就忙着拟制计划，准备把军队调往西线，虽然他并没有看到西线有任何动静。9月8日下午，第四装甲师到达波兰首都外围；同时在这座城市的正南方，从西里西亚和斯洛伐克北上的赖歇瑙将军的第十军团占领了凯尔采，利斯特的第十四军团开到维斯杜拉河同桑河汇流处的桑多梅日。

不到一星期，波兰的陆军就被击溃了，波兰所来得及动员的35个师，绝大部分不是被击溃就是在包抄华沙的钳形攻势下陷入重围。现在留待德国人完成的“第二阶段”工作是：对那些在包围中张皇失措、溃不成军的波兰部队缩小包围圈并消灭他们；同时还要在东面100英里处完成另一个更大的钳形攻势，以包围布列斯特-立托夫斯克和布格河以西地区的波兰残部。

这一阶段从9月9日开始，到9月17日结束。博克的北方集团军的左翼向布列斯特-立托夫斯克进逼，古德里安的第十四军于14日到达那里，两天后攻占该城。9月17日，这个军在布列斯特-立托夫斯克南50英里处的弗沃达瓦同利斯特第十四军团的斥候部队会师，第二个巨大的钳形包抄攻势就在这里合围。这场“反攻”，正如古德里安后来所说的，在9月17日就“完全见分晓了”。全部波兰军队，除了俄国边境上的一小撮而外，都已陷入包围之中。华沙三角地带和西边的波森附近还有被包围的波军在顽强抵抗，但是他们失败的命运已经注定。波兰政府，或者说波兰政府的残余，在饱尝德国空军的轰炸与扫射之后，于15日逃到罗马尼亚边境上的一个村庄。对于这个政府和这个骄傲的民族来说，一切都完了，只有那些仍旧坚持不屈的部队的士兵还在以令人难以置信的刚强精神继续牺牲。

现在轮到俄国人侵入这个备受蹂躏的国家，攫取它的一份赃物了。

俄国人侵入波兰

在莫斯科，克里姆林宫像所有其他国家的政府一样，对德军在波兰的军事入侵进展得如此神速，感到大吃一惊。9月5日，莫洛托夫以书面形式正式答复纳粹叫俄国从东方进攻波兰的要求时还说，苏联将在“适当的时机”出兵，但“这一时机现在尚未到来”。他认为“操之过急”会有损苏联的“事业”，不过他郑重提出，即使德国人先到了那里，他们也必须严守《德苏条约》秘密条款中一致同意的瓜分波兰的“分界线”。[1]由此可见，俄国对德国人是不放心的。同样也可以看出，克里姆林宫以为德国还需要经 626
过一段相当长的时间才能征服波兰。

但是在9月8日午夜12点敲过不久，德国的一个装甲师到达了华沙外围之后，里宾特洛甫给驻在莫斯科的舒伦堡发了一个“绝密”的“急”电，声称波兰战事“进展之神速甚至也出乎我们的预料”，因此德国希望知道“苏联政府的军事意图”。[2]次日下午4点10分，莫洛托夫做了回答，他说，俄国将“在最近几天之内”采取军事行动。同一天，这位苏联外交人民委员在做出上述答复之前就已经“为德军进入华沙”正式向德国人致贺了。[3]

9月10日，莫洛托夫和冯·德·舒伦堡大使碰到了一个大难题。这位

德国坦克部队进攻波兰。

波兰骑兵向德国坦克发起反击。

外交人民委员首先告诉德国大使，苏联政府“完全没有料到德国会如此迅速地取得军事胜利”，因此苏联现在处于“为难的境地”。然后他就提出了克里姆林宫用什么借口侵入波兰的问题。据舒伦堡打给柏林的“特急绝密”电来看，苏联准备用的借口是：

> 波兰正在瓦解，因此，苏联有责任援救受到德国“威胁”的乌克兰人和白俄罗斯人。[莫洛托夫说]为了使苏联在群众面前师出有名，同时避免使苏联看来像个侵略者，这样解释一下是必要的。

同时，莫洛托夫还抱怨说，据德意志通讯社最近的报道，冯·布劳希奇将军已宣布“德国东部边境上的军事行动已经没有必要”。莫洛托夫说，如果真是这样，如果战争真已结束，那么俄国“就不能再发动一场新的战争”。他对整个局势感到非常不痛快。[4]使得事情更加复杂的是，9月14日，莫洛托夫把舒伦堡找到克里姆林宫来，通知他红军将在他们原先预计的时间之前出动，然后问他德国什么时候可以攻陷华沙。为了师出有名，俄国人必须等到波兰首都陷落之后才能出兵。[5]

这位人民委员提出了一些令人难以答复的问题。什么时候攻破华沙？

如果俄国出兵要把罪名归在德国身上，德国人愿意不愿意？9月15日晚，里宾特洛甫通过德国大使转给莫洛托夫一份“特急绝密”电报，回答了这些问题。他说，德军在“最近几天之内”就可以占领华沙。德国“欢迎苏联现在就采取军事行动”。至于俄国打算找个借口把罪名推在德国身上，那是“绝对不行的……这种做法违反德国的本意……不合当初在莫斯科缔结的协议……而且会使两国以敌对的面目出现在全世界面前”。最后，他要求苏联政府确定他们进攻波兰的“日期和时间”。[6] 627

第二天晚间苏联政府就确定了出兵日期。在缴获的德国文件中发现有舒伦堡的两份电报，叙述做出决定的经过，淋漓尽致地说明了克里姆林宫的奸诈。

> 我在下午6点会见了莫洛托夫［舒伦堡在9月16日的电报中说］，莫洛托夫宣布，苏联即将进行军事干涉——也许就在明后天。斯大林正在同军队领导人开会……
>
> 莫洛托夫还说……苏联政府将提出以下的理由作为借口：由于波兰国家已经归于瓦解而不复存在，因此，同波兰缔结的一切协定也归于无效，第三国可能会利用目前出现的混乱局面。苏联政府认为，自己有责任进行干预以保护乌克兰和白俄罗斯族同胞，使这些不幸的人民有可能在和平的环境中安居乐业。

由于唯有德国可能是这里提到的“第三国”，舒伦堡对这种说法表示反对。

> 莫洛托夫承认，苏联政府提出的理由在德国人听起来确实有点不入耳，但他要求我们体谅苏联政府的苦衷，不要在这点小事上斤斤计较。苏联政府实在找不到其他的理由，因为苏联以前从来没有过问过住在波兰的少数民族同胞的情况，目前的干涉行为对外说来总得要找一个理由。[7]

9月17日下午5点20分，舒伦堡又给柏林发了一个“特急绝密”电。

> 斯大林于2点接见了我……他告诉我说，红军将于6点钟越过苏联边界……苏联飞机将自今天起轰炸利沃夫（伦堡）以东地区。

当舒伦堡对苏联公报中的三点提出异议之后，那位俄国独裁者“立即欣然”做了修改。[8]

于是在9月17日早晨，苏联就开始蹂躏这个已经被打倒的国家了，理由就是上面那个站不住脚的借口——由于波兰已经不复存在，因而《波苏互不侵犯条约》也就不再有效，苏联必须保护它自己的利益以及波兰境内乌克兰和白俄罗斯少数民族同胞的利益。这还不算，苏联政府还通知莫斯科的波兰大使，俄国将在波兰冲突中严守中立！第二天，9月18日，苏联军队和德国人在布列斯特-立托夫斯克会师了。正好是21年以前，诞生不久的布尔什维克政府曾在这里背弃了俄国和西方协约国的同盟关系，屈辱
628 地接受了德军极为苛刻的单独媾和条件。

现在他们虽然和纳粹德国狼狈为奸，从地图上抹掉了波兰这个古老的国家，但是俄国人马上就对他们的新伙伴产生了怀疑。斯大林在苏联发动侵略的前夕接见德国大使时就已经表示，他怀疑德国最高统帅部是否会恪守《莫斯科条约》而退回到双方一致同意的分界线上去。舒伦堡将这件事如实地报告了柏林。这位大使极力向他保证，要他放心，但是显然没有多大效果。“鉴于斯大林的多疑是尽人皆知的，”舒伦堡在给柏林的电报中说，“最好能授权给我再发表一个足以消除他最后疑虑的声明。”[9]第二天，9月19日，里宾特洛甫电告这位大使，让他“告诉斯大林，德国一定遵守我在莫斯科签订的协议，我们把这个协定看作德苏两国新的友好关系的基石”。[10]

虽然如此，这两个同床异梦的伙伴之间的摩擦却并未停止。9月17日，这两个伙伴在拟定一份联合公报为德苏共同消灭波兰的行为“洗刷”时，在措辞上又产生了分歧。斯大林反对德国人的底稿，因为“它把事情说得过于坦率了”。于是他提出了自己的一份不愧是诡辩杰作的草稿，硬要德国人接受。这份公报声称，德国和俄国的共同目标是“恢复由于波兰国家的崩溃而受到破坏的和平与秩序，协助波兰人民为他们的政治生活创造新的条件”。在寡廉鲜耻方面，希特勒碰着斯大林可以说是棋逢对手了。

这两个独裁者似乎一度打算以拿破仑的华沙大公国为蓝本，保留一个残存的波兰国家，以缓和世界舆论。但是，莫洛托夫9月19日透露，布尔什维克正在重新考虑这个问题。他先对舒伦堡提出愤怒的抗议，指责德军将领无视《莫斯科条约》，企图攫取应归俄国所有的土地，接着就言归正传。

莫洛托夫暗示［舒伦堡在给柏林的电报中说］，苏联政府和斯大林本人已经放弃了原先允许一个残存的波兰存在的意图，现在想以皮萨河–纳雷夫河–维斯杜拉河–桑河为界分割波兰。苏联政府希望立刻就这一问题进行谈判。[11]

由此可见，首先提出完全瓜分波兰，不许波兰人成为一个独立民族存在的，是俄国人。德国人当然求之不得。9月23日，里宾特洛甫电告舒伦堡，叫他通知莫洛托夫，“俄国方面关于以著名的四河为界的主张同德国政府的看法完全一致”。他表示愿意再度飞往莫斯科讨论与此有关的细节问题，并确定“波兰地区的最后结构”。[12] 629

这一次斯大林亲自主持谈判。他的德国盟友总算领教了他在这次讨价还价的谈判中是多么不讲情谊、寡廉鲜耻、不择手段，这一点，他的英、美盟友以后也会领教到。这位苏联独裁者于9月25日晚间8点在克里姆林宫召见了舒伦堡，这位大使回去以后，当夜就打电报给柏林，就某些严酷的现实问题提出警告，并且指出德国可能偷鸡不着蚀把米。

斯大林声称……他认为留下一个独立的残存波兰国家是错误的。

1939年9月20日，德军与苏军在波兰会师。

> 他建议，从分界线以东的领土上，把一直延伸到布格河为止的整个华沙省划归我们所有。作为交换，我们应该放弃对立陶宛的要求。
>
> 斯大林……还说，如果我们同意，苏联将立刻依据8月23日的［秘密］议定书着手解决波罗的海各国的问题，并且表示希望德国政府在这一方面给予慷慨的支持。斯大林特别指明了爱沙尼亚、拉脱维亚和立陶宛，不过没有提到芬兰。[13]

这是一桩狡猾而又狠毒的买卖。斯大林准备用已经被德国攻占的两个波兰省份交换波罗的海各国，他已经帮了希特勒一个大忙，使后者有了进攻波兰的条件，现在他要利用这一点，钻空子尽可能多捞一把。此外，他这样建议也是要求德国人把所有的波兰人全接过手去。他作为一个俄国人，从几百年的历史教训中深深知道：波兰人丧失了独立之后是绝不会善罢甘休的。让德国人为他们伤脑筋去吧！俄国人才不管呢。而另一方面，他却可以取得第一次世界大战以后从俄国割走的波罗的海国家，它们的地理位置为苏联提供了绝妙的屏障，可以防御德国这个盟友的突然袭击。

里宾特洛甫于9月28日下午6点乘飞机第二次到达莫斯科，在前往克里姆林宫之前接到柏林发来的两份电报，知道了俄国人正在捣什么鬼。这是德国驻塔林的公使发来的电报，其中说，爱沙尼亚政府刚才通知他，苏联已经以“立刻发动进攻作为严重威胁手段”，要求在爱沙尼亚境内建立军事和航空基地。[14] 当天深夜，里宾特洛甫同斯大林和莫洛托夫做了长时间的商谈之后，打电报报告希特勒，“就在今夜”将缔结一项条约，根据这项条约，红军的两个陆军师和一个空军旅将驻扎在“爱沙尼亚领土上，但在目前这段时间内暂不废除爱沙尼亚的政权”。但是，元首原是精于此道的老手，他清楚地知道爱沙尼亚的日子已是屈指可数了。第二天，里宾特洛甫就得到通知，希特勒已
630 经下令撤退居住在爱沙尼亚**以及**拉脱维亚境内的86 000名日耳曼族人。[15]

斯大林提出了他的账单，希特勒不得不如数照付，至少暂时如此。他立刻就放弃了爱沙尼亚和拉脱维亚，这两个地方是他在《德苏条约》中已经同意属于苏联利益范围之内的。这一天还没有过完，他又放弃了德国东北边境上的立陶宛，而根据《莫斯科条约》秘密条款的规定，这个国家是属于德国利益范围的。

这次会谈从9月27日晚上10点一直进行到凌晨1点，斯大林向里宾特洛甫提出了两个方案，内容就像他在25日对舒伦堡提过的那样：第一个方案是接受原先沿皮萨河、纳雷夫河、维斯杜拉河和桑河这四条河划定的波兰分界线，立陶宛归德国所有；第二个方案是把立陶宛让给俄国，交换条件是让德国取得更多的波兰领土（卢布林省以及华沙以东的土地），这样，全部的波兰人就几乎会全都归于德国。斯大林竭力建议德国选择第二种方案。里宾特洛甫于9月28日凌晨4点给希特勒发了一份很长的电报，提出这个问题，希特勒表示同意。

分割东欧需要进行相当复杂的绘制地图的工作，9月28日下午进行了三个半小时的谈判，紧接着克里姆林宫就举行国宴招待里宾特洛甫，斯大林和莫洛托夫提早退席去同应召来到莫斯科的拉脱维亚代表团举行会谈。里宾特洛甫趁这个时间赶到歌剧院去看了一幕《天鹅湖》，半夜又回到克里姆林宫为地图以及其他问题做进一步的商谈。第二天清晨5点，莫洛托夫和里宾特洛甫就在正式名称为《德苏边界友好条约》的新协定上签了字。这时，斯大林再一次满面春风地在旁观看着，正像一个德国官员事后所报告的那样，“流露出显而易见的满意神情”。[*] 他是有理由高兴的。[17]

公布的条约正文，宣布了两国在“前波兰国家”境内的“各自民族利益”的范围，并且声明，它们将在各自取得的领土上重建“和平与秩序”，并“确保当地居民享有适合本民族特征的和平生活”。

但是和上次德苏之间的交易一样，这一回也有“秘密议定书”。一共有三个议定书，其中两个包含这次协议的主要内容：一个是把立陶宛划归苏联的“势力范围”，同时把卢布林和东华沙两省划归德国方面；第二个议定书说得简短扼要，内容如下：

> 双方在各自领土内不得容许波兰人从事影响对方领土的活动。双方将在自己的领土内扑灭此种活动的一切萌芽，并且将为此目的而采取的适当措施通知对方。631

---

* 这位官员是外交部的副国务秘书安多尔·亨克，他曾在驻莫斯科大使馆工作多年，就这次会谈写了一篇相当详细而且有趣的报告。这是德国方面关于第二天的会议的唯一一份记录。[16]

1939年9月27日，里宾特洛甫（右一）抵达莫斯科，在他旁边的是德国驻苏联大使舒伦堡。

于是波兰就像奥地利和捷克斯洛伐克一样，从欧洲地图上消失了。不过，这一次帮助和怂恿希特勒并吞一个国家的，却是那个长期以来一直以被压迫民族的维护者自居的苏维埃社会主义共和国联盟。这是波兰第四次受到德国和俄国（奥地利参与了其余几次）的瓜分，* 而在瓜分过程中，情形以这一次最为残酷无情。在9月28日的秘密议定书† 中，希特勒和斯大林一致同意，要在波兰实行恐怖统治，企图残酷地扼杀波兰的自由、文化和民族生活。

希特勒进行了波兰战争，并取得了胜利，但是更大的胜利者却是不费一枪一弹而坐享其成的斯大林。‡ 苏联得到了将近半个波兰以及对波罗的海三国的控制权。它更加牢固地阻碍了德国，使德国不能达到它所垂涎的两

* 阿诺德·汤因比在他的各种著作中称这一次瓜分为第五次瓜分。

† 条约虽然是9月29日清晨5点签字的，官方宣布的签订日期却是9月28日。

‡ 德国在波兰的伤亡数字，正式宣布的是：10 572人死亡，30 322人受伤，3 400人失踪。

个主要长远目标——乌克兰的小麦和罗马尼亚的石油，而德国要战胜英国的封锁最急需的正是这两种东西。甚至希特勒渴望在波兰获得的鲍里斯拉夫-德罗霍贝奇油区也被斯大林要去了，斯大林仁慈地答应以相当于这一油区年产量的石油售给德国。

为什么希特勒付给俄国人这样高的代价？不错，为了使苏联不参加西方阵营，置身战争之外，他曾经在8月间许过这种承诺。但他从来不是一个言而有信的人，况且波兰现在已经被德国以举世震惊的武力征服了，他本来可以像军方所竭力主张的那样对8月23日的条约来一个不认账。如果斯大林不答应，元首可以用刚为波兰战役所证明的全世界最强大的军队来威胁斯大林。但是他能够这样办吗？当英国人和法国人正在西方严阵以待的时候，他是不能这样办的。要对付英法，他就不能有后顾之忧。他此后的言论证明，这就是他让斯大林狠狠地敲了这样一笔竹杠的原因。但是，当他把注意力转向西线的时候，他并没有忘记这位苏联独裁者做交易这么心狠手辣。 632

注　释

1. 俄国答复的全文，见《德国外交政策文件汇编》，第8卷，第4页。纳粹-苏联这些照会来往有一部分载《纳粹-苏联关系》，但《德国外交政策文件汇编》所收较为全面。

2. 同上，第33—34页。

3. 莫洛托夫的贺电，同上，第34页。他关于军事行动的保证，第35页。

4. 舒伦堡9月10日的电报，同上，第44—45页。

5. 同上，第60—61页。

6. 同上，第68—70页。

7. 同上，第76—77页。

8. 同上，第79—80页。

9. 舒伦堡的电报，同上，第92页。

10. 同上，第103页。

11. 同上，第105页。

12. 同上，第123—124页。

13. 同上，第130页。

14. 两份电报，同上，第147—148页。

15. 同上，第162页。

16. 同上，附录I。

17. 条约全文，包括秘密议定书、公开宣言、莫洛托夫和里宾特洛甫交换的两封信，同上，第164—168页。

第十九章

西线的静坐战

西线那里没有发生什么战事。几乎没有放过一枪。德国的老百姓开始把这种战争叫作“静坐战”——Sitzkrieg。在西方，人们也很快就给它起了一个名字——“假战争”。在这里，正如那位英国将军J. F. C. 富勒所说的，“世界上最强大的［法国］陆军，对峙的不过26个［德国］师，却躲在钢骨水泥的工事背后静静地坐着，眼看着一个堂吉诃德式的英勇的盟国被人消灭了”。[1]

对这种情况，德国人是不是感到意外呢？一点也不。陆军参谋总长哈尔德在8月14日最初那篇日记中就详尽地估计了一旦德国进攻波兰时西线方面可能出现什么情况。他认为法国“多半不会”采取攻势。他相信法国绝不会“不顾比利时人的意愿”假道比利时出兵。他的结论是，法国方面会继续采取守势。前面已经谈到，当9月7日波兰军队的失败已成定局的时候，哈尔德就已经忙于制订把德军西调的计划了。

那天晚上，他记下了布劳希奇那天下午同希特勒商谈的结果。

> 西线的动向尚不清楚，从某些迹象来看，没有真想打仗的意图……法国内阁缺乏果敢的气魄，英国方面也开始透露出在进行清醒考虑的迹象。

过了两天，希特勒发出了第三号作战指令，命令做好准备，让陆空军部队从波兰调往西线。但是不一定就打。指令规定“即使在英国……和法国迟疑地启衅之后，我军地面部队［或］……我方飞机每次越过西部国境，［以及］对于英国的每一次空袭，都必须有我的明确命令”。[2] 633

法国和英国对波兰做过什么保证？在它一旦受到攻击时，它们将怎样做？英国的保证是泛泛的一般性的，但法国的保证是明确的。1939年5月19日的《法波军事协定》对此曾有明文规定。该条约载明，法国方面将“在总动员令下达后不出3天的时间内逐步对有限目标发动攻势”。如今总动员令已在9月1日宣布。条约还进一步规定，“一旦德国以主力进攻波兰，法国将从法国总动员开始后第15天起，以其主力部队对德国发动攻势”。当波兰副参谋总长雅克林兹上校问到法国能够派出多少部队参加这一大规模的进攻时，甘末林将军曾经告诉他，法国届时大约可以派出35到38个师。[3]

但是我们在前面已经看到，[*]8月23日，当德国对波兰的进攻眼看就要爆发的时候，那位胆怯的法国统帅却告诉他的政府说，“要到大概不到两年以后……1941—1942年之间”他才可能发动一场真正的攻势，他还说，这是假定到那个时候法国能得到“英国部队和美国装备的帮助”。

的确，在战争一开始的几个星期内，英国能派到法国去的部队是少得可怜的。到了10月11日，波兰战事结束了三个星期以后，英国才派了四个师——158 000人——到法国去。丘吉尔称之为“象征性的帮助”。富勒指出，直到12月9日英国方面才第一次有了伤亡 有一个外出巡逻的班长被击毙。富勒说：“自从莫利内拉和扎戈纳拉之战以来还未见过这样不流血的战争。”[†]

---

* 见本书原文第610页脚注。

† 本书作者于10月9日乘火车沿着法德两国100英里的共同边界莱茵河东岸溯流而上做了一次旅行，当时在日记里写道：“没有战争的迹象，列车乘务人员告诉我说，自从开战以来，这条火线上一直没有打过一枪……我们可以看到法国的战壕，并且在不少地方还看到法国人躲在大张的席子后面修筑工事。德国这一边的情景也是一样。双方的军队……在彼此的射程范围内毫无遮掩地走来走去，各干各的事……德国人在铁路线上起卸枪炮和辎重，法国人并不去打搅他们。真是奇怪的战争。”（《柏林日记》［*Berlin Diary*］，第234页）

那些德国将领们在纽伦堡法庭上追溯往事的时候，一致认为波兰战役期间西方国家没有在西线发动进攻，是错过了千载难逢的良机。

> ［哈尔德将军说］只有几乎完全不顾我们的西部边境，我们才有可能在对波兰的进攻中取得胜利。如果法国人当时看出了局势的必然规律，利用德军在波兰交战无暇分身的这个机会，他们本来是有可能在我们无法防御的情况下跨过莱茵河，威胁鲁尔区的，而鲁尔区对德国
> 634 作战具有莫大的决定性意义。[4]
>
> ［约德尔将军也说］……如果说我们没有在1939年崩溃，那仅仅是由于在波兰战役期间，英法两国将近110个师在西线对德国的23个师完全按兵未动的缘故。[5]

对此，最高统帅部长官凯特尔将军补充道：

> 我们军人一直担心法国会在波兰战役期间发动进攻，结果感到非常惊讶，因为什么事情也没有发生……假使法国进攻，他们所遇到的将会只是德国的一道军事纸屏，而不是真正的防御。[6]

那么，在西线对德军具有压倒优势的法军（最初的两个英国师直到10月初才部署好），为什么没有像甘末林将军和法国政府以书面保证的那样发动进攻呢？

说来原因很多：首先是法国最高统帅部、政府和人民当中的失败主义情绪；其次是法国人对于在第一次世界大战期间伤亡惨重、元气大伤记忆犹新，他们决心只要能够避免就一定要避免再遭受这样一场杀戮；再次，到9月中旬，波兰军队的惨败使他们感到德国人不久就能把优势兵力调往西线，从而把法国最初取得的一点进展一扫而空；还有就是对于德国武器和空中优势的恐惧心理。真的，法国政府从一开始就坚决要求英国空军不去轰炸德国境内的目标，生怕法国工厂会遭受报复性的打击，殊不知对德国的工业中心鲁尔如果进行全力轰炸，很可能使德国遭到致命打击。许多德国将领后来承认，这是他们在9月间最担心的一件事。

从根本上来说，对于法国为什么没有在9月间对德国发动进攻这个问题，丘吉尔的话可能是最好的解答。他写道：“这场战争实际上早在几年以前就输掉了。”[7] 1938年在慕尼黑的时候，1936年在德国重新占领莱茵兰的时候，以及1935年在希特勒悍然不顾《凡尔赛和约》宣布实行征兵制的时候，就输掉了。由于盟国方面几次可悲地畏缩逡巡，如今就不得不付出代价，可是巴黎和伦敦却仿佛以为静坐不动就可能把那笔债躲过去似的。

但是在海上却有战斗。

德国的海军不像西线的陆军那样受到禁令的限制，在宣战的第一个星期内就击沉了11艘英国船舰，总吨位为64 595吨，几乎等于1917年4月德国潜艇战最猖獗时英国在一周中所损失的半数，当时英国的处境岌岌可危。但英国的损失往后逐渐减少，第二个星期损失了53 561吨，第三个星期为12 750吨，而第四个星期只损失了4 646吨——9月份总计被潜艇击沉的船 635

1939年11月，英国陆军和法国空军的士兵坐在一个标有“唐宁街10号”的掩体外面。

只为26艘共135 552吨，被水雷炸沉的为3艘共16 488吨。*

这种损失的陡然减少，有一个原因是英国人所不知道的。9月7日，雷德尔海军元帅同希特勒做了一次长时间的商谈。由于在波兰旗开得胜以及法国并未在西线发动进攻而大喜过望的希特勒，叫海军把步子放慢一些。法国表现了“政治上和军事上的克制”，英国人也在“举棋不定”。鉴于这种情况，德国人决定大西洋上的潜艇毫无例外地放过一切客船，完全禁止对法国船只进行攻击，并命令在北大西洋的“德意志号”和在南大西洋的“施佩伯爵号”两只袖珍战列舰暂时撤到“待命”的基地。雷德尔在日记中写道：“总的政策是实行克制，等待西线的政局进一步明朗化，这大约需时一星期。”[8]

“雅典娜号”的沉没

希特勒同雷德尔在9月7日的会上还做出了另一项决定。那位海军元帅在日记里写道：“等到所有潜艇返航后再着手解决‘雅典娜号’事件。”

我们在前面已经说过，海上的战争是在英国宣战10小时以后开始的，当时，9月3日晚上9点，满载1 400名乘客的英国邮轮“雅典娜号”在赫布里底群岛以西约200英里处未获警告就被鱼雷击沉了，当时造成112人死亡，其中有28名美国人。德国宣传部接到伦敦发出的第一批消息之后就到海军总司令部去查对，海军总司令部回答说，出事地点附近并没有德国潜艇，于是宣传部当即否认那艘船是德国人击沉的。这一不幸事件弄得希特勒和海军司令部非常尴尬。起初他们还不相信英国方面的报道，因为他们

---

* 当时的英国海军大臣丘吉尔于9月26日在下院宣布了损失的总数字。他在回忆录中提出了经过校正的正式数字。他同时还报告下院说，有六七艘德国潜艇被击沉。但正如他在他那本书中所说的，实际上后来弄清楚只击沉了两艘。

丘吉尔在那篇演说中还提到了一则有趣的逸事。他谈到有一个德国潜艇舰长打电报给他本人，把刚击沉的一艘英国船的所在位置通知他，叫他派人去救援。“当时我很为踌躇，不知道应该向哪里回电。”丘吉尔说，“不过，现在他已经落到我们手里了。”但是这位舰长并没有落到英国人手里。过了两天，本书作者在柏林同这艘潜艇舰长赫伯特·舒尔策海军上校做了一次谈话，对美国做了广播。他还从自己的航海日志中拿出他发给丘吉尔的那份电报的底稿给我看（见丘吉尔：《风暴欲临》，第436—437页；拙著：《柏林日记》，第225—227页）。

曾经下令所有潜艇舰长遵守《海牙公约》，不得不予警告就攻击船只。但是 636
由于所有潜艇的无线电台为了保密的缘故全都保持沉默，无法立刻查明事情真相。* 虽然如此，不到两天，纳粹的御用报纸就叫嚷说，这艘客船是英国人为了激怒美国使其参战而自行炸沉的。

威廉街的确非常关心美国方面对这次造成28名美国公民死亡的惨祸的反应。炸沉船只后的第二天，国务秘书魏茨泽克约见了美国代办亚历山大·柯克，向他否认这是德国潜艇干的事。他强调说，在出事地点附近没有一艘德国舰艇。据他后来在纽伦堡供认，当天晚上他找到了雷德尔，提醒他在第一次世界大战中就是因为德国击沉了“卢西塔尼亚号”后美国才参战的，劝他“尽一切努力”避免激怒美国。那位海军元帅向他保证，“不可能有任何一艘德国潜艇牵涉在内”。[9]

雷德尔海军元帅在里宾特洛甫的催促下，于9月16日把美国大使馆海军武官请到他那里，告诉他说他现在已经收到了所有潜艇的报告，“结果确切地证实‘雅典娜号’绝不是德国潜艇击沉的”。他要求这位武官将这一情况转告他的政府，这位武官立刻就照办了。† [10]

这位海军元帅说的并不完全是实话。9月3日出海活动的潜艇还没有全部返航回港，没有返航的潜艇里就包括伦普少校指挥的U-30号在内，这艘潜艇直到9月27日才进入本国领海停泊。潜艇司令卡尔·邓尼茨海军上将亲自在码头上等着这艘潜艇入港。几年以后他在纽伦堡法庭上叙述了这件事情，这才使击沉“雅典娜号”的真相大白于天下。

> 当那艘潜艇入港时，我在威廉港的水闸边上见到了舰长伦普少校，他要求和我个别谈话。我立刻注意到他那副郁郁不乐的神情，他马上告诉我说，在北部海峡海面击沉了“雅典娜号”的大概是他。按照我原先的指示，他当时在对不列颠群岛的航线入口上可能出现的武装商船进行严密警戒，他用鱼雷击沉了一条船，事后从无线电广播中才知

---

* 第二天，9月4日，所有的潜艇全都接到通知：“元首命令，不得对任何客船，即使是有军舰护航的客船，进行袭击。”

† 这位武官打给华盛顿的电报显然不是用的密码。因为在纽伦堡法庭上出示的德国海军文件中有这份电报的副本。

击沉“雅典娜号”邮轮的德国潜艇U-30号。

道这条船就是“雅典娜号”，当时他还当它是一条正在巡逻的武装商船……

我立刻派伦普坐飞机到柏林去向海军作战参谋部面陈一切。同时，我采取临时措施，命令严守秘密。当天深夜，也就是第二天清早，我接到海军上校弗里克转来的一个命令：

637 1. **这一事件应予彻底保密。**

2. 海军总司令部认为并无召开军事法庭的必要，因为司令部已经查明，该舰长的这一行动并非有意。

3. **政治上的解释将由海总处理。***

至于元首否认德国潜艇击沉“雅典娜号”的政治宣传活动，我完全没有参与。[11]

---

* 着重体是海军上将自己用的。

邓尼茨必定打一开始就猜到了事情的真相，否则他不会到码头上去迎候返航的U-30号。他说没有参与，实际上却参与了消灭一切可能泄露秘密的证据的活动，篡改了该潜艇的航海日志和他自己的日记。正如他在纽伦堡供认的，他本人曾命令把U-30号的航海日志上任何提到“雅典娜号”的话都涂掉，同时也把自己的日记里与此有关的话删去。他还要艇上全体人员立誓绝对保密。*

毫无疑问，所有国家的最高统帅部在战争进行期间都有不可告人的事。所以，如果希特勒像雷德尔海军元帅在纽伦堡所供认的那样，命令对“雅典娜号”事件严守秘密，也是可以理解的，如果不是值得称赞的话。尤其是海军司令部开始时由于确实相信这事不是德国潜艇干出的，已经正式否认了，如果后来又迫不得已而加以承认，就会处于非常难堪的境地。但是希特勒却不以此为满足。10月22日星期日晚上，宣传部长戈培尔亲自在电台上指控丘吉尔自己炸沉了“雅典娜号”。戈培尔当时那篇广播演说，作者至今还记得很清楚。第二天，纳粹官方报纸《人民观察家报》，在第一版上以“**丘吉尔自己炸沉了‘雅典娜号’**”为标题发表了一篇报道，声称英国海军大臣在那艘船的船舱里安放了一颗定时炸弹，在纽伦堡的审讯中证实，这篇广播和文章是直接出自希特勒的命令；同时也证实了，尽管雷德尔、邓尼茨和魏茨泽克对于这种厚颜无耻的弥天大谎感到非常不满，却不敢表示什么意见。[13]

外交部里这位自命反纳粹的领导人和这两位海军将领，只要那个恶魔般的纳粹统帅一声令下就会立刻俯首帖耳、唯命是从，其他将领们也完全一样。这种态度注定要在德国的历史上造成最黑暗的一页。

希特勒的和平建议

“今晚的报纸公开地大谈和平”，我在9月20日的日记里写道，“今天

* 该潜艇上的军官（包括伦普在内）和一部分水兵，被调到U-110号潜艇上以后，在1941年5月9日随同潜艇一道沉没了，但U-30号潜艇上有一名水兵，在击沉“雅典娜号”的几天之后被飞机射伤了。在他保证严守机密的条件下，他们在冰岛雷克雅未克把他送上了岸，后来又被送到了加拿大的一个战俘营里。战后他提供一份画押的供词说明了事情的真相。德国人似乎一直担心他会“说出去”，但他守口如瓶直到战争结束。[12]

我和一些德国人交谈，他们全都满怀信心，不出一个月我们就会得到和平。
638 他们个个兴高采烈。”

前一天下午，我在富丽堂皇的但泽市政厅里听了希特勒的演说。这还是他自从9月1日在国会宣告战争开始以来的第一次公开讲演。尽管他因为保卫华沙的波军还在英勇抵抗，使他不能在华沙发表这篇演说而感到恼火，尽管他每次在演说中提到大不列颠时都恨得咬牙切齿，但是他仍然做出了一点点和平姿态。“我无意同英国和法国作战，”他说，“我同情那些在前线上的法国士兵，他们不知道自己为什么而战。”最后他祷求“保佑我们取得胜利的万能的上帝让别国人民认清这场战争将是多么无谓……让他们想一想和平的幸福”。

9月26日，华沙陷落的前一天，德国的报纸和电台发动了一次大规模的和平攻势。根据我当时的日记，其要点是：“为什么英、法现在要打仗呢？没有理由要打仗。德国对西方并无野心。”

两天以后，俄国一边狼吞虎咽地并吞划归它名下的那一块波兰土地，一边也加入了这场和平攻势。随同《德苏边界友好条约》及其瓜分东欧的秘密条款的签订，莫洛托夫和里宾特洛甫于9月28日又在莫斯科合伙拟制并签订了一个冠冕堂皇的和平宣言。

宣言说，德苏两国政府

> 在最终解决了由于波兰国家瓦解而产生的各种问题，为东欧的持久和平奠定了坚实的基础之后，共同表示确信，德国与英、法两国之间终止战争状态将有助于增进世界各国人民的真正利益。两国政府将为此目的共同努力……务求于最短期间促其实现。
>
> 但是，如果两国政府的努力竟然归于无效，这就表明英、法两国应对战争的延续负责……

希特勒是真要和平呢，还是想继续打下去，借苏联的帮助把延续战争的责任推到西方同盟国家身上呢？他嘴上虽然说得很肯定，但是大概连他自己也不十分清楚。

9月26日他同仍然没有放弃和平努力的达勒鲁斯做了一次长谈。两天以前，这位不知疲倦的瑞典人在奥斯陆会见了老朋友奥格尔维·福布斯。福布斯是前英国驻柏林大使馆的参赞，现任挪威首都英国公使馆参赞。据施密特博士的一份秘密备忘录说，[14]达勒鲁斯报告希特勒，福布斯曾经对他说，英国政府在寻求和平。唯一的问题只是：怎样才能保全英国人的面子？

“假使英国人果真希望和平，”希特勒回答道，“他们就能在两星期内得到和平而又不会丧失面子。” 639

元首说，他们必须承认一个事实：“波兰已经不可能重新站起来了。”他说除了这一点必须承认之外，他准备保证“欧洲其余部分”的现状，包括保证英国、法国以及低地国家的“安全”。接着就讨论到如何提出和谈的问题。希特勒主张由墨索里尼出面。达勒鲁斯以为荷兰女王可能更为“中立”一些。当时也在场的戈林建议，英、德两国代表先在荷兰秘密会见，如果他们取得了进展，然后再由女王正式邀请两国参加停战谈判。希特勒曾经好几次表示他怀疑“英国是否有意于和平”，但最后还是同意了那位瑞典人的办法，由后者“在第二天就到英国去按指定的方向进行试探”。

1939年9月20日，但泽打出“但泽欢迎它的元首”的标语。

“英国人可以得到和平，如果他们想要的话，”希特勒在达勒鲁斯临走的时候对他说，“不过，他们得要赶快。”

这只是元首的一种想法。他还对他的将领们谈了另外一种想法。前一天，9月25日，哈尔德在日记里提到，他得到“元首计划在西线发动进攻的消息”。9月27日，也就是希特勒刚向达勒鲁斯保证他准备同英国讲和的第二天，他就在总理府召集武装部队的司令官们开会，告诉他们说他已经决定“尽快在西线发动进攻，因为法、英联军现在还没有做好准备”。据布劳希奇说，他甚至规定了进攻的日期——11月12日。[15]毫无疑问，那一天希特勒被华沙终于投降的消息冲昏了头脑。他大概以为，至少法国会和波兰一样容易屈服，虽然两天以后，哈尔德在日记中提到要向元首“解释”，“波兰战役的战术不能依样画葫芦地适用于西线。对一支组织严密的军队不能这样打”。

10月1日齐亚诺在柏林同希特勒做过一次长谈，对这位总理的心理了解得最透彻的，也许就要算他了。这位年轻的意大利外交大臣现在虽然已经对德国人厌恶透顶，但还是不得不维持着表面关系，他发现元首充满了自信。齐亚诺说，他讲述自己的计划时，“只要提到他作战的手段和方法，两眼就闪射着凶狠的光芒”。这位意大利贵宾在总结他对希特勒的印象时写道：

> ……今天，在取得重大胜利之后，使他的人民得到巩固的和平，也许仍然是希特勒所向往的一个目的。但是如果为了达到这个目的就要他牺牲自己认为理所应得的胜利果实，哪怕是牺牲一点点，他也会
> 640 毫不犹豫地宁愿再打一仗的。[*][16]

当我坐在10月6日中午开幕的国会中聆听希特勒发表他那和平的呼吁时，心里感到好像是在听一张已经放了五六遍的老唱片。我已经三番四次地听到他每逢胜利归来以后就在这同一个讲坛上，用同一种表面上听来非

---

* 当齐亚诺告诉墨索里尼说，希特勒对胜利满怀信心时，墨索里尼很不以为然。他认为英国人和法国人“会坚决抵抗……为什么要隐讳这一点呢？”齐亚诺在10月3日的日记里写道：“他［墨索里尼］对于希特勒的名噪一时多少是有些嫉妒的。”（《齐亚诺日记》，第155页）

常诚恳真挚的调子提出和平建议；这些话如果你没有想到当时那次的受害者，听起来的确是合情合理的。在这个天高气爽、阳光灿烂的秋日，他又像往常那样鼓起如簧之舌，摆出伪善的面孔，重弹老调。那是一篇冗长的演说，是他生平最为冗长的公开演说之一。他先用了一个多小时对历史做了典型的歪曲，并且把德国在波兰（“这个不成体统的国家”）的赫赫武功大大吹嘘了一番，然后在快要结束的时候，提出了他的和平建议及其理由。

> 我的努力主要是使我们同法国的关系摆脱一切恶意的痕迹，使这种关系能为两国所接受……德国对于法国不再有进一步的要求……我甚至已经不愿再提阿尔萨斯-洛林问题……我一直向法国表示愿意永远埋葬彼此之间的旧仇宿怨，并使这两个具有光荣历史的国家互相接近……

对英国呢？

> 我也做了同样多的努力来争取英德之间的谅解以至友谊。我从来没有在任何时候任何地点做过任何违反英国利益的事情……我在今天仍然相信，只有德国同英国达成谅解，欧洲和全世界才可能有真正的和平。

关于和平呢？

> 为什么要在西线打这场战争呢？是为了恢复波兰这个国家吗？《凡尔赛和约》的波兰是不会再出现了……重建波兰国家的问题不能通过西线的战争来解决，而只能由俄国和德国来解决……波兰在刚刚诞生的时候就被一切非波兰血统的人称为先天不足的流产儿，为了重建这样一个国家而牺牲千百万人的生命和破坏价值亿万的财富，是一种愚蠢的行为。
>
> 还有什么别的理由要打仗吗？……
>
> 如果这一场战争的真正目的仅仅是为了更换德国的政权的话……

1939年10月6日，希特勒在柏林克罗尔歌剧院对国会发表“和平”演说。

> 那么，这将不过是白白地牺牲千百万人的生命罢了……的确，西线的这一场战争是什么问题也解决不了的……

需要解决的问题是有的，希特勒开了一大张清单：“建立一个波兰国家”（事实上他已经和俄国人商量好不许这样一个国家存在了）；“解决和了结犹
641 太人问题”；德国的殖民地问题；恢复国际贸易的问题；“无条件地保证和平”；裁减军备；“对于空战、毒气、潜艇等的限制”；解决欧洲少数民族的问题。

他建议欧洲几个大国举行一次“经过最充分的准备的”会议来“解决这些重大问题”。

> 这样一个会议行将决定本大陆今后许多年的命运［他继续说道］，在大炮轰鸣下，在军队被动员起来对它施加压力时，是绝不可能深思熟虑地审议问题的。
>
> 可是，如果这些问题迟早一定要解决，那么，在千百万人被送去

作无谓的牺牲和数以亿计的财富化为灰烬之前来解决这些问题，是比较明智的。让西方目前的事态发展下去，其后果是难以设想的。不久，每天的牺牲将不断增长……欧洲的国民财富将为炮弹浪费殆尽，各国的元气将在战场上耗竭……

有一点可以肯定。人类历史上从来没有同时出现过两个胜利者，而两败俱伤的例子倒是屡见不鲜。但愿那些持有相同见解的人民及其领袖现在就做出他们的回答。让那些认为战争是更好的解决办法的人拒绝我伸出的手吧。

这里，他指的是丘吉尔。

但是，如果丘吉尔先生及其追随者的意见占了上风，这番话将是我最后的一次声明。这样一来，我们就将打下去……在德国的历史上永远不会有第二个1918年11月。

我从国会回来以后就在日记上写道，据我看来英国人和法国人会不会“花5分钟的时间”来考虑这个笼统而含糊的建议，是很值得怀疑的。但是德国人却很乐观。那天晚上我去作广播时，在路上买了一份早出版的《人民观察家报》。花体字的标题是：

德国希望和平——德国对英法没有战争意图——除殖民地以外，德国再无其他修正《凡尔赛和约》的要求——裁减军备——同欧洲所有国家合作——建议举行谈判

现在我们从德国的秘密档案中知道，当时威廉街陆续通过西班牙和意大利驻巴黎的大使得到那方面传来的报告，因而满心相信法国人没有胃口把这场战争打下去。早在9月8日，西班牙大使就暗中通知德国人说，博内“鉴于法国人普遍厌战，打算一俟波兰战事结束就设法达成一项谅解。有可信的迹 642
象表明，他正在为此目的同墨索里尼保持接触”。[17]

10月2日，阿托利科把意大利驻巴黎大使最近打来的一份电报的抄件交给了魏茨泽克，内中说，法国内阁大多数阁员赞成和谈，目前主要的问题是如何“使法国和英国能够保全面子”。不过，达拉第总理显然不在这个大多数之列。*[18]

这是个很可靠的情报。10月7日，达拉第答复了希特勒。他宣布，法国在没有得到关于“真正的和平与普遍的安全”的确实保证以前，将不会放下武器。不过，希特勒更关心的并不是这位法国总理的答复，而是张伯伦的反应。10月10日，在体育馆主持冬赈活动的开幕典礼的简短演说中，他再一次强调声明，他“随时准备接受和平”。他补充道，德国方面“没有理由要同西方国家打仗”。

张伯伦于10月12日做出了回答。这个回答对德国人民——如果不是对希特勒——来说，不啻迎头一盆凉水。† 英国首相在下院发表了一篇演说，说希特勒的建议是“含糊而不可靠的”，并且指出，“这些建议没有提到如何纠正对捷克斯洛伐克和波兰所犯下的错误的问题”。他说，“德国现政府”的诺言不能信赖。如他们果真要求和平，“就应该有行动上的表现，而不仅是在口头上说说”。他要希特勒拿出“令人信服的证据”来表明自己对和平的诚意。

希特勒的诺言再也不能欺骗这位慕尼黑妥协者了。第二天，10月13日，德国发表了一份正式声明，宣布张伯伦拒绝了希特勒的和平建议，执意选择了战争的道路。这个纳粹独裁者现在算是有了进行战争的借口了。

实际上，我们现在从缴获的德国文件中知道，希特勒不等英国首相做出答复就发布了准备立刻在西线发动进攻的命令。10月10日，他召见了军事将领们，对他们宣读了一份相当长的备忘录，说明了战争的局面和世界的形势，并把第六号作战指令扔给了他们。[20]

元首原来在9月底固执地提出要在西线尽早发动进攻的要求，曾使陆

---

* 过了不久，意大利人在11月16日通知德国人说，根据他们从巴黎得到的情报，“贝当元帅在法国被认为是主和派……如果和平问题在法国变得更为紧迫的话，他就一定会扮演一个角色”。[19]这似乎是德国人第一次得知贝当日后对他们可能有些用处。

† 前一天，10月11日，柏林出现了一次和平骚动。那天清早，在柏林电台的波长上广播了一则新闻，说英国政府已经倒台，停战立刻就会实现。这个谣言传开以后，全城欢欣若狂。菜市上的老太婆心里乐开了花，把洋白菜向空中乱抛，砸坏了自己的货摊，她们还跑到附近的酒馆去为和平而干杯。

军司令部陷入一片慌乱。布劳希奇和哈尔德在其他几位将领的支持下，曾经共同去向希特勒解释，立刻发动攻势是办不到的，他们说，整修在波兰 643
用过的坦克就需要几个月的时间。托马斯将军以具体数字说明德国每月缺钢60万吨。军需总监冯·施蒂尔普纳格尔将军报告说，手头的军火只“够我们三分之一的部队打十四天之用”——要在十四天内打败法国人显然是不可能的。但是当陆军总司令和参谋总长于10月7日就陆军方面的弱点提出正式报告时，元首却不予理睬。约德尔将军是最高统帅部里仅次于凯特尔的第二名唯命是从的应声虫，他警告哈尔德说，由于陆军反对在西线立即发动进攻，“一场严重的危机可能正在酝酿中”，元首“由于军人不服从他的命令非常恼火”。

正是在这种情况下，希特勒于10月10日上午11点召集将领们举行会议，会上根本没有征询他们的意见。注明为前一天签发的第六号指令告诉了他们应当怎样行动：

绝　密

如果最近的未来事态表明，英国以及跟在它后面的法国无意于结束这场战争，我决心不作多大耽搁就采取有力的进攻性的行动……

因此，我命令：

1. 为穿越卢森堡、比利时和荷兰地区的……攻击战做好准备。必须尽早……实现这一攻击。

2. 其目标在于尽量歼灭法国作战部队以及与其并肩作战的同盟国部队；同时，在荷兰、比利时以及法国北部尽可能多占领土地，以便作为对英国进行有利的空战和海战的基地……

我要求三军总司令尽快根据本指令制订计划，向我提出详细报告，并把各种情况随时报告我……

希特勒在把指令交给他的军事将领们之前，曾向他们宣读了签署日期同为10月9日的秘密备忘录，这份备忘录是这个前奥地利下士所写的令人印象最深的文件之一。这份备忘录不仅表明希特勒从德国人的观点出发对于历史的理解，还表明他有杰出的军事战略和战术思想，同时也表明他对于西线战事的发展与结果具有预见，这一点不久就将得到证实。他说，自从1648年的《明斯特（威斯特伐利亚）条约》结束了德意志第一帝国以来，德国同西方国家之间就一直在进行着斗争，这是“一场无论如何都要打个明白的斗争”。但是，自从在波兰取得了重大胜利之后，只要不“危及”德国在波兰的既得利益，“我们并不反对立刻结束战争”。

> 但是研究这一方面的可能性，哪怕是对这种可能性加以考虑，
> 644 都不是本备忘录的目的，我只准备谈另一个问题：继续战斗的必要性……德国的战斗目标，是从军事上一劳永逸地迅速解决西方问题；也就是说，摧毁西方国家的力量和能力，使之永世不能再反对德国人民在欧洲的国家巩固和进一步发展。
>
> 这一长远目标对外讲来在宣传上将不得不作种种适应……这并不改变我们的战争目标。这个目标现在是而且永远是摧毁我们的西方仇敌。

将领们对这样仓促地在西线发动进攻曾经表示反对。可是他告诉他们，时间是站在敌人那一边的，他提醒他们，波兰的胜利之所以可能，是因为德国实际上只有一条战线。这种形势仍未改变——但是又能维持多久呢？

> 没有任何条约或协定能够有把握地保证苏俄永远保持中立，目前，一切情况都不利于俄国放弃中立。但过了八个月、一年，乃至于几年，这种局面就可能会改变。近年来，各方面的情形都说明条约的不足凭信。防御俄国进攻的最好的办法……就是及时地显示德国的力量。

至于意大利，“是否能指望意大利支持德国”在很大程度上取决于墨索里尼是否活着，以及德国是否能有更大的新胜利去吸引领袖。在这里，时间也是个因素。比利时和荷兰的情况也是如此，这两个国家有可能在英、法的压力下放弃中立，这是德国不能坐待其发生的事情。甚至面对美国，“也应当认为时间是不利于德国的”。

希特勒承认，持久战对德国有很大的危险，他列举了好几个危险的因

素。友好的和不友好的中立国家（他好像主要考虑的是俄国、意大利和美国）有可能像在第一次世界大战中那样被拉到敌对的一边去。而德国“有限的粮食和原料基地”，也会使德国难于取得“物资进行战争”。他说，最大的危险是鲁尔的地理位置易受攻击。一旦德国这个工业生产的心脏遭到破坏，就会“导致德国战争经济的崩溃，从而丧失抵抗能力”。

必须承认，在这篇备忘录里，这个前奥地利下士一方面显示了他对于战略战术的惊人理解力，可是同时也显示了他为人丝毫不讲道德。有好几页论述了坦克和飞机在波兰战役中所发展的新战术，并且详细地分析了这种战术如何在西线战场上运用以及具体在什么地方运用。他说，最主要的是避免1914—1918年的那种阵地战。装甲部队必须用来进行决定性的突破。

> 不得使装甲部队陷于比利时城镇的迷魂阵般的大街小巷中。根本
> 不必用它们去攻城，而是……用来保持大军通畅无阻地前进，并在找 645
> 出敌方防守薄弱的阵地后以密集的兵力进行大规模的突破，以打破战线僵持不下的局面。

这对未来的西线战局是惊人精确的预测，今天读到它的时候，人们不禁要问，在当时的盟国方面为什么就没有一个人能有这样的见地?

希特勒在战略方面的见地也是卓越的。他说，“唯一可能进攻的地区”是通过卢森堡、比利时和荷兰。首先应该记住两个主要的军事目标：摧毁荷、比、法、英的军队，从而在海峡沿岸和北海之滨取得立足之地，这样德国空军就可以从这里起飞对英国进行“无情的轰炸”。

他回过头来又谈战术问题时说，最重要的是随机应变!

> 这一战役的特殊性质，可能使我们有必要最高度地运用随机应变的策略，在某些地点需要集中超过一般比例的进攻或防御的兵力（比如坦克或反坦克部队），而在另外一些地方又需做低于一般比例的集中。

至于进攻的时间，希特勒告诉他的那些满心不情愿的将领们说："不能开始得太早。但是只要有可能，无论如何必须在今秋发动。"

德国的海军将领们与陆军将领们不同，尽管英国舰队占有压倒优势，但是他们在采取攻势方面却无须希特勒的任何催促。事实上，在从9月末到10月初的那些日子里，雷德尔一直不断地在要求元首解除对海军活动的限制。这一点是慢慢实现的。9月17日，一艘德国潜艇在爱尔兰西南击沉了英国的航空母舰"勇敢号"。9月27日，雷德尔命令袖珍战列舰"德意志号"和"施佩伯爵号"离开待命地区，对英国船只开始进攻。到10月中旬，它们就已经击沉了七艘英国商船，掳获了一艘美国船"弗林特市号"。

10月14日，德国潜艇U-47号在君特·普里恩少校指挥下，突破了英国重要的海军基地斯卡帕湾看来无法突破的防御，用鱼雷击沉了停泊在港内的"皇家橡树号"，这艘战列舰上有官兵786人殉难。这一了不起的成就提高了海军在希特勒心目中的地位，戈培尔博士利用这件事大吹大擂了一番。

但是陆军将领方面的情况仍然是一个问题。尽管希特勒给他们写了一长篇考虑周密的备忘录，尽管发下了第六号指令要他们做好准备以便立即在西线发动攻势，他们仍然想方设法地规避。这倒不是因为他们对于侵犯比利时和荷兰有什么道德上的顾忌，而只是因为他们对在这个时候进攻是否能取得胜利深为怀疑。但是也有一个例外。

在莱茵河上和沿着马奇诺防线与法军对峙的C集团军司令威廉·冯·里布将军，不仅对于西线的胜利表示怀疑，而且，就现有的材料
646 来看，当时唯有他至少部分地从道义立场出发反对进攻中立的比利时和荷兰。在希特勒召见陆军将领们的第二天，即10月11日，里布自己写了一份长长的备忘录，把它分送给布劳希奇和其他将领。他写道，全世界都会反对德国，因为

> 它在25年之内第二次进犯中立的比利时！德国政府仅仅在几星期以前还信誓旦旦地保证维护并尊重这种中立！

他在从军事上详细申述了不能在西线发动攻击的理由之后，最后发出

了和平的呼吁。他说："全国都渴望和平。"[21]

但是，这时候希特勒却渴望战争和厮杀，他认为将领们的那种怯懦是不可原谅的，使他感到腻烦。10月14日，布劳希奇同哈尔德聚首长谈了一次。这位陆军总司令觉得目前有"三种可能：进攻、观望、根本性的变化"。哈尔德在他那天的日记里这么记着，后来在战后他解释说，所谓"根本性的变化"指的是"除掉希特勒"。但是生性怯懦的布劳希奇认为这种激烈的办法"本质上是消极的，并且会使我们处于挨打的地位"。他们最后认为，这三种选择都不能提供"决定性胜利的前景"。唯一可做的是继续在希特勒身上下工夫。

布劳希奇于10月17日再次谒见了元首，但是他告诉哈尔德说，他的争辩丝毫不起作用，事情已"毫无希望"。哈尔德在那天的日记里写道，希特勒直截了当地告诉他说："英国人只有在挨了打以后才会坐下来谈判。我们应该尽快地给他们几下子。进攻日期最迟不得超过11月15日到20日。"

这位纳粹统帅此后又举行了几次会谈，他终于在10月27日对将领们宣布了不可更改的决定。在一次授勋仪式上，希特勒将铁十字骑士勋章授给14名将领之后，就开始布置西线进攻事宜。当布劳希奇试图说明陆军需要一个月也就是要到11月26日才能准备就绪时，希特勒的回答是"那太晚了"。他命令进攻必须在11月12日发动。那天散会回来，布劳希奇和哈尔德垂头丧气。那天晚上，他们互相安慰了一番。"布劳希奇显得疲惫而又沮丧。"哈尔德在日记里写道。

推翻希特勒的措森"密谋"

密谋分子们再一次立即开始行动的时刻到来了，或者说，他们自以为是到来了。发愁的布劳希奇和哈尔德面临着严酷的抉择：或者是采取他们在10月14日所想到的第三种"可能"——除掉希特勒，或者是在西线发动
他们认为会给德国带来灾难性后果的进攻。军队和文职机关中所有突然活 647
跃起来的"密谋者"都力主走第一条道路。

战争爆发以来，他们已经遭到过一次挫折。在进攻波兰前夕，早已退休的冯·哈默施坦因将军又暂时被起用，在西线担任一个司令官的职务。

战争开始的第一个星期，他曾经竭力邀请希特勒到他的司令部去视察一下，以表示在进攻波兰的时候他并没忽视那条战线。实际上，哈默施坦因将军，这个希特勒的死对头，是想要把他抓起来。法比安·冯·施拉布伦多夫早在9月3日英国政府宣战的那一天，在柏林阿德隆饭店匆忙会见奥格尔维·福布斯的时候，就把这个阴谋悄悄地告诉了他。但是元首嗅出气味不对，谢绝了这位前陆军总司令的邀请，并且过了不久就把他撤掉了。[22]

但密谋分子们仍然同英国人保持着联系。他们没有能够采取行动阻止希特勒消灭波兰，他们现在集中力量于避免战事向西蔓延。文职密谋分子比以前更清楚地认识到，在德意志帝国中，唯有军队有办法制止希特勒。随着总动员和在波兰取得的闪电般的胜利，军队的力量和地位有了极大的增长。但是正如哈尔德对那些文职密谋分子所解释的，由于编制扩大，军队也有它不方便的一面。军官队伍中增添了大量的预备役军官，而他们当中很多是狂热的纳粹分子。同时部队的士兵又全都被灌了一脑袋的纳粹思想。哈尔德指出，要找到一支可以信赖的并且肯于反抗元首的部队是不容易的。无论是对敌人还是对朋友，哈尔德都是一个善于强调困难的人。

将领们还提出了另外一个问题，文职密谋分子认为也完全应当考虑。那就是，如果他们发动一次反对希特勒的政变，英法是不是会利用政变在军队和国家中所造成的混乱，从西线大举入侵，占领德国？并且，虽然他们已经推翻了那个罪魁祸首，英法是否仍然会向德国人民提出苛刻的媾和条件？因此，有必要同英国人保持联系，以便取得明确的谅解，使西方盟国不利用德国反纳粹的政变趁火打劫。

他们通过好几条途径同英国人接触。其中有一条途径是由约瑟夫·米勒博士通过梵蒂冈发展出来的。这位博士是个虔诚的天主教徒，慕尼黑的第一流律师，体格魁伟，精力旺盛，而且有股蛮劲儿，所以在年轻时得到过“蛮牛约瑟夫”的绰号。他在谍报局奥斯特上校的默许下，于10月初曾经到罗马做了一次旅行，在梵蒂冈同英国驻教廷公使建立了联系。据德国人说，他不仅取得了英国的保证，并且还得到了教皇的承诺，同意在新的反纳粹德国政权和英国之间充当调停人。[23]

648 另一个接触点在瑞士的伯尔尼。魏茨泽克派了不久以前曾任德国驻伦敦代办的特奥多尔·科尔特当德国驻瑞士公使馆的参赞。他在瑞士首都不时和一个英国人菲利普·康维尔-伊凡斯博士碰头。后者曾经在德国柯尼斯堡大学担任教授，不仅成了研究纳粹主义的专家，而且在某种程度上也成了纳粹的同情者。10月的下半月，康维尔-伊凡斯给科尔特带来了一个讯息，后来被科尔特说成是张伯伦以谅解和公正的态度对待未来的反纳粹德国政权的庄严保证。实际上这个英国人带来的只是张伯伦对下院的演说中的一段话。在这篇演说里，英国首相一方面拒绝希特勒的和平建议，一方面宣布英国无意“使一个愿意同其他国家和睦相处、互相信赖的德国在欧洲无法获得应有地位”。那一篇对德国人民表示友好的讲演中的这一段话和其他的段落都曾由伦敦方面广播过，那些密谋分子想必也在无线电中听到过，但是他们仍然对那位非正式的英国代表带到伯尔尼来的“保证”大表欢迎，认为这是具有头等重要意义的东西。这些密谋分子得到了这个声明并认为自己已经通过梵蒂冈取得了英国的保证之后，就满怀希望地转向那些德国将领。说他们是满怀希望固然不错，但也可以说是绝望中的孤注一掷。“我们唯一能得救的希望，”魏茨泽克在10月17日对哈塞尔说，“就在于举行军事政变。但怎样举行政变呢？”

时间已经很紧迫了。德国已经决定在11月12日侵入比利时和荷兰。必须在这个日子以前举行政变。哈塞尔警告其他人说，在德国侵犯了比利时**以后**，就不可能得到“公道的和平”了。

对于后来发生的事，其实应当说是对于后来为什么竟然什么事也没有发生，参加这个密谋的人各持一说，互相矛盾，莫衷一是。像在慕尼黑的那次一样，这次的中心人物仍然是陆军参谋总长哈尔德将军。但是他忽冷忽热，犹豫不定。在纽伦堡提审时，他解释说，“野战部队”由于“全副武装的大敌当前”，不可能举行叛变。他说他曾呼吁不直接与敌人交锋的国内驻防军采取行动，但是他从国内驻防军司令弗里德里希（弗里茨）·弗洛姆将军那里所能得到的，最多只是一种谅解，那就是“作为一个军人”[24]，只要布劳希奇下命令，他马上就执行。

但是布劳希奇甚至比他的参谋总长还要胆小怕事。“如果布劳希奇没有足够的魄力做出决定的话，”贝克将军对哈尔德说，“你就应当做出决定，给他来一个既成事实。”但是哈尔德坚持认为，布劳希奇是陆军总司令，最后应当由他负责。大家就这样推来推去，谁也不愿负责。哈塞尔在10月末的日记中悲叹道："哈尔德的胆略和威信都不足以胜任此事。"至于布劳希奇，就像贝克所说的，只是一个"六年级小学生"。这时密谋分子由陆军方
649 面的经济专家托马斯将军和谍报局的奥斯特上校为首，继续在哈尔德身上做工作。哈尔德终于同意，至少他们认为如此，只要希特勒进攻西方的最后命令一下，就发动政变。但哈尔德本人后来却说，这仍然要以布劳希奇做最后决定为条件。不管怎样，11月3日，据哈尔德和奥斯特在最高统帅部里的一个心腹汉斯·格罗斯库尔特上校说，哈尔德通知贝克将军和格德勒这两个主要密谋分子，要他们从11月5日起随时准备行动，陆军总司令部和参谋总部所在的措森成了酝酿阴谋活动的温床。

11月5日是关键性的一天。部队将在这一天开往与荷、比、卢交界处的出击点，同时布劳希奇也约定在这一天向希特勒摊牌。他同哈尔德曾经在11月2日和3日视察了西线的各高级指挥部，战地指挥官们反对进攻的意见增强了他们的决心。哈尔德在自己的日记里暗自写道："没有一个指挥部认为进攻……有任何可能取得胜利。"于是陆军总司令带着从前线将领们那里得到的大批论据，再加上他自己和哈尔德、托马斯等人的论据汇集成的一份备忘录，而且，用哈尔德的话来说，另外还带了一份"反备忘录"，那是对希特勒10月9日那份备忘录的答复，在11月5日这一天，驱车前往柏林总理府，决心说服希特勒放弃在西线立即发动进攻的计划。如果劝说无效，布劳希奇就将参加推翻希特勒的密谋——至少密谋分子是这样理解的。他们兴高采烈，非常乐观。据吉斯维乌斯说，格德勒甚至已经着手为未来的反纳粹临时政府草拟内阁名单了，后来还是头脑较为冷静的贝克制止了他才没有这样做。那时只有沙赫特一个人对这问题极感怀疑。"你们瞧着吧，"他警告道，"希特勒准会闻出气味不对，明天不会做出任何决定。"

跟以前一样，他们全都错了。

布劳希奇一无所获，他的备忘录也好，前线指挥官的报告也好，他自己的论据也好，都没有发生作用，这本来也是意料中的事。当布劳希奇提出当时是西线一年之中天气最恶劣的季节时，希特勒反驳道，对德国人来说是恶劣的气候，对敌人也同样恶劣，何况来年春天天气也未见得就好。最后，这位没有脊梁骨的陆军统帅计无可施，便告诉元首说，西线部队的

1939年，波兰战役中的哈尔德与布劳希奇。

士气同1917—1918年的情况类似，当时军队里充满了失败主义情绪，发生了不服从命令的情况，甚至有兵变。

据哈尔德说（他的日记是这次极机密的会谈的主要来源），希特勒一听这话，顿时勃然大怒。他要布劳希奇说出来:“哪个部队出现了这种没有纪律的情况？发生了什么事情？在什么地方？”他要在第二天亲自坐飞机到那里去调查。据哈尔德的日记说，可怜的布劳希奇本来想故意夸大一下事实，以便“吓退希特勒”的，现在却惹得元首大发雷霆地训了一顿。“陆军总
650 司令部采取了什么行动？”元首吼叫道，“枪毙了多少人？”希特勒咆哮道，事实上“是你们陆军不想打”。

“已经没有办法再谈下去了，”布劳希奇在纽伦堡追忆那次不愉快的会见时在法庭上说，“于是我只好退了出来。”据别人回忆说，他踉踉跄跄地回到18英里外措森的司令部时还惊魂未定，甚至在叙述会见经过时最初都有点语无伦次。

“措森密谋”就这样完事大吉。它同慕尼黑时期的“哈尔德密谋”一样，遭到了可耻的失败。在这两次密谋中，密谋分子们为自己的行动所提出的条件都实现了。这次希特勒坚持自己的决定，要在11月12日发动进攻，事实上当碰了一鼻子灰的布劳希奇走了之后，希特勒还用电话向措森司令部重申了他的命令。当哈尔德要求书面的命令时，书面的命令立刻就送来了，密谋分子们曾经说，要推翻希特勒必须有一个书面证据，也就是要由希特勒下令发动一场他们认为行将使德国遭到惨祸的战争；现在证据有了，但是他们除了惊慌失措之外，毫无所为。他们乱成一团，急急忙忙地焚毁了可能惹祸的文件，掩盖了他们密谋活动的痕迹。只有奥斯特上校好像还保持了镇静。他向比利时和荷兰驻柏林公使馆发出了警告，要这两国提防11月12日早晨的进攻。[25]然后他就动身到西线去，想试探一下，看看他还能不能再次说动冯·维茨勒本将军来干掉希特勒，结果毫无所获。包括维茨勒本在内，所有的将领都知道他们已失败了。那个前下士又一次不费吹灰之力就战胜了他们。几天以后，指挥A集团军的伦德施泰特召集他所属的军级和师级司令官开会，详细讨论了进攻的计划。虽然他本人对这次进攻的成功仍有疑问，他却劝他的将领们撇开怀疑。他说:“陆军已经分到了这个任务，不论怎样都得执行！”

希特勒冲着布劳希奇发了那一通雷霆，把他吓得要死之后，第二天就着手草拟一份宣言，对荷兰和比利时人民为自己的侵略行为提出辩解。哈尔德在日记中提到的借口是“法国军队必将开进比利时”。

但是第二天，11月7日，希特勒却推迟了进攻的日期，使得将领们如释重负地舒了一口气。

绝　密

1939年11月7日于柏林

……元首兼武装部队最高统帅听取了气象和铁路运输方面的报告以后，发布命令如下：

“A日”推迟3天，下一决定将于1939年11月9日下午6点做出。

凯特尔　651

整个秋天和冬天希特勒发布了14道推迟进攻的命令，这是其中的第一道。欧战结束时，从最高统帅部的档案中发现了这些命令的副本。[26]这些命令表明希特勒在任何时候都从没有放弃在西线发动进攻的决定，只不过是一星期一星期地往后推而已。他在11月9日把进攻推迟到11月19日，而临到11月13日又把它推迟到11月22日，像这样一直推下去，每次都是在五六天以前通知改期，往往是以天气作为理由。这也许是希特勒在某种程度上对将领们的迁就，也许是他意识到陆军尚未准备就绪。但有一点是肯定的，战略计划和战术计划没有充分拟好，因为他还在不断地进行修改。

希特勒第一次推迟进攻可能还有其他的原因。11月7日做出这个决定的那一天，比利时国王同荷兰女王发表了一个联合声明，表示愿意“在西欧战争开始激烈进行以前”斡旋和平，这使德国人大大地陷入了窘境。希特勒在他所草拟的宣言中本来打算说，德军开入这两个低地国家是因为获悉法国军队即将开进比利时，但是在比荷发表了这个联合声明之后，这个借口就很难取信于人了。

同时，希特勒也可能得到了风声，知道他进攻比利时这个中立小国已经起不到奇袭的作用，而他原来正是倚仗这一点的。10月底，格德勒曾经到布鲁塞尔去了一趟，带去了魏茨泽克的秘密委托，要德国驻比利时大使比洛-施万特私下警告比利时国王“局势极为严峻”。那位大使遵命照办，利奥波德国王马上就赶到海牙，同荷兰女王商量，于是便拟定了上述的联合声明。但比利时人还得到了比这更为明确的情报。我们在前面已经提到，这个情报一部分是从奥斯特那里来的。另外，11月8日，比洛-施万特还用电报通知柏林，利奥波德国王曾告诉荷兰女王，说他获得“准确的情报”，得知沿比利时国境线已有德军集结，说明德军将“在两三天”内穿越比利时国土发动进攻。[27]

接着在11月8日晚间和11月9日那天下午一连发生了两桩怪事：一桩是险些使希特勒送命的炸弹爆炸事件，另一桩是德国党卫军人员在靠近德国边境处绑架了荷兰境内的两名英国间谍。这两起事件虽然最初分散了纳粹统帅的注意，使他无暇考虑在西线发动进攻的计划，但最后却增加了他在德国的威信，同时吓坏了那些实际上同这两起事件全然无关的措森密谋分子。

纳粹绑架案和啤酒馆炸弹事件

652 11月8日晚间，希特勒在慕尼黑的贝格勃劳凯勒酒馆为纪念1923年啤酒馆政变而对党内“老卫队”战友发表每年一度的演说，这篇演说比他往常的演说都短，在他讲完之后12分钟，预先安置在讲坛后面的柱子内的一枚炸弹爆炸了，死7人，伤63人。这时候所有的纳粹要人都已经跟在希特勒的后面匆匆离开了会场。在往年，他们照例都要留下来，一面慢慢地喝着啤酒，一面同党内的老战友们回忆话旧，谈谈当年的政变。

第二天早晨，希特勒自己的报纸《人民观察家报》独家刊登了谋刺元首的新闻。这家报纸说这桩肮脏的勾当是“英国特务机关”，甚至是张伯伦干的。那天晚间我在日记里写道：“这件未遂的‘谋刺案’无疑将激起舆论支持希特勒，并将煽起对英国的仇恨……我们多数人觉得，这一事件很像是一次新的国会纵火案。”

除开戈培尔的狂热脑袋中所想象的以外，英国特务机关同这件事情又有什么关系呢？于是纳粹立即设法制造这样一种关系。慕尼黑的炸弹爆炸后一两个小时，党卫军和秘密警察的头子海因里希·希姆莱打电话给杜塞尔多夫的一个正在走红运的年轻下属瓦尔特·舍伦贝格，根据元首的指示，命令他第二天越过荷兰边境，把两个同舍伦贝格保持联系的英国特工人员绑架过来。

希姆莱的这道命令引发了战争中一桩最离奇古怪的事件。舍伦贝格同阿尔弗雷德·瑙约克斯一样，也是一个受过大学教育的流氓知识分子。一个多月以来，他同荷兰境内的两名英国谍报官S. 潘恩·贝斯特上尉和R. H. 史蒂文斯少校建立了联系。在他们面前，他自称是最高统帅部里的反纳粹军官“舍梅尔少校”（这位少校倒也确有其人），并且编造了一套活灵活现的故事，说明德国将领们如何决意推翻希特勒。他说，他们希望英国方面保证伦敦政府将公正地对待未来的反纳粹新政权。我们在前面已经提到，由于英国人曾经从其他方面听说过德国军人有这么一个密谋，那些密谋分子也曾经要求过这样的保证，英国政府便有意同这位“舍梅尔少校”发展进一步的联系。贝斯特和史蒂文斯给了他一部小型无线电收发报机。随后双方在无线电上往来频繁，并且在荷兰不同的城市见了若干次面。11月7日，双方在离德国边境不远的荷兰芬洛镇上见面时，那两个英国间谍给“舍梅尔”带来了伦敦方面寄给德国反纳粹领袖的一封相当含糊的信，十分笼统地谈了同一个反纳粹政权缔结公正的和约的基础。当时说妥，“舍梅尔”将在第二天把一位反纳粹的领袖（一位德国将军）带到芬洛来开始举行最后的谈判。这一会晤后来又推迟到9日。

直到这时为止，双方的目标是明确的。英国方面打算同德国密谋政变分子建立直接联系，以便鼓励和帮助他们。希姆莱则打算通过这两个英国 653
人来发现德国的密谋分子是哪些人，以及他们同英国间谍机关有什么关系。显然，希姆莱和希特勒对于某些将领以及谍报局里的奥斯特和卡纳里斯这样一些人已经有所怀疑。但是到了11月8日晚上，希特勒和希姆莱感到需要改变他们的目标。现在他们的新目标是：绑架贝斯特和史蒂文斯，并把贝格勃劳凯勒酒馆爆炸案的罪名加在他们身上！

现在，一个我们所熟悉的人物登场了。原先在格莱维茨地方对德国电台表演了那出“波兰袭击”的阿尔弗雷德·瑙约克斯，现在又率领了十几个党卫军保安处的打手来帮助舍伦贝格完成绑架的计划。事情进行得非常顺利。11月9日下午4点，舍伦贝格在芬洛镇的一家咖啡馆的凉台上啜饮着开胃酒，等候贝斯特和史蒂文斯来赴约。最后，那两名英国间谍驾着他们的别克牌汽车来了，他们把车子停在咖啡馆的后面，刚下车就遭到候在党卫军汽车上的瑙约克斯那群暴徒一阵枪击。历来伴同这一对英国人去会见舍伦贝格的一位荷兰谍报官克洛普中尉受了致命的重伤。据瑙约克斯后来说，他们把贝斯特和史蒂文斯连同受伤的克洛普“像一捆草似的”扔进了那辆党卫军的汽车之后，汽车便开足马力，冲过边界，进入了德国境内。* [28]

于是在11月21日，希姆莱对公众宣布，在贝格勃劳凯勒酒馆谋杀希特勒的阴谋案，已经真相大白。这件案子是出于英国谍报局的主使，主谋的两名英国人史蒂文斯和贝斯特已经于爆炸发生后的第二天“在荷德边境线上”被捕。实际动手的凶手据称是住在慕尼黑的一个德国共产党员——一个名叫格奥尔格·埃尔泽的木匠。

我在那天的日记里写道，希姆莱对这件谋杀案的细节描述在我听来“气味不正”。但是希姆莱却不折不扣地达到了自己的目的。当时我曾记道：“希姆莱那一帮匪徒的企图，显然是想要那些易受愚弄的德国人民相信，英国政府打算以谋杀希特勒及其主要助手的方法来赢得战争。”

这次爆炸究竟是谁主使的，迄今仍然是一个没有完全弄清楚的谜。埃尔泽虽不像国会纵火案里的马里努斯·范德卢贝那样愚蠢，却是个不怎么聪明的老实人。他不仅承认犯有制造和放置炸弹的罪行，并且为此扬扬得
654 意。他在这次谋杀事件之前当然没有同史蒂文斯和贝斯特见过面，但在萨克森豪森集中营的那些漫长的岁月里，他却同贝斯特交上了朋友。他在集中营里面对这个英国人讲了一个说来话长而且曲折的故事，但这个故事并不完全合情合理。

他说他是那年仲夏被当作共产党的同情者关进达豪集中营的，10月间

---

* 据战后公之于世的荷兰官方记述，史蒂文斯、贝斯特和克洛普是装在英国人自己那辆汽车里被德国人拖过国境线去的。芬洛镇离国境线只有125英尺。从第二天，即11月10日开始，荷兰政府连续发出九次书面请求，索讨克洛普和那辆汽车上的荷兰司机，并要求德国人对于这一侵犯荷兰中立的行为进行调查，但始终没有得到答复。直到第二年5月10日，希特勒为其进攻荷兰国土辩解时说，有一部分理由是芬洛事件证明荷兰人和英国特工机关狼狈为奸。克洛普由于伤势过重，几天以后就死去了。贝斯特和史蒂文斯却在熬过了五年纳粹集中营的生活之后仍幸存人间。[29]

的某日，他被叫到集中营的长官办公室里，在那里他被介绍给两个陌生人。这两个陌生人说他们需要把元首的几个“心怀二意的”追随者搞掉，办法是11月8日晚上等希特勒在贝格勃劳凯勒酒馆发表了例行的演说离开大厅之后，**紧跟着**在那里引爆一枚炸弹。炸弹将安置在讲坛后面的一根柱子里。由于埃尔泽是一个手艺高明的家具匠、电工兼补锅匠，他们说这事由他来做是再合适不过了。事成之后，他们将帮助他逃往瑞士，并且给他一大笔钱，让他舒舒服服地在那里过上一辈子。为了表明他们说话算数，他们答应当时就改善他在集中营中的待遇：改善他的饮食，给他穿普通的便服，还给他许多烟卷——因为他是个烟瘾很大的烟鬼——并且给了他一张木匠工作台和一套工具。埃尔泽就在这里用一只可走8天的闹钟和一个同时可以用电钮引发爆炸的特殊装置制造了一枚看起来粗糙但效率并不差的定时炸弹。埃尔泽说，在11月初的一个夜晚他被带到那个啤酒馆去，把他那个玩意儿放进了那根位置合适的柱子中。

他说，11月8日晚上，大约在那颗炸弹根据规定的时间快要爆炸的时候，他的同谋者把他带到了瑞士边境线上，给了他一笔钱，并且有意思的是，还给了他一张印着那家啤酒馆内部照片的明信片，照片里那根放置炸弹的柱子上还画了一个叉。结果，他并没有得到帮助越过边境，这个傻头傻脑的家伙对这一点仿佛颇感意外。相反，他却被秘密警察逮捕了，那张明信片和其他东西一并落入秘密警察手中。然后秘密警察便教唆他在即将开庭审讯的国家法庭上把贝斯特和史蒂文斯牵连进来，而且告诉他，在这次审判中，他将名噪一时，成为众所瞩目的人物。*

这个审判一直没有举行。现在我们知道，希姆莱由于做贼心虚，不敢举行这次审判。我们现在还知道，埃尔泽在萨克森豪森集中营里住了一段时间后又被移到达豪集中营，所得到的待遇在那种环境下讲来是完全人道

---

* 在这之后，埃尔泽在达豪又对尼莫拉牧师讲过一个类似的故事。这位牧师后来说，他个人认为这个爆炸案是经过希特勒认可的，企图以此来抬高他的声誉和激起人民的战争狂热。不过应该公正地指出，希特勒、希姆莱和舍伦贝格的冤家对头吉斯维乌斯在纽伦堡法庭上以及在他的书中都说，他相信埃尔泽确有谋刺希特勒的意图，他并没有同纳粹分子合伙同谋。据舍伦贝格供称，虽然他起初曾经对希姆莱和海德里希有过怀疑，但是在讯问了那个木匠并读了他在受到催眠后的口供记录之后，他最后终于相信，这是一件真正的谋刺案。不过舍伦贝格的话是不大靠得住的。

1939年11月8日，希特勒在贝格勃劳凯勒啤酒馆演讲。

爆炸后的贝格勃劳凯勒啤酒馆。

格奥尔格·埃尔泽在被捕后的审讯中在啤酒馆平面图上标注他安放炸弹的位置。

主义的待遇，这显然是根据那位从爆炸案中得到了很大好处的希特勒的特别指令。但是希姆莱一直牢牢地监视着他到底。让这个木匠活到战后去把 655
他的故事四处宣扬是不行的。于是就在战争结束前不久，1945年4月16日，秘密警察宣布，格奥尔格·埃尔泽已在前一天盟军空袭时被炸身死。现在我们知道，他是被秘密警察杀害的。[30]

希特勒对将领们的训话

幸免于难的希特勒，或者说使人看来仿佛幸免于难的希特勒压下了将领中的反抗之后，便来进行他在西线大举进攻的计划。11月20日，他发下了第八号作战指令，命令保持“戒备状态”，以便“随时利用有利的气候条件”，并且规定了灭亡荷兰、比利时的方案。接着，希特勒为了给那些胆怯的将领们打一打气，使他们具有在大战前夕所必须具有的劲头，便在11月23日中午把那些担负指挥的将领和参谋总部的人员召到总理府来。

这是希特勒对他的主要军事将领们所做的秘密激励讲话中一次最能说

明问题的讲话。由于盟军在弗伦斯堡发现了一些最高统帅部档案，这篇讲话便被保存下来了，这是某位不知名的与会者的笔记。[31]

这次会议的宗旨［希特勒一开始便说］是要使你们了解一下我的思想境界，因为这支配着我对未来事态发展的态度；此外我还要把我的决定告诉你们。

他的脑子里充满了关于过去、现在和未来的想法。他在这次与会人数不多的会议上，说话口若悬河，肆无忌惮，异常露骨，使人清楚地看到了他那想象力丰富然而极不正常的脑子里的一切思想活动的轮廓。他还对未来事态的发展做了极其准确的估计。但是，很难想象有谁听了这番讲话还能有任何怀疑，仍旧不相信这个掌握了德国和全世界命运的人已经全然变成了一个危险的自大狂。

在谈到早年的奋斗时，他说：

我对于历史事态的可能发展有清楚的了解，对于做出无情的决定有坚定的意志……作为最终决定性的因素，我可以毫不夸大地说，我是不可代替的。没有一个军人或是文官能够代替我。谋刺我的阴谋以后可能还会有。我对我的才智能力和决断能力是深信不疑的……从来还没有一个人取得过像我这样的成就……在我的领导下，德国人民的地位空前提高了，即使现在全世界都在恨我们……国家的命运全在我一个人身上，我自然当仁不让。

656 他斥责将领们在他做出“坚决的决定”要退出国际联盟、宣布征兵制、占领莱茵兰、在莱茵兰设防以及吞并奥地利时不该表现出怀疑和动摇。他说：“在那时候相信我的人是很少的。”

“接着下一步是波希米亚、摩拉维亚和波兰。”他在叙述他的征服业绩时，态度极为寡廉鲜耻。可惜张伯伦没能听到他这番话。

我从一开始就明白，我是不能以取得苏台德日耳曼人区为满足的。

那仅仅是局部的解决办法。于是我便做出了进军波希米亚的决定。随着“保护国”的建立，征服波兰的基础就奠定了。但是当时我还没有十分明确，是应该先解决东方再打西方呢，还是先征服西方再来收拾东方。由于事态的压力，最后还是先打波兰。可能有人指责我，说我要打了又打。但我认为，斗争是所有人的命运。任何人，只要他不甘心失败，就不可避免地要进行斗争。

日益增长的［德国］人口，要求有更大的生存空间（Lebensraum）。我的目标在于使我国人的数目和所需的生存空间之间有一个合理的比例关系。斗争就必须从这里开始。没有一个民族能够回避这个问题。不解决这个问题就只有俯首退让，逐渐衰亡……在这里，一切巧计良策都将无济于事，刀剑是唯一解决问题的办法。拿不出力量来进行斗争的民族是必然要退出历史舞台的……

希特勒说，包括俾斯麦和毛奇在内的过去那些德国领导人的毛病是“不够坚强。只有在一个有利时机对一个国家发动进攻才能解决问题”。由于认识不到这一点，结果1914年的战争“多面受敌。因而未能解决这个问题”。希特勒继续说道：

今天，第二幕戏正在编排。六十七年来我们第一次避免了两线作战……但是没有人能够知道，这种局面能够维持多久……从根本上说来，我把武装力量组织起来，并不是为了养兵不用。我一直都有决心要发动进击。

想到目前单线作战的好处时，元首提起了俄国问题。

就目前来说，俄国还没有什么危险性。它已经由于许多内部问题而被削弱了。况且，我们同俄国还订有条约，但是，条约只有在它们还能为某种目的服务的时候才会得到遵守。俄国只有在它认为这个条约对自己有利的时候才会遵守它……俄国仍然抱有长远的目标，特别是加强它在波罗的海地区的地位。**只有我们在西线腾出手来的时候才**

能够反对俄国。

至于意大利，一切取决于墨索里尼，“他一死情况就可能全盘改变……
657 正像斯大林如果死了一样，意大利领袖的死会给我们带来危险。一个政治家是很容易遭到不测的，最近我对这一点有亲身体会”。美国“由于有中立法”，所以希特勒那时候还不认为它有什么危险，同时它对盟国的援助也还很有限。然而，时间是对敌人有利的。“目前是一个好机会。再过六个月就可能不再如此了。”因此：

> 我的决心是不可变更的。我要尽快在最有利的时机进攻英、法。破坏比利时和荷兰的中立并没有多大关系，在我们取得胜利以后，不会有人提出这个问题的。关于破坏中立的行为，我们不会提出1914年那样笨拙的借口。

希特勒对他的将领们说，西线的进攻意味着“世界大战的结束，而不仅仅是一个作战行动，它所关系到的不是某一个单独的问题，而是整个民族的生死存亡”。接着，他的讲话就进入尾声：

> 我们历代伟人的精神一定会使我们鼓起勇气来。命运所要求于我们的，并不比对德国历代伟人所要求的更多。只要我活着，我所想到的将只是我国人民的胜利。我不会在任何困难面前退缩，我将消灭一切反对我的人……我要消灭我的敌人！

这是一篇很能说明问题的演说，虽然几乎所有的将领都不相信在这个时候发动进攻可能取得胜利，但据我们所知，当时却没有一个将领站出来表示怀疑，也没有任何人起来质问进攻比利时和荷兰是否违反道德，因为这两个国家的中立和边界是得到德国的庄严的保证的。据当时在场的某些将领说，希特勒对陆军高级将领和参谋总部里所存在的消极情绪的批评，比上面所说的要厉害得多。

当天傍晚6点钟，纳粹统帅又把布劳希奇和哈尔德叫了去，就“措森司令部的情绪”狠狠地训了这位陆军总司令一顿，参谋总长则像一个犯了过错的孩子一样站在元首办公室的门外等着。希特勒申斥说，陆军总司令部从上到下全都染上了“失败主义”情绪，而哈尔德的参谋总部则“抱着顽固的态度同元首闹别扭”。布劳希奇沮丧已极，据他自己后来在纽伦堡法庭上说，他当时提出辞职，但是希特勒不准。这位总司令回忆说，希特勒还严厉地提醒他：“我必须像所有其他的军人一样，完成我的职责，履行我的义务。”那天晚上哈尔德在日记中用速记符号写了这样一句：“危机重重的一天！”[32]

从各方面来说，1939年11月23日是一个里程碑。这一天标志着在第一次世界大战期间曾经甩开德皇威廉二世而掌握了德国最高军政大权的陆军，已被希特勒最后决定性地制服了。从这天起，这位前奥地利下士不仅认为 658
自己的政治见解比他的将领们高出一筹，而且认为自己的军事见解也是如此。所以他从此不再听他们的意见，而且不许他们批评——其最终结果为全人类带来了灾难。

“我们之间从此有了裂痕，”布劳希奇在谈到11月23日的事件时对纽伦堡法庭说，“虽然后来弥补上了，但是芥蒂始终存在。”

希特勒在那个萧瑟的秋天对将领们所发表的这一篇气势汹汹的演说，对哈尔德和布劳希奇不啻当头一棒，使他们不敢再怀有一点点推翻这位纳粹独裁者的念头。他已经警告他们，他将“消灭”一切碍他手脚的人。哈尔德说，希特勒还特别补充一句，他将“以暴力”镇压参谋总部对他的任何反抗。哈尔德至少在当时还不敢挺身反抗这种骇人的威胁。四天以后，11月27日，托马斯将军在沙赫特和波比茨的怂恿下去见哈尔德，力劝他对布劳希奇下功夫，使他采取行动反对元首。（“必须把希特勒搞掉！”据哈尔德后来回忆，托马斯当时曾这样说。）但是这位参谋总长对他说了一大堆的“困难”。他说他还不能肯定，布劳希奇是否“会积极参加政变”。[33]

过了几天，哈尔德用一些极为可笑的理由向格德勒说明他为什么不再打算推翻那位纳粹独裁者。哈塞尔在日记里记下了这些理由。除了“大敌当前不能叛变”这一条之外，据哈塞尔所记，哈尔德还补充了以下各点：“我们应当给希特勒一个最后的机会，把德国人民从英国资本主义的奴役下解救出来……目前我们再找不到另外一个伟大人物了……反对派的力量还不够成熟……对于年轻的军官，我们没有把握。”哈塞尔又去找最早的密谋分子之一、海军上将卡纳里斯，要他动手，但是毫无所获。“他对陆军将领的反抗已经不再抱任何希望，”这位卸任的大使在11月30日的日记里写道，“并且认为再沿着这条路搞下去只是白费力气。”过了不久，哈塞尔在日记中记道：“哈尔德和布劳希奇已经完全变成了希特勒听话的小厮了。”[34]

纳粹在波兰的暴行：第一阶段

德国进攻波兰后没有几天，我的日记就开始充满了关于纳粹在这个被征服的国家中的暴行的记录。后来大家知道，许多其他人的日记也都连篇是这类的记载。哈塞尔在10月19日的日记上说，他听到了“党卫军骇人听闻的兽行，特别是对犹太人的兽行”。过了几天，他在日记里记述了从波森省一个德国地主那里听来的一个故事。

> 他最后看到的是一个喝醉了酒的区党部头子，命令把牢门打开。
> 659 他枪杀了五个妓女，而且企图强奸另外两个妓女。[35]

10月18日，哈尔德在日记里记下了他同军需总监爱德华·瓦格纳将军的一次谈话的摘要，那一天后者曾同希特勒谈到波兰的未来命运的问题——波兰的未来命运将是黯淡悲惨的。

> 我们无意重建波兰……不能把波兰建成一个德国式的模范国家。绝对不能让波兰的知识分子成为统治阶级。必须保持低生活水平，保持廉价的奴隶劳动……
>
> 必须使波兰彻底解体！德国将给予波兰总督必要的手段来实现这一可怕的计划。

德国确实这样做了。

我们现在可以根据缴获的德国档案文件和纽伦堡历次审讯所得到的证据，对纳粹在波兰恐怖统治的开始情况做一简短的叙述。这只不过是德国人对所有被征服民族的黑暗恐怖统治的先声。但是波兰的遭遇比起其他地方来，自始至终是最惨的。纳粹的野蛮兽性在这里达到了令人难以置信的程度。

在进攻波兰的前夕，希特勒曾在上萨尔茨山8月22日的会议上，预先告诉过他的将领们，可能会发生一些“不合德国将领们的胃口”的事情。他警告他们，“不得干涉这一类事情，应当只管本身的军事职责”。他在讲话的时候是知道他讲的是什么的。无论是在柏林还是在波兰，本书作者都马上就得到了有关纳粹大屠杀的消息。这种消息纷至沓来，不胜暇接。德国的将领们当然也不例外。9月10日，当波兰战役方酣之时，哈尔德在日记里记下了一个事例，后来很快就在柏林成为家喻户晓的事。有几个属于党卫军炮兵团的恶棍，让50个犹太人修补了一天的桥梁之后，把他们赶进一座犹太会堂，然后，用哈尔德的话，“把他们屠杀了”。军事法庭判处凶手监禁一年。甚至第三军团司令冯·屈希勒将军当时也拒绝批准军事法庭对于凶手量刑过轻的判决，认为判决过于宽大了，虽然他后来也变得狠心起来。但是陆军总司令布劳希奇在希姆莱出面干涉之下连这一年的徒刑判决也给勾销了，理由是他们属于“大赦”之列。

以正直的基督徒自居的德国将军们对这种情况开始感到不安。9月12日，凯特尔同卡纳里斯海军上将在元首的火车上进行了一次谈话，后者对波兰境内的暴行提出了抗议。那位对希特勒一向俯首听命的最高统帅部长官干脆地回答道：“元首已经就这个问题做出了决定。”如果陆军“不愿意参加这类事情，就得同意让党卫军和秘密警察来唱对台”，这就是说，在每个部队中都会驻上一名党卫军特派员来“执行灭绝政策”。在纽伦堡审讯时， 660
卡纳里斯的日记曾被拿出来作证，他在上面写道：

> 我向凯特尔将军指出，我知道已经做出了计划，要在波兰进行大规模屠杀，特别是贵族和教士将被全部消灭。可是最后世界舆论会要德国武装部队对这些行为负责的。[36]

希姆莱很狡猾，当然不会让陆军的将领们逃避责任。9月19日，希姆莱的主要助手海德里希来到了陆军总司令部，把党卫军“清除［波兰］犹太人、知识分子、教士和贵族”的计划告诉了瓦格纳将军。哈尔德听到瓦格纳报告了这件事之后，在日记里记下了他的反应：

陆军坚决要求“清除”工作推迟到军队撤走和整个国家由民政当局接管之后再进行，也就是要等到12月初。

陆军参谋总长的这一则简短的日记，为我们了解德国将领们的道德观念提供了一把钥匙。他们并不打算认真地反对“清除”工作，即消灭波兰的犹太人、知识分子、教士和贵族。他们只打算请求把时间“推迟”到他们离开波兰以后，以便逃脱责任。当然，外国舆论是必须考虑到的。哈尔德在第二天就波兰境内的“清除”问题同布劳希奇做了长时间的商谈之后在日记里写道：

我们不能做出任何事情让外国有机会以此为根据发动任何指责德国残暴的宣传。居然要杀天主教教士！目前要这样做是不实际的。

第二天，9月21日，海德里希给陆军总司令部送去了一份关于“清除”工作的初步方案。第一步工作是把犹太人全都赶到城市里去，因为在城市里比较容易把他们一网打尽加以消灭。他说，“最后解决”需要隔一个时期才能实施，而且必须“严守秘密”。但是所有看到这份秘密备忘录的将领都明白，所谓“最后解决”就是斩尽杀绝。[37]不出两年，当这项方案最后付诸实施的时候，“最后解决”就成了德国高级官员之间提到战争期间纳粹这一惨绝人寰的滔天罪行的代号。

在俄国抢占了东部地区，以前属于德国的各省以及一些后来增加的西部土地又被德国正式合并之后，波兰所剩下来的地区就是元首10月12日的法令所划定的“波兰总督辖区”。这道法令任命汉斯·弗兰克为总督，维也
661 纳的卖国贼赛斯-英夸特为副总督。弗兰克是典型的纳粹流氓知识分子。他是1927年从法学院毕业后不久入党的，很快就博得了纳粹运动法律权威的名声。他才思敏捷，精力充沛，不仅精通法律，一般的知识也相当渊博，爱好艺术，尤其是音乐。纳粹执政以后，他就成了法律界举足轻重的人物，

最初担任巴伐利亚邦司法部长，后来是全国政府的不管部长、法律学会会长兼德国律师协会主席。他肤色黝黑，短小精悍，动作敏捷，家里有五个孩子。他的才智和教养抵消了一部分幼稚的狂热，到这时为止，还是希特勒身边最不引人反感的一个人。但是在这张文质彬彬的画皮后面却是一个杀人不眨眼的魔王。黑暗的纳粹世界有不少令人毛骨悚然的文件，他的42本生活和工作日记就是其中一部分，曾在纽伦堡法庭上被拿出来作证。* 这部日记显示出它的作者是一个做事干净利落、残忍冷酷、嗜血成性的人。看来他把他平日那些暴戾的言论一段不漏地都写进去了。

他在就任新职的第二天就宣布："波兰人应该成为德意志帝国的奴隶。"有一次，弗兰克听说波希米亚的"保护长官"牛赖特张贴告示宣布处决七名捷克大学生，他便对一个德国记者叫着说："如果我要每枪毙七个波兰人就贴一张布告的话，恐怕波兰的森林还不够用来制造写那些布告的纸张呢！"[38]

至于消灭犹太人的事，希特勒指定由希姆莱和海德里希负责。弗兰克的任务除了从波兰榨取粮食和其他物资以及强迫征集劳工之外，就是消灭那里的知识分子。纳粹分子给这种行动起了一个好听的代号，叫作"特别绥靖行动"（Ausserordenliche Befriedigungsaktion，后来以"AB行动"著称）。为了实现这个行动，弗兰克花了不少时间。直到第二年暮春，当德国在西线的大规模攻势把世界的注意力从波兰引开的时候，他才开始取得成绩。据他的日记所载，到5月30日，他已能够在对警察部门的喽啰们作激励训话时吹嘘工作有了很大的进展——有"几千"波兰知识分子已经送命或是将要送命。

"先生们，我要求你们，"他说，"尽可能采取最严厉的措施来帮助我们执行这项任务。"他还对他们透露，这是"元首的命令"。他说，元首是这样指示的：

> 凡是有可能成为波兰人民领袖的人都必须予以消灭。那些追随他

* 这是1945年5月间美国第七军团的沃尔特·斯坦因中尉在巴伐利亚邦诺伊豪斯附近伯格霍夫饭店弗兰克所住的套房里找到的。

们的人……也必须接着加以清除。没有必要给德国加上这种负担……没有必要把这些分子送到德国的集中营里去。

他说，这些人将在波兰就地消灭。[39]

662 根据弗兰克的日记，在这次会议上，保安警察的头子做了工作报告。他说，大约两千名男人和几百名妇女在“特别绥靖行动一开始时”就被抓了起来。其中大部分已经受到“即决裁判”——这是纳粹对人身消灭的婉转说法。第二批知识分子现在正开始集中，“等待即决裁判”。总数“大约为3 500人”的最危险的波兰知识分子就将这样被收拾掉。[40]

弗兰克并没有放过犹太人，虽然秘密警察已经不声不响地从他手里把直接灭绝犹太人的任务抢走了。他的日记里充满了他对这个问题的看法和他在这方面的成就。1940年10月7日的日记记载了他那天在波兰的一个纳粹集会上的讲话，其中总结了他在第一年中所做的努力。

亲爱的同志们！……我不可能仅仅在一年之内就把所有的跳蚤和犹太人全都肃清。[在此处他自己注道：“全场活跃。”]但是，如果诸位肯帮助我的话，经过一段时间之后，这个目标是一定会实现的。[41]

第二年圣诞节的前两个星期，弗兰克在克拉科夫总督府举行的一次高级行政人员会议上致闭幕词时说：

至于犹太人的问题，我可以十分坦率地告诉你们，我们一定要想办法把他们消灭干净……先生们，我要请你们收起你们的怜悯心，我们必须消灭犹太人。

他承认，“要把总督辖区内的350万犹太人一下子枪毙或毒死”是相当困难的。“但是我们终将能够采取一些措施，把他们消灭掉。”这话和后来的实际情形完全符合。[42]

波兰的战事刚一结束，犹太人和波兰人就开始从他们世世代代居住的

1940年，汉斯·弗兰克与威廉·利斯特在华沙。

华沙犹太人隔离区里拥挤的人群。

家园被赶走。10月7日，希特勒在国会发表那篇“和平演说”的第二天，就任命希姆莱去负责一个新的机构：“加强德意志民族委员会”（简称R. K. F. D. V.）。任务是先把波兰人和犹太人从直接并入德国的那几省中驱逐出去，然后把德国人和“日耳曼族人”迁进来。所谓日耳曼族人就是从受到威胁的波罗的海沿岸各国和波兰边远地区不断涌来的外国国籍的日耳曼人。哈尔德在两个星期以前就听说了这个计划，他在日记里写道：“有一名德国人迁入这些地区，就要有两个人被放逐到波兰去。”

10月9日，希姆莱在接任新职后两天就宣布，居住在并入德国各省中的65万犹太人中有55万人将同其他不适合于“同化”的波兰人一道迁往维
663 斯杜拉河以东的“总督辖区”。于是一年之内，就有120万波兰人和30万犹太人被逐出了家园，迁往波兰东部地区。但是搬进来顶替他们的日耳曼族人却只有49.7万人。这比哈尔德的比率还要高一点：赶走三个波兰人和犹太人，让一个德国人占据他们的家园。

本书作者记得，1939年的冬天特别寒冷，大雪纷飞，“迁移”的工作是在零度以下的气温中进行的，常常还顶着大风雪，因此而死掉的犹太人和波兰人，实际上比死在纳粹行刑队枪口下和绞架上的人还要多。这可以引希姆莱本人的话为证。在法国沦陷后的那个夏天，希姆莱在对党卫军禁卫团讲话时，把他手下的人在西方进行的强迫移民工作同已经在东方完成的工作做了一番比较：

> 在波兰，工作是在零下40摄氏度的气温下进行的，我们得把成千、成万、成十万的人拉走。我们不得不硬着心肠——你们应该听一下，但也应该立刻就把它忘掉——枪毙掉几千个有身份的波兰人……先生们，有许多时候同一连敌人战斗倒容易，而要镇压那些文化水平低、碍手碍脚的老百姓，要执行处决，要把人拉走，要把歇斯底里地号哭的妇女从家里撵出去，却要难得多。[43]

早在1940年2月21日，集中营督导处头子、党卫军的大队长里夏德·格吕克斯在克拉科夫附近视察了一周以后告诉希姆莱说，他在奥斯维辛为新的“隔离营”找到了一处“合适的营址”。奥斯维辛是一个比较

偏僻的、坐落在沼泽地区的市镇，有居民12 000人。镇上除了几家工厂以外，还有一座奥地利骑兵留下来的营房。工作于是立刻开始了，6月14日，奥斯维辛集中营正式使用，囚在这里的是德国人打算给予最严酷待遇的波兰政治犯。不久这个集中营的罪恶就远不止于此了。在这个当儿，伊·格·法本公司这家德国最大的化学托拉斯的董事们也发现，兴建新的工厂来从煤中炼油并制造合成橡胶，奥斯维辛是一个“合适的”厂址。在这里，无论是新厂房的修建还是新工厂的生产都能得到廉价的奴隶劳动。

为了管理这座新集中营，并为了向伊·格·法本公司提供奴隶劳动，1940年春天，一伙经过精选的党卫军的恶棍来到了奥斯维辛。其中有后来为英国公众所熟知的“贝尔森的野兽”——约瑟夫·克拉默。另外还有一个叫鲁道夫·弗朗茨·霍斯的，这个家伙曾因杀人服过5年徒刑，以后就一直当监狱看守，他成年以后的大部分时间就是这样度过的。1946年，也就是他46岁的那年，他在纽伦堡法庭上扬扬得意地说，在奥斯维辛由他监督消灭的就有250万人，还不算另外“听任饿死”的50万人。

奥斯维辛注定不久即将成为最有名的**灭绝**营（Vernichtungslager）。我们 664

伊·格·法本公司在奥斯维辛的厂房。

必须把灭绝营同**集中**营区别开来，因为集中营里到底还有少数一些人活了下来。像伊·格·法本公司这样一个具有国际声誉的企业，它的董事全都被推崇为德国第一流的企业家，他们都是敬畏上帝的基督徒，居然会有意识地把这个死亡营选作它进行谋利活动的合适场所，这对于我们借此来了解希特勒统治下的德国人，甚至最有体面的德国人，是不无意义的。

极权主义者之间的摩擦

大战开始后的第一个秋天，罗马–柏林轴心就发生了龃龉。

在一些分歧问题上，双方各级官员互相指责。一方指责德国人没有履行前一年6月间的协议从意大利的南蒂罗尔撤退“日耳曼族人”，德国人没有按月供应意大利100万吨煤。另一方则指责意大利人未能突破英国的封锁将原料供应德国；意大利同英国和法国大做买卖，趁机发财，包括把战争物资出售给他们；齐亚诺的反德情绪愈来愈浓厚。

墨索里尼像往常一样，忽冷忽热，齐亚诺在日记里记下了他摇摆不定的情形。11月9日，领袖在草拟祝贺希特勒遇刺脱险的电报时颇费踌躇。

> 他打算写得热情些，但又不想过于热情，因为据他看来，意大利人对希特勒的幸免于难并不感到十分高兴——领袖尤其如此。
>
> **11月20日**……墨索里尼一想到希特勒在进行战争，尤其是当他想到希特勒取得胜利的时候，就感到简直不可忍受。

圣诞节的后一天，意大利领袖表示了“希望德国战败”的情绪，他指示齐亚诺把比利时和荷兰即将受到攻击的情报秘密地通知这两个国家。* 但是到了新年前夜，他又谈起要站在希特勒一边投入战争了。

两个轴心国发生摩擦的主要原因是德国的亲俄政策。1939年11月30日，苏联红军进攻芬兰，使希特勒处于非常屈辱的境地。为了与斯大林签

---

* 齐亚诺于1月2日向比利时驻罗马大使提出警告，并将此事记入日记。据魏茨泽克说，德方截获了比利时大使发往布鲁塞尔的两份载有意方的警告的密码电报，并且把它们译了出来。[44]

订条约，他已经被赶出波罗的海地区，匆匆忙忙地迁走几百年来定居在那里的日耳曼人家庭，现在他还得正式同意俄国对一个小国的无端进攻。而这个同德国关系密切的小国，主要靠了1918年德国正规军的干涉，才向苏联争得了作为一个非共产党国家的独立。* 这是叫希特勒哑巴吃黄连，可是他硬着头皮吞了下去。德国驻外使团和德国的报刊电台都收到严格训令，要支持俄国的侵略行动，不得对芬兰人表示丝毫同情。 665

大概就是这件事使得墨索里尼感到忍不住了，因为意大利各地爆发的反德示威使他穷于应付。总而言之，1940年1月3日，新年刚过，他就给希特勒写了一封长信，倾吐了压在他心头的话。这是墨索里尼第一次也是最后一次对希特勒这样坦白、这样直率地提出尖锐逆耳的忠告。

他说，他"深信"德国即使有意大利的帮助也永远不能"使英法屈膝，甚至不能将它们拆伙。如果认为有这种可能，那就是自欺欺人。美国绝不会听任民主国家完全失败"。因此，既然希特勒的东部边疆现在已经巩固下来了，是否还有必要为了打败英法"而去孤注一掷地冒险，连本国的政权也不顾，并且把德国几代人的精华都牺牲掉"？墨索里尼说，如果德国允许"一个纯粹由波兰人构成的、安分守己的和解除武装的波兰存在"，就能得到和平。他又说："除非你已经下了无可更改的决心，非把战争进行到底不可，否则我认为波兰国家的建立……将是解决战争的一个因素，并且是奠定和平的一个充分条件。"

但是意大利独裁者最关切的还是德国同俄国的交易。

> ……俄国不费一枪一弹就在波兰和波罗的海地区坐收战争之利。但是我，作为一个天生的革命家要告诉你，你不能为了某个政治策略上的一时需要而长久地牺牲你的革命原则……我也有责任通知你，你同莫斯科的关系再进一步，就将在意大利引起极为不利的反响……[45]

墨索里尼的这封信不仅警告希特勒，意德关系已经恶化，并且还击中

---

* 有一段很少有人知道的可笑的历史珍闻：1918年10月9日，芬兰国会以为德国胜利在望，以75票对25票选举黑森的弗里德里希·卡尔亲王为芬兰国王。一个月后，协约国获得了胜利，这段荒唐的插曲才告终结。

了一个要害：元首同苏联的蜜月已经开始使双方都感到不安了。希特勒同苏联的勾搭，使他得以发动战争，灭亡了波兰。此外他还得到了一些别的好
666 处。例如，缴获的德国文件暴露了一项封锁得极严的战时秘密：苏联在北冰洋、黑海和太平洋等地提供港口，让德国进口迫切需要的原料，这些原料不通过这些港口就会因英国的封锁而无法进口。

莫洛托夫在1939年11月10日甚至答应，所有这些货物在俄国铁路上的过境运费一概由苏联政府负担。[46] 苏联政府允许德国船舰（包括潜艇在内）在摩尔曼斯克东边的北冰洋港口捷里别尔卡进行修理和添加燃料——莫洛托夫认为摩尔曼斯克“还不够偏僻”，捷里别尔卡则“较为妥当，因为它更偏远，没有外国船只进出”。[47]

1939年整个秋天和初冬，莫斯科和柏林双方一直在谈判增加两国贸易事宜。到10月底，苏联已经向德国提供了为数可观的原料，特别是谷物和石油，但是德国方面还要更多的原料。不过德国人渐渐发现，苏联不仅在政治方面，而且在经济方面，讨价还价起来也是一个精明厉害的对手。11月1日，戈林元帅、雷德尔海军元帅和凯特尔上将“分别”（魏茨泽克语）向德国外交部提出了抗议，说俄国对德国战争物资要求得太多了。一个月后，凯特尔又向魏茨泽克抱怨说，俄国对德国产品的需求，特别是对制造军火的机器设备的需求，“数量越来越大，越来越不讲理了”。[48]

但是，如果德国想从俄国那里得到粮食和石油，他们就得用莫斯科所需要的东西来偿付。被封锁的德国极其迫切地需要俄国供给这些必需品，1940年3月30日最严重的时候，希特勒甚至下令，向俄国送交战争物资应当先于德国武装部队。* [50] 德国甚至一度把尚未竣工的重巡洋舰“吕措号”也贴进去给莫斯科方面抵付一部分现款。在这以前，12月15日，雷德尔海军元帅曾经建议把正在建造的世界最大的战列舰“俾斯麦号”（4.5万吨）的蓝图和图纸售给俄国，只要他们肯出“一笔很高的代价”。[51]

1939年底，斯大林在莫斯科亲自参加了同德国贸易代表团举行的谈判。德国的经济专家们发现他是一个门槛很精的生意人。缴获的威廉街档案中，

* 德国占领了法国和低地国家之后，戈林就通知最高统帅部负责经济事务的托马斯将军：“元首指示我国对俄方的准时交货只到1941年春天为止。”他补充说：“此后，我们再也无意完全满足俄国人的要求了。”[49]

有好几份很长的备忘录详细地记述了同这位令人望而生畏的苏联独裁者三次难忘的会谈。他事无巨细无不熟悉，使德国代表们为之吃惊。他们发现斯大林是吓不倒、哄不过的，相反，他有时要求极苛，而且，正如纳粹谈判代表之一施努雷博士在给柏林的报告中所说的，他时常会“激动起来”。斯大林提请德国代表注意，苏联“已经帮了德国一个大忙，［并且］由于向德国提供了这种援助而树敌”。因此，苏联希望柏林方面能够给予某些补 667
偿。1939年新年前夜，在克里姆林宫的一次会议上，

> 斯大林指出，飞机的总价格是无法接受的，因为那比实际价格高出了好多倍。如果德国不愿意交付这些飞机，不妨把话说清楚。

2月8日午夜，在克里姆林宫的会议上，

> 斯大林要德国代表提出一个合适的价格，不要像以前那样索价太高。他还举出实例说，飞机的总价是3亿马克，而且德国把巡洋舰“吕措号”作价1.5亿马克。不要认为苏联老实可欺。[52]

1940年2月11日，一项复杂的贸易协定终于在莫斯科签字了。协定规定未来18个月内的最低限度换货额为6.4亿马克。这是对前一年8月间达成协议的1.5亿左右的年度贸易额的补充。俄国除了“吕措号”巡洋舰和“俾斯麦号”的蓝图以外，还将得到海军重炮和其他装备，约30架最新式的德国作战飞机，包括梅塞施密特109型和110型战斗机和容 88型俯冲轰炸机。此外苏联还将获得石油和电力工业方面的机器、火车头、涡轮机、发电机、柴油机、船只、工作母机，还有德国的大炮、坦克、炸药、化学战装备等的样品。[53]

德国方面在第一年中得到的物资，在最高统帅部也有记录——100万吨谷物，50万吨小麦，90万吨石油，10万吨棉花，50万吨磷酸盐，还有相当数量的各种其他重要原料和从苏联过境的100万吨中国东北的大豆。[54]

外交部经济专家施努雷博士代表德国方面在莫斯科进行贸易谈判，他回到柏林之后写了一篇很长的备忘录，报告他为德国争得了一些什么利益。

他说，斯大林除了向德国提供德国所急需的原料以外，他还答应“大力协助”，“在第三国代购金属和原料”。

> ［施努雷最后说道］这项协定为我国打开了通向东方的广阔门路……英国封锁的效果肯定将大大削弱。[55]

希特勒当时之所以不得不忍气吞声，采取在德国极不得人心的政策，支持俄国侵略芬兰，并且听任苏联在三个波罗的海国家建立陆空军基地
668 （归根到底这还不是为了对付德国吗？），原因之一就在这里。斯大林帮助他克服了英国的封锁。但更重要的是，斯大林使他有了单线作战的可能，使他能够在西线集中全部军事力量给法国和英国以致命的打击，征服比利时和荷兰，至于在这以后怎么办，希特勒已经把他的打算告诉他手下的将领了。

早在1939年10月17日，波兰战役刚刚结束的时候，他就提醒凯特尔，波兰领土

> 从军事观点来看对我国甚为重要，它可作为我们的前沿出击点和军队战略集中点。为此必须妥善保护铁路、公路等交通线路。[56]

1939年这个重要的年头临近结束之时，希特勒认识到，正如他在10月9日的备忘录中告诉将领们的那样，德国不能永远指望苏联保持中立。他说过，八个月或一年以后情况可能发生变化。在11月23日对各将领的长篇谈话中，他强调指出：“我们只有在西线毫无后顾之忧的时候才可能对俄国发动攻击。”这是他那忙碌的头脑所念念不忘的事。

这个决定命运的年头就在一种奇怪的，乃至可以说是怪诞悲惨的气氛中，逐渐变为历史的陈迹了。虽然世界大战已经爆发，陆地上却并没有战斗。在天空，巨型轰炸机所投掷的只是一些宣传小册子，而且是写得异常拙劣的宣传小册子。唯有在海上才有真正的交战。潜艇继续在荒凉寒冷、惊涛骇浪的北大西洋上击沉英国船只，有时中立国船只也有遭殃的。

在南大西洋，德国三艘袖珍战列舰中有一艘“施佩伯爵号”已经从待

命地区钻出来，在三个月内击沉了总吨位达5万吨的九艘英国货轮。接着，在战争开始后的第一个圣诞节的前两个星期左右，也就是1939年12月14日，德国报纸上印着狂热的大标题，无线电广播中飞也似的传出公报，到处传布海上大捷的消息，德国公众欢欣若狂。消息说，前一天“施佩伯爵号”在距蒙得维的亚400英里处同三艘英国巡洋舰遭遇，把它们打得不能作战了。但是狂喜很快就变成了困惑。三天以后报纸宣布，这艘袖珍战列舰已在上述乌拉圭首都港面的拉普拉塔河口自行凿沉。这算是什么大捷呢？12月21日，海军总司令部宣告“施佩伯爵号”舰长汉斯·朗斯多夫海军上校已“随舰殉职”，“他的战斗精神和英雄气概无愧于元首、德国人民和德国海军对他的期望”。

他们始终没有告诉可怜的德国人民：“施佩伯爵号”为三艘火力不及它
的英国巡洋舰所重创，[*]不得不驶入蒙得维的亚港修理，乌拉圭政府按照国际 669
法只让它停留72小时，这当然是不够的，可是那位“英雄”朗斯多夫舰长
又不敢开着他那艘遍体鳞伤的战舰出来同英舰继续作战，于是只得自行凿
沉。他自己并未随舰殉职，而是两天以后在布宜诺斯艾利斯一间孤寂的旅
馆房间里悄悄开枪自杀的。德国人民当然也无从得知12月18日约德尔将军
在日记中记下的那件事：元首“对‘施佩伯爵号’未经一战就自行凿沉一
事极为震怒”，于是把雷德尔海军元帅召来臭骂了一顿。[57]

12月12日希特勒颁发了另一项绝密指令，推迟了对西线的进攻，指令上注明新的决定要到12月27日才能做出，而“A日”最早也只能是1940年1月1日。他说，这样一来圣诞节就可照常给假。对德国人来说，圣诞节是一年中最重要的节日。但是据我的日记所载，那年冬天柏林的圣诞节是冷冷清清的，很少人家互赠礼物；食物限制很严；男人都出去打仗了；大街上由于灯火管制一片漆黑；百叶窗紧闭着，全拉上了窗帘。人人抱怨战争、恶劣的饮食和寒冷的天气。

希特勒和斯大林相互电贺圣诞节。希特勒的贺电是：

---

* 凿沉的前一天，戈培尔还命令德国报纸宣扬一条来自蒙得维的亚的假消息，说什么“施佩伯爵号”只受了“表面轻伤”，英方所谓该舰遭受重创的报道“纯属谎言”。

1939年12月，“施佩伯爵号”在蒙得维的亚港自沉。

祝您个人幸福，祝友好的苏联各族人民繁荣富强。

斯大林的复电是：

德苏两国人民用鲜血凝成的友谊有一切理由万古长青。

在柏林，冯·哈塞尔大使利用假期同他的密谋伙伴波比茨、格德勒和贝克将军进行了商议策划。他在12月30日的日记里记载着他们最后商得的方案：

让几个师在“从西线调往东线的途中”留在柏林。这时，维茨勒本突然在柏林出现，解散党卫军。以这个行动为基础，贝克将军将前往措森从布劳希奇手里把最高司令权接过来。由一名医生宣布希特勒因病不能继续任职，然后将他监禁起来。随即向全国人民呼吁：防止党卫军的暴行，恢复法治和基督教道德，继续作战，但准备在公平合理的基础上接受和平……

但是这完全是幻想，完全是空话。这些“密谋者”的思想甚至糊涂到这种程度：哈塞尔在日记中竟有一大段写的是考虑要不要留用戈林！ 670

戈林这时候却正同希特勒、希姆莱、戈培尔、莱伊以及其他纳粹党的头子们利用新年发布冠冕堂皇的文告。莱伊说：“元首永远是正确的！服从元首！”元首本人则宣称，发动战争的不是他而是“犹太人和资本主义战争贩子”。他接着又说：

> 我们举国团结一致，在经济上彻底做好了准备，军事上全副武装，跨入德国历史上这个最有决定意义的一年……愿1940年带来结果。不论发生什么情形，这个结果必将是我们的胜利。

12月27日，希特勒把在西线发动进攻的日期又推延了“至少两个星期”。1月10日他下令最后决定进攻日期为1月17日“日出前15分钟，即上午8点16分”。空军须在三天以前（即1月14日）就开始出击，它的任务是炸毁法国境内的敌方机场，但比利时和荷兰的机场不包括在内。这两个中立小国要对它们的命运捉摸不定，一直到最后一刻。

但是，1月13日这位纳粹统帅突然又“鉴于气象状况”再次下令延期。此后直到5月7日，缴获的最高统帅部的档案再没有提到西线的进攻日期。1月13日下令取消原定的进攻，气候可能是一个原因；但是现在我们知道，主要原因是另外两件事。一件事是1月10日有一架极为特殊的德国军用机不幸被迫在比利时境内降落，另一件事是这时北方出现了新的机会。

1月10日，希特勒下令定于17日假道比利时与荷兰发动进攻的当天，一架从明斯特飞往科隆的德国军用机在比利时上空云层中迷失方向，被迫在默兹河畔梅赫伦附近降落。机上的德国空军重要参谋军官赫尔穆特·赖因贝格少校的公文皮包里装着附有地图的西线德军进攻计划。当比利时士兵逼近时，这位少校慌忙钻入邻近的树丛，点起火来打算烧毁公文皮包中的文件。比利时士兵注意到这桩离奇的行动以后，扑灭了火焰，抢救了残余的文件。赖因贝格被押到附近的驻军司令部。一位比利时军官把未焚毁的一部分文件刚放在桌上，这位少校便不顾死活地扑过去，抓起文件就朝火炉里扔。那位比利时军官连忙将文件从火炉里抢了出来。

赖因贝格立刻通过德国驻布鲁塞尔大使馆报告柏林空军总部，他已将文件焚毁，“剩下的只是一块巴掌大的小残片”，但是柏林的高级人员中间已为这事惊慌失措。约德尔立刻就“敌人可能知道哪些情况和可能不知道哪些情况”向希特勒做了报告。其实他自己也不清楚。“如果全部文件落入
671 敌人手中，”他于1月12日晋见元首以后在日记里写道，“情况就非常糟糕了。”当晚，里宾特洛甫给布鲁塞尔德国大使馆拍去一份“特急”电，要他们立刻报告“公文皮包焚毁的情况”。约德尔的日记透露，1月13日上午，戈林同匆忙飞返柏林的驻布鲁塞尔空军武官以及空军高级军官开了一个会。“结论是：公文皮包确已焚毁。”约德尔记道。

但是约德尔的日记里说得很清楚，这不过是黑暗里走路吹口哨，给自己壮壮胆子罢了。根据他的日记，那天下午1点，最高统帅部“用电话命令哈尔德将军：一切行动停止”。

同一天，1月13日，德国驻布鲁塞尔大使紧急通知柏林，“由于比利时参谋总部接到了告警的报告”，比利时军队有大规模的调动。第二天，德国大使又向柏林发去一份“特急”电：比利时政府下令进入“D级阶段”，这离总动员的最后阶段只差一步了；同时还新征两级适龄壮丁入伍。他认为原因在于比利时得到了“德军在比利时和荷兰边境上调动的报告，并且知道了德国空军军官身上找到的那块没有烧完的文件的内容”。

1月15日晚，柏林高级将领们开始产生怀疑，不知道赖因贝格少校是否真正像他所说的那样把那份惹出麻烦的文件烧掉了。于是为这件事又开了一次会，会后约德尔在日记上说，大家认为文件“大概是焚毁了”。但是1月17日，比利时外交大臣保罗-亨利·斯巴克约见德国大使，直截了当地通知他（德国大使随即转告了柏林）：

由于1月10日紧急着陆的一架飞机，一份性质严重、非比寻常的

文件落入比利时手中。这份文件中有企图进攻的明白证据。这不是一份简单的普通作战计划，而是一份除了时间有待填入以外每个细节都做了规定的进攻命令。

德国方面始终未能完全确定斯巴克是不是在蒙德国人。至于盟国方面，英法参谋总部已经获得了这份德国进攻计划的抄本，他们倾向于认为这些德国文件是一个“圈套”。丘吉尔说他当时曾坚决反对这种看法，他悲叹对于这么严重的警告竟然没有采取任何行动。但是有一点是肯定的，1月13日，也就是希特勒获悉这事的第二天，他就下令推迟了进攻的日期，而且，等到春天再做决定的时候，整个战略计划都根本改变了。[58]

但是，德国飞机在比利时境内被迫降落和气候恶劣并不是延期进攻的唯一原因。这时德国悍然袭击更靠北方的另外两个中立小国的计划在柏林渐趋成熟，而且当时准备先予执行。随着春天的到来，至少在德国方面，假战争快要结束了。 672

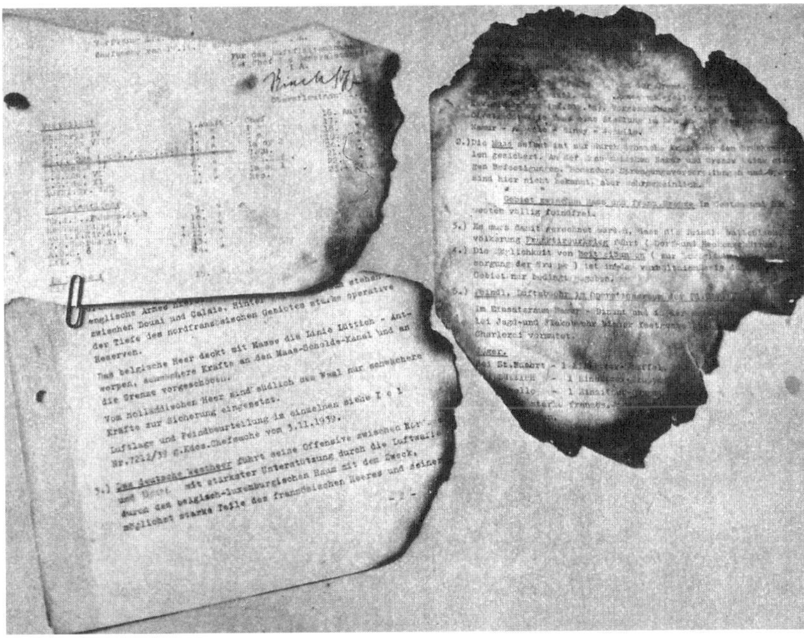

比利时方面缴获的未及烧完的“黄色方案”文件。

注　释

1. 富勒少将 :《第二次世界大战》，第55页。引自《头一个四分之一》，第343页。

2. 第三号指令全文，见《德国外交政策文件汇编》，第8卷，第41页。

3. 纳米尔 :《纳粹时代》，第459—460页。他在该书中引述了条约的法文文本。

4. 哈尔德于1948年9月8—9日在纽伦堡关于“政府各部案件”审讯中为被告们提出的证词，见《主要战犯的审讯》，第12卷，第1086页。

5. 约德尔1946年6月4日在纽伦堡为自己辩护时所提出的证词，见《主要战犯的审讯》，第15卷，第350页。

6. 凯特尔1946年4月4日在纽伦堡为自己辩护时所提出的证词，同上，第10卷，第519页。

7. 丘吉尔 :《风暴欲临》，第478页。

8.《海军事务元首会议记录》，1939年，第16—17页。

9. 魏茨泽克所写关于他同柯克谈话的报告，见《德国外交政策文件汇编》，第8卷，第3—4页。另见他在纽伦堡所做的关于他同雷德尔谈话的证词，载《主要战犯的审讯》，第14卷，第278页。

10.《主要战犯的审讯》，第35卷，第527—529页（纽伦堡文件804-D）。这项文件中收有雷德尔关于这次谈话的报告，也有美国海军武官给华盛顿方面的电报。

11. 邓尼茨在纽伦堡的画押供词，见《纳粹的阴谋与侵略》，第7卷，第114—115页（纽伦堡文件638-D）。

12. 同上，第156—158页。

13. 雷德尔在纽伦堡的证词，见《主要战犯的审讯》，第14卷，第78页；魏茨泽克在纽伦堡的证词，同上，第277，279，293页；汉斯·弗里茨彻（宣传部的一位高级官员，后来在审讯中被宣告无罪）在纽伦堡的证词，同上，第17卷，第191，234—235页。《人民观察家报》的文章载《纳粹的阴谋与侵略》，第5卷，第1008 页（纽伦堡文件3260-PS)。戈培尔的广播，见《柏林日记》，第238页。

14. 施密特关于这次谈话的报告，见《德国外交政策文件汇编》，第8卷，第140—145页。

15. 布劳希奇在纽伦堡的证词，见《主要战犯的审讯》，第20卷，第573页。最高统帅部作战日记的一条批注证实了这段引语。

16.《齐亚诺日记》，第154—155页。另见《齐亚诺外交文件集》，第309—316页。

17.《德国外交政策文件汇编》，第8卷，第24页。

18. 同上，第197—198页。

19.《德国外交政策文件汇编》，第7卷，第414页。

20. 希特勒的备忘录，见《纳粹的阴谋与侵略》，第7卷，第800—814页（纽伦堡文件L-52)；第六号指令，见《纳粹的阴谋与侵略》，第6卷，第880—881页（纽伦堡文件C-62)。

21. 全文载《战犯的审讯》，第10卷，第864—872页（纽伦堡文件NOKW-3433)。

22. 这个密谋见施拉布伦多夫 :《他们几乎杀死了希特勒》，第25页；另见吉斯维乌斯 :《至死方休》，第431页。

23. 惠勒-本内特在《权力的报应》第491页注中指明了德国方面的来源。另见哈塞尔 :《冯·哈塞尔日记（1938—1944)》和托马斯 :《思想与境遇》，载1946年12月号《瑞士月刊》。

24. 哈尔德在1946年2月26日在纽伦堡受审时的答复，见《纳粹的阴谋与侵略》，附件B，第1564—1575页。

25. 罗茨费尔斯 :《希特勒的德国国内反对派》。

26. 载《纳粹的阴谋与侵略》，第6卷，第893—905页（纽伦堡文件C-72）。

27. 比洛-施万特在纽伦堡军事法庭审理“政府各部案件”时就格德勒的信和他本人私下谒见利奥波德国王的情况作了证。见英文译文，载第9807—9811页。《德国外交政策文件汇编》，第8卷，第384页注中也曾提到。他警告柏林方面的电报，载《德国外交政策文件汇编》，第8卷，第386页。

28. 芬洛绑架案众说纷纭，参见潘恩·贝斯特：《芬洛事件》；舍伦贝格：《迷宫》；惠勒-本内特：《权力的报应》。

荷兰官方的记述载于荷兰政府向德国提出的抗议照会中，见《德国外交政策文件汇编》，第8卷，第395—396页。此外纽伦堡“政府各部案件”审讯时也透露了一些材料，见《主要战犯的审讯》，第12卷。

29. 见《主要战犯的审讯》，第12卷，第1206—1208页；另见《德国外交政策文件汇编》，第8卷，第395—396页。

30. 关于炸弹谋刺案的各种记述，参见贝斯特：《芬洛事件》；舍伦贝格：《迷宫》；惠勒-本内特：《权力的报应》；赖特林格：《党卫军》；拙著《柏林日记》；吉斯维乌斯：《至死方休》。纽伦堡审讯时也有一些材料，当时我做了笔记，用在这里。但是我在《纳粹的阴谋与侵略》和《主要战犯的审讯》各卷中都没有找到这些材料。

31. 逐字逐句的记录，载《纳粹的阴谋与侵略》，第3卷，第572—580页；另载《德国外交政策文件汇编》，第8卷，第439—446页（纽伦堡文件789-PS）。

32. 哈尔德11月23日的日记和他后来添加的脚注。布劳希奇在纽伦堡的证词，见《主要战犯的审讯》，第20卷，第575页。

33. 哈尔德在纽伦堡提审时的答话，见《纳粹的阴谋与侵略》，附件B，第1569—1570页。另见托马斯：《思想与境遇》，载1946年12月号《瑞士月刊》。

34. 哈塞尔：《冯·哈塞尔日记》，第93—94，172页。

35. 同上，第79，94页。

36. 根据卡纳里斯海军上将的日记，见《纳粹的阴谋与侵略》，第5卷，第769页（纽伦堡文件3047-PS）。

37.《纳粹的阴谋与侵略》，第6卷，第97—101页（纽伦堡文件3363-PS）。

38.《主要战犯的审讯》，第1卷，第297页。

39. 同上，第7卷，第468—469页。

40. 同上，第29卷，第447—448页。

41.《纳粹的阴谋与侵略》，第4卷，第891页（纽伦堡文件2233-C-PS）。

42. 同上，第891—892页。

43. 同上，第553—554页。

44.《德国外交政策文件汇编》，第8卷，第683页注。

45. 全文，同上，第604—609页。

46. 同上，第394页。

47. 同上，第213页。

48. 同上，第490页。

49.《纳粹的阴谋与侵略》，第4卷，第1082页。

50. 同上，第1082页（纽伦堡文件2353-PS）。

51.《德国外交政策文件汇编》，第8卷，第537页。

52. 同上，分别见第591，753页。

53. 1940年2月11日贸易条约全文和交货数字，见同上，第762—764页。

54.《纳粹的阴谋与侵略》，第4卷，第1081—1082页（纽伦堡文件2353-PS）。

55.《德国外交政策文件汇编》，第8卷，第814—817页（施努雷1940年2月26日的备忘录）。

56.《纳粹的阴谋与侵略》，第3卷，第620页（纽伦堡文件864-PS）。

57. 朗斯多夫动人的信载《海军事务元首会议记录》1939年第62页。关于此一战役及其后果的其他材料，见第59—62页。

58. 关于此次迫降，我利用了一些德国的原始材料：德国驻布鲁塞尔的大使和空军武官给柏林方面的报告（见《德国外交政策文件汇编》，第8卷）以及约德尔的日记。比利时人所抢救出来的德国在西线进攻的计划原文载《纳粹的阴谋与侵略》，第8卷，第423—428页（纽伦堡文件TC-58-A）。卡尔·巴茨在《当天空燃烧的时候》中对这一事件做了记述。丘吉尔的评述，见《风暴欲临》，第556—557页。他关于迫降的日期却是错误的。

第二十章

征服丹麦和挪威

德国最新侵略计划的代号叫作“威悉演习”——一个听起来没有什么恶意的名字。它的来由和发展都独具一格，与占了本书大量篇幅的无端进攻计划迥然不同。它不像其他计划那样是由希特勒想出来的，而是由一个野心勃勃的海军将领和一个糊里糊涂的纳粹党棍所创造的。这是德国军事侵略中由海军起决定作用的唯一行动。这也是由最高统帅部制订计划和发动陆、海、空三军协同作战的唯一行动。实际上，该计划甚至同陆军总司令部和陆军参谋总部都没有商量过，这使他们颇为不快。而且戈林也只是直到最后一刻才被允许参与其事，这使这个肥胖的空军头子极感愤怒。

德国海军长期以来就在注视着北方。德国没有直接进入大洋的出海口，这个地理事实在第一次世界大战时期就已经给它的海军军官留下了很深的印象。英国用鱼雷和巡逻舰队，从设得兰群岛到挪威海岸，横跨狭窄的北海，布置了一道严密的封锁网，卡住强大的德国海军，严重地阻碍了潜艇突破封锁进入北大西洋的企图，并且使德国商船不能出海。德国的外洋舰队从来也到不了外洋。在第一次世界大战时期，英国海军的封锁曾让德意志帝国窒息得喘不过气来。在两次大战期间，指挥规模不大的德国海军的一小撮海军军官们，仔细考虑了这一次的经验和这个地理事实，认为将来在对英作战时，德国必须设法在挪威获得基地，这样才能击破英国在北海的封锁线，为德国海面和海底舰艇打开通往广阔海洋的道路，从而使德国能够扭转局势，对不列颠群岛实施有效的封锁。

因此，这就难怪在1939年战争爆发的时候，德国海军里的第三号人
673 物——也是一个有力的人物——鲁尔夫·卡尔斯海军上将就开始给雷德尔海军元帅（根据后者的日记和在纽伦堡的证词）连连写信，说明“德国占领挪威海岸的重要性”。[1]雷德尔用不着怎样催促怂恿，就在10月3日波兰战役结束时，向海军作战参谋部提出秘密咨询，要求它调查在“俄国和德国的联合压力下，取得挪威基地”的可能性。他还就莫斯科的态度问题询问了里宾特洛甫，得到的回答是，从那里“可望得到全力的支持”。同时雷德尔告诉他的参谋部，必须尽快地把这种“可能性”告诉希特勒。[2]

10月10日，雷德尔在向元首提交的关于海军作战的长篇报告中，提出了取得挪威基地的重要性，并说必要时可以在俄国的帮助下实现这一点。就秘密记录所载的情况来看，这是海军第一次直接要求希特勒注意这个问题。雷德尔说，元首“立即看出了挪威问题的重要意义”，他要雷德尔把关于这个问题的报告留下，并且答应将适当考虑这个问题。但是这个纳粹统帅当时正忙于向西线发动进攻，以及设法克服他的将领们的动摇犹疑。[*]挪威问题他显然是顾不上了。[3]

但是过了两个月，这个问题又重新提上了日程，这有三个原因。

一个原因是严冬的降临。德国的生存要依靠从瑞典进口的铁矿砂。战争的第一年，德国每年消耗的1 500万吨铁矿砂之中，就有1 100万吨要靠从瑞典进口。在天气暖和的月份里，铁矿砂还可以从瑞典北部经波的尼亚湾越过波罗的海运到德国。即使在战时，这一条路线也不会发生问题，因为波罗的海已经有效地封锁起来，英国的潜艇和舰只无从进入。但是到了冬天，这一条海道运输线由于结了厚冰，就不能使用了。在严寒的季节，

---

* 10月10日，希特勒召集了他的军事首脑，对他们宣读了一个关于必须立即向西线进攻的长篇备忘录，并发出第六号指令，要求他们准备通过比利时和荷兰发动进攻（见本书原文第644—646页）。

瑞典的铁矿砂只好改由铁道运到附近的挪威港口纳尔维克，然后再用船沿挪威海岸运到德国。德国运铁船的整个航行路线都在挪威领海以内，这就避免了英国海军舰艇和轰炸机的破坏。

因此，正如希特勒最初对海军指出的那样，一个中立的挪威有它的好处。这可以使德国不受英国的干扰而得到它生存所必需的铁矿砂。

在伦敦，英国当时的海军大臣丘吉尔马上看到了这一着。在战争爆发以后的最初几周中，他曾经努力说服内阁批准他在挪威领海内布雷，以便
阻止德国运输铁矿砂。但是张伯伦和哈利法克斯不愿侵犯挪威的中立，这 674
个建议就这样暂时被搁置起来了。[4]

1939年11月30日俄国对芬兰的进攻，根本改变了斯堪的纳维亚半岛的局势，大大增加了它对西方盟国和德国的战略上的重要性。法国和英国都在苏格兰着手组织远征军，准备援助勇敢的芬兰人，后者出乎意料地对红军的进攻坚持进行了顽强的抵抗。但是远征军只有通过挪威和瑞典才能到达芬兰，而德国也立即看出，如果盟军被允许通过或者径自通过这两个斯堪的纳维亚半岛国家的北部，那么他们就会以维持交通为名，留驻足够的

苏芬冬季战争期间，苏联军队穿着冬季伪装和滑雪板夜行军穿过卡累利阿地峡。

兵力在那里，以便完全截断瑞典铁矿砂对德国的供应。*此外，西方盟国也一定会从北方包围德国。雷德尔海军元帅毫不迟缓地提醒希特勒注意这一威胁。

德国的这位海军首脑，现在已经在挪威本国找到一个叫作维德孔·亚伯拉罕·劳里茨·吉斯林少校的有用的同盟者，来推行他的计划。这个人的名字很快就会在各种语言中成为卖国贼的同义词。

维德孔·吉斯林的出现

吉斯林在开始他的生涯之初还是相当体面的。他于1887年出生在一个世代务农的家庭里，以全班第一名的成绩从挪威军事学院毕业。当他还是20多岁的时候，就被派到彼得格勒担任陆军武官。由于他在英国和布尔什维克政府断绝关系期间曾代为照料英国的利益，英国政府授给他大英帝国勋章。这时他既对英亲善，也对布尔什维克亲善。他作为挪威著名探险家和慈善家弗里乔夫·南森的助手，曾在苏俄待了一段时间，从事救济工作。

共产党人在俄国的成功，使这名年轻的挪威军官颇为心折；因此，当他回到奥斯陆的时候，就向工党毛遂自荐，愿意效劳，当时工党还是共产国际的成员之一。他曾建议由他来组织一支“赤卫队”，但是工党对他和他的计划并不信任，拒绝了他。于是，他就掉转方向，走到另一极端去了。
675 他在1931年至1933年期间担任国防大臣之后，就在1933年5月剽窃刚在德国获得了政权的纳粹党的理论和策略，创立了一个叫作“国家统一党”的法西斯政党。但是纳粹主义在挪威富饶的民主土地上吃不开，吉斯林自己甚至连一个议员的席位也没有弄到手。他在选举中被本国人民唾弃以后，就转而投靠纳粹德国去了。

他和德国纳粹运动的官方哲学家、头脑糊涂的阿尔弗雷德·罗森贝格建立了关系。这个哲学家曾担任过许多职位，其中之一就是纳粹党的外交

* 这个推测是正确的。现在人们已经知道，1940年2月5日在巴黎召开的盟国最高军事会议决定，在派遣远征军前往芬兰时，在距离瑞典铁矿场不远的纳尔维克登陆的军队必须占领这些矿场（见拙著：《斯堪的纳维亚的挑战》［*The Challenge of Scandinavia*］，第115—116页注）。丘吉尔说，在那次会议上，决定“顺便对耶利瓦勒的铁矿加以控制”（《风暴欲临》，第560页）。

事务办公室主任。这个希特勒的启蒙导师之一，波罗的海来的白痴，以为他已在这个挪威军官的身上找到了机会，因为罗森贝格醉心的幻想之一就是建立一个排除犹太人和一切“不纯”种族的北欧大帝国，在纳粹德国领导之下，最后统治全世界。从1933年以后，他一直和吉斯林保持联系，给吉斯林灌输了自己的荒谬的哲学和宣传。

1939年6月，当欧洲正是战云密布的时候，吉斯林乘出席在吕贝克举行的北欧协会会议的机会，要求罗森贝格不仅在理论上而且在其他方面给予支持。根据在纽伦堡公开出来的罗森贝格的秘密报告，吉斯林曾就战争一旦爆发时英国有控制挪威的危险这个问题警告过罗森贝格，并且提到德国占领挪威的好处。他要求对他的党和报纸给予实质上的援助。罗森贝格是个打报告的能手，他写了三份报告，分送给希特勒、戈林和里宾特洛甫，但是并未得到这三个头领的重视——在德国没有一个人把这个“官方哲学家”当作一回事。罗森贝格总算为吉斯林的25个强壮的冲锋队员安排好于8月间在德国进行两周训练。

在战争的最初几个月中，雷德尔海军元帅——至少他在纽伦堡是这样供认的——同罗森贝格和吉斯林都没有什么接触。他同前者不甚相识，至于后者，他根本没有听到过名字。但在俄国进攻芬兰以后，雷德尔立即就开始从驻奥斯陆的海军武官里夏德·施赖伯上校那里得到关于盟军就要在挪威登陆的消息。他在12月8日把这个消息告诉了希特勒，并且直率地提出意见说：“必须占领挪威。”[5]

不久，罗森贝格写了一份《关于挪威枢密顾问吉斯林来访》一事的备忘录（没有日期）给雷德尔。这个挪威阴谋家已经到了柏林，罗森贝格认为应该告诉雷德尔他是怎么样一个人，是来干什么的。他说，在挪威陆军的主要军官之中，有许多人同情吉斯林。为了证明这一点，吉斯林给他看了纳尔维克驻军司令康拉德·孙德洛上校一封最近的信。这封信把挪威首相说成是“一个呆木头”，把他的一个主要大臣说成是“一个老酒鬼”，并且宣告他自己愿意“粉身碎骨，举行全国起义”。但是，孙德洛上校后来临到要保卫国家、抵抗侵略时却没有粉身碎骨。

罗森贝格告诉雷德尔说，实际上吉斯林有一个政变计划。这个计划想 676
来一定会得到柏林的重视，因为它是从德奥合并事件抄袭过来的。吉斯林

维德孔·吉斯林（左）与阿尔弗雷德·罗森贝格。

的一些冲锋队员将在德国由“有经验的、顽强的、善于这种活动的纳粹党人”施以紧急训练。这些人受过训练回到挪威之后，将占领奥斯陆的战略据点，

> 同时，德国海军和德国陆军分遣队，应挪威新政府的特别要求，将在奥斯陆附近的一个预定的港湾出现。

这是德奥合并策略的全部重演，只是由吉斯林担任赛斯-英夸特的角色而已。

> ［罗森贝格又说］吉斯林认为这样一种政变……会得到陆军中现在和他有联系的那一派人的赞同……至于国王，他相信会接受这种既成事实的。
>
> 吉斯林对于需要使用多少德国部队来支持这一行动的估计，与德国方面所做的估计是一致的。[6]

雷德尔海军元帅在12月11日和吉斯林见了面。这次会见是由一个叫作维拉姆·哈格林的挪威商人通过罗森贝格安排的，这个商人由于业务关系大部分时间都住在德国，他是吉斯林在德国的主要联络员。哈格林和吉斯林告诉雷德尔许多消息，他都及时记录在海军的机密档案里。

> 吉斯林说……英国计划在斯塔万格附近登陆，而克里斯蒂安桑则被提出可能作为英国的基地。挪威的现政府、议会以及整个外交政策都控制在霍尔-贝利沙*的亲密友人、著名的犹太人汉布罗［卡尔·汉布罗是挪威议会主席］手中……关于英国占领后对德国所造成的危险，他做了详尽的叙述……

为了在英国行动之前先发制人，吉斯林建议“把必要的基地交由德国武装部队自由处理。在整个沿海地区的铁路、邮政和交通的重要岗位上的人员，已经为这一目的而被收买过来了”。他和哈格林来到柏林是为了建立“将来和德国的明确关系……希望能召集会议讨论有关联合行动和把部队运到奥斯陆去等问题”。[7]

雷德尔被深深地打动了，后来他在纽伦堡供认了这一点。他对他的两个客人说，他要和元首商量一下，然后把结果通知他们。第二天他就这样办了，开会的时候，凯特尔和约德尔也在场。这个海军总司令（在缴获的文件中有他关于这次会议的报告）对希特勒说，吉斯林已经给他“一个可靠的印 677
象”。然后他就简要叙述了这个挪威人所制订的计划，强调吉斯林“和挪威陆军军官们的密切关系”，以及他为了“举行一次政变以接管政府并请求德国援助”所做的准备工作。所有出席的人一致认为，不能让英国占领挪威，但是雷德尔却忽然谨慎起来。他指出，德国对挪威的占领，“自然会招致英国采取有力的对策……而德国海军还没有充分的准备，足以做长期的对抗。万一要实行占领的话，这是一个弱点”。另一方面，雷德尔又建议准许最高统帅部

> 与吉斯林一起制订计划，以进行准备工作和按下列两种方法之一实行

---

* 当时英国保守党政府的一个大臣。——译者

占领：

一、通过友好方法，即由挪威要求德国军队协助；

二、通过武力。

希特勒并没有准备好在这个时候走这一着。他回答说，他首先要亲自和吉斯林谈一谈，“以便对他有所了解”。[8]

就在第二天，即12月14日，他和吉斯林谈了话。雷德尔亲自把这两个挪威卖国贼送到总理府。这次会见的记录虽然没有找到，但是吉斯林，正如他给那位海军首领留下了深刻印象一样，显然也给这位德国独裁者留下了深刻的印象。* 因为就在当天晚上，希特勒即命令最高统帅部和吉斯林会商，草拟一项计划。哈尔德听说这个计划也将把对丹麦的进攻包括在内。[10]

12月16日和18日，尽管希特勒忙于应付有关“施佩伯爵号”的坏消息，他还是连续两次接见了吉斯林。可是，海军的受挫看来使他对于主要依靠海军进行的斯堪的纳维亚冒险更加小心起来。据罗森贝格说，元首对吉斯林强调，“挪威的态度最好是……完全中立”。但是如果英国人准备入侵挪威，德国人就不能不抢先占领。同时，他也将供给吉斯林一些经费，以对付英国的宣传和加强他自己的亲德活动。1月间，先拨给了他20万金马克，并答应从3月15日开始每月给1万英镑，连续三个月。[11]

圣诞节前不久，罗森贝格派了一个名字叫作汉斯-威廉·沙伊特的特务到挪威去和吉斯林一道工作。圣诞假期中，有少数参与内幕的最高统帅部
678 军官，开始考虑最初定名为“北方研究”的计划。海军方面对此是有意见分歧的。雷德尔确信英国想在不久的将来进入挪威，但海军作战参谋部的作战处却不同意这种看法，在它的1940年1月13日的秘密作战日志里，透露了他们的不同意见。[12]

作战处**不**相信英国有可能马上占领挪威……［它］认为如果没有英国进攻的威胁，德国占领挪威就将是一个危险的行动。

---

* 他没有给德国驻奥斯陆的公使库尔特·布罗伊尔博士怎样好的印象。布罗伊尔在12月间曾两次写信警告柏林说，吉斯林“是一个不值得重视的人物……他的影响和前途是……微不足道的”。这位公使由于他的坦率和不愿参加希特勒的阴谋而很快就不得不付出代价。[9]

因此，海军作战参谋部得出结论说，“最有利的解决办法，无疑就是维持现状”，并且强调说这样就可以继续利用挪威的领海，使铁矿砂的运输“完全安全”。

希特勒对于海军的迟疑和最高统帅部在1月中旬向他提出的“北方研究”的结果报告都感到不满。1月27日，他要凯特尔发出一道绝密的指令，说明“北方研究”的下一步工作将在元首“本人的直接监督之下”继续进行，并指示凯特尔负责准备一切。于是在最高统帅部成立了一个由海、陆、空三军各派一名代表组成的工作小组。这一军事行动计划以后就用“威悉演习”的代号。[13]

这一步骤似乎表明希特勒对于占领挪威不再犹疑不决了。如果在他的思想上还有任何怀疑的话，那么，经过2月17日在挪威领海上发生的事件，他的任何疑团都完全消散了。

原来，“施佩伯爵号”的一艘辅助补给舰“阿尔特马克号”设法通过了英国封锁线偷偷地向德国开回来。它2月14日在挪威领海内向南朝德国航行时，被一架英国侦察机发现了。英国政府知道，舰上装有被“施佩伯爵号”击沉的英国船只被俘船员300人，他们是被当作战俘运到德国去的。挪威海军军官曾对“阿尔特马克号”供应舰做了一次马马虎虎的检查，发现舰上并没有俘虏，也不是武装舰只，于是发给通行证，准予开回德国。但是丘吉尔了解到的情况却不是这样，他亲自命令一个英国驱逐舰队开入挪威领海去登上德国船解救俘虏。

英国驱逐舰“哥萨克号”在舰长菲利普·维安海军上校的指挥下，于2月16日夜间在“阿尔特马克号”隐藏地点戈斯兴湾去执行它的任务。经过一阵混战之后，德国方面死亡4人，受伤5人，英国上船的人员解救了299名海员，这些人原来都被关在货仓里和一个空油槽内，为的是避免被挪威人发现。

挪威政府就英国侵犯挪威领海提出了强烈的抗议，但张伯伦在下院作答说，挪威准许德国人使用自己的领海，运输英国俘虏到德国战俘营去，679
本身就已经违反了国际法。

对于希特勒来说，这使他最后打定了主意。他由此认为，挪威不会认真反对英国在自己的领海内使用武力。从约德尔的日记中可以看出，“阿尔特马克号”舰上的“施佩伯爵号”船员没有做更顽强的战斗——“没有抵抗，英国未受损失”——也使希特勒非常愤怒。据约德尔的日记透露，2月19日希特勒极力催促完成“威悉演习”的计划。他对约德尔说：“把舰只装备好，把部队准备好。”他们还缺一个领导这整个行动的军官，因此，约德尔就提醒希特勒，已经到了指派一位将军和参谋人员的时候了。

凯特尔提出一个军官，他就是曾在第一次世界大战末期随冯·德·戈尔茨将军的师团在芬兰作战过的尼古拉斯·冯·法尔肯霍斯特将军，他现在正在统率西线的一个军。希特勒过去对于指派一个指挥官来从事北方冒险这样的小事一直没有放在心上，这时马上就把他召回来了。这位将军虽然出身于原来叫作雅茨仁伯斯基而现在又改称为法尔肯霍斯特（德文的意思是“鹰巢”）的西里西亚的军人世家，但元首并不认识他。

法尔肯霍斯特在纽伦堡的一次提审中，曾谈起2月21日清晨他们第一次在总理府见面时的情况，这次会见是很耐人寻味的。法尔肯霍斯特从来也没有听见过什么“北方研究”计划，而且他也是第一次面对这个纳粹统帅，希特勒显然没有能使他像所有其他将领那样产生敬畏的情绪。

> ［他在纽伦堡说］我听命坐下。后来我又遵命把1918年芬兰作战的情况告诉元首……他说：“坐下，把当时的情况告诉我。”我就说了。
>
> 后来，我们站了起来，他把我带到铺满了地图的一张桌子旁边。他说：“……德国政府已经知道英国人企图在挪威登陆……”

法尔肯霍斯特说，他从希特勒那里得到的印象是：“阿尔特马克号”事件对元首的“立即执行计划”起了最大的影响。使这位将军感到惊奇的是，他当场立即就被指派为执行这个计划的总司令。希特勒还说，陆军将交给他五个师由他指挥，目的是占领挪威几个主要的港口。

希特勒在中午时分叫法尔肯霍斯特退下，并且要他在下午5时带着他的占领挪威的计划回来报告。

> ［法尔肯霍斯特在纽伦堡说］我出去买了一本旅行指南，想看看挪威究竟是什么样子。我对它一点也不了解……后来，我回到了我

的旅馆房间里，根据旅行指南进行工作……下午5时，我回到元首那 680
里去。[14]

最高统帅部制订的计划从来也没有给这位将军看过，因此他根据一本旧旅行指南制订出来的计划可以想象得到，是相当粗糙的，但看来却已经使希特勒满意了。计划预定在奥斯陆、斯塔万格、卑尔根、特隆赫姆和纳尔维克五个挪威港口各分配一个师的兵力。法尔肯霍斯特后来说："你所能做的也就是如此而已，因为它们都是大港口。"这位将军在宣誓保守秘密和受到"赶快进行"的催促以后，就告辞出来，开始进行工作了。

正在忙于准备进攻西线的布劳希奇和哈尔德对于这些工作的进行基本上是不知道的。直到2月26日法尔肯霍斯特谒见陆军参谋总长并请求派一些部队，尤其是山地作战部队来执行他的任务，到这时候，他们才知道有这么一回事。哈尔德并不怎么积极合作；实际上他很为恼火，他要求更多地了解到底是怎么一回事，还有什么需要。哈尔德在日记里叹息说："这些事情，元首和布劳希奇从来没有商量过，这种情况必须在这次的战争史上记载下来！"

然而，对这些旧派将领，尤其是对他的参谋总长异常瞧不起的希特勒，是不能推三阻四的。他在3月29日*热心地批准了法尔肯霍斯特的计划，包括增加两个山地作战师，并且宣称还需要更多的部队，因为他要"在哥本哈根摆下重兵"。丹麦肯定成了希特勒的进攻对象；因为空军想得到那里的基地，以便进攻英国。

第二天，3月1日，希特勒为"威悉演习"发出了一道正式指令。

绝　密

最高机密

斯堪的纳维亚局势的发展，要求做占领丹麦和挪威的一切准备。这一作战行动，可以防止英国对斯堪的纳维亚和波罗的海的侵犯。此外，它还可以保证我们在瑞典的铁矿基地，并为我们的海军和空军提

---

* 应为2月29日。——译者

供进攻英国的更为广阔的出发线……

从我们的军事、政治力量和斯堪的纳维亚各国的军事、政治力量的对比来看，使用于“威悉演习”的兵力，越少越好。数量上的弱点，应以大胆行动和出奇制胜来弥补。

在原则上，我们应当竭力使这一行动像是一次**和平**占领。它的目的是以武力维护斯堪的纳维亚各国的中立。相应的要求将于占领之初递交给这些国家的政府。必要时将举行海、空军示威，以便为这些要求提供必要的压力。如果示威不行，遇到抵抗，就用一切军事手段加
681 以击溃……越过丹麦国界和在挪威登陆，必须**同时**进行……

最重要的是，对于斯堪的纳维亚各国和西方的敌人，应该用**奇兵袭击**……只有在从海上出发的时候，才让部队知道实际的目标。[15]

据约德尔报告，就在3月1日那天晚上，陆军总司令部由于希特勒要求抽调军队到北方作战而“大为生气”。第二天戈林又对凯特尔“发了一顿脾气”，并且跑到希特勒那里去诉苦。这名肥胖的元帅，由于长期以来未得参与机密，并且由于空军已经置于法尔肯霍斯特的指挥之下而感到愤怒。希特勒在一场严重的互争权力的威胁之下，于3月5日召集三军领袖到总理府，企图平息这场纠纷，但是也无济于事。

［约德尔在日记里写道］元帅［戈林］之所以生气，是因为事先没有跟他商量。这次讨论几乎是他一人在说话，他还试图证明所有以前的准备都毫无用处。

希特勒为了安抚他，稍微做了一些让步，计划仍迅速进行。根据哈尔德的日记，他早在2月21日就有这样的印象：对丹麦和挪威的进攻，要在对西方发动了进攻并取得一定的成就以后才开始。究竟先开始哪一个行动，希特勒自己是犹豫不决的，并且在2月26日向约德尔提出这个问题。约德尔建议把这两个行动完全错开，希特勒同意说：“如果可能的话，就这样办。”

3月3日，他决定“威悉演习”应该在“黄色方案”（进攻西线的代号）

之前执行，并且“很严厉地”对约德尔说：“必须在挪威迅速采取强而有力的行动。”这时，勇敢但是在人力上寡不敌众和武器上弱不敌强的芬兰军队，遭到俄国的强大进攻，正面临着覆灭的灾祸。据可靠的报告，英法的远征军即将从苏格兰基地开往挪威登陆，准备通过挪威和瑞典到芬兰去援救芬兰人。* 这一威胁就是希特勒急于行动的主要原因。 682

但是，3月12日，俄芬战争突然由于芬兰接受俄国苛刻的媾和条件而停止了。这在柏林受到了普遍的欢迎，因为它使德国不用再不得人心地支持俄国进攻芬兰，而且也使苏联接管波罗的海的企图暂时中止下来。但是，就希特勒自己在斯堪的纳维亚的冒险来说，俄芬战争的停止使他感到很为难。正如约德尔在日记中所吐露的那样，这将“难以解释”占领挪威和丹麦的“动机”。他在3月12日写道：“芬兰和俄国的媾和，使英国而且也使我们失去了占领挪威的任何政治依据。”

希特勒现在确实很难找到借口。3月13日，忠实的约德尔写道：元首“还在找寻理由”。第二天，他又写道：“元首对于如何为‘威悉演习’辩解，还没有拿定主意。”更糟糕的是，雷德尔开始泄气了。他“怀疑在挪威搞预防性战争（？）是不是还有重要意义”。[16]

现在希特勒踌躇起来了。这时，又遇到了另外两个问题：(1) 怎样应付美国副国务卿萨姆纳·威尔斯，他是奉罗斯福总统之命于3月1日到达柏林，企图试探在西线开始大屠杀以前是否有终止战争的可能性的；(2) 怎样取得由于受到忽视而被激怒了的意大利盟国的谅解。希特勒还没有考虑怎样答复墨索里尼1月3日的一封盛气凌人的来信。柏林和罗马的关系显然已

---

* 3月7日，英国参谋总长艾恩赛德将军通知曼纳海姆元帅说，盟国远征军57 000人准备援助芬兰人。如果挪威和瑞典准许通过的话，第一个师的15 000人可在3月底到达芬兰。事实上，曼纳海姆知道，五天之前，即3月2日，挪威和瑞典都再一次拒绝了法、英提出的给予过境权的要求。尽管如此，达拉第在3月8日还是责备芬兰人没有**正式**要求盟国派遣军队，而且还暗示，盟国仍将派军前去，而不顾挪威和瑞典的抗议。但是曼纳海姆是骗不了的。他曾劝告他的政府在芬兰军队仍然保持实力、没有战败以前就求和，并于3月8日同意立即派遣媾和使团去莫斯科。这位芬兰总司令看来对法国人这种不在法国本国的前线作战而在芬兰前线作战的热情是颇为怀疑的（见《曼纳海姆元帅回忆录》[*The Memoirs of Marshall Mannerheim*]）。

人们不难推测，如果英法远征军真的到达芬兰并对俄国人开战，那么在交战国之中将会引起多么混乱的局面！因为在一年多之后，德国就将对俄国开战，那样一来，在西方彼此为敌的国家在东方就要成为盟国了。

经冷淡下来了。德国人有一定的理由相信，萨姆纳·威尔斯现在到欧洲来，是想把意大利从已经有裂痕的轴心拉开，并且说服它：如果战争继续下去的话，无论如何也不要和德国一起作战。各种警告从罗马传到柏林，说明现在已经是采取措施使这位怀恨在心的意大利领袖保持联合的时候了。

希特勒会晤萨姆纳·威尔斯和墨索里尼

希特勒、戈林和里宾特洛甫对于美国情况的愚昧无知，简直达于极
683 点。* 虽然他们这个时候的政策是企图使美国置身于战争之外，但他们却像1914年他们的柏林前辈一样，并不认真地把美国看成一个有强大军事潜力的国家。早在1939年10月1日，德国驻华盛顿的陆军武官弗里德里希·冯·伯蒂歇尔将军就曾经劝告柏林的最高统帅部用不着担心美国会派远征军到欧洲来。12月1日，他又进一步通知他在柏林的陆军上司说，美国的军事装备完全不足以执行“进攻性的战争政策”，并且还说，“国务院的不起作用的仇恨政策和罗斯福的一时冲动的政策常常是以对美国军事力量估计过高为依据而制定出来的，与这些政策相反”，华盛顿的参谋总部“对于德国和它从事战争的原因还是有所了解的”。在他的第一次报告里，伯蒂歇尔写道，“林德伯格和著名飞行家里肯巴克”都主张

---

* 希特勒对美国的奇怪见解，在前几章中已经举了一些例子，但是在缴获的外交部文件中，有一份暴露当时希特勒思想状态真相的记录。3月12日，希特勒和了解美国的德国“专家”柯林·罗斯做过一次长谈。罗斯刚从美国归来不久，他曾在美国做了一次讲演旅行，卖力地给纳粹党进行过一些宣传。在罗斯谈到有一种“帝国主义倾向”在美国甚为流行的时候，希特勒问道（根据施密特博士的速记记录）:“这种帝国主义倾向是不是会助长把加拿大合并到美国的愿望，从而形成反英的态度。”

必须承认，希特勒的美国问题顾问在使他了解美国的问题上并没有多大帮助。这次会见中，罗斯在回答希特勒询问美国为什么会这样极力反德的时候谈了一些话，其中有一段是这样讲的：

> ……仇恨德国的另一个因素……是犹太人的巨大优势。他们以非凡的才干和组织能力领导着反对德国和纳粹党的斗争……
>
> 柯林·罗斯随后谈起罗斯福。他认为，罗斯福是希特勒的仇敌，这是出于个人嫉妒，也是出于个人权力欲……他是和元首在同一年获得当权地位的，他眼看着元首完成了伟大的计划，而他自己……却没有达到目的。他也有在某些方面与纳粹党极其相似的独裁理想。然而正是由于看见希特勒达到了目的，他却没有达到，这就促成了他的病态野心，想在世界舞台上同元首竞争。……

在柯林·罗斯走了以后，希特勒说罗斯是一个的确有许多好意见的非常聪明的人。[17]

美国置身于战争之外。但是，到了12月1日，尽管他低估美国的军事力量，他仍然警告最高统帅部说："如果美国认为西半球受到威胁，它还是会参战的。"[18]

德国驻华盛顿代办汉斯·汤姆森曾尽最大努力向他在柏林的无知的外交部长提供美国的一些事实。9月18日，当波兰战争将近结束的时候，他警告德国外交部说："美国绝大多数人民都同情我们的敌人，美国深信德国是犯有战争罪行的。"在同一份报告里，他还指出，德国想在美国进行破坏活动的任何企图都会引起可怕的结果。他要求不要以"任何方式"进行这一类破坏活动。[19]

这个要求显然没有得到柏林方面的重视，因为在1940年1月25日，汤姆森又打电报给柏林说：

> 我得知纽约的一个美籍德人冯·豪斯贝格尔和一个德国公民瓦尔特，据说在德国谍报局的指使之下，计划对美国军事工业进行破坏。684
> 据信冯·豪斯贝格尔家里藏有雷管。

汤姆森要求柏林停止这种做法。他说：

> 要使美国参战，再也没有比重复采用上次世界大战时驱使美国参加我们敌人行列的那种行动更加可靠了，再说，那种行动并不能对美国的战争工业造成丝毫破坏。

此外，他又说："无论从哪方面来看，这两个人都不适宜做谍报局的特工人员。"*

---

* 魏茨泽克回答说，卡纳里斯曾亲自向他保证，汤姆森提到的那两个人都不是谍报局的特工人员。但是任何真正的谍报组织都是不会承认这一类事情的。据外交部其他文件透露，1月24日有一个谍报局的特工人员奉命离开布宜诺斯艾利斯向住在新泽西州维霍肯的弗里茨·冯·豪斯贝格尔报到，以"接受我们专业方面的指示"。另一个特工人员在12月间从同一个地点被派遣到纽约，收集关于美国飞机制造厂和向盟国运送武器的情报。2月20日，汤姆森自己对于康斯坦丁·冯·迈德尔男爵的到来提出了报告。这个人是爱沙尼亚籍的波罗的海日耳曼人，他对华盛顿的德国大使馆说，他是谍报局派来进行一项破坏活动的。

从1938年11月罗斯福召回美国驻柏林大使以抗议纳粹对犹太人的公开屠杀以来，两国都没有大使驻在对方了。贸易已减少到最小数额，这主要是由于美国的抵制，而现在又被英国的封锁完全截断了。1939年11月4日，参众两院表决解除了禁止军火出口令，这就打开了美国向西欧盟国供应军火的道路。萨姆纳·威尔斯就是在这种两国关系迅速恶化的情况下于1940年3月1日到达柏林的。

萨姆纳·威尔斯到达柏林的前一天，即2月29日——这一年是闰年——希特勒采取了非常的步骤，发出一道秘密的“如何和威尔斯先生谈话的指令”。[20]指令要求德国方面持“保留态度”，并且告诫要“尽量让威尔斯先生发言”。这个指令为接待美国特使的全体高级官员规定了五点准则。德国的主要论点是，德国并没有对英法两国宣战，而是英法两国向德国宣战；元首曾于10月间向它们提出和平的建议，但它们拒绝了；德国接受了挑战；英法进行战争的目的是想“毁灭德意志国家”，因此，德国没有选择的余地，只好继续战争，等等。

> ［希特勒最后说］应当尽量回避具体政治问题的讨论，例如未来的
> 685 波兰国家等问题。如果［他］提出这类问题，可以说这种问题要由我作决定。不言而喻，奥地利问题和波希米亚及摩拉维亚保护国的问题，是完全没有讨论余地的……
>
> 凡是可以被解释为……德国对于现在讨论和平的可能性表露有任何兴趣的话，都应避免。说得更恰当一点，我要求不要让萨姆纳·威尔斯先生有丝毫理由怀疑德国要胜利结束这场战争的决心……

不仅里宾特洛甫和戈林，连希特勒自己分别在3月1日、2日和3日先后接见威尔斯的时候，也是极其严格地按指令行事的。根据缴获文件中施密特博士所做的长篇谈话记录来判断，这位有些沉默寡言、老于世故的美国外交官必然会以为他到了一所疯人院，如果他还相信自己的耳朵的话。这三个纳粹巨头，个个都对威尔斯大肆曲解历史，他们极其荒谬地歪曲事实，甚至连最简单的字都失去了原来的

意义。[*]希特勒在3月1日发出他的“威悉演习”的指令，第二天接见威尔斯时却坚持说，盟国的战争目的是“消灭”，而德国的战争目的是“和平”。他向他的来客大谈其为了与英、法保持和平所做的一切努力。

> 在战争爆发前不久，英国大使曾坐在萨姆纳·威尔斯现在所坐的地方，元首向他提出他一生中最大的建议。

他对那个英国人所提的建议都被拒绝了，英国现在一心一意要毁灭德国。因此，希特勒认为：“这场战争将不得不打到底……除了一场你死我活的搏斗之外，没有别的解决办法。”

这就难怪威尔斯向魏茨泽克老实说并又向戈林重复：如果德国决心要在西线取得军事胜利，那么，他的欧洲之行“就毫无意义……而他也就没有别的话要说了”。[21†] 686

虽然威尔斯在与德国人谈话时强调说，他在这次旅行中从欧洲政治家那里所听到的话都是为了传达给罗斯福一个人听的，但是他却认为不妨自作主张告诉希特勒和戈林：他曾和墨索里尼做过“长时间的、建设性的、有益的”谈话；墨索里尼认为“在欧洲实现持久的巩固的和平，还是有可能的”。德国人这时看到，如果意大利独裁者真有这样的想法，那么，现在

---

*“在上帝和全世界的人们面前，”戈林对威尔斯大声说，“他，作为陆军元帅，敢说德国是不要战争的。战争是强加在它身上的……当别人要毁掉它时，德国又有什么办法呢？”

† 当时有一个完全非官方的美国调解人在柏林，他是通用汽车公司的副董事长詹姆斯·D.穆尼。据我的记忆，他是在战争爆发前后不久到柏林的。像另一个业余外交家达勒鲁斯那样，他也想试图拯救和平，虽然他不像达勒鲁斯那样交际广。1940年3月4日，即威尔斯离开柏林的第二天，希特勒接见了穆尼。根据缴获的德国方面关于这一次会见的记录，穆尼曾告诉希特勒说，罗斯福总统对德国的态度“要比柏林一般人所认为的更为友好和同情”，还说总统准备做“调停人”，使交战国和解。而希特勒则仅仅重复了两天前他对威尔斯讲的那些话。

3月11日，汤姆森向柏林发出一份机密备忘录。这是一个没有指名的美国线人为他准备的。备忘录说穆尼“多少有些亲德”。这个通用汽车公司的行政首脑一定上了德国人的当了。汤姆森的备忘录说，穆尼依据早先和希特勒会谈所得向罗斯福报告说，希特勒“希望和平，希望避免在春季战役中流血”。奉召回国待在柏林做寓公的德国驻美大使汉斯·迪克霍夫，在穆尼会见了希特勒之后，立即和穆尼见了面。他向外交部报告说，这个美国商人“太啰唆”，还说，“我不信穆尼的建议有什么重要价值”。[22]

1940年3月，萨姆纳·威尔斯离开德国总理府。

就是纠正它们的时候了。和平肯定是要的，但那只能在德国取得西线辉煌的胜利之后。

希特勒没有答复墨索里尼1月3日的信，使这位意大利领袖愈来愈感烦恼。在整整一个月之中，阿托利科大使不断询问里宾特洛甫，什么时候可以得到答复，并且暗示意大利和英、法的关系正在改进，而且贸易也在增加。这种贸易内容之一是意大利出售战争物资，这使德国人十分恼火。他们在罗马不断提出抗议，指责意大利帮助西方盟国是不适当的。冯·马肯森大使向他的朋友魏茨泽克一再叙说自己的“严重焦虑”，而后者也害怕墨索里尼的那封没有得到答复的信如果再“置之不理”，意大利领袖就要采取“自由行动”了——德国也许会永远失去墨索里尼和意大利。[23]

3月1日希特勒得到了一个机会。英国宣布切断德国由海道通过鹿特丹运往意大利的煤炭运输。这对意大利经济是一个沉重的打击，意大利领袖对英国大为愤怒，同时对于马上答应设法用火车运煤的德国又热情起来。希特勒趁热打铁，在3月8日写了一封长信给墨索里尼，两天以后由里宾特洛甫在罗马亲自递交。[24]

信里并没有对迟迟未复前信表示歉意，但是语气是亲切的。在这封信中，希特勒比以前写给他的这个意大利伙伴的信中说的话都要多。他把几乎所有可以想到的问题的看法和政策都做了相当详细的说明。这封信还对纳粹与俄国的联盟问题、抛弃芬兰人问题，以及连一个残存的波兰也没有留下的问题都做了辩解。

> 如果我把德国部队从总督辖区［波兰］撤走，这并不能使它得到绥靖，而只会带来可怕的混乱。教会将不能执行它赞美上帝的职能，而神父的脑袋也要被砍掉…… 687

希特勒继续写道，至于萨姆纳·威尔斯的访问，并没有什么结果。他仍然决定在西方发动进攻。他认识到“未来的战争不会轻易得胜，而将是德国历史上一场最残酷的斗争……是一场你死我活的斗争”。

接着，希特勒就向墨索里尼示意，劝他参加战争。

> 领袖，我认为，这次战争的结果无疑也将决定意大利的命运……你终有一天会面对今天与德国作战的这些敌人的……我也看到了我们两国的、两国人民的、我们革命的和我们制度的命运，都已不可分割地联结在一起了……
>
> 最后，让我向你保证，不管怎样，我总相信命运迟早会使我们终于并肩作战。这就是说，不管局势中的个别情况现在会怎样发展，你将同样地无法逃避这场武装冲突。我还相信，届时你将比以往更加贴近我们一边，正如同我将更加贴近你们一边一样。

墨索里尼给这封信奉承得飘飘然了。他马上向里宾特洛甫保证，他同意“在火线上”站在希特勒这一边。这位纳粹外交部长不失时机地把他的主人恭维一番。他说，元首“对于最近英国对德国从海道运煤到意大利采取封锁措施，感到异常愤慨”。他问意大利需要多少煤，墨索里尼回答说，每月50万吨到70万吨。里宾特洛甫爽快地说，德国现在准备每月供应100万吨，而且提供运煤用的大部分车皮。

在3月11日、12日两天，他们两人举行了两次长时间的会谈，在场的有齐亚诺。据施密特博士的速记记录透露，里宾特洛甫当时极其浮夸。[25] 虽然要商谈的还有更加重大的问题，他却把缴获的波兰驻西方一些首都的使节发回的一些外交电报拿出来给墨索里尼看，来表明“美国的滔天的战争罪行”。

> 这位外交部长解释说，这些文件明确地表明了美国大使蒲立德［驻巴黎］、肯尼迪［驻伦敦］、德莱克塞尔·比德尔［驻华沙］所起的罪恶作用……从这些文件可以看出犹太富豪集团的阴谋，这个集团的影响通过摩根和洛克菲勒一直达到罗斯福那里。

这个妄自尊大的纳粹外交部长胡吹了几个小时，这只能显示他一贯的对于世界大事的无知。他强调两个法西斯国家的共同命运，并且强调说，希特勒马上就会进攻西线，“在夏天打败法国军队”，在“秋天以前”把英国人赶出大陆。墨索里尼多半时间在听他说话，偶尔插上一两句话，这个纳粹部长显然没有注意到话里的讽刺意味。例如，根据施密特的记录，当
688 里宾特洛甫夸口说“斯大林已经放弃世界革命的想法”时，墨索里尼就反驳说：“你真相信这个说法吗？”当里宾特洛甫说“每一个德国士兵都相信肯定会在今年取得胜利”时，墨索里尼就插嘴说：“这句话很有意思。”这天晚上，齐亚诺在日记里写道：

> 会见以后，在没有别人在旁的时候，墨索里尼告诉我，他不相信德国的攻势，也不相信德国会完全成功。

意大利领袖答应在第二天会谈时表示自己的意见，里宾特洛甫对于他

可能发表怎样的意见多少有些不安。他在给希特勒的电报里说，他还得不到一点“有关这个领袖的想法的暗示”。

他其实是用不着担心的。第二天，墨索里尼的态度完全改变了。施密特写道，他十分突然地“转变为完全赞成战争”。他告诉客人说，问题不在于意大利是否与德国一起作战，而在于什么时候一起作战。时间的配合是“需要十分慎重考虑的。因为他在一切准备工作就绪以前，不应该参战，以免加重他的伙伴的负担”。

> 这一回，他不得不非常明确地说明，意大利的经济情况不能长期作战。他不能像英法两国那样，可以每天花费10亿里拉。

这些话看来使里宾特洛甫愣了一会儿。他想逼着这个独裁者确定意大利参战的日期，但后者却不肯把话说死。他说：“在意大利确定对英、法的关系的时候，也就是和这两个国家决裂的时候，意大利参战的日期就会到来。”他补充说，“挑起”这种破裂是极容易的事。里宾特洛甫虽然坚持，但他并没有能够得到一个确定日期。显然这件事情须由希特勒来亲自过问了。因此，纳粹外交部长建议他们两人在3月下半月即19日以后在布伦纳会晤。墨索里尼欣然接受了这个建议。这里要附带说明一下，里宾特洛甫对于希特勒打算占领丹麦和挪威的计划并没有透露过一个字。有些机密，即使你迫切需要一个盟国和你搭伙，也还是不能向他说的。

里宾特洛甫虽然没有能够使墨索里尼同意规定一个日期，但他已经诱使意大利领袖同意参战了。齐亚诺在日记里哀叹说：“如果他希望增强轴心，那么他是成功了。”当萨姆纳·威尔斯访问柏林、巴黎、伦敦之后回到罗马，在3月16日与墨索里尼再度会见的时候，他发现后者已经变成另一个人了。

> ［威尔斯后来写道］他看来如释重负……我一直在奇怪，在我第一次访问罗马之后的两个星期之中，他是不是还没有下定重大的决心， 689
> 在里宾特洛甫访问他时，他是不是还没有决定把意大利拖入战争。[26]

威尔斯其实用不着奇怪。

里宾特洛甫坐着专车离开罗马不久，这个心里烦恼的意大利独裁者又反复犹豫起来。齐亚诺在3月12日的日记里写道："他生怕答应对盟国作战这一步走得太远了。他现在想劝阻希特勒发动大陆攻势，并且希望在布伦纳会谈时能够实现这个愿望。"齐亚诺虽然是一个才能有限的人，却知道得更清楚。他在日记里补充说："不能否认，领袖被希特勒迷住了，被他的性格之中的一种根深蒂固的东西所形成的魅力迷住了。元首将得到比里宾特洛甫能得到的更多的东西。"这话不错——但也有些保留，下面就要谈到。

里宾特洛甫一回到柏林就在3月13日给齐亚诺打电报，要求布伦纳会议提前于3月18日举行。"德国人真叫人受不了，"墨索里尼气愤地说，"他们不给人一点喘息或者考虑的时间。"尽管如此，他还是同意了这个日期。

> [齐亚诺在那一天的日记里写道]领袖有点担心。直到现在他还活在以为一场真正的战争不会爆发的幻想中。现在，冲突已迫在眉睫，而他可能处在局外人的地位，这种可能性使他感到不安，用他自己的话来说，使他感到屈辱。[27]

1940年3月18日清晨，这两个独裁者各自的专车徐徐驶入坐落在高耸入云、白雪皑皑的阿尔卑斯山下的布伦纳隘口车站，这时空中正飘着雪花。作为对墨索里尼的一个让步，会谈是在这位意大利领袖的私人车厢里举行的，但是，发言的几乎只是希特勒一个人。齐亚诺当天晚上在日记里概述这次会谈的情况：

> 会谈简直像独白……全部时间只有希特勒在讲话……墨索里尼很感兴趣地、怀着敬意地倾听着。他说得很少，确切表明了他与德国采取一致行动的意图。他给自己保留的，只是适当时刻的选择而已。

墨索里尼在终于能够插上一句的时候说，他认识到，"保持中立一直到战争终了是不可能的"。与英、法两国合作是"不可想象的。我们恨他们，因此，意大利的参战是不可避免的”。为了使他相信这一点，希特勒已花了一个多小时的时间，最后还加了一句：如果意大利不愿受到摒弃并且变成“一个二等国家”的话。[28] 但墨索里尼在这个主要的问题上使元首得到了满意的答复以后，马上又留了一条退路。 690

但是，最大的问题是日期……有一个条件必须得到满足。意大利必须要有“很好的准备”……意大利的经济情况不允许它进行一场长期的战争……

他问元首，如果进攻推迟，是否会对德国有什么危险，而他则不认为这有危险……［这样］他在三四个月之后，可以完成他的军事准备，才不致处在眼看着自己的战友作战而自己只限于摇旗呐喊这种为难的地位。他愿意做更多的事情，但不是现在就能做。

希特勒不打算推迟他在西线的进攻，他把这个想法也谈出来了。但他有“一些理论上的计划”，也许可以解决墨索里尼从正面进攻峰峦起伏的法国南部的困难，因为他知道，这一战役“将造成大量的伤亡”。他建议意大利提供一支强有力的部队，协同德国的部队沿着瑞士的边境向罗讷河流域挺进，“以便从背后绕过法意边界上的阿尔卑斯山前线”。当然，在这之前，德国的主力部队应该已经在北线把英国人和法国人打退。希特勒显然试图使意大利干起来容易一些。

［希特勒继续说］敌人［在法国北部］被击溃时，意大利积极参战的时刻就来到了，不过参战不是在阿尔卑斯山前线最困难的地方，而是在别处……

战争将在法国决定胜负。只要把法国收拾掉，意大利就将称霸地中海，英国就不能不求和了。

这里必须说明，墨索里尼看到，自己可以在德国人进行了最艰苦的战斗以后坐享其成地得到这么多的收获，对于这样一个大好机会，他当然是不肯放过的。

1940年3月18日，希特勒与墨索里尼在布伦纳山口会面，意大利确定参战。

领袖回答说，一旦德国胜利地向前推进，他将立即参战……当盟国遭到德国进攻，已经无法支持，只要再打一拳就可以使他们投降时……他绝不拖延。

但是，在另一方面，

领袖说，如果德国的进展迟缓，他就要等一等再说了。

这种露骨的、怯懦的讨价还价，似乎并没有使希特勒过分恼火。如果墨索里尼真的如齐亚诺所说的那样，被“希特勒的性格中的一种根深蒂固的东西”吸引住了的话，那么也许可以说，基于同样的神秘理由，这种吸引力是双方面的。希特勒对于某些最亲近的同僚曾经背信弃义，其中有些人如罗姆和施特拉塞尔都已遭他杀害；但他对于他的滑稽可笑的意大利伙伴却保持着一种奇怪的、异乎寻常的忠诚，甚至当这个趾高气扬、外强中
干的罗马恺撒遭遇困难和灾难的时候，这种忠诚也并没有减弱，反而更加 691
强了。本书中有不少令人感兴趣的不可解的谜，这就是其中之一。

总之，意大利的参战，不管其价值如何，现在终于庄严地承诺下来了。除了希特勒之外，没有什么德国人，认为这会有多大价值，纳粹将领有这种看法的则更少。现在，希特勒又可以打主意进行新的、迫切的征服了。他对于其中最迫切的一个——在北方——没有对他的盟友透露过半点风声。

密谋分子的又一次失败

反纳粹的密谋分子又一次试图说服将军们废黜他们的领袖——这一次是在他要在北方发动新的侵略之前。他们已经听到了这个风声。这些文职人员密谋分子，仍然希望英国政府保证与反纳粹的政府媾和。由于他们是那样一些人，他们仍然坚持，新的德国政府无论如何应当被允许保有大部分希特勒夺得的领土：奥地利、苏台德区和1914年的德波边界，虽然最后这一块领土在过去只是由于消灭波兰国家以后才取得的。

带着这样的建议，哈塞尔，一个有相当个人勇气的人，于1940年2月

21日到瑞士的阿罗萨同英国的一名联络人商谈。他在日记里称这个人为“X先生”，其实他的名字叫J. 朗斯代尔·布赖恩斯。2月22日、23日，他们在极端机密的情况下商谈了四次。在罗马外交界曾经出过一些风头的布赖恩斯，是在本书中出现的那些有些外行的毛遂自荐的和平谈判者之一。他和唐宁街有关系，哈塞尔和他一见面就有了深刻的印象。史蒂文斯少校和贝斯特上尉打算在荷兰与德国密谋分子建立接触的计划失败以后，英国对于这整个事情多少有点怀疑。当布赖恩斯催促哈塞尔明确答复他代表谁进行谈判的时候，这名德国使节变得狡猾起来了。

“我无权把支持我的人说出来，”哈塞尔回答说，“我只能对你保证，从哈利法克斯那里得到的声明，会送到适当的人那里。”[29]

哈塞尔接着就把德国“反对派”的意见做了概括的说明：他们认为，“在采取大规模的军事行动以前”，必须推翻希特勒，而这必须是“纯粹由德国人来办的事情”；关于柏林的反纳粹政府将受到如何的对待，必须有“英国权威方面”的声明；改变政治制度的主要障碍是1918年的历史，这
692 就是说，德国人担心事情会像当年牺牲了德皇以后那样发展下去。哈塞尔和他的朋友要求得到保证：如果他们除掉了希特勒，德国将得到比除掉威廉二世以后更为宽大的待遇。

于是他就把一份他自己用英文写好的备忘录交给了布赖恩斯。这是一份内容含糊的文件，虽然它对于以“基督教伦理、正义和法律、社会福利、思想和信教自由为基础的未来社会”充满了高贵的感情。哈塞尔写道，“这场疯狂的战争”继续下去的最大危险是“欧洲的布尔什维化”——他认为这比纳粹主义的继续存在还要坏。他的和平的主要条件是让新的德国保持他列举出来的、希特勒征服了的几乎所有地方。德国据有奥地利和苏台德区，这是在任何和平条件中都不能讨论的地区；德国还必须恢复1914年的德波边界，这实际上当然是指1914年的德俄边界，虽然话没有这样说，因为波兰在1914年是并不存在的。

布赖恩斯同意必须采取迅速行动，因为德国进攻西线已迫在眉睫。他答应把哈塞尔的备忘录送给哈利法克斯勋爵。哈塞尔回到柏林，把自己最近活动的情况报告给他的同谋者。他们虽然希望能从哈塞尔的“X先生”那里得到最好的消息，但此刻他们最关心的还是这所谓“X报告”的文件。

这是他们在谍报局的一个成员汉斯·冯·多赫南伊根据米勒博士在梵蒂冈与英国人接触的结果写成的。* 这个文件声称，教皇已准备向英国斡旋，同一个新的反纳粹的德国政府进行合理的和平谈判。那些希特勒的反对者的条件中，有一条是他们认为教皇会加以支持的，这就是"在解决东方问题方面要对德国有利"，由此可以看出他们的观点之一斑。穷凶极恶的纳粹独裁者已经通过武力侵略在东方得到对"德国有利"的解决，这些正派的德国密谋分子要求英国在教皇的祝福下送给他们同样的东西。

在1939—1940年间的冬天，密谋分子的脑子里想的尽是"X报告"。10月底，托马斯将军已经把这个报告给布劳希奇看过了，为的是想鼓励这位陆军总司令尽力劝阻希特勒不要在那年秋天在西线发动进攻。但是布劳希奇对这样的鼓励并不领情，事实上，他还威胁托马斯将军，如果他再提这件事，就要把他逮捕起来。他训斥说，这是"明显的叛国罪"。

现在，当纳粹即将发动新的侵略的时候，托马斯把"X报告"交给哈尔德，希望他能够照这个报告行事。但这是妄想。这位参谋总长告诉密谋分子中最积极的人员之一格德勒（他也曾请哈尔德带头，因为优柔寡断的布劳希奇不肯带头）：此刻他不能背弃他作为一个军人对元首的誓言。而且，他还说：

> 英国和法国已经向我们宣战，我们只有干到底。妥协的和平是毫无意义的。只有在最紧急的关头，我们才能采取格德勒所希望的行动。 693

哈塞尔在1940年4月6日的日记中，详细讲到格德勒向他所分析的哈尔德的精神状态。他在日记中叹息道："看，结果还不是这样！"这位日记的作者补充说："哈尔德在谈到他的责任的时候，开始哭起来了，给人的印象是一个神经受伤的软弱的人。"

这个印象的真实性是可疑的。哈尔德4月第一周的日记里，尽是关于他协助策划的、在西线举行大攻势的准备工作的详尽记述。在重读这日记时，本书作者至少得到这样的印象：当参谋总长和那些战地司令官商谈

---

* 见本书原文第648页。

并且审核德国历史上最巨大、最大胆的军事行动的最后计划的时候，他的情绪是兴高采烈的。在他的日记里，没有什么谋反思想，或者与良心作斗争的迹象。虽然他对进攻丹麦和挪威有些不安，那完全是出于军事原因的考虑。他对于纳粹侵略四个中立小国丝毫没有道德上的疑虑，虽然德国对这些国家的边疆都曾做过庄严的保证，而他也知道，德国即将对它们进行攻击，对其中两个国家即比利时和荷兰的进攻计划还是他自己亲自领导制订的。

这些“正派的德国人”想在时机尚未过晚之前赶希特勒下台的最后企图，就这样结束了。这是他们本来可以获得宽大的和平的最后机会。布劳希奇和哈尔德表示得很清楚，将领们对于谈判出来的和平是不感兴趣的。他们现在与元首一样，只是想实现在德国胜利以后由他们指定条件的和平。直到这种机会渐渐消失时，他们才认真地回到他们原来想把他们的疯狂的独裁者除掉的谋反想法，这种想法，在慕尼黑时代和措森时代曾经是十分强烈的。读者必须记住这种精神状态和性格，才能了解接着发生的事件和后来编造的神话。

攻占丹麦和挪威

希特勒征服丹麦和挪威的准备工作，被许多作家称为战争中保密最严的事情之一，但在本书作者看来，这两个斯堪的纳维亚国家——甚至英国人——之所以猝不及防，不是由于他们没有得到将要发生什么事变的警告，而是由于他们没有及时地相信这种警告。

在灾祸发生前十天，谍报局的奥斯特上校向他的一个亲近的朋友、荷兰驻柏林武官J. G. 萨斯上校透露了德国“威悉演习”计划的消息。萨斯立即通知丹麦海军武官舍尔森上校。[30]但是安然自得的丹麦政府并不相信自己
694 的海军武官。当4月4日丹麦驻柏林的公使打发舍尔森赶快回哥本哈根亲自报告的时候，他的情报还是没有得到重视。甚至在事变发生的前夕，即3月8日晚上，已接到德国一艘满载部队的运输舰在挪威南部海岸——就在丹麦北面——中了鱼雷的消息，不少丹麦人还亲眼看见一批德国海军舰队在他们的岛屿之间向北驶去，甚至在这个时候，晚餐桌上有人说到国家已

处于危险状态时，丹麦国王对这话还一笑置之。

“他真的不相信有这回事。”一个当时在场的禁卫军军官后来说。他还说，事实上，国王餐后还到皇家戏院看戏，心情“充满自信而愉快”。[31]早在3月间，挪威政府就从驻柏林公使馆和瑞典人那里接到关于德国军队和海军舰艇在北海和波罗的海港口集中的警告。4月5日从柏林收到了一件确实的情报说，德国人即将在挪威南部海岸登陆，但是奥斯陆的麻痹自满的内阁还是对之抱怀疑态度。4月7日，发现有几艘德国大型军舰向挪威海岸前进，同时接到英国飞机在斯卡格拉克口外扫射德国舰队的报告；4月8日，英国海军部通知挪威驻伦敦公使馆，说发现有一支强大的德国海军驶近纳尔维克；而奥斯陆的报纸也发表新闻说，当天在挪威的利勒桑附近海面遭到波兰潜艇袭击的“里约热内卢号”运输舰上获救的德国士兵宣称，他们是去卑尔根协助抵御英国的——即使到了这个时候，挪威政府还不认为有必要采取显而易见需要采取的步骤，例如动员军队，在所有港口的炮台里配备充足的兵力，堵塞飞机场的跑道，或者——尤其重要的是——在通向首都和主要城市的易于敷设水雷的狭窄水道上设置水雷。如果这些事情都办到了，历史也许会别有一番转折。

不祥的消息，正如丘吉尔所说的那样，在4月1日就开始传到伦敦了。4月3日，英国战时内阁讨论了最新的情报，尤其是从斯德哥尔摩来的情报。这些情报说，德国人在它的北部港口集中了相当多的兵力，目标在于向斯堪的纳维亚推进。但这消息似乎并没有受到认真的考虑。两天以后，4月5日，当德国第一批海军补给舰艇已经出海的时候，张伯伦首相在一次讲演里宣称，希特勒由于没有在英法毫无准备的时候进攻西线，已经“错过了机会”——这句话使他不久以后就自悔失言。*

据丘吉尔说，英国政府这时认为，德国人在波罗的海和北海港口内增兵的目的，只是为了一旦英国为截断从纳尔维克运送铁矿砂的航道而到挪威领海布雷同时也占领纳尔维克和南部其他一些港口时，使希特勒便于反击。 695

* 德国的第一批三艘补给舰于4月3日凌晨2点开赴纳尔维克。德国最大的油船于4月6日在俄国人的默许下离开摩尔曼斯克，开赴纳尔维克，俄国人殷勤地供给了油料。

事实上，英国政府当时的确正在考虑进行这样的占领行动。经过七个月的挫折以后，海军大臣丘吉尔终于获得了战时内阁和盟军最高军事会议的批准，于4月8日在挪威水路上布雷——这是一个代号叫作“威尔弗雷德”的军事行动。由于看来德国人可能对于他们的纳尔维克铁矿砂运输线受到封锁这一致命打击采取有力的对策，因此决定派一小批英法联军到纳尔维克去，并且一直挺进到附近的瑞典边境。据丘吉尔说，另外还要派一些军队去更远的南方的特隆赫姆、卑尔根和斯塔万格登陆，“以阻止这些基地被敌人占领”。这就是人们所知的“R-4计划”。[32]

这样，在4月的第一周，当德国军队已经登上各种舰艇准备开赴挪威的时候，英国军队虽然人数要少得多，也已经在克莱德河登上运输舰，在福斯河登上巡洋舰，向着同一目标前进。

4月2日下午，希特勒在同戈林、雷德尔和法尔肯霍斯特举行了长时间的会议以后，发布了一道正式指令，规定“威悉演习”在4月9日凌晨5点15分开始。同时，他还发布了另一道指令，规定“占领时必须千方百计防止丹麦和挪威两国国王逃到国外”。[33]同一天，最高统帅部还把这个秘密计划告诉了外交部，对里宾特洛甫发了一道详尽的命令，指示他准备采取外交措施劝诱丹麦和挪威在德国军队到达的时候不战而降，并编造一些理由为希特勒的最新的侵略辩护。[34]

玩弄诡计的工作还不限于外交部，海军也要耍些花招。4月3日，第一批舰艇刚出发，约德尔就在日记里考虑万一挪威人对于本国附近发现这么多的德国军舰产生疑惧，用什么欺骗手法蒙混过去的问题。实际上，这个小问题早已由海军解决了。海军已指示自己的军舰和运输舰伪装成英国舰艇开过去——必要时甚至悬挂英国国旗！德国海军在秘密命令中已为“进攻挪威时进行欺骗和伪装”作了详细的规定。[35]

绝　密

进港时行动守则

所有舰只都须灭灯……伪装英国舰艇的时间应尽可能地延长。挪威舰只用莫尔斯电码发出的盘问，一律用英语回答。回答的时候，可

以适当选择诸如下列的词句： 696

“到卑尔根暂泊，无敌意。”

……回答时应使用下列英国军舰名称：

“科隆号”用英舰“开罗号”名称。

“柯尼斯堡号”用英舰“加尔各答号”名称……（等等）

必须做出准备，以便随时为英国军旗照明……

在驶往卑尔根途中……我方舰只在回答过往舰只盘问时的指导原则如下：

回答盘问：(例如“科隆号”)英舰“开罗号”。

回答停航命令：“(1)请将刚才信号重复一遍；(2)无法了解你舰信号。”

遇到警告性射击时则回答：“请停止射击。英国船，好朋友。”

遇到询问目的地和任务时则回答：“到卑尔根去。追击德国船。”*

这样，在1940年4月9日凌晨5点20分整（丹麦时间凌晨4点20分），天亮前一小时，德国驻哥本哈根和奥斯陆的使节向丹麦和挪威政府递送了德国的最后通牒，要求他们毫不反抗地立刻接受“德国的保护”。他们早20分钟把这两国的外交部长从床上叫起来。里宾特洛甫坚持要严格遵守时间表配合德国部队在那个时刻到达。这个最后通牒可能是希特勒和里宾特洛甫起草的迄今为止最厚颜无耻的文件。他们是起草这一类文件的能手，而且这时候在外交骗术方面也已经极有经验了。[37]

这份备忘录宣称，德国是来援助丹麦和挪威抵抗英法两国的占领的，它说：

因此，德国部队不是作为敌人登上挪威的国土的。德军最高统帅部除非出于被迫，无意利用德国军队占领的据点作为对英作战行动的基地……相反，德国军事行动的目的，完全在于保护北方，以防止英

* 海军元帅雷德尔在纽伦堡被告席上为这种战术辩护时说，它们是正当的“战争策略，从法律的观点来看，是无可非议的”。[36]

法军队企图占领挪威基地……

……本着德国和挪威两国之间久已存在的良好关系，德国政府向挪威王国政府宣布，不论现在和将来，德国都无意采取行动侵犯挪威王国的领土完整和政治独立……

697 因此，德国政府期望挪威政府和挪威人民……不要抵抗。任何抵抗将不得不受到而且肯定会受到一切可能的手段的击破……从而只能导致绝对无益的流血牺牲……

德国的期望在丹麦实现了，但是在挪威落了空。威廉街从驻这两国的公使拍来的第一批急电中就知道了这一点。德国驻哥本哈根公使上午8点34分打电报给里宾特洛甫说，丹麦人已经“接受了我们的一切要求，［虽然］表示了抗议”。驻奥斯陆的公使库尔特·布罗伊尔却不得不做完全不同的报告。凌晨5点52分，他在递交德国最后通牒32分钟以后，就把挪威政府的迅速答复电告柏林：“我们绝不自动屈服，战斗已在进行。”[38]

傲慢自大的里宾特洛甫被激怒了。* 10点55分，他拍了一封“特急”电报给布罗伊尔：“你应再次说服那里的政府，挪威的抵抗是毫无意义的。”

这位为难的德国公使并没有能够转达这句话。这时挪威国王、政府和议会议员都已经逃离首都转移到北方的山区去了。不论形势怎样不利，他们都决心抵抗下去。事实上，随着天亮时德国舰艇的到来，有些地方已经在进行抵抗了，虽然不是所有地方都是如此。

丹麦人则处于更为绝望的境地。他们这个快乐的小小岛国是防守不住的。这个国家太小，地势太平坦，而且最大的部分日德兰，对于从陆路开

---

* 本书作者简直没有见过这位纳粹外交部长有比那天早上更加令人讨厌的样子。他大摇大摆地走来参加外交部特地召开的一次记者招待会。他穿着一件发亮的灰绿色制服，看起来“好像整个地球都是他的”（我日记中的话）。他大声说：“元首已经做了答复……德国为了防止丹麦和挪威落入盟军手中，已经占领了这两个国家，并且将保护它们的真正中立，直到战争结束为止。这样，欧洲的一部分光荣土地，已经得到拯救而不至于覆亡了。”

那一天柏林的报纸也是值得一看的。《交易所日报》说：“英国残酷无情地踩着小国人民的尸体走过去。德国保护了弱小国家，使它们不受拦路抢劫的英国强盗的侵犯……挪威应当看到德国行动的正义性，德国采取这一行动是为了保证挪威人的自由。”希特勒自己的报纸《人民观察家报》则用了这样的通栏标题：**德国拯救了斯堪的纳维亚！**

来的希特勒的装甲部队是敞开无阻的。国王和政府不能像在挪威那样可以逃到山地去，也不能指望从英国那里得到什么援助。有人说，丹麦人过于文明，在这种情况下，是不会战斗的；总而言之，他们没有战斗。陆军总司令W. W. 普赖奥尔将军几乎是唯一主张抗战的人，但他的意见还是被首相托瓦尔德·斯陶宁、外交部长爱德华·蒙克和国王所否定，后者在4月8日坏消息开始传来的时候，就拒绝了他的总动员的请求。海军不论从舰艇上或者从它的海岸炮台里，都没有发过一炮一弹，甚至当德国的运兵船只从它的炮口底下驶过，一开炮就可以把它们轰得粉碎的时候，也是如此。本书作者虽然在哥本哈根进行过调查研究，原因依然不明。陆军则在日德兰稍有接触，禁卫军在首都王宫周围放了几枪，有几个人受伤。到 698
丹麦人吃完一顿饱饱的早餐之后，一切都已结束了。国王听从了政府的劝告，不顾普赖奥尔将军的反对意见，还是投降了，并且下令停止任何抵抗。

用欺骗和突袭的手段占领丹麦的计划，正如缴获的德国陆军文件所表明的，是经过缜密准备的。负责进攻丹麦的特遣部队参谋长库尔特·希默将军，于4月7日即已穿便服乘火车到达哥本哈根侦察首都，并作了必要的安排，为军队运输舰“汉萨城市但泽号”找到一个合适的停泊码头，为运输少量供应品和一台无线电发报机找到一辆卡车。负责攻占哥本哈根的那一营——要占领这个大城市，一营的兵力被认为已经足够了——的营长在两天以前就已穿着便服到哥本哈根来侦察地形了。

因此，这个将军和这个少校营长的计划能够几乎毫无困难地顺利完成，是不足为奇的。军队运输舰在天亮前不久就到达哥本哈根港外，经过港口炮台和丹麦巡逻舰艇的时候，没有遭到任何留难，安然停靠在市中心的兰盖里尼码头，离丹麦陆军总司令部只有一箭之遥，离国王所居住的阿玛连堡宫也很近。这两处地方都很快就被一营孤军夺取了，没有遇到值得一提的抵抗。

在疏疏落落的枪声之中，国王和大臣们正在王宫的楼上商议。这些大臣都是主张不抵抗的。只有普赖奥尔将军请求一战。他要求国王至少要逃到最近的豪威尔特兵营里去，以免被俘。但国王同意大臣们的意见。据一个在场的人说，国王曾问道：“我们的士兵是不是已经抵抗够了。”——普赖奥尔将军反驳说，还没有。*[39]

希默将军由于进展迟缓而感到有点不安了。据他自己的叙述，[40]他曾打电话给设在汉堡的联合作战总司令部——丹麦当局并没有想到要截断通往德国的电话线路——要求派些轰炸机到哥本哈根上空示威，“以便胁迫丹麦屈服”。谈话是用密码进行的。空军认为希默要求的是实际轰炸，就答应马上进行——这一个错误幸亏及时得到纠正。希默将军说，轰炸机“在丹麦首都上空隆隆盘旋，终于达到了目的：政府接受了德国的要求”。

当时想对丹麦部队广播政府已经投降的消息，是相当困难的，因为当
699 地的广播电台在那么早的时候还没有开始工作。德军终于用自己携带的电台以丹麦的波长进行广播，解决了这个问题，希默将军事先已经周到地找到一辆卡车，把电台运到了丹麦总司令部。

那天下午2点，希默将军由德国公使塞西尔·冯·伦特–芬克陪同，造访了那个已经不再是一国之主，然而自己还没有体会到的丹麦国王。关于这次访问，希默在德军秘密档案里留下了记录。

> 70岁的国王，虽然表面上还装得很镇静，并且在接见时保持了绝对的尊严，但内心显然已经支持不住了。他全身颤抖。他宣称他和他的政府一定会尽可能地维持国内的和平与秩序，消除德军和他的国家之间的一切摩擦。他希望使自己的国家免遭进一步的不幸和苦难。
>
> 希默将军回答说，作为个人，他对于负着这样一种使命来拜访国王，感到非常遗憾，但他只是在执行一个军人的任务……我们是作为朋友到这里来的等等。当国王问他是否可以保留卫队的时候，希默将军回答说……元首无疑会允许他保留卫队的。他毫不怀疑这一点。
>
> 国王听了，显然感到颇为宽慰。在接见的过程中……国王渐渐放下心来了，最后他对希默将军说了这样的话：“将军，作为一个老军人，我可以向你说几句话吗？说几句军人对军人说的话？你们德国人又做出了一件令人难以置信的事！人们必须承认，这是一件了不起的事情！”

---

* 丹麦全国的伤亡人数是死亡13人，受伤23人。德军伤亡大约20人。

差不多在四年之中，直到战争的形势终于转变时，丹麦国王和他的人民——一个脾气好、讲文明、乐天知命的民族——一直没有给德国人制造什么麻烦。丹麦成了“模范保护国”。起初，征服者给予国王、政府、法院甚至议会和新闻界的自由大得令人惊异。甚至丹麦的7 000犹太人也没有受到什么侵犯，至少有一段时期是如此。但是，虽然比其他大多数被征服的人民晚，丹麦人后来也终于认识到，当他们的条顿暴君的暴行随着战争形势的恶化一年比一年变本加厉的时候，进一步和这些暴君进行他们所谓的“忠诚合作”是不可能的，如果他们还想保留一点自尊和荣誉的话。他们也开始看到，德国终究未必能得到胜利，小小的丹麦也并不是像许多人起初所担心的那样，无可挽回地注定要做希特勒的恶劣到无法形容的新秩序下的一个附庸国。于是，抵抗运动就开始了。

挪威人的抵抗

挪威从一开始就进行了抵抗，虽然肯定不是每一个地方都在进行抵抗。
在瑞典铁矿砂运输铁道线终点纳尔维克港口，驻军司令康拉德·孙德洛上 700
校，我们前已知道，是一个吉斯林的热烈追随者，* 他一枪不发就投降了德国。海军指挥官却是另外一种有骨气的人。当十艘德国驱逐舰向着长长的峡湾迫近时，港内的两艘古老的装甲舰之一“埃兹伏尔德号”发了一炮作为警告，并且用信号通知驱逐舰，叫它们说明身份。德国驱逐舰队的指挥官弗里茨·邦特海军少将以派遣一名军官乘汽艇向挪威舰艇招降作为答复。接着德国就玩弄了一下诡计，德国海军军官后来还以战时只问需要而无须遵守什么法律为辞，为这种行为辩解。当汽艇上的军官用信号通知德国海军少将，说挪威人表示他们要进行抵抗的时候，邦特等到汽艇一离开，马上就用鱼雷把“埃兹沃尔德号”炸毁了。第二艘挪威装甲舰“挪威号”于是就开了火，但也很快就给解决了。300名挪威水兵，几乎是这两艘船的全部船员，全部阵亡。到上午8点，纳尔维克就落入德国人之手，把它攻下来的是偷偷溜过强大的英国舰队的防线的十艘驱逐舰，占领它的是由爱

* 见本书原文第676页。

德华·迪特尔准将指挥的纳粹军队中的仅仅两营兵力。这名准将是希特勒在啤酒馆政变时结交的一个巴伐利亚老友，当第二天在纳尔维克的工作开始感到棘手的时候，他的行为表明他不愧是个足智多谋、心狠手辣的指挥官。

德国人夺取漫长的挪威西部海岸中部的特隆赫姆，也几乎是同样地轻而易举。港口的炮台在德国重巡洋舰“希佩尔号”率领的海军舰艇驶近峡湾时，已来不及向它们开炮。这艘舰上和四艘驱逐舰上的军队很顺利地在市内码头登陆，没有受到一点阻拦。有些要塞支持了几小时，附近的维尔纳斯机场则支持了两天，但这种抵抗并没有影响到德国对这个良港的占领。这个港口可供最大舰只和潜艇的停泊，同时又是横跨挪威中北部到达瑞典的铁路的起点站。德国人有充分理由希望，万一英国把他们的海道截断，仍可以从这里获得给养。

沿海岸往南，离特隆赫姆约300英里，与首都奥斯陆有铁道相通的挪威第二大港口城市卑尔根，曾进行一些抵抗。守卫港口的炮台，使“柯尼斯堡号”巡洋舰和一艘辅助舰受到重伤，但其他舰艇上的军队却安全地登了陆，在午前占领了这座城市。英国第一次直接对吓坏了的挪威人的援助，就是在卑尔根开始的。下午，十五架海军俯冲轰炸机炸沉了“柯尼斯堡号”，这样大的舰只在空袭中被炸沉还是第一艘。在港外，英国有一个很强大的舰队，由四艘巡洋舰、七艘驱逐舰编成，本来是足以制服比较小的
701 德国海军的。但是当这支舰队快要开入港口的时候，它接到海军部的命令，由于有可能遭到水雷和空中轰炸的危险，取消了进攻。这个决定是丘吉尔批准的，但是后来他后悔不迭。这是以后那些关系重大的日子里，将使英国付出昂贵代价的过分谨慎和迟疑不决态度的第一个征象。

在西南海岸斯塔万格港附近的索拉机场，则是在挪威机枪阵地——那里并没有真正的防空设备——被炸毁以后才被德国伞兵部队攻占的。这里是挪威最大的机场，在战略上对德国空军非常重要，因为从这里起飞的轰炸机不仅可以攻击挪威海岸沿线的英国舰队，而且也可以袭击英国北部的主要海军基地。德国人攻占了它，就在挪威获得了直接的空军优势，使英国的大规模部队登陆的任何企图都无法实现。

南部海岸的克里斯蒂安桑对德国人进行了相当规模的抵抗。那里的海

岸炮台两次击退了由轻巡洋舰“卡尔斯鲁厄号”率领的德国舰队的进攻。但是这些要塞很快就被德国空军炸毁了，港口也于午后3点左右陷落。但“卡尔斯鲁厄号”在当天晚上离开港口的时候，也被英国潜艇用鱼雷击中，损伤严重，终于沉没。

这样，到了当天中午或稍晚的一些时候，沿挪威西部和南部海岸，从斯卡格拉克到北极圈长达1 500英里地区的五个主要城市和一个大机场，都陷入了德国人之手。这些地方都是由力量远较英国海军为弱的德国海军输送的少数军队所攻占的。大胆、欺诈和突袭，使希特勒以很小的代价取得了煊赫一时的胜利。

但是，在奥斯陆这个主要目的地，他的军事力量和外交手段都遇到了意外困难。

在4月8日寒冷的夜里，从德国公使馆里派出的一个兴高采烈的欢迎团，由海军武官施赖伯上校率领（忙碌的公使布罗伊尔博士有时也参加一下），彻夜站在奥斯陆港的码头上，等待德国舰队和运输舰的到来。一个下级的德国海军武官则驾着汽艇在港里游弋，准备当舰队的领港。这个舰队是以袖珍战列舰“吕措号”和这个舰队的旗舰，崭新的重巡洋舰“布吕歇尔号”率领的。“吕措号”原名“德意志号”，因为希特勒不愿看到用这个名称的舰只沉没而更名。

但他们白等了一场。这些大军舰一直没有到达。它们在50英里长的奥斯陆峡湾入口的地方遭到了挪威布雷舰“奥拉夫·特里格维松号”的拦截。后者打沉了一艘德国鱼雷艇，打伤了轻巡洋舰“埃姆登号”。在派了一小股兵力登陆压制了岸上的炮台以后，德国舰队继续向峡湾前进。在奥斯陆以南约15英里的地方，海面狭隘，只有15英里宽，它们又遇到了困难，那里有古代的奥斯卡斯堡炮台，它的守军十分机警，出乎德国人的意料。天亮之前，炮台上28厘米口径的克虏伯大炮对“吕措号”和“布吕歇尔号”开了火，还从岸上发射了鱼雷。10 000吨的“布吕歇尔号”，由于舰上弹药的 702
爆炸，着火燃烧起来，船身碎裂，终于沉没，损失1 600名官兵，其中包括好几名秘密警察和行政官员以及他们所带的全部文件，他们是去逮捕国王和政府人员，接管首都行政工作的。“吕措号”也受了伤，但没有完全失去战斗力。在“布吕歇尔号”上面的舰队司令奥斯卡·库梅茨海军少将和率领第一六三步兵师的埃尔温·恩格尔布莱希特将军勉强游到岸上，成了挪威人的俘虏。于是这个残缺不全的德国舰队只好暂时退回去医治自己的创伤。它没有完成夺取德国的主要目标挪威首都的任务。直到第二天它才到达那里。

事实上，奥斯陆是陷于一支空降到当地未加防御的机场上的近似象征性的德军部队之手的。从别的海港传来的不幸消息和15英里外奥斯陆峡湾外传来的炮声，使挪威王室、政府和议会议员匆匆坐上专车于上午9点半由首都逃向奥斯陆以北80英里的哈马尔。20辆载着挪威银行的黄金和3辆载着外交部秘密文件的卡车也同时开出。这样，奥斯卡斯堡守军的英勇抵抗就挫败了希特勒企图俘虏挪威国王、政府和黄金的计划。

但是奥斯陆却已完全陷于仓皇失措的状态之中了。那里还留下一些挪威部队，可是对他们并没有做什么防御的安排，尤其是没有把附近的福内布机场封锁起来，这本来用一些旧汽车停在跑道上和机场周围就能做到。前一天的深夜，德国驻奥斯陆空军武官施皮勒上尉就已经驻在那里，准备欢迎预定于海军到达以后到达的空降部队。当舰队不能到达的时候，公使馆赶忙向柏林发去一封无线电报，报告了这个意外的不幸局势。柏林方面立即采取了措施。不多久，伞兵和空降步兵部队就在福内布着陆了。到了中午，已经集中了大约5个连的兵力。这些部队都只是轻装，留在首都的挪威军队本来是能够轻而易举地把他们消灭掉的。但由于到现在还没有弄清楚的原因——当时奥斯陆已乱成一团——挪威军队没有被召集起来，更没有开入阵地，而那个象征性的德国步兵部队就以一支大声吹吹打打、临时拼凑的军乐队为前导，**开进了**首都。这样，挪威的最后一个城市就陷落了。但这并不是整个挪威的陷落。整个挪威还没有陷落。

4月9日下午，挪威议会在哈马尔开会，200名议员中，只有5名缺席。但是在7点半接到德军已逼近的消息时，议会就休会，向埃尔沃吕姆转移，该地离东面的瑞典边境只有几英里。布罗伊尔博士在里宾特洛甫的催促下
703 要求马上谒见国王，挪威首相以德军向南撤退到安全距离为条件才同意接见。德国公使不肯接受这个条件。

实际上纳粹这时正在耍弄新的花招。空军武官施皮勒上尉率领两连德国伞兵从福内布机场向哈马尔出发，企图俘虏顽抗的国王和政府。在他们看来，

这事轻而易举，仿佛一场游戏。挪威军队在德国军队进入奥斯陆的时候既然一枪未发，因此施皮勒料想在哈马尔也不会遇到什么抵抗。这两连伞兵坐在征用来的公共汽车上，真像在做一次愉快的观光旅行。但他们没有估计到会有一个挪威军官干了同其他许多军官完全不同的事。原来护送国王北上的步兵总监卢格上校，坚持要设法掩护逃亡的政府，以临走时匆匆集合起来的两营步兵，在哈马尔附近设下了一个路障。德国人的汽车被迫停下来了，接着在一场小小的伏击中，施皮勒受了致命的重伤。德军在遭受到更多伤亡以后，一路退回奥斯陆去了。

次日，布罗伊尔博士单枪匹马从奥斯陆沿着原路去见国王。这名公使是一个旧派的职业外交家，他并不喜欢担任这个角色，但里宾特洛甫硬逼着他去说服国王和政府投降。布罗伊尔的困难任务由于奥斯陆刚刚发生的某些政治事件而变得更加复杂了。原来前一天晚上，在首都牢牢地落入德国人的手中之后，吉斯林就开始露面活跃起来，他闯入电台，广播了一个公告，任命自己为新政府的首脑，命令所有挪威人立即停止对德军的抵抗。这个叛国的行为反而使德国向挪威诱降的企图归于完全失败，虽然布罗伊尔并没有领悟到这一点，而柏林方面是从来不会甚至后来也没有了解这一点的。这看起来似乎很矛盾：挪威人民国耻当头的时候，吉斯林的叛国反而激励了原来吓呆了的挪威人起来从事抵抗，这种抵抗后来发展得十分英勇和不可轻侮。

布罗伊尔博士于4月10日下午3点在埃尔沃吕姆小镇的一间小学校里会见了哈康七世。哈康七世是20世纪唯一由人民投票选举登极的国王，也是五个世纪以来第一个属于挪威自己的国王。* 本书作者后来与国王进行过一次谈话，又阅读了挪威的记录和缴获的德国外交部文件中的布罗伊尔博士的秘密报告，因此有可能在此追述一下当时的情况。国王十分勉强地同 704
意在外交大臣哈尔夫丹·科特博士随侍下接见德国公使。但是当布罗伊尔坚持先单独谒见哈康的时候，国王在取得科特同意之后终于应允了。

---

* 挪威有四个世纪是丹麦的一部分，有一个世纪则属于瑞典，到1905年才与瑞典脱离联邦关系，重新获得完全的独立。人民选举丹麦的卡尔亲王为挪威国王，称哈康七世。原来的哈康六世早在1380年就死去了。哈康七世是1940年4月9日晨很快就投降了德国人的丹麦国王克里斯蒂安十世的一个兄弟。

德国公使遵照训令行事，对国王施行了谄媚和威胁并用的手法。他说，德国希望保持王朝，它所要求的只不过是哈康做他的哥哥前一天在哥本哈根做过的事情而已。对德国武装部队进行抵抗是愚蠢的，这只会造成对挪威人的无益的屠杀。他要求国王批准吉斯林政府，回到奥斯陆去。哈康是一个正直的、有民主作风的人，即使在这危难的时刻，仍然严格遵守宪法手续。他企图向这位德国外交官说明，在挪威，政治上的决定不是由国王来做的；这完全是政府的事情，因此他现在得要和政府商议。这时，科特参加了会谈，结果商定：政府一经做出决定，就将用电话答复在返奥斯陆途中的布罗伊尔。

哈康虽然无权做出政治上的决定，但是肯定会起影响。对他来说，对德国人的答复只能有一个。为了防备德国人在布罗伊尔走后再来一次奇袭而俘虏他，他退到埃尔沃吕姆附近纽伯格松村子的一家简陋旅店里，召集政府的成员，举行了国务会议。

> ［他告诉他们］……至于我，我不能接受德国人的要求。这是与我来到这个国家近35年来一贯认为作为挪威国王的一切责任不能相容的……我并不要求政府的决定受我这个声明的影响，或者以它作为基础。但是……我不能任命吉斯林，一个我知道为我国人民……以及人民在议会的代表所完全不信任的人为首相。
>
> 因此，如果政府决定接受德国人的要求——我充分理解主张接受的理由，因为我考虑到迫在眉睫的战争危险，将使许许多多的挪威青年不能不牺牲自己的生命——如果这样，**逊位**就是我的唯一道路。[41]

到了这时，政府中虽然也许有几个人还在犹疑不决，但政府的勇气并不比国王小，它马上表示支持国王。当布罗伊尔在返回奥斯陆的途中到达埃兹沃尔德时，科特就用电话把挪威的答复告诉了他。这位德国公使立即打电话给奥斯陆的公使馆，再从那里急速转告柏林。

> 国王不肯任命以吉斯林为首的政府，这个决定是根据政府全体一致的意见做出的。外交大臣科特在回答我特别提出的问题时说："抵抗

将尽可能继续下去。”[42] 705

那天晚上，从附近乡村的一个电力微弱的小电台——那是与外部世界保持联系的唯一工具——上发出了挪威政府对强大的第三帝国的挑战。它宣告挪威决定不接受德国的要求，并号召为数只有300万的人民起来抵抗侵略。国王正式出面发出了这个呼吁。

但纳粹征服者并不十分相信挪威人真会说到做到。他们又做了两次尝试，企图劝阻国王。4月11日早晨，吉斯林的一个密使伊尔根斯上尉前来劝说国王返回首都。他保证吉斯林一定会效忠国王。但国王以无言的轻蔑拒绝了他的建议。

下午，布罗伊尔拍来了一份急电，要求再见国王，商谈“某些建议”。这位被上面追得很紧的德国公使，接到里宾特洛甫的指示，要他告诉国王：他“想给挪威人民最后一次达成合理的协议的机会”。* 这一次，科特博士在请示国王以后回答说，如果德国公使有“一定的建议”，他可以用电报向外交大臣提出。

纳粹在这样一个现已陷于绝境的小国面前碰了一鼻子灰以后，马上采取不脱强盗本色的还击。德国人要想俘虏国王和政府人员的企图既失败在先，要想说服他们投降的尝试又碰壁在后，于是现在就想一不做二不休地把他们杀掉了事。4月11日很晚的时候，德国空军奉命出动炸平纽伯格松村，纳粹飞行员先用炸弹和燃烧弹炸毁该村，又用机枪扫射那些企图从烈焰中逃生的人。德国人显然以为这样一来，他们已经把国王和政府人员都杀光了。后来在挪威北部俘虏的一名德国空军人员在4月11日的日记上有这样的记载：“纽伯格松。奥斯陆政府。已被完全消灭。”

村子的确是消灭了，但国王和政府人员却安然无恙。纳粹的飞机快来

---

* 在里宾特洛甫的秘密指示里，有着进一步搞欺诈活动的不祥暗示。原来给布罗伊尔的指示是要他设法在“奥斯陆和国王现在居住地点的中间”安排一次会见。“为了显而易见的理由，布罗伊尔必须同冯·法尔肯霍斯特将军就这一措施做充分的讨论，同时必须将双方一致同意的地点通知后者。”负责用电话传达里宾特洛甫指示的高斯报告说：“布罗伊尔先生清楚地了解这个指示的含意。”这不由得使人想到，假如国王参加会议，法尔肯霍斯特的部队就会把他抓起来。[43]

的时候，他们已经躲到附近的森林里了。他们站在深可没膝的雪地里，看着德国空军把这个小村庄里那些简朴的农舍夷为平地。他们现在面临着一个抉择：是向附近的瑞典边境转移，到保持中立的瑞典去避难，还是向北退到本国境内依然积满春雪的山区去。他们终于决定沿着崎岖的居德布兰
706 山谷北上，经过哈马尔和利勒哈默尔，越过高山峻岭到达西北海岸的翁达尔斯内斯，这地方在特隆赫姆西南100英里。沿途他们还可以把那些失散了的、茫然不知所措的军队组织起来，继续抗战。而且还有一些希望，英国军队可能会来援助他们。

争夺挪威的几次战役

远在北方纳尔维克的英国海军，对于德国突然占领的反应是十分强烈的。海军领导者丘吉尔承认，他们当初“根本没有想到”德国人会有这一手。现在，至少在德国以陆上为基地的轰炸机的航程难以到达的北方，英国海军转而采取攻势了。4月10日清晨，在德国十艘驱逐舰占领了纳尔维克而让迪特尔的部队登陆以后24小时，五艘英国驱逐舰组成的一支舰队开入纳尔维克港，把当时港内的五艘德国驱逐舰击沉了两艘，击伤其余的三艘，并击沉几乎所有的德国货船（一艘除外）。在这次行动中，德国的海军司令邦特海军少将也被击毙。但是英国舰队离港以后，遭遇到从附近峡湾出来的其余五艘德国驱逐舰。德国舰队的火力比英国舰队的火力强大一些，打沉了一艘英国驱逐舰，迫使另一艘搁浅，舰上的英国司令沃伯顿-李上校受了致命重伤，此外，还击伤了另外一艘。这样五艘英国驱逐舰中有三艘设法退到了外洋，在撤退的途中，打沉了一艘满载军火驶向纳尔维克港口的德国大货轮。

4月13日中午，英国派第一次世界大战时身经日德兰半岛之役而安然无恙的战舰“厌战号”率领的一个驱逐舰队回到了纳尔维克，把残余的德国军舰都歼灭了。指挥官W. J. 惠特沃思海军中将打无线电报给海军部报告战果，他极力主张，既然岸上的德国军队已经仓皇失措、土崩瓦解——迪特尔和他的人马事实上已经逃到山上去了——马上就应该“用主力登陆部队”占领纳尔维克。不幸的是，英国陆军指挥官P. J. 麦克西少将是一个谨

小慎微的人，他第二天带了三个步兵营的先遣部队到达之后，决定不在纳尔维克冒险登陆，而在纳尔维克以北30英里还留在挪威人手里的哈尔斯塔登陆。这是一个需要付出很高代价的错误。

英国早已准备好要派一支小规模的远征军到挪威去，因此，他们行动这么迟缓是毫无理由的。4月8日下午，英国海军接到德国舰队向挪威海岸调动的消息以后，又以一切船只必须用于海军作战为理由，急急忙忙地把那些已经上船准备占领斯塔万格、卑尔根、特隆赫姆和纳尔维克的部队打发**下船**，等到英国地面部队重新登船时，那些港口已经陷入德军手中了。等 707
到他们到达挪威中部时，他们就像那些掩护他们的英国海军舰只一样，命运已操在握有制空权的德国空军之手了。

到了4月20日，一个英国旅，在法国阿尔卑斯轻骑兵三个营的增援下，在特隆赫姆东北80英里的小港纳姆索斯登陆。另外一个旅则在特隆赫姆西南100英里的翁达尔斯内斯登陆，这就形成了南北两面夹攻特隆赫姆的形势。可是，由于缺乏野战炮、高射炮和空军的支援，他们的基地整日整夜地受到德国空军的轰炸，补给品或增援部队的继续登陆也受到了妨碍，因此，这两支部队都没有给特隆赫姆以严重威胁。在

行军中的挪威滑雪部队。

翁达尔斯内斯登陆的一个旅，在向东60英里的铁路交叉点顿巴斯同一支挪威部队会合以后，放弃了向北进攻特隆赫姆的预定计划，转而向西南推进，到居德布兰山谷去增援挪威军队了。那儿的挪威军队在卢格上校的有力指挥下，已经使德国主力从奥斯陆向山谷推进的速度减缓下来。

4月21日，在哈马尔以北的利勒哈默尔，英德两国部队进行了第一次交战。但这次战斗并不是势均力敌的。载有英军大炮的船只已被击沉，这一旅军队只得用步枪和机枪同有大炮和轻型坦克装备的强大德军对抗。更糟糕的是，英国步兵没有空军支援，不断受到从附近挪威机场起飞的德国空军的轰炸。经过24小时战斗以后，利勒哈默尔陷落了，英国和挪威军队开始了140英里的退却，从山谷铁路沿线撤到翁达尔斯内斯，边走边停地打后卫战，使德国人进展迟缓，但始终没有能把他们阻挡住。4月30日夜间，英国军队从翁达尔斯内斯撤退。5月2日，英法军队从纳姆索斯撤退。这两次撤退，就其本身来说，是一种了不起的成就，因为这两个港口已经由于德国不断的轰炸成了一片火海。4月29日夜间，挪威国王和他的政府人员在莫尔德（莫尔德同翁达尔斯内斯只隔一个罗姆达尔峡湾，这时也被德国空军炸成了瓦砾场）登上了英国巡洋舰“格拉斯哥号”，到达纳尔维克以北、北极圈上的特罗姆瑟，5月1日在该地建立了临时首都。

这时挪威的南半部，包括一切城市和主要市镇，都已无可挽救地失陷了。但挪威北部似乎还安全。5月28日，一支25 000人的盟军，包括两个旅的挪威军队、一个旅的波兰军队和两营法国外籍军团，把数量上大大处于劣势的德国军队赶出了纳尔维克。看来没有理由可以怀疑，希特勒是既得不到铁矿砂，也实现不了他占领整个挪威并使挪威政府投降的目标了。但是，在这个时候，德国军队已开始以惊人的力量进击西线，盟军需要以
708 全部兵力堵塞这个漏洞。纳尔维克终于放弃了，盟军又急急忙忙地上了船。坚守在瑞典边境附近的荒野山区的迪特尔将军，于6月8日重新占领了这个港口，四天以后接受了英勇顽强的卢格上校和他的由于觉得被英国在患难中遗弃而感到迷惑和愤懑的军队的投降。哈康国王和他的政府于6月7日从特罗姆瑟乘巡洋舰“德文郡号”去伦敦，在那里过了五年辛酸的流亡生

1940年4月，挪威国王哈康七世与王储奥拉夫在英国皇家海军“格拉斯哥号”上。

活。* 在柏林，迪特尔被擢升为少将，得到骑士十字勋章，被希特勒赞为纳尔维克的征服者。

---

* 吉斯林统治挪威的第一次尝试并没有维持多久。4月15日，在他宣布自己为首相六天以后，德国人就把他一脚踢开，另外任命由六个挪威著名人士组成的一个行政委员会，其中有挪威路德教会的首脑人物埃温·贝格拉夫主教和最高法院院长保罗·伯格。这主要是伯格的主意，他是一个著名的能干的法学家，后来成为挪威抵抗运动的秘密首领。4月24日，希特勒又派一个暴戾的年轻纳粹党组织领袖约瑟夫·特博文为挪威长官，他是占领时期这个国家的实际统治者，统治的办法愈来愈残酷。一开始就反对吉斯林的布罗伊尔在4月17日奉召回国，退出了外交界并被派到西线去当兵。1942年，德国人恢复吉斯林的首相职位。但他还是十分不得民心；尽管他竭力讨好他的德国主子，但并没有握有权力。

战争结束时，吉斯林以叛国罪受审。在经过一次彻底的审判以后，被判处死刑，于1945年10月24日执行。特博文不愿被俘而自杀。挪威大小说家克努特·汉姆生因与德国人公开合作，为他们歌功颂德，以叛国罪被控；但由于他年高力衰，最后免于起诉。可是，他又因“从纳粹的统治中获得好处”的罪名被起诉而判罪，罚金65 000美元。他死于1952年2月19日，享年93岁。冯·法尔肯霍斯特将军则被当作一个战争罪犯而被英国挪威联合军事法庭起诉，罪名是将俘虏的盟军突击队交给党卫军处决。他于1946年8月2日被宣判死刑，但后来又被减刑为终身监禁。

在挪威战役中，希特勒尽管取得了惊人的胜利，但还是有他不好过的日子。在约德尔将军的日记里，充满了有关这个统帅一再表现出神经紧张不安的简短记述。4月14日，在接到纳尔维克德国海军部队全部覆没的消息以后，他记述希特勒“非常激动”。4月17日，希特勒对于纳尔维克的失陷又发作了一阵歇斯底里；他要求把迪特尔将军的部队用空运撤出来，这是一件不可能的事情。约德尔那一天在日记里写道：“每一个坏消息都非常令人害怕。”两天以后他又写道：“危机重演，政治行动已经失败了。布罗伊尔公使被召回国。据元首的意思，必须运用武力……”* 4月19日那天，在柏
709 林总理府召开的会议上，大家情绪很愤懑，三军首脑相互埋怨误了军机，甚至连专会逢迎拍马的凯特尔也愤然退出会议室。“领导方面又有发生混乱的危险。”约德尔写道。4月22日，他又补充说：“元首对于英国人的登陆愈来愈担心。”

4月23日，由于德军从奥斯陆向特隆赫姆和翁达尔斯内斯进展迟缓，“激动情绪越发增长”（这是约德尔的话），但第二天情况有些好转，从此以后就愈来愈令人乐观了。到26日，希特勒精神奕奕，和他的军事顾问举行了通宵会议，到凌晨3点半钟，他对他们说，他想在5月1日到7日开始实行“黄色方案”。所谓“黄色方案”是越过荷兰和比利时进攻西线计划的代号。希特勒虽然在4月29日仍然“为特隆赫姆担忧”，但第二天，他接到有一支战斗部队已从奥斯陆赶到这个城市的消息，他又“高兴起来了”。现在，他终于能够再度把注意力放到西线来了。5月1日，他下令在5月5日以前完成在西线发动一场强大攻势的准备工作。

在挪威战役中，德国武装部队的司令官们——戈林、布劳希奇、哈尔德、凯特尔、约德尔、雷德尔等——第一次看到他们凶神恶煞的元首在战斗中碰到一点点挫折也会垂头丧气的情况。在经过一系列惊人的胜利以后，当战争局势逆转的时候，他的这个弱点就越发显著，而且有力地促成了第三帝国的最后崩溃。

---

* 冯·法尔肯霍斯特将军无疑是受到了由于挪威的抵抗而大发雷霆的希特勒的催迫，于4月13日签署一道命令，准备逮捕二十个最著名的奥斯陆公民作为人质，其中包括贝格拉夫主教和保罗·伯格。用布罗伊尔公使的话来说，如果挪威人“继续抵抗或实行怠工，这些人将被枪决”。[44]

不过不论人们看法如何，丹麦和挪威的迅速征服，仍然是希特勒的一个重大的胜利，仍然是英国的令人沮丧的失败。它使德国得到冬季运输铁矿砂的道路，进一步保护通往波罗的海的进出口，使得大胆的德国海军能够打开一个缺口进入北大西洋，并为它们的潜艇和海面舰只在对英作战中提供优良的港口设备。它还使希特勒的空军基地与主要敌人之间缩短了几百英里的距离。而最重要的恐怕是它大大地增加了第三帝国的军事威望，相应地减低了西方盟国的军事威望。纳粹德国好像是不可战胜的。奥地利、捷克斯洛伐克、波兰，现在又加上丹麦和挪威，都很轻易地屈服于希特勒的武力或武力威胁之下，而在丹麦和挪威事件中，甚至两个西方大国的帮助也没有起一点作用。正如一个著名的美国妇女所说，未来的潮流看来是属于希特勒和纳粹主义了。

希特勒最近的征服，对于其余的中立国家来说，也是一个令人胆寒的教训。中立显然已不再能够为那些企图在一个极权主义占优势的世界里生存下去的民主小国提供什么保护。芬兰在不久以前刚刚明白了这一点，现在又轮到了挪威和丹麦。它们在还有充分时间的时候，在实际遭到侵略以前，竟然谢绝世界强国的友好援助，这种盲目态度只能责怪它们自己。

> ［丘吉尔在4月11日对下院说］我相信，这个事实将会得到其他国家的反复思量，这些国家也许在明天，也许在一星期之后，也许在一个月之后，会发现自己已成为一个同样处心积虑制订出来要毁灭它们和奴役它们的军事计划的受害者。[45] 710

显然，他心中指的是荷兰和比利时。但是它们虽然有一个月的时限，却并没有开始做什么思量。*

---

* 瑞典夹在占领芬兰和波罗的海诸国的俄国同占领邻邦丹麦和挪威的德国之间，经过再三思量之后，认为除了坚守它的不稳定的中立和万一遭到攻击则奋起战斗以外，别无选择。他们拒绝盟国部队取道瑞典开往芬兰，以此来讨好苏联，而现在，在重重压力之下，它又得去讨好德国。瑞典虽然曾给芬兰一批可观的军火，但当挪威被进攻的时候，它却拒绝给挪威军火，也不给它汽油。4月间，德国人屡次要求瑞典准许它的部队过境到纳尔维克去给迪特尔解围，但在战事结束以前，一直遭到拒绝，只有一列满载医疗人员和药品的火车曾被准予（转下页）

人们从希特勒用闪电方式征服斯堪的纳维亚两个国家的事件中，也可以在军事方面得到一些教训。最重要的是空军的重要意义，以及当轰炸机和战斗机的陆上基地就在附近的时候空军对海军的优势的重要意义。还有一个其重要意义不亚于这个教训的古老教训是，胜利常常属于胆大心狠、出奇制胜的一方。德国的海军和空军具有这两个特点，而迪特尔在纳尔维克则显示了德国陆军具有盟军所缺少的机智谋略。

在斯堪的纳维亚的冒险中，有一个军事上的后果当时不能立即判定，这也许是因为谁也不能看到遥远的未来。在挪威的战争中，双方人员的损失都是轻微的。德国方面死1 317人，失踪2 375人，负伤1 604人，总共伤亡5 296人；挪威、法国和英国方面的伤亡约5 000人。英国损失航空母舰1艘、巡洋舰1艘和驱逐舰7艘，波兰和法国则各损失驱逐舰1艘。德国海军的损失要严重得多：20艘驱逐舰中损失了10艘，8艘巡洋舰中损失了3艘，主力巡洋舰“沙恩霍斯特号”和“格奈泽瑙号”及袖珍战列舰“吕措号”都负了重伤，结果几个月都不能参加作战。希特勒在即将到来的夏季战役中，已经没有值得一提的舰队可以使用了。当不久之后入侵英国的时
711 候到来时，这就成了一个不能克服的困难。

但是，到了丹麦、挪威已经列进他一长列征服名单中的5月初，希特勒和他的热心的将军们——将军们去年秋天的疑惧情绪如今已一扫而光——正为他们确信将成为最大征讨的军事行动进行最后准备的时候，希
712 特勒丝毫也没有考虑到德国海军严重失去战斗力所可能造成的后果。

(接上页)通过。6月19日，由于害怕受到德国的直接进攻，瑞典只好向希特勒的压力屈服，准许纳粹军队和作战物资通过瑞典铁道到挪威去，但有一个附加条件，就是来去的军队人数要相等，以免德国驻挪威的部队会因此增加兵力。

这对德国是大有帮助的。由于通过瑞典从陆路运输生力军和作战物资，希特勒避免了它们在海上被英国击沉的危险。在协定实施后的最初六个月中，在挪威的德军大约有14万人换了防，同时德军由于得到供应也大大加强了。后来，在德国向俄国进攻以前不久，瑞典允许纳粹把整整一个全副武装的师，从挪威经过瑞典开到芬兰，以便进攻苏联。瑞典在一年前拒绝盟国的事，现在却答应了纳粹德国。要知道德国对瑞典施加压力的详细情况和希特勒同瑞典国王古斯塔夫五世交换信件的内容，可参看《德国外交政策文件汇编》，第9卷。本书作者也在《斯堪的纳维亚的挑战》一书中比较详细地谈到这个问题。

注 释

1.《纳粹的阴谋与侵略》，第4卷，第104页（纽伦堡文件1546-PS）；第6卷，第891—892页（纽伦堡文件C-66）。

2. 同上，第6卷，第928页（纽伦堡文件C-122），第978页（纽伦堡文件C-170）。

3. 同上，第892页（纽伦堡文件C-166）;《海军事务元首会议记录》，1939年，第27页。

4. 丘吉尔：《风暴欲临》，第531—537页。

5.《海军事务元首会议记录》，1939年，第51页。

6. 罗森贝格备忘录，载《纳粹的阴谋与侵略》，第6卷，第885—887页（纽伦堡文件C-64）。另载《海军事务元首会议记录》，1939年，第53—55页。

7.《海军事务元首会议记录》，1939年，第55—57页。

8. 同上，第57—58页。

9.《德国外交政策文件汇编》，第8卷，第515，546—547页。

10. 约德尔的日记，12月12—13日——这个日期显然有误。哈尔德的日记记的是12月14日。

11. 罗森贝格备忘录，见《纳粹的阴谋与侵略》，第3卷，第22—25页（纽伦堡文件004-PS）。

12.《德国外交政策文件汇编》，第8卷，第663—666页。

13. 指令全文，见《纳粹的阴谋与侵略》，第6卷，第883页（纽伦堡文件C-63）。

14. 在纽伦堡提讯法尔肯霍斯特的记录，见《纳粹的阴谋与侵略》，附件B，第1534—1547页。

15. 指令全文，见《纳粹的阴谋与侵略》，第6卷，第1003—1005页；另见《德国外交政策文件汇编》，第8卷，第831—833页。

16. 约德尔日记，1940年3月10—14日。

17.《德国外交政策文件汇编》，第3卷，第910—913页。

18. 同上，第179—181，470—471页。

19. 同上，第89—91页。

20. 希特勒指令全文，见同上，第817—819页。

21. 施密特博士所记的萨姆纳·威尔斯同希特勒、戈林和里宾特洛甫会谈记录载《德国外交政策文件汇编》，第8卷；另见魏茨泽克关于他同威尔斯会谈的两份报告。这个美国使节也会见过沙赫特博士，而在这以前希特勒曾召见了这个失宠的银行家并指示他应采取什么态度。见哈塞尔：《冯·哈塞尔日记》，第121页。威尔斯自己关于他在柏林会谈的记述载《决定的时刻》。

22.《德国外交政策文件汇编》，第8卷，第865—866页。

23. 同上，第652—656，683—684页。

24. 希特勒1940年3月8日致墨索里尼信，见同上，第871—880页。

25. 施密特的会议记录，见同上，第882—893，898—909页；齐亚诺的意见见《齐亚诺外交文件集》，第339—359页。关于他们对会议的个人评论可见施密特：《希特勒的译员》，第170—171页，以及《齐亚诺日记》。里宾特洛甫向希特勒报告会见情况的两份电报，载《德国外交政策文件汇编》，第8卷。

26. 威尔斯：《决定的时刻》，第138页。

27.《齐亚诺日记》，第220页。

28. 施密特博士关于会议的已译成普通文字的速记记录，见《德国外交政策文件汇编》，第

9卷，第1—16页。

29. 哈塞尔：《冯·哈塞尔日记》，第116—118页，这基本上是本书叙述情况的根据。

30. 艾伦·杜勒斯：《德国的地下运动》，第59页。

31. 夏伊勒：《斯堪的纳维亚的挑战》，第223—225页。

32. 丘吉尔：《风暴欲临》，第579页。英国的“R-4计划”见德尔里：《挪威战役》，这是一本英国关于在挪威的战役的官方叙述。

33. 指令全文，见《德国外交政策文件汇编》，第9卷，第66—68页。

34. 全文，同上，第68—73页。

35. 全文，见《纳粹的阴谋与侵略》，第6卷，第914—915页（纽伦堡文件C-115）。

36.《主要战犯的审讯》，第14卷，第99，194页。

37. 全文，见《纳粹的阴谋与侵略》，第8卷，第410—414页（纽伦堡文件TC-55）。另见《德国外交政策文件汇编》，第9卷，第88—93页。

38. 伦特-芬克发自哥本哈根的电报，《德国外交政策文件汇编》，第9卷，第102—103页；布罗伊尔发自奥斯陆的电报，同上，第102页。

39. 丹麦人所说的关于德军占领哥本哈根时的情况，根据拙著《斯堪的纳维亚的挑战》和包奇·奥泽编辑的《占领时期的丹麦》。陶罗中校的贡献是特别有价值的。他是禁卫军的军官，当时与国王在一起。

40. 引自德国陆军秘密档案。载《纳粹的阴谋与侵略》，第6卷，第299—308页（纽伦堡文件3596-PS）。

41. 引自挪威国家档案；载拙著《斯堪的纳维亚的挑战》，第38页。

42.《德国外交政策文件汇编》，第9卷，第124页。

43. 同上，第129页。

44. 同上，第186页。

45. 丘吉尔：《风暴欲临》，第601页。

第二十一章

西线的胜利

1940年5月10日，是一个风和日丽的春日，天刚破晓不久，驻柏林的比利时大使和荷兰公使被召到外交部。他们得到里宾特洛甫的通知，德国部队即将开入他们的国家，以保卫他们的中立，抵御英法军队即将进行的进攻——这正是一个月以前对丹麦和挪威所提出的同一个站不住脚的借口。德国发出的一份正式的最后通牒要求两国政府不要进行任何抵抗。若有抵抗，一定会遭到粉碎，而流血的责任，“完全要由比利时王国和荷兰王国的政府负责”。

在布鲁塞尔和海牙，正如以前在哥本哈根和奥斯陆一样，德国使节分别将同样内容的电报送交各驻在国的外交部。十分有讽刺意义的是，在海牙递交最后通牒的是德国公使尤利乌斯·冯·策希-伯克斯罗达伯爵，此人就是曾在1914年公开地把霍亨索伦帝国刚刚破坏了的德国对比利时中立的保证叫作“一张废纸”的德皇首相贝特曼-霍尔韦格的女婿。

在布鲁塞尔的外交部，当德国轰炸机在头上呼啸，炸弹在附近机场爆炸，把窗户震得咯咯作响的时候，德国大使比洛-施万特踏进外交大臣的办公室，从自己的衣袋里取出一张纸来。保罗-亨利·斯巴克阻止了他。

“我请你原谅，大使先生，让我先说。”

德国军队刚刚进攻了我们的国家［斯巴克说，一点也不打算压住他的愤怒感情］。德国对中立的忠实的比利时进行罪恶的侵略，这在25年之中，已经是第二次了。目前发生的事情，较之1914年的侵略，也许甚至更加可恶，既没有向比利时政府提出最后通牒，也没有提出照
713 会或任何抗议。比利时是通过进攻本身才知道德国已经违反了它自己承担的义务的……历史将追究德国的责任。比利时已下定决心要保卫自己。

接着，这个为难的德国外交官开始宣读德国正式的最后通牒，但是斯巴克打断了他的话。“把文件交给我，”他说，“我愿意免掉你这个痛苦的任务。”[1]

第三帝国对于这两个低地小国的中立曾做过无数次保证。比利时的独立和中立，曾经在1839年得到欧洲五大强国“永久”保证，到1914年德国撕毁为止，这个条约被遵守了75年。魏玛共和国曾答应绝不进攻比利时，希特勒在上台以后也继续重申过这个政策，并且也给了荷兰同样的保证。1937年1月30日，这位纳粹总理在废除了《洛迦诺公约》以后公开宣称：

德国政府已经向比利时和荷兰进一步保证，它愿意承认和保证这两国领土的不可侵犯和中立。

比利时在1918年以后曾明智地放弃过中立。到了1936年，由于第三帝国的重新武装和它在1936年春天重新占领莱茵兰，比利时感到恐慌，又要用中立来保护自己了。1937年4月24日，英法两国解除了它对《洛迦诺公约》承担的义务，同年10月13日，德国也庄严地正式肯定

它的决心，它在任何情况下，都不会破坏［比利时的］不可侵犯和领土完整，它在任何时候都将尊重比利时的领土……如果比利时受到进攻，就准备给予援助……

从那一天起，在希特勒对低地国家的庄严的公开保证与他对将领们

的私下谈话之中，就出现了一种我们现在已很熟悉的口是心非现象。1938年8月24日，他在谈到为他草拟的进攻捷克斯洛伐克的“绿色方案”的一个文件时说，如果占领比利时和荷兰，那对德国就“非常有利”，他还向军方征求意见：“在什么条件下才可以完成占领这个地区以及需要多长时间。”1939年4月28日，希特勒在答复罗斯福时，再次强调他给予荷兰和比利时的“有约束力的声明”。但是，我们前面谈到，过了不到一个月，5月23日，元首却对他的将领们说：“必须以闪电的速度……用武装力量占领荷兰和比利时的空军基地。无须考虑中立声明。”

他当时虽然还没有发动战争，但计划已经准备好了。8月22日，在他开始进攻波兰从而挑起战争的前一个星期，他和将领们商量了破坏荷兰和比利时中立的“可能性”问题。他说：“英国和法国是不会破坏这两个国家的中立的。”四天以后，8月26日，他命令他的驻在布鲁塞尔和海牙的使节 714
通知各驻在国政府，一旦爆发战争，“德国绝不会破坏比利时和荷兰的不可侵犯性”。波兰战争结束之后，他在10月6日又曾公开重申过这个保证。第二天，10月7日，冯·布劳希奇将军在希特勒的推动下，指示他的各个集团军司令，

> 做好立刻进攻荷兰和比利时领土的一切准备，如果政治形势有此要求的话。[2]

两天以后，10月9日，希特勒在第六号指令中说：

> 做好……通过卢森堡、比利时和荷兰发动进攻的准备。这次进攻必须尽可能迅速有力地进行……目标在于尽量夺取荷兰、比利时和法国北部的广大地区。[3]

当然，比利时人和荷兰人并不知道希特勒的秘密命令。但是，关于未来将会发生怎样的事件，他们还是接到过一些警告的。有一些警告，本书前章已经谈到过：密谋反纳粹分子奥斯特上校曾于11月5日向荷兰和比利时驻柏林武官提出警告，德国将于11月12日开始进攻，这是当时预定的日

期。10月底，另一个密谋分子格德勒在魏茨泽克的指使下到布鲁塞尔去警告比利时人，德国的进攻已迫在眉睫。1940年新年后不久的1月10日，一名携带希特勒西线进攻计划的军官在比利时紧急降落，这个计划于是落到比利时人的手中。*

这时，荷兰和比利时参谋总部也已从自己边境来的情报中得知，德国人正在他们的边境集中大约50个师的兵力。他们在德国首都还有一个不寻常的情报来源。这个“来源”就是荷兰驻柏林的武官G. J. 萨斯上校，萨斯是奥斯特上校的好友，经常在位于偏僻的策伦多夫郊区的奥斯特家里吃饭。战争爆发以后，由于灯火管制，这就更加方便了，灯火管制的掩护使当时在柏林的不少德国人和外国人能够进行各种隐秘活动而用不着担心被人发现。萨斯就是早在11月间从奥斯特那里得知德国定于11月12日发动进攻的情报的人，奥斯特在1月间又向这位武官提出过新的警告。但德国人的两次进攻都没有如期举行，这就使海牙和布鲁塞尔对萨斯的情报的信赖多少有些减低。当时海牙和布鲁塞尔自然都不知道，希特勒的确两次安排了
715 进攻的日期，只不过后来推迟了而已。但是，萨斯通过奥斯特得来的关于侵犯丹麦和挪威的十天前的警告和他预言的准确日期，似乎又恢复了他在国内的信誉。

5月3日，奥斯特直率地告诉萨斯，德国人将在5月10日开始通过荷兰和比利时在西线发动进攻，这位陆军武官立即通知了他的政府。第二天，海牙又从它驻梵蒂冈公使那里得到证实这个消息的情报。荷兰人立刻就将这个消息告诉了比利时人。5月5日是星期天，这个星期一开始，我们在柏林的人就都清楚看出，对西线的攻击在几天之内就要发生了，首都的紧张气氛日益增长。5月8日，我打电报给我的纽约办事处，要求把我们的记者留一个在阿姆斯特丹，而不要派他到挪威去，因为反正那里的战事已经结束了。当天晚上，军方新闻检查官允许我在广播中暗示，西线即将开始军事行动，荷兰和比利时也算在内。

5月9日晚上，奥斯特和萨斯在一起吃最后一次晚饭。这个德国军官肯定地说，第二天拂晓向西线发动进攻的最后命令已经下达。奥斯特在晚饭

---

* 分别见本书原文第651，625，671—672页。

后到班德勒街的最高统帅部去了一次，以便弄清楚是否会有最后一分钟的变更。结果并没有变更。“猪猡已经到西线去了。”奥斯特告诉萨斯。“猪猡”指的是希特勒。萨斯通知了比利时陆军武官，随即到自己的公使馆，接通了海牙的电话。在这种时候适用的密码早就安排好了。萨斯说了一些听起来似乎极普通的话，把消息传了过去：“明天拂晓。抓紧！”[4]

奇怪得很，西方两大强国英国和法国，这时却在睡大觉。它们的参谋总部不相信布鲁塞尔和海牙传来的警报。伦敦方面当时正忙于应付持续了三天的内阁危机，这个危机到5月10日晚才由丘吉尔接替张伯伦出任首相而得到解决。英法两国的总部一直等到德国轰炸机在头上的咆哮声和施图卡式俯冲轰炸机的刺耳尖叫声冲破了春天黎明前的宁静的时候，才得知德国的进攻。过了一会儿，天大亮了，又从荷兰和比利时政府那里收到拼命求救的呼吁，后者曾把盟国疏远了八个月之久，而没有同它们采取一致步调，进行共同的防御措施。

尽管如此，盟国在比利时境内迎击德国主力的计划，在最初两天进行得相当顺利。一支强大的英法联军从法比边境向东北方向推进，以便在布鲁塞尔以东代勒和默兹两河沿岸的比利时主要防线上部署兵力。结果表明，这种部署恰好正是德国最高统帅部所求之不得的。这支庞大盟军的迂回运动，正好帮了它的大忙。虽然英法联军自己并不知道，但是他们正好迅速投入了陷阱，只要机关一动，就要遭到全军覆没之祸。 716

双方的作战计划

自从1月间德国原来的进攻西线计划落到比利时人的手中，并且正如德国人所怀疑的，也落入了英法的手中之后，这个计划已经有了重大的变更。这个叫作“黄色方案”的行动计划，是早在1939年秋天在希特勒要在11月中旬在西线发动进攻的命令的催逼下，由陆军总司令部匆忙制订出来的。它是否就是原先的施利芬计划的修正翻版，这一点在军事史学家和德国将军们之中有很多争论。哈尔德和古德里安就认为是这样的。这个计划要求把德国的主力放在右翼，通过比利时和法国北部，目标在于占领英吉利海峡各港口。这个计划要达到的目的同著名的施利芬计划要达到的目的尚有一段距离，施利芬计划在1914年功败垂成，它的目的不仅要占领英吉利海峡各港口，而且还要继续进行一个大规模的迂回运动，使德国的右翼军队通过比利时和法国北部，越过塞纳河，在巴黎以南折向东方，形成一个包围圈，歼灭法国的残余部队。这样做是为了迅速结束法国的武装抵抗，使德国在1914年能把大部分军事力量掉过头来对付俄国。

但是，希特勒在1939—1940年则无须为俄国战线操心。尽管如此，他的目标更加有限。至少在战役的第一阶段，他并不打算击溃法军，只求把它击退，占领英吉利海峡沿岸，从而切断英国和它的盟国的联系，同时取得海空军基地，以便不断骚扰和封锁不列颠群岛。从这个时期他对将领们的长篇大论的讲话中可以明显看出，他认为英法遭到这样的失败以后将会向他求和，然后他就可以再把注意力转到东方而无后顾之忧。

甚至在“黄色方案”的原来计划落入敌方手中之前，盟军最高统帅部就已料到这一着了。11月17日，盟国最高军事会议在巴黎召开，通过了“D计划”，这个计划规定万一德国取道比利时发动进攻，就要法国第一军团和第九军团与英国远征军驰往比利时，到达在代勒和默兹两河沿岸从安特卫普，经鲁汶、那慕尔和日韦到梅济耶尔的主要防线。几天之前，法国和英国的参谋总部在同比利时总司令部召开的一系列秘密会议中曾得到后者的保证：要加强这条战线的防御措施，并在这条战线上大力抵抗。但比利时还迷恋着中立的幻想，仍旧希望也许可以不必卷入战争，因此不愿采取更多的措施。英国的参谋长们认为，德国一旦开始进攻，就来不及把盟军调动得那么远了，但他们在甘末林将军的催促下，终于同意了“D计划”。

717 11月底，盟军又增加了一项计划，把亨利·吉罗的第七军团开到英吉利海峡沿岸，如果荷兰受到进攻，就在安特卫普以北援助荷兰。这样一来，德军企图横扫比利时——或者还有荷兰——从侧面进击马奇诺防线的打算，从战事初期起就会遇到全部英国远征军、法军主力、比利时20个师和荷兰10个师的抵抗，后来的事实证明，这是一支在人数上与德军势均力敌的军队。

为了避免这种正面的冲突，同时为了使急忙挺进到这么远的英法军队陷入圈套，西线伦德施泰特率领的A集团军的参谋长埃里希·冯·曼施坦因将军（原来姓莱温斯基）建议彻底改变“黄色方案”。曼施坦因是一个富有天才和谋略的军阶较低的参谋军官，到了冬天的时候，他终于克服了布劳希奇、哈尔德和其他将领的最初反对，使自己有胆识的主张上达希特勒。曼施坦因的建议是：德国的主要矛头应放在中央，用庞大的装甲部队突破阿登森林，然后在色当的北方跨过默兹河，突入开旷地区，直趋海峡上的阿布维尔。

希特勒向来喜欢大胆的甚至轻率的设想，因此他对这个计划也甚感兴趣。伦德施泰特之所以毫不犹疑地推荐这个计划，不仅是因为他相信它，而且还因为如果执行这个计划，他的A集团军就可以在进攻时担任主要任务。由于哈尔德个人讨厌曼施坦因，以及在一些比曼施坦因军阶较高的将领们中存在着某种职业上的妒忌，曼施坦因在1月底被调去指挥一个步兵军。尽管如此，他在2月17日柏林招待一批新任军长的宴会上，还是找到机会亲自向希特勒陈述了自己的打破正统的观点。他认为，用一支装甲部队突破阿登森林，一定可以出其不意地给盟军以沉重的打击，因为他们的将领像大多数德国人一样，很可能认为这个多山的森林地带不适于使用坦克。德军右翼进行佯攻，就可以使英法联军慌乱地驰赴比利时，然后，在色当突破法军的阵地，再沿索姆河北岸直趋英吉利海峡，这样德军就可以使英法联军的大部和比利时军落入罗网。

正如包括约德尔在内的几个将领所强调指出的，这是一个大胆的、不无危险的计划。但现在已把自己看成一个军事天才的希特勒，真的认为这就是他自己的主意，因此热情愈来愈高。哈尔德起初把它看作疯人的狂想，未予理会，现在也开始赞成它了，而且通过他的参谋总部军官的帮助，对计划做了很大的改进。1940年2月24日，最高统帅部发布一道新的指令，正式采纳这个计划，并命令所有的将领在3月7日以前重新部署好自己的部队。1939年10月29日重制“黄色方案”时，曾取消占领荷兰的计划；但
在11月14日，由于空军的要求，又把这个计划恢复了。空军需要荷兰机 718
场，用以对付英国，它愿意给这次规模不大但又相当复杂的作战行动提供一大批空运部队。小国的命运往往就是根据这种考虑来决定的。[5]

这样，在挪威战役接近胜利结束，5月初天气转暖时，德国人部署了世界上从来没有见过的强大兵力，在西线待命进攻。单从数量上来看，双方

势均力敌——德国136个师，法、英、比、荷135个师。守方有着广大的防御工事这一有利条件：南方有难以超越的马奇诺防线，中间有绵亘不断的比利时要塞，北方有荷兰的水上防线。即使在坦克的数量方面，盟军也足与德军匹敌。但他们并没有像德军一样把坦克集中起来。同时由于比利时和荷兰拘泥于恪守中立，他们没有举行联合参谋会议，以致守方不能充分协调自己的计划和力量。德国的有利条件则是：有一个统一的指挥部，操有进攻的主动权，对侵略行动没有道德上的顾忌，上上下下信心十足，还有一个大胆的计划。他们还有在波兰作战的经验，他们在那里的战斗中已经尝试过自己的新战术和新武器。他们知道俯冲轰炸机和大量使用坦克的价值。同时他们还知道，正如希特勒一直不断指出的，法国人虽然会保卫自己的国土，但对未来的发展却毫无信心。

德国最高统帅部虽然有信心也有决心，但正如秘密记录所表明的，在即将发动进攻时，也曾经心惊胆战过一阵——至少作为最高统帅的希特勒是这样的。约德尔将军在日记中曾记下了这一点。希特勒对于开始进攻的时刻，曾几度作最后一分钟的推迟。他在5月1日确定在5月5日发动进攻。5月3日他把它推迟到5月6日，这是由于天气的关系，但也许有一部分原因在于外交部认为他所提出的对于侵犯比利时和荷兰中立的理由不很充分。5月4日他确定5月7日为X日；次日又把它推迟到星期三，即5月8日。约德尔写道："元首已经决定了'黄色方案'的借口。"比利时和荷兰将被指责完全没有遵守中立原则。

> 5月7日［约德尔的日记继续写道］，元首的火车定于16点38分离开芬肯克鲁格。但天气情况还没有弄清楚，因此［进攻的］命令取消了……元首对于再次延期甚感不安，因为怕有人泄露风声。比利时驻梵蒂冈公使与布鲁塞尔方面进行的商谈引起了一种推测：有一个在4月29日离开柏林到罗马去的德国人，已经犯了叛国罪行……
>
> 5月8日，从荷兰传来令人震惊的消息。那边已取消休假、进行疏散、设置路障，并采取了其他动员措施……元首不愿再等下去了，戈林要求至少推迟到10日……元首非常焦急不安；后来他终于同意推
> 719 迟到5月10日，他说，这是违反他的直觉的。但是，不能再往下拖延

了……

5月9日，元首决定，一定要在5月10日发动进攻。17点与元首同车离开芬肯克鲁格。在得到10日天气情况有利的报告以后，在21点发出代号“但泽”的命令。

希特勒由凯特尔、约德尔和最高统帅部其他人员陪同，于5月10日天刚破晓时，到达了明斯特艾费尔附近他称之为“鹰巢”的大本营。德军在西面25英里之外的地方，正在越过比利时边界长驱直入。在从北海到马奇诺防线之间的175英里战线上，纳粹的部队已突破了三个中立小国荷兰、比利时和卢森堡的边境，粗暴地违反了德国人曾经庄严地一再做出的保证。

六星期战争：1940年5月10日—6月25日

就荷兰方面说，这只是一场五天的战争。至于比利时、法国以及英国远征军，也在这短促的期间决定了命运。就德国方面说，在战略和战术的执行上，一切都是按计划行事的，甚至执行得比预定的计划还要好。他们的成就超过了希特勒的最高希望。他的将领们都给自己的胜利的闪电速度和程度弄得乱了章法。就盟军的领袖们来说，他们被一点也没有料到的事态发展弄得不知所措，在一片慌乱之中感到事态不可理解。

在战斗的第一天刚刚接任首相的温斯顿·丘吉尔本人也被弄得目瞪口呆。他在5月15日早晨7点半被巴黎的保罗·雷诺总理打来的电话叫醒了。雷诺用激动的声音告诉他：“我们败了！我们败了！”丘吉尔不相信。伟大的法兰西军队一周之内就被打败了？这是不可能的。他后来写道：“我简直弄不明白，运用大量快速装甲部队进行袭击这种战术在上次大战以来会引起这样剧烈的变革。”[6]

坦克，七个师的坦克，集中在西部防御阵地最薄弱的一点上进行突破，这一仗就是这样打的。用的是坦克、施图卡式俯冲轰炸机、伞兵和空降部队，后者在盟军防线后方或者在看来似乎固若金汤的堡垒的头顶上降落，造成了极大混乱。

但是，我们在柏林的人都很奇怪，盟军领袖们怎么会一点也没有料到德国人会采取这样的战术。希特勒的部队在波兰战役中不是已经显示了这种战术的效能了吗？在波兰，在一周之内包围或歼灭波兰部队的大规模突破，就是在施图卡式俯冲轰炸机使抵抗力削弱以后再集中装甲兵力取得成
720 功的。在波兰，伞兵和空降部队，即使用在规模极小的战斗中也没有发挥多少作用，他们想完整地夺取一些主要桥梁也没有成功。但是，在西线进击的前一个月，他们在挪威获得了巨大的成就，夺取了奥斯陆以及所有的机场，为在斯塔万格、卑尔根、特隆赫姆和纳尔维克登陆的孤立的小批部队提供增援，从而使他们能够坚持下去。盟军司令官们难道没有研究这些战役，从中吸取教训吗？

征服荷兰

德国人只能腾出一个装甲师的兵力用于征服荷兰的战役。这次战役主要是由伞兵和空降部队降落到广大的洪水防线后面而取得成功的。这些防线，柏林方面许多人士曾经认为可以抵抗几个星期。吓得惊慌失措的荷兰人所经历的是战争史上第一次大规模空降部队的进攻。他们对于这样一种严峻的考验事前毫无准备，对于这次袭击也完全没有料到，从这些情况来看，他们的表现比人们当时设想的要好一些。

德国人的第一个目标是以一支强大的部队从天而降，在海牙附近的机场着陆，立即占领首都，俘虏女王和政府人员，跟一个月前进攻挪威的计划一样。但是，在海牙，正如在奥斯陆一样，这个计划失败了，虽然原因有所不同。荷兰的步兵从初期的惊惶和混乱中清醒过来，到5月10日晚上，在炮兵的配合下，终于能够把德国两团之众的军队驱逐出海牙周围的三个机场。这样就暂时挽救了首都和政府，但却使后备部队被牵制，不能调到其他迫切需要的地方去。

德国计划的关键在于用空降部队夺取鹿特丹正南新马斯河上和东南方马斯（默兹）河在多德雷赫特和穆尔代克两处出海口上的几座桥梁。从大约100英里之外的德国边境向前推进的格奥尔格·冯·屈希勒将军的第十八军团，就是希望通过这些桥梁攻入设防的“荷兰要塞”。“荷兰要塞”包括海牙、阿姆斯特丹、乌得勒支、鹿特丹和莱顿在内，设有重重水道防

线，如不通过这些重要桥梁，是不可能轻易迅速地夺取这个“要塞”的。

5月10日清晨，空降部队，包括从旧式水上飞机降落在鹿特丹河上的一个连在内，在那些冷不及防的荷兰守军还来不及炸毁以前，就夺下了这些桥梁。临时拼凑起来的荷兰部队曾奋不顾身地企图击退德军，他们眼看就要成功了。但是德国人竭力撑持到5月12日早晨，这时，屈希勒的一个装甲师，在突破了赫雷伯-皮尔防线以后赶到这里。赫雷伯-皮尔防线是荷兰东 721
部一条用许多条水道加固的阵地，荷兰人原来希望在这条战线上固守几天。

再一个希望是：法国吉罗将军的第七军团可能会把德国人阻止在穆尔代克的桥头。第七军团正从英吉利海峡兼程前进，5月11日下午抵达蒂尔堡。但是这支法军，也像被围困的荷兰人一样，没有空军支援，缺少装甲车、反坦克炮和高射炮，一下子就被击退到布雷达去了。这就给德国第九装甲师让开了一条通道，使他们得以通过穆尔代克和多德雷赫特的桥梁，在5月12日下午进抵鹿特丹对面的新马斯河南岸。鹿特丹那里的桥梁还一直掌握在德国空降部队的手里。

德国空降兵抢占默兹河上的桥梁。

但是，坦克通不过鹿特丹的那些桥梁。原来荷兰人这时已经封锁了桥梁的北端。5月14日清晨，荷兰人的情况非常危急，但还没有绝望。“荷兰要塞”还没有被突破。海牙周围的德国强大的空降部队，不是被俘就是溃散到附近的村庄里去了。鹿特丹还未失守。德军最高统帅部急于想从荷兰撤出装甲师和支援部队，以便利用刚在南方的法国那里出现的新的机会，他们对于这种情况并不感到如意。因此，希特勒在14日早晨发出第十一号指令:“荷兰军队的抵抗力已经证明比预料为强，由于军事上和政治上的考虑，必须**迅速**粉碎这种抵抗。”办法何在？他命令从比利时前线的第六军团调来一些空军部队，“以便加速夺取‘荷兰要塞’”。[7]

他和戈林发布特别命令，猛炸鹿特丹。荷兰人尝到了纳粹的恐怖滋味后一定会被迫投降的。去年秋天围攻华沙时使用的就是这个法宝。

5月14日早晨，德国第三十九军的一个参谋军官，打着一面白旗跨过鹿特丹桥，要求该市投降。他警告说，如不投降，就要遭到轰炸。当投降谈判还在进行的时候，即一名荷兰军官到了离桥不远的德军司令部讨论详细条款并且正把德军条件带回来的时候，轰炸机就出现了，炸平了这个大城市的中心。大约800人死于非命，几乎全是平民，几千人受伤，78 000人无家可归。[*] 这种背信弃义的举动，这种蓄意的残暴行为，荷兰人是不会忘怀的，虽然在纽伦堡审判中，负责空军的戈林和凯塞林都以鹿特丹并非不设防的城市而是在荷兰人坚守之下的城市为理由，替这种行为进行辩护。
722 他们两人都否认，当他们派遣轰炸机队的时候，他们已经知道投降谈判正在进行，虽然在德军的档案中，有充分的证据证明他们是知情的。[†][9] 总之，德军最高统帅部当时并未加以辩解。我本人就曾在5月14日晚的柏林电台上听到过最高统帅部的特别公报：

> 在德国俯冲轰炸机的攻击和德国坦克即将进攻的巨大压力下，鹿特丹市已经投降，从而使该市免于被毁。

---

* 根据最初的报告（长期以来人们都信以为真），荷兰人死亡2.5到3万，《大英百科全书》1953年版用的是这个数字。但在纽伦堡审判时，荷兰政府提出的数字是814人死亡。[8]

† 纽伦堡并没有对这次轰炸鹿特丹的行动判罪。

三名德国士兵走过刚刚投降的鹿特丹桥。

鹿特丹投降了，接着就是荷兰武装部队的投降。威廉明娜女王和政府成员乘坐两艘英国驱逐舰逃往伦敦。5月14日黄昏时分，荷兰武装部队总司令H. G. 温克尔曼将军命令他的部队放下武器，次日上午11点，他签署了正式降书。只五天的工夫，就一切都结束了。但是结束的只是战斗，此后五年，野蛮的德国恐怖统治的黑夜将一直笼罩着这个惨遭浩劫的文明小国。

比利时陷落和英法联军落入陷阱

荷兰既已投降，比利时和法国以及英国远征军的命运也就决定了。5月

14日，离发动进攻虽然只有五天，这一天却是决定命运的一天。前一天的晚上，德军夺取了迪南到色当之间河岸峻峭、林木繁茂的默兹河对岸的四个桥头堡，并且进占了色当。这是1870年拿破仑三世向毛奇投降的场所，也是结束法兰西第二帝国的地方。这样，盟军防线的中央部分和英法两军的精锐迅速转移到比利时去的重要枢纽地点，就受到了严重的威胁。

次日，5月14日，大规模的袭击开始了。5月10日，一支在数量、集中程度、机动性和打击力量等方面都是空前未有的坦克部队，由德国边境通过阿登森林出发，其队伍之长，即使分了三路纵队还延展到莱茵河后面100英里。现在它突破了法国第九军团和第二军团的防线，迅速地向在比利时的盟军背后的英吉利海峡推进。这是一股令人胆寒的巨大力量。一批又一批的施图卡式俯冲轰炸机首先削弱了法军的防御阵地；大批的战斗工兵布置橡皮船下水，架搭浮桥，准备渡河；接着就是配备有自动推进炮的装甲师，每个装
723 甲师都有一个摩托化步兵旅；装甲师的后面紧跟着摩托化步兵师，占领坦克开辟出来的阵地。这个钢与火的密集队伍，不是惊慌失措的守军手中的任何武器所能阻挡得住的。在默兹河上迪南的两侧，法军被赫尔曼·霍特将军的

1940年，汉斯·冯·克鲁格、埃尔温·隆美尔、尤利乌斯·绍布、拉滕胡贝尔、阿尔弗雷德·约德尔与阿道夫·希特勒（从左至右）在法国战役中。

第十五装甲军击败了。这个军的两个坦克师之中，有一个是由一个名叫埃尔温·隆美尔的年轻大胆的准将指挥的。在河的南面的蒙泰梅，格奥尔格-汉斯·莱因哈特将军的两个坦克师组成的第四十一装甲军，也采取同样战术。

但是，法军受到的打击以在色当四郊最为沉重，这对他们来说，真是一段悲惨的记忆。5月14日晨，海因茨·古德里安将军的第十九装甲军的两个坦克师，* 一拥而过当晚才在默兹河上匆促搭起来的浮桥，向西挺进。法国军队和英国的轰炸机虽然拼命企图炸毁这座桥梁，但是皇家空军71架轰炸机在一次攻击中就给打落了40架，大部分都是给高射炮火击落的，法国坦克则被击毁了70辆，结果却并没有炸毁这座桥梁。到了傍晚时分，德军在色当的桥头堡已经扩展到30英里宽、15英里深，防守在盟军关系重大的中央防线上的法军已被击溃了。没有被围和被俘的队伍在仓皇后撤。北部的英法联军和比利时的22个师，都已陷于被截断后路的极端危险的境地。

最初两天盟军打得还相当顺利，至少他们是这样想的。在怀着新的热情投入首相新职务的丘吉尔看来，"直到12日晚上［他后来写道］，还没有什么理由认为战争进行得不好"。[10] 盟军最高统帅甘末林对于当时的情况十分乐观。前一天晚上，法军的大部精锐部队第一、第七和第九军团与英国远征军戈特勋爵指挥下的九个师，根据预定计划，已与比利时部队会合。他们沿代勒河设置了一条坚固的防线：从安特卫普经过鲁汶到瓦夫尔，然后跨过让布卢缺口到那慕尔，再沿着默兹河向南到达色当。在比利时的坚强的那慕尔要塞和安特卫普之间，在短短60英里的战线上，盟军的数量实际上已超过来犯的德军，约为36个师对赖歇瑙的第六军团的20个师。

比利时军队虽然在他们的东北边境沿线上打得不坏，但并没有支持得像预期的那么长久，更没有像1914年那么长久。他们也像在他们北面的荷兰人一样，简直无法对付德国武装部队的崭新战术。德国人在这里，也如在荷兰一样，大胆地使用了经过特殊训练的小股部队在黎明时由滑翔机上悄悄着陆，去夺取重要的桥梁。在马斯特里赫特后面的阿尔伯特运河上有

---

* 埃瓦尔德·冯·克莱斯特将军的装甲部队由莱因哈特和古德里安的两个装甲军编成，它们拥有五个坦克师和三个摩托化步兵师。

德国空降兵渡河攻打埃本–埃美尔要塞。

三座桥梁，他们制服了其中两座桥的守军，后者连扳动电钮炸掉桥梁都没
724 有来得及。

他们在夺取埃本–埃美尔要塞一役中，甚至取得了更大的成就。这个要塞控制着默兹河和阿尔伯特运河的交叉点。盟军和德军双方都认为这个现代化的、具有战略地位的要塞是欧洲最难攻克的工事，它比法国在马奇诺防线或德国在西壁防线建筑的任何工事都更为坚固。它是由一系列深入地下的钢筋混凝土的交通壕所构成，它的炮楼有厚甲板保护，共有1 200个人防守。原来预计它可以无限期地抵抗住威力最大的炸弹和炮弹的连续不断轰击，但是却在30小时之内就落入由一名上士指挥的80名德国士兵之手了。他们乘坐9架滑翔机，降落在工事的顶部，结果只有6人死亡，19人受伤。我记得，柏林的德国最高统帅部曾给这场战斗蒙上一层十分神秘的色

彩，他们在5月11日晚发表特别公报宣称，埃本-埃美尔要塞已经被“一种新式进攻方法”攻克了。这个声明引起了不少谣传，戈培尔博士也乐于乘机到处散布，说什么德国发明了一种非常厉害的新的“秘密武器”，可能是一种能够使防守的人暂时麻痹的神经毒气。

其实，实际情况却要平凡得多。德国人以他们一贯的缜密作风，在1939—1940年间的冬天，在希尔德斯海姆建筑了阿尔伯特运河的桥梁和要塞的复制品，训练了大约400名滑翔兵，教他们怎样攻取的战术。有三个小组负责攻打三座桥梁，第四小组去攻打埃本-埃美尔要塞。这第四小组的80个人后来在要塞的顶上着陆，把一个特制的“空心”弹安放在装甲的炮楼里，这不仅使炮楼失去作战能力，并且使下面屋内满布火焰和瓦斯。在炮门和瞭望口还使用了手提的火焰喷射器。一小时之内，德国人就进入要塞的上层，使这个巨大要塞的所有轻炮和重炮都失去作用，使它的瞭望台烟雾密布。要塞后面的比利时步兵无法打退这一小股进攻者，自己反而被施图卡式轰炸机和增援的伞兵打退了。5月11日早晨，跨过北方两座完好的桥梁疾驰而来的装甲兵先头部队到达要塞，包围了它。经过施图卡的继续轰炸和地道的白刃战之后，到中午时分，一面白旗扯起了，1 200名惊慌失措的比利时守军鱼贯走出要塞投降。[11]

这次奇袭的成功、桥梁的被夺取以及冯·赖歇瑙将军的第六军团在霍普纳将军的两个坦克师、一个机械化步兵师编成的第十六装甲军支援下所进行的攻势之猛烈，使盟军最高统帅部深信，这次战役跟1914年一样，德军攻势的主要锋芒是在右翼；他们也认为为了制止这个进攻，他们已经采取了适当的措施。结果，直到5月15日晚上，比利时、英国和法国的部队还坚守在从安特卫普到那慕尔的代勒河防线上。

这恰恰是德军最高统帅部求之不得的事。因为这样一来，就可以实现 725
曼施坦因计划，而在中路进行沉重的打击。陆军参谋总长哈尔德将军在5月13日晚上就已经清楚看到这种形势以及他的机会了。

> ［他在日记里写道］我们可以指望24个师左右的英法军队和15个师的比利时军队，在那慕尔以北完成集中。为了应付这种局面，我们

的第六军团在前线有15个师，还有6个师的后备军……我们有足够的力量击退敌人的任何进攻。用不着配备更多的部队。在那慕尔以南，敌人的力量较弱，大约只有我们兵力的一半。对默兹河的进攻的结果，将决定我们是不是能够利用这种优势，在什么时候利用以及在什么地方利用。在这条战线的后面，敌人并没有一支值得一提的兵力。

在这条次日就被攻破的战线的后面，真的没有一支值得一提的兵力吗？

5月16日，丘吉尔首相飞往巴黎去探明这一点。下午，当他驱车到法国政府办公处访问雷诺总理和甘末林将军的时候，德国的先头部队已经抵达色当以西60英里的地方，在毫无防御的平地上驰骋前进。在他们和巴黎之间，也可以说在他们与英吉利海峡之间，并没有多少障碍。但是丘吉尔却不知道这种情况。“战略后备部队在哪里？”他问甘末林，还插进一句法语：“什么地方有大量的人力？”盟军总司令甘末林向他摇了摇头，耸了耸

丘吉尔（左二）与甘末林（左三）1939年在法国塞纳–马恩省的蒙特里城堡。

肩回答说："没有！"*

"我奇怪得说不出话来。"丘吉尔后来追述道。从来没有听说过，一支大军在受到攻击的时候会不留些后备部队的。"我承认，"丘吉尔说，"这是我一生中所碰到的最令我吃惊的事之一。"[12]

德国最高统帅部也同样感到吃惊，至少对于希特勒和最高统帅部的将军们来说是如此，也许哈尔德是例外。这次西线战役是元首亲自指挥的，他曾有过两次迟疑不决，拿不定主意。第一次是5月17日，他忽然神经极度紧张起来。那天早上，带着他的装甲军到英吉利海峡去已经走了三分之一路程的古德里安，奉令停止前进。因为空军发来情报说，法国人即将大举反攻，企图截断从色当楔入向西前进的力量薄弱的德国装甲部队。希特勒急忙同他的陆军总司令布劳希奇和哈尔德会商。他肯定地认为南面会出现法军的严重威胁，突破默兹河的主力、A集团军司令伦德施泰特，在那天晚些时候会见他时支持他的这种看法。伦德施泰特说，他估计"强大的法军会从凡尔登和马恩河畔沙隆地区发动一次出人意料的有力反攻"。希特 726
勒忽然担心起来，生怕出现第二次马恩河事件。"我正在注意这件事，"第二天他写信给墨索里尼说，"1914年马恩的奇迹绝不能重演！"[13]

［5月17日晚上，哈尔德在日记里写道］一个非常不愉快的日子。元首神经紧张透了。他担心自己能否取得成功，不愿冒什么险，坚决抑制我们。他为自己辩解说，这都是由于他担心左翼……他带来的只是惶恐和怀疑。

尽管第二天法军崩溃的消息不断传来，这个纳粹统帅的神经紧张情况却并没有什么好转。哈尔德在5月18日的日记中记录了这种神经紧张的情况：

元首对于南翼有一种莫名其妙的焦虑，他大发雷霆，叫喊着说，我们会使整个行动毁掉，我们有遭到失败的危险。他不愿继续西进，

---

* 战争结束后，甘末林说，他的回答并不是"没有"，而是"不再有了"（1949年11月21日巴黎出版的《震旦报》）。

更不必说向西南方面，只是坚持向西北推进。这就是以元首为一方同布劳希奇和我为另一方之间所发生的最不愉快的争论的问题。

最高统帅部的约德尔将军差不多总是认为元首是对的，他也记录了最高领导间的分歧。

> [他在18日写道] 极度紧张的一日。陆军总司令 [布劳希奇] 没有执行尽快在南方建立一个新的侧翼阵地的意图……把布劳希奇和哈尔德立刻召来，严命他们立即采取必要的措施。

但哈尔德是对的：法国并没有可以从南方进行反攻的部队。这时装甲师正等得手痒难耐，一接到只许进行“大规模侦察”的命令，便不管三七二十一，向英吉利海峡推进。一支由七个装甲师组成的强大楔形队伍，无情地在索姆河北岸向西挺进，经过第一次世界大战的著名战场，于5月19日早晨进抵离英吉利海峡只有50英里的地方。使希特勒总部惊讶的是，第二装甲师已于5月20日晚上到达索姆河口的阿布维尔了。比利时军队、英国远征军和法国的三个军团已经陷入了重围。

> [约德尔那天晚上在日记上写道] 元首高兴得忘乎所以。他对德军
> 727 和它的领导倍加赞扬。他已在准备和约，主要内容为：归还最近四百年来从德国人民手中夺去的领土和其他有价值的东西……
>
> 一份特别的备忘录已存入档案中，内容有元首接到陆军总司令关于攻下阿布维尔的电话报告时激动得语不成声的话。

盟军从这个后果不堪设想的包围圈逃出来的唯一希望在于，在比利时的军队立即转向西南，摆脱正在向自己进攻的德国第六军团，突破那伸入法国北部到达海边的德国楔形装甲部队，杀出一条血路，从而与从索姆河向北推进的法国生力军会合。这实际上正是甘末林将军在5月19日晨下达的命令。但是那天晚上，马克西姆·魏刚将军接替了他的职务，立即取消了这道命令。魏刚在第一次世界大战时曾在军事上获得很高的声誉。他希

望在同比利时的盟军指挥官进行会商之后再决定采取行动。结果，等到魏刚决定采取与他的前任完全相同的计划时，三天的时间已经错过了。这样延误军机花费了巨大的代价。此时法国、英国和比利时还有40师有作战经验的部队在北部，如果他们遵照甘末林的命令，于5月19日向南突进，冲过兵力薄弱的德国装甲部队的防线，突围可能已经成功了。但是到他们转移的时候，盟国各指挥部之间的交通陷于一片混乱，各军在遭到压力之下，行动也乱成一团。总之，魏刚将军的计划只存在于他自己的心中；实际上法国部队并没有从索姆河北上。

同时，德军最高统帅部已把所有能用得上的步兵都投入战斗，以巩固并扩大装甲部队突破的缺口。5月24日，从阿布维尔向英吉利海峡推进的古德里安坦克部队，分别攻占布洛涅、包围加来这两个主要港口，并进抵格拉沃利讷，这个地方在距离敦刻尔克约20英里的海岸上。比利时战线已经向西南转移了，因为盟军试图在那里脱身出来。24日，英国、法国和比利时在北部的军队被迫退到一个很小的三角形地带，这个三角形的底部在从格拉沃利讷到泰尔讷曾的英吉利海峡沿岸，顶端在距海岸约70英里的瓦朗谢讷。现在突围的希望已经没有了，唯一的希望——这看来是微乎其微的——就是由敦刻尔克从海上撤退。

5月24日，德国装甲部队已经望见敦刻尔克，并且沿阿运河在格拉沃利讷和圣奥梅尔之间摆好阵势，准备投入最后厮杀。正在这个时候，来了一个奇怪的命令，要他们停止前进，这对于在战场上的士兵来说是费解的。这是第二次世界大战中德军最高统帅部犯的第一个大错误。在谁应负责和究竟为什么的问题上，不仅在德国将领们之间，而且在军事历史学家们之间，都曾引起剧烈的争论。关于这个问题，我们在后边将根据目前拥有的大量资料谈到。这道停止进攻的命令，不论是根据什么理由发出的，都给 728
盟军，尤其是英军，一个意外的喘息机会，导致了敦刻尔克的奇迹。但比利时军队并没有因此获救。

利奥波德国王的投降

比利时国王利奥波德三世于5月28日清晨投降。这个刚愎自用的年轻统治者，曾经使自己的国家退出同英法的联盟，采取愚蠢的中立，甚至当他获悉德国准备越过自己的边界大举进攻的时候，还拒绝恢复联盟的关系；直到希特勒进攻以后，他才在最后一分钟向英法呼吁军事援助，并接受了援助。现在他又在绝望的时刻抛弃了英法，打开了大门，让德国军队在已经受很大压力的英法部队侧翼长驱直入。再说，他这样做的时候，正如丘吉尔6月4日在下院所说，“事先未经协商，临时才片面通知，也没有和他的大臣们商量，只凭他个人自作主张”。

实际上，他是不顾政府的一致劝告这么做的，虽然他曾经按照宪法宣誓要听从政府的意见。5月25日凌晨5点，在国王的大本营里，举行了一次国王和包括首相、外交大臣在内的三个阁员的摊牌会议，他们最后一次劝告国王不要投降做德国人的俘虏，因为他如果这么做，“就会落到像布拉格的哈查那样的地位”。他们还提醒他，他不但是总司令，还是国家的元首，万不得已时，他可以像荷兰女王和挪威国王那样，在流亡中履行他的国王职务，直到盟国取得最后胜利。

“我已决定留下来，”利奥波德回答，“盟国的事业已经没有指望了。”[14]

5月27日下午5点，他派遣比利时参谋总部的副参谋长德罗骚将军到德军那里，要求休战。10点，这位将军带回德军的条件：“元首要求无条件放下武器。”11点，国王决定无条件投降，并建议于凌晨4点停止战斗，结果就真的在那时候停止了战斗。

法国总理雷诺发表了一篇言辞激烈的广播，愤怒谴责利奥波德的投降。比利时首相皮埃洛也在巴黎做了广播，不过语气比较得体一些，他对比利时人民说，国王的行动是违反政府的一致意见的，他这样做是自绝于人民，他已不可能继续执政，比利时流亡政府将继续奋斗。5月28日，丘吉尔在
729 下院发言的时候，对利奥波德的行动未加判断，但在6月4日也同大家一起批评他的不当。

直到战争结束以后很久，争论还是很激烈的。在比利时国内外，替利奥波德辩护的人为数都很多，他们相信他在与比利时军民患难与共这一点上，做了一件正确而光荣的事情。他们一再声称，他并不是作为国家的元首，而是作为比利时军队的总司令投降的。

到5月27日，被打得焦头烂额的比利时军队已经陷于绝境，这一点是

比利时国王利奥波德三世视察坦克部队，右为比利时战争部长丹尼斯将军。

无可争辩的。他们为了使英法军队可以脱身向南突围，曾英勇地同意延长自己的战线。比利时军队虽顽强奋战，但是所延长的战线还是迅速崩溃了。利奥波德也没有得悉关于戈特勋爵在5月26日已经从伦敦接到向敦刻尔克撤退并尽量挽救英国远征军的命令的消息。这是一方面的论点，但另一方面也有他们的论据。他们说，比利时军队是由盟军统一指挥的，而利奥波德进行单独媾和，事先并没有与盟军协商过。有人替他辩护时指出：在5月27日中午12点半，他曾打电报告诉戈特，他马上就“得被迫投降，以避免崩溃”。但是这位英军司令官正忙得不可开交，而且时常在移动，因此没有接到这个电报。他后来证实他是在5月27日晚上11点以后不久才第一次听到投降的消息，发现自己“在伊普尔和大海之间突然面临一个20英里宽的缺口，敌人的装甲部队可以通过这里到达海滨”。[15] 至于国王的上级军事指挥官魏刚将军，则是在下午6点以后从法国驻比利时大本营的联络官发来的电报中得到这个消息的。他后来说，这个消息对于他“像晴天霹雳，事先一点也不知道”。[16]

最后，利奥波德虽然身为武装部队的总司令，但在这个立宪民主的王国，是有义务接受政府的意见的。他不论作为总司令还是作为国家元首，都无权擅自投降。最后还是比利时人民通过了对自己的君主的判决，他们这样做是正确的。那就是一直没有请他从他于战争结尾时在那里避难的瑞士回来复位。战争结束后过了五年，到1950年7月20日举行公民投票，57%的票赞成他回来的时候，在群众中还引起了十分激烈的反响，几乎爆发了内战。他于是立即让位给他的儿子。

不论对利奥波德的行为有怎样的评价，对于他的军队的英勇战斗却是不应该有什么不同意见的——虽然也曾经有过不同意见。* 5月间，我曾有几天跟随赖歇瑙的第六军团经过比利时，我亲自看到比利时人在敌我力量极为悬殊的条件下顽强作战的情况。在德国空军残酷无情、肆无忌惮的轰
730 炸下，或者当德国装甲部队企图截断他们的时候，他们从来没有屈服过。对于这次战役中其他一些盟国部队，就不能这么说了。比利时军队坚持了18天，如果他们没有同英国远征军和法国的北部军队一起陷入重围，他们本来是可以支持得更久的，何况陷入重围并不是他们的过失。

敦刻尔克的奇迹

自从5月20日古德里安的坦克部队突破盟军防线进抵海边的阿布维尔以后，英国海军部就根据丘吉尔亲自下的命令调集船只，为英国远征军和其他盟国军队可能撤出海峡上的各处港口做准备。非战斗人员和其他“用不着的人”立即开始渡过这个狭窄的海面前往英国。到5月24日，我们上面已经谈到，北面的比利时前线已接近崩溃，在南方，从阿布维尔沿海岸向北猛扑的德国装甲部队，在攻克布洛涅、包围加来以后，已经到达距离敦刻尔克只有20英里的阿运河。比利时军队、英国远征军的九个师和法国第一军团的十个师都被夹在中间了。虽然在包围圈南端，运河、沟渠和泛滥地区纵横交错，地形不利于坦克的行动，但古德里安和莱因哈特的装甲

* 不同的意见来自艾伦·布鲁克将军等人。布鲁克曾经指挥英国第二军，后来成为帝国参谋总长、陆军元帅艾伦布鲁克勋爵。参看阿瑟·布赖思爵士根据艾伦布鲁克的日记所写的《形势的转变》（*The Turn of the Tide*）。

军已经在海岸上的格拉利沃讷和圣奥梅尔之间主要障碍之一阿运河彼岸建立了五座桥头堡，准备给盟军以彻底打击，使他们受到从东北方推进过来的德国第六军团和第十八军团的夹攻，从而完全消灭他们。

5月24日晚上，最高统帅部突然发来紧急命令，这道命令是在伦德施泰特和戈林怂恿之下，不顾布劳希奇和哈尔德的激烈反对，由希特勒坚持发出的。命令要坦克部队停在运河一线，不要再向前推进，这就给了戈特勋爵一个意外的、重要的喘息机会，他和英国海军及空军都充分利用了这个机会。伦德施泰特后来体会到这一点，他说，这个喘息机会导致了“战事中几个重大转折点之一”。

德国在眼看就要取得这次战役中最大胜利的时候，怎么会发出这道难于解释的命令呢？下这个命令的原因是什么？谁应该负这个责任？这些问题在有关的德国将领中和历史学家中，曾引起过一场大辩论。以伦德施泰特和哈尔德为首的将领，把责任完全推在希特勒身上。丘吉尔在大战回忆录第二卷中为这场争论火上加油，他认为这个命令出自伦德施泰特，而不是希特勒，他引述了伦德施泰特司令部的战争日志作为论证。在一大堆互相矛盾、众说纷纭的证词之中，要弄清楚事实真相是很难的。在准备写这一章的过程 731
中，本书作者曾写信给哈尔德将军本人请他阐明，不久就接到一封有礼貌的详细的回信。根据这封信和其他许多现在能够得到的证据，也许可以得出一定的结论平息争论，即使这不是最后的结论，但至少也是有相当说服力的。

说到这道著名的命令的责任问题，不管伦德施泰特后来怎样辩解，他必须与希特勒分担责任。元首在5月24日早晨曾到伦德施泰特将军设在查尔维尔的A集团军总司令部去过，伦德施泰特建议在离敦刻尔克不远的运河一线上的装甲师应当停止前进，等候更多的步兵部队的接应。* 希特勒同

---

* 尽管这个事实是根据伦德施泰特司令部的记录所确定的，但是这位将军在战后还是发表多次谈话，把责任完全推给希特勒。他曾告诉加拿大谍报官密尔顿·舒尔曼少校：“如果我当初按照我自己的意思行事，英国人在敦刻尔克就不会那么轻易地脱身了。但我的手给希特勒的直接命令束缚住了。当英国人在海边上船的时候，我只能在港口外面按兵不动……我只能在这个小镇坐着，眼看着英国人逃走，而我的坦克和步兵被禁止采取行动。这种难以置信的错误，应归咎于希特勒自以为是的个人指挥。”（舒尔曼：《西方的溃败》，第42—43页）

1946年6月20日，伦德施泰特又在纽伦堡国际军事法庭上对一个委员会说（油印稿第1490页）：“那是统帅的一个大错误……当时我们所有将领的愤怒是无法形容的。”伦德（转下页）

意了这个建议，并且认为装甲部队应当保存下来，留待进攻索姆河以南的法国军队时使用。他还说，如果盟军陷入的袋形地带缩得太小，就会妨碍空军的活动。停止前进的命令可能是伦德施泰特获得元首的批准以后立即发出的。因为据丘吉尔说，英国远征军曾截获德国那天上午11点42分下达那个命令的无线电报。[17]希特勒和伦德施泰特当时正在开会。

总之，那天晚上希特勒从最高统帅部发出了正式的命令，这在约德尔和哈尔德两人的日记上都有记载。参谋总长极感不快。

> [他在日记里写道]我们的由装甲部队和摩托化部队组成的左翼，由于元首的直接命令，都将因此完全停止下来！消灭包围中的敌军，要留给空军去干！

这个表示轻蔑的惊叹号表明，戈林参与了希特勒的决定，现在我们知道他的确是参与了的。他曾建议由他的空军单独来消灭被包围的敌军！哈
732 尔德在1957年7月19日给本书作者的信中举出了他之所以做出这个野心勃勃、不自量力的建议的理由。

> 在以后的几天中[即5月24日以后]，终于弄明白希特勒的决定，主要是受戈林的影响。陆军的迅速行动，对于这个独裁者来说，几乎变成了不祥的事情，因为他缺乏军事训练，毫不了解这一行动究竟有多少危险性和它的成功的可能性。他常常有一种忧虑的情绪，觉得会出现不利的情况……
>
> 戈林很了解他的元首，因此就利用了这种忧虑情绪。他建议单独

（接上页）施泰特也曾对李德·哈特（《德国将领谈话录》[*The German Generals Talk*]，第112—113页）和在“美国控告里布”案中对纽伦堡军事法庭（油印稿第3350—3353，第3391—3392页）做了同样的声明。

特尔福德·泰勒在《征服的进军》（*The March of Conquest*）一书和L. F. 埃利斯少校在《1939—1940年法兰西和佛兰德斯之战》（*The War in France and Flanders, 1939—1940*）一书中都曾分析德军关于这一事件的记录，并得出有些不同的结论。埃利斯的书是英国关于这一战役的官方报告，载有英国和德国双方的文件；而泰勒则曾在纽伦堡审判时担任美国检察官四年，是德国文件的权威人士。

用他的空军来收拾这个大包围战的残局，这样就可以不必冒必须使用宝贵的装甲部队的风险。他提出这个建议……有一个理由，这个理由说明了野心勃勃、不择手段的戈林的特性。在陆军一帆风顺的作战以后，他要为**他自己的**空军在这次大战役中取得最后决战的机会，从而在整个世界面前获得成功的荣誉。

哈尔德将军接着在来信中谈到了布劳希奇1946年1月在纽伦堡监狱中同空军将领米尔希和凯塞林谈话以后对他所做的一个说明。据说这些空军军官宣称：

戈林当时［1940年5月］对希特勒强调说，如果当时快要到手的战斗中的伟大胜利的功劳完全被陆军将领得去的话，那么元首在德国国内的威望就会遭到无法弥补的损失。只有一个方法可以防止这一情况，那就是由空军而不是由陆军来完成决战。

事实至此已很清楚：希特勒受戈林和伦德施泰特的怂恿而下、但遭到布劳希奇和哈尔德竭力反对的计划，是让空军和博克的B集团军去扫荡陷入重围的敌军。B集团军谈不上有什么装甲部队，他们这时正在慢慢地把比利时军队和英国军队驱到海峡西南地区。而拥有七个坦克师、在敦刻尔克西面和南面的运河线上停止前进的伦德施泰特的A集团军却要原地不动围住敌人。结果是，不论空军或博克的集团军都没有达到他们的目标。5月26日早晨，哈尔德在日记中愤怒地说："从最高统帅部发来的这些命令真是莫名其妙……坦克都像瘫痪似的停在那里不动。"

最后，5月26日夜间，希特勒取消了停止前进的命令，并同意这样的意见：由于博克的部队在比利时进展迟缓和海岸附近运输舰活动频繁，装甲部队可以继续向敦刻尔克前进。但到了这个时候已经太迟了；被围的敌人已经得到加强自己的防务的时间，一边抵御，一边开始偷偷地逃到海里去了。

现在我们知道希特勒之所以发出这个命运攸关的命令，也是有其政治原因的。5月25日，据哈尔德说，这一天一开始，"布劳希奇和元首之间在 733

包围战中下一步行动的问题上就发生了一次令人痛心的争吵"，他在这一天的日记中写道：

> 现在**政治**当局已经形成了一种固定的观念，认为决战要在法国北部而不应在佛兰德斯一带进行。

这一则日记曾使我感到大惑不解。因此我写信给这位前参谋总长，问他是否能够回忆一下希特勒要求在法国北部而不在比利时结束这一战役的政治原因是什么。哈尔德记得很清楚。"根据我现在还是栩栩如生的记忆，"他回答道，"在当时我们的谈话中，希特勒用两个主要考虑来支持他的停止前进的命令。第一个考虑是军事上的理由：地形不适于坦克的活动，由此而造成的很大损失，将会削弱即将对法国其他地方进行的进攻，等等。"然后，哈尔德写道，元首举出了

> 第二个理由，他知道，我们作为军人是不能反驳这个理由的，因为这是政治上的，而不是军事上的理由。
>
> 这第二个理由是，为了政治的理由，他不希望这个不可避免地会造成居民重大损失的最后决战，发生在佛兰德斯人居住的地方。他说，他想把这个日耳曼后代佛兰德斯人居住的地方变成一个独立的民族社会主义的区域，从而使他们和德国紧紧地结合在一起。他在佛兰德斯地区的支持者为此已经做了长期的活动。他已经答应他们，使他们的国土不致遭到战争的破坏。如果他现在不实践诺言，那就会严重损害他们对他的信任。这对于德国将是一桩政治上的损失，这是他作为政治上负责的领袖所必须尽力避免的。

荒唐吗？如果说这看来好像是希特勒又一次突然发生神经错乱（哈尔德写道，他和布劳希奇"没有被这种理由说服"），那么，他对另一些将领透露的另一个政治上的考虑，却是比较合理而且重要的。伦德施泰特的作战处长君特·布鲁门特里特将军在战后对英国军事作家李德·哈特追述希特勒5月24日和伦德施泰特的会晤时说：

希特勒当时的心情很好……并且告诉我们，他认为战争在六个星期之后就可以结束。他希望战事结束后，能和法国缔结一个合理的和约，这样和英国达成协议的道路就打开了……

后来，使我们觉得惊异的是，他竟用钦佩的口吻谈到大英帝国，谈到它的存在的必要，谈到英国给世界带来的文明……他说，他所要求于英国的，不过是它应当承认德国在大陆的地位。德国如果能够重新获得它的殖民地，那当然最好，但也并不是非如此不可……他最后说，他的目的是能和英国在一个英国认为可以接受而并不有损自己尊严的基础上媾和。[18] 734

希特勒在以后的几个星期中常常向他的将领们、向齐亚诺和墨索里尼表示这种想法，并且最后公开地做了表示。齐亚诺在一个月以后发现，这个纳粹独裁者当时正处在成功的顶点，竟反反复复地提到保持大英帝国作为“世界均势的一个因素”[19]的重要意义，他不禁感到惊异。7月13日，哈尔德在日记中谈到元首对于英国没有接受和平感到非常迷惑不解。那一天，他对他的将领说，用武力迫使英国投降，“对德国没有什么好处……只对日本、美国和别的国家有好处”。

因此，可能是（虽然还有人怀疑）希特勒把他的装甲部队遏止在敦刻尔克的前面，目的在于想使英国避免一场奇耻大辱，从而促进和平解决。而这个和平解决，照他的说法，必须是这样的：英国让德国放心地重新掉头东向，这一次是进攻俄国。他还说，伦敦必须承认第三帝国独霸大陆的地位。在以后两个月之中，希特勒深信，这种和平已在他的股掌之中了。他现在和过去几年一样不了解英国民族的特性，不了解它的领袖和它的人民要不惜牺牲作战到底加以保卫的是哪种世界。

过去和现在对于海洋都缺乏了解的希特勒和他的将领们，做梦也想不到熟习海洋的英国人竟能够从一个设备已荡然无存的小小港口和暴露在他们鼻尖下面的沙滩上撤退了30多万人。

5月26日晚上7点差3分，在希特勒取消停止前进的命令以后不久，英国海军部发出通知，开始执行“发电机计划”，这是敦刻尔克撤退计划的代号。那天晚上，德国装甲部队恢复了从西面和南面对这个海港的进攻，但现在装甲部队发现进攻很困难。戈特勋爵已经有时间部署了三个步兵师，在重炮的配合下，抵抗他们的进攻。坦克的进展迟缓。就在这个时候，撤退工作开始了。由850艘各种类型、各种动力的大小船只编成的舰队，从巡洋舰、驱逐舰到小帆船和荷兰小船（其中有许多都是由英国滨海城市的人民志愿驾驶的）集中在敦刻尔克。第一天，5月27日，他们撤走了7 669人，第二天17 804人，第三天47 310人；5月30日53 823人，头四天总共撤退了126 606人。这大大超过了海军部原来希望撤出的人数。当撤退开始的时候，海军部以为只能有两天的时间，只指望能撤退45 000人。

一直到“发电机计划”执行到第四天即5月30日的时候，德军最高统帅部才发现发生了什么事情。四天来，德军最高统帅部的公报一直在重申，
735 被围敌军的命运已经注定了。我的日记中记录的5月29日的一份公报断然说道：“在阿图瓦的法军的命运已经决定了……被迫退入敦刻尔克周围地区的英军在我们的集中进攻之下也在走向毁灭。”

但英国军队并没有走向毁灭，他们是在走向海上去。当然，他们没有带走重武器和装备，但是可以肯定，这些人将会活下来，有朝一日再投入战斗。

一直到5月30日早晨，哈尔德还在日记中满怀信心地写道：“我们所包围的敌人正在继续崩溃。”他承认，有的英国人“打得很猛”，其他的人则“逃至海滨，想用不管是什么漂浮在海上的东西渡过英吉利海峡”。“崩溃(Le Débăcle)。”他最后这么说，指的显然是左拉描写普法战争中法国崩溃的著名小说。

下午，在与布劳希奇会议以后，参谋总长终于发觉这许多运载英军逃跑的小得可怜的船只的意义。

> 布劳希奇很为恼火……要是我们的装甲部队没有被阻止的话，早已在海岸边把袋形阵地的口封上了。恶劣的天气使空军无法出动，现在我们只有站在一旁，眼看成千上万的敌人在我们鼻尖底下逃到英国去。

事实上，这就是他们所看到的情况。不管德国人在袋形阵地各边立即

增加多么大的压力，英国的防线还是屹然不动，撤退的部队更多了。第二天，5月31日，是撤退人数最多的一天，有68 000人上了船到英国去，其中三分之一是从海滩撤退的，三分之二是从敦刻尔克港撤退的。现在总共已经撤退了194 620人，较原来估计能撤出的人数多出三倍多。

著名的德国空军到哪里去了呢？据哈尔德记述，它有一部分时间是由于恶劣的天气不能出动。其余的时间则是遭到英国皇家空军意外的抗击，后者从海峡对面的基地起飞，第一次成功地向德国空军挑战。* 英国新式的喷火式飞机虽然在数量上居于劣势，但证明胜过梅塞施密特式，他们击落了笨重的德国轰炸机。有少数几次，戈林的飞机趁英机未来的间隙时间飞到敦刻尔克上空，使这个港口受到很大的损失，一时无法使用，部队不得
不完全依靠从海滩上船。德国空军对船只也进行了几次强袭，861艘中有 736
243艘沉没，其中大部分是德国空军炸沉的。但戈林向希特勒许下的歼灭英国远征军的诺言却没有实现。6月1日，德国空军进行最大的一次攻击（也受到最沉重的一次损失——双方都损失飞机30架），炸沉了英国驱逐舰三艘和一些小型运输舰，但这一天撤退人数仅次于最高的那一天，共撤退了64 429人。到第二天黎明时分，只有4 000名英国士兵还留在包围圈中，由当时守住防线的10万名法国士兵保护着他们。

这时德军中程炮已到达射程以内，白天不得不停止撤退工作。当时德国空军在天黑之后并不进行活动，6月2日、3日夜间，余下的英国远征军和60 000名法军成功地撤出来了。一直到6月4日早晨，敦刻尔克仍在40 000名法军的固守之中。到那一天为止，一共有338 226名英法士兵逃出了德军的虎口。他们已经溃不成军。绝大部分部队当时的狼狈情况是可以想象得到的。但他们都经历了战斗的考验；他们知道，他们如果得到适当的装备和充分的空军掩护，是能够抵抗德国人的。他们大多数人，当装备方面能与德军并驾齐驱的时候，终于证明了能够做到这一点——而且就是

---

* 沙滩上许多疲惫不堪的、正在遭到猛烈轰炸的英国兵，却没有注意到发生了空战，因为空战往往是在云端或远处进行的。他们只知道，他们从比利时东部到敦刻尔克，沿途一直遭受轰炸和扫射。他们觉得他们的空军把他们抛下不管了。他们到达本国的港口以后，有人看见身穿蓝制服的皇家空军人员就进行辱骂。丘吉尔对此事很为不安，他于6月4日在下院演讲时还特地进行解释。他说，敦刻尔克的脱险“得力于空军”。

在离他们被救出来的沙滩上不远的英吉利海峡海岸上。

敦刻尔克救了英国部队。但是丘吉尔6月4日在下院提醒他们说:“战争不是靠撤退来打赢的。”英国的处境的确是严峻的，比近一千年前诺曼人登陆以来任何时候都要危险。它没有陆军保卫岛屿，空军力量在法国已受到很大的削弱，剩下的只有海军。挪威战役已经表明，大型战舰是很容易遭到以陆地为基地的空军的攻击的。现在德国轰炸机从基地飞过狭窄的英吉利海峡，只需5分钟到10分钟的时间。当然，法国还坚守在索姆河和埃纳河以南的地方，但是，它的最精锐的部队和最精良的装备已经在比利时和法国北部损失殆尽，它的数量不多、陈旧过时的空军也已大部分被毁了。它的两个最著名的将军——现在开始领导那个摇摇欲坠的政府的贝当元帅和魏刚将军——已经不再想和这样一个优势的敌人打下去了。

当1940年6月4日，温斯顿·丘吉尔在下院起立发言的时候，这些惨淡的事实，使他的心头十分沉重。当时，从敦刻尔克开回来的最后一批运输舰正在把人员卸下来。正如同他后来所写的那样，这时他已下定决心不仅向本国人民，而且也向全世界——尤其是美国——表明，“我们决定继续战斗是有重要理由的”。正是在这个时刻，他发表了他那著名的令人久久不能忘怀的演说，这篇演说必然可以和有史以来最伟大的演说相媲美：

> 欧洲大片大片的土地和许多古老著名的国家虽然已经陷入或可能
> 737 陷入秘密警察和纳粹政体所有凶恶的统治工具的魔掌之中，但是我们绝不气馁认输。我们将战斗到底，我们将在法国战斗，将在海洋上战斗，我们将以不断增长的信心和不断增长的力量在空中战斗。不论代价多么大，我们都将保卫我们的岛屿，我们将在海滩上战斗，我们将在登陆地点战斗，我们将在农田和街道上战斗，我们将在山中战斗。我们绝不投降，即使这个岛屿，或者它的一大部分土地已被征服，或者挨冻受饿——我一点也不相信会发生这种情况——我们那个由英国舰队所武装和保卫的海外帝国，也将战斗下去，直到新世界在上帝认为适当的时机挺身而出，用它的全部力量把旧世界援救和解放出来为止。

被炸毁的敦刻尔克港。

敦刻尔克大撤退。

法兰西的崩溃

英国继续战斗的决心，似乎并没有使希特勒感到不安。他确信在他把法国干掉以后，他们就会改变主意，而他现在就要干掉法国了。6月5日，在敦刻尔克陷落后的第二天早晨，他们在索姆河上发动了大规模的进攻，随即以压倒的力量从阿布维尔到莱茵河上游这整条400英里宽的横贯法国的战线上采取攻势。法国的命运已注定了。他们只能用65个师（其中大部分还是第二流的），去抵抗包括10个装甲师在内的德军143个师的兵力，因为最优秀的部队和大部分装甲部队都在比利时消耗掉了。力量薄弱的法国空军也所剩无几。英国能够派出来的只有驻在萨尔的一个步兵师，另外还有一个装甲师的部分人员。英国皇家空军除非把不列颠群岛置于不顾，否则它能为这场战斗提供的飞机极为有限。再说，现在在贝当和魏刚的控制下，法军最高统帅部已经浸透了失败主义情绪。虽然如此，有些法国部队还是极为勇敢和顽强地战斗着，在一些地方甚至暂时阻止住了德军装甲部队，并且坚决不向德国空军的不断轰炸屈服。

但这是众寡悬殊的战斗。特尔福德·泰勒描写得很恰当，德军在“胜利的混乱”中，像潮水一般涌过法国。混乱的发生是因为他们的人数那么多，行动那么迅速，路线又常常互相冲突。[20] 6月10日，法国政府匆忙离开巴黎。6月14日，这个未设防的伟大城市，法兰西的光荣，被冯·屈希勒将军的第十八军团占领了。巴黎铁塔上立即高悬起卐字旗。6月16日，雷诺辞职，他的政府已经逃到波尔多，贝当接任总理。贝当在任职的第二天，就通过西班牙大使向德国要求停战。*希特勒于同一天答复说，他首先要和他的盟友墨索

---

* 1940年6月17日这天，在放逐中的德皇从占领下的荷兰的多尔恩向希特勒发了一封贺电。虽然他长期以来一直嘲讽希特勒是一个粗俗的暴发户。这封电报是在缴获的纳粹文件中发现的。

> 法国的投降使我深受感动，我祝贺你和全体武装部队，靠上帝恩赐，获得了伟大胜利。用威廉大帝在1870年的话来说：“天意助人，怎样翻天覆地的事业也能完成。”
>
> 在全体德国人的心里，都响起了伟大的国王的士兵、洛伊滕战役的胜利者所唱的赞歌：“现在我们大家一齐感谢上帝！”

认为伟大的胜利主要应归功于己、其次才是上帝的希特勒，曾草拟一封克制的复信，但这封信是否寄出去了，文件中没有谈到。[21]

（转下页）

1940年，埃菲尔铁塔上挂起德国胜利的标语。

里尼商量。墨索里尼这个趾高气扬的斗士，在弄清楚法国军队已经受到绝望 738
的打击以后，就像鹰犬一样在6月10日投入战争，企图分得战利品。

墨索里尼在法国背上扎进一小刀

希特勒尽管正在为西线战事的开展忙得不可开交，但仍接二连三地抽暇写信给墨索里尼，把德国连连取得胜利的消息告诉他。

5月7日的第一封信通知意大利领袖，他正在进攻比利时和荷兰，以"保证它们的中立"，并说他将使他的朋友知道他的进展，以便他的朋友得以及时做出决定。后来，在5月13日、18日和25日，他又接连写了几封信，这些信写得一封比一封详细、热情。[22] 虽然正如哈尔德日记所证实的，将领们对意大利的动向——参战或者不参战——毫不关心，但是，元首为了某种原因，很重视意大利的参战。一等到荷兰、比利时已经投降，北路的英法军

（接上页）

早些时候，当元首得知占领多尔恩的一支德国部队派了仪仗队驻在被放逐的皇帝住宅周围的时候，他非常生气。希特勒下令把仪仗队撤走，所有德国士兵不得违令进入多尔恩。威廉二世在1941年6月4日死于多尔恩，即葬于该地。哈塞尔在日记里（第200页）写道：他的死，在德国"几乎没有引起人们注意"。是希特勒和戈培尔有意使他的死不引起注意的。

队一败涂地，英军残部在敦刻尔克开始登船的时候，墨索里尼便决定参加战争。他在5月30日写信给希特勒说，参战的日期将是6月5日。希特勒立即回答说，他“深受感动”。

> ［希特勒在5月31日的信里写道］在这次战争的胜利结局方面，如果说还有什么可以加强我的不可动摇的信心的话，那就是您的声明了……仅仅您参战这一事实本身，就是足以使我们敌人的战线受到沉重打击的一个因素。

但是元首要求自己的盟友把日期推迟三天，他说，他要先把残余的法国空军击溃。而墨索里尼却好意推迟了五天，到6月10日。墨索里尼说，
739 战斗将在第二天开始。

这些战斗简直算不了什么。到6月18日，当希特勒召唤他的小伙伴到慕尼黑来讨论与法国停战问题的时候，意大利的大约32个师已进行了一周的“战斗”。但他们在阿尔卑斯山前线和南方的海岸一带，丝毫没有迫使力量单薄的6师法国军队后退一步，虽然守方此时正遭受到沿罗讷河流域扫荡的德军从背后攻击的威胁。* 齐亚诺在6月21日的日记中写道：

> 墨索里尼已经十分丢脸，因为我们的部队还没有前进一步。甚至直到今天他们也没有能够向前推进，还停在进行抵抗的法国第一道防御工事的阵地前。[23]

墨索里尼曾大吹大擂自己的军事力量，但从参战一开始就暴露出这是虚张声势。因此，当这位泄了气的意大利独裁者和齐亚诺在6月17日晚上乘火车去同希特勒会商对法停战的时候，他的心情是沉郁的。

---

* 失败主义的法军统帅部禁止向意大利发动任何攻势。6月14日，一个法国海军分遣舰队炮轰了热那亚附近的工厂、油库和炼油厂，但法国海军上将达尔朗严禁再采取这种行动。当英国皇家空军的轰炸机试图从马赛机场起飞以袭击米兰和都灵的时候，法国人把卡车开到机场上，阻止飞机起飞。

［齐亚诺在日记里写道］墨索里尼颇为不满。突如其来的和谈使他感到不安。在旅途中，我们做了详细的谈话，以便弄清对法停战要提出哪些条件。领袖……想占领整个法国领土，要求法国舰队投降。但他知道，他的意见只有参考的价值。战争是希特勒赢得的，意大利并没有参加任何积极的军事行动。有最后决定权的只有希特勒一个人。这当然会使墨索里尼感到忧郁不安。

当他们在慕尼黑元首府里与希特勒进行会谈的时候，元首的“最后决定”相当温和，使意大利人感到特别惊讶。这座官邸正是不到两年以前张伯伦和达拉第就捷克问题对这两个独裁者妥协的地方。德国方面关于这次会谈的秘密备忘录[24]清楚表明：希特勒认定，最重要的问题是不让法国舰队落到英国的手里。他还担心法国政府逃到北非或伦敦去继续战斗。由于这个理由，停战条件——最后的和平条件也许又当别论——一定得温和一点，要能保持“一个在法国本土行使职权的政府”，并且使“法国舰队中立化”。他断然拒绝了墨索里尼关于由意大利占领包括土伦（法国在地中海的一个重要海军基地，绝大多数舰只都集中在那里）和马赛在内的罗讷河流域并使科西嘉、突尼斯和吉布提解除武装的要求。上述最后一个城市是通往意大利侵占的埃塞俄比亚的门户，据德国方面的文件透露，这是齐亚诺“低声” 740
提出来的。

齐亚诺发现，甚至好斗成性的里宾特洛甫也“异常温和而沉静，并且主张和平”。这位女婿写道，墨索里尼“感到非常难为情”。

他觉得自己扮演的是二等角色……领袖实在担心和平时刻的日益迫近，并且担心他再度失去他平生未能实现的美梦：战场上的光荣。[25]

墨索里尼甚至没有能使希特勒同意他参加与法国进行的停战谈判。元首并不想在一个历史上负有盛名的地点（他未把地名告知他的朋友）与这个迟到的伙伴分享他的胜利。但他答应墨索里尼，在法国和意大利也签订一个停战条约以前，他和法国之间的停战条约将不生效。

墨索里尼灰心丧气地离开了慕尼黑，但齐亚诺对于希特勒的一个方面却得到非常好的印象。他在日记中清楚指出，这个方面是他从来没有看到或想到的。

> ［他们回到罗马以后，他在日记里写道］从他［希特勒］所说的一切来看，他显然想要早日结束战争。希特勒现在是一个赢得了一大笔钱的赌徒，他想从桌边站起来，不再冒险了。今天他的话说得谨慎而聪明，在获得这样大的胜利以后能够这样，这实在是令人惊异的。我这个人是不能说对他有特别好感的，但今天我确实佩服他。[26]

贡比涅的第二次停战

那年6月，我随德国军队进入巴黎。在这个富丽堂皇的首都，6月总是最可爱的一个月份，但如今却是一片惊慌。6月19日，我获悉希特勒将在什么地方提出停战条件。停战是贝当在两天以前提出的。这个地方就是1918年11月11日德意志帝国向法国及其盟国投降的地方：贡比涅森林中的一块小小的空地。希特勒将在这儿报仇雪耻，因为这个地方本身会增加他报仇雪耻的甜美滋味。他想出这个主意是在5月20日，即在西线发动总攻势仅仅十天以后，也就是德国坦克打到阿布维尔的那一天。约德尔在那天的日记上写道："元首正在草拟和约……初步谈判将在贡比涅森林中进行。"6月19日傍晚，我驱车到贡比涅，看见德国工兵正在拆毁还保存着福煦元帅的旧卧车的博物馆的墙壁，1918年的停战条约就是在那个车厢里签
741 订的。我离开的时候，德国工兵已经用风镐把墙壁推倒，把车子推到空地中间的轨道上。他们说，这就是1918年11月11日凌晨5点德国的使节遵照福煦的命令在停战协定上签字时，车子停放的确切地点。

6月21日下午，我站在贡比涅森林的边上，观看了希特勒最新、最大的胜利场面。这种场面，我由于工作关系，在最近几年扰攘的岁月里已经见过多次了。这是我所能记得的法国的最美丽的一个夏日。6月的阳光暖洋洋地照着壮丽的树木——榆树、橡树、丝柏和松树——把一片令人神爽的阴影投在通往小小的圆形空地的林荫道上。下午3点15分整，希特勒乘着他的梅赛德斯牌汽车来了。同行的有戈林、布劳希奇、凯特尔、雷德尔、

里宾特洛甫和赫斯，他们都身穿各种各样的制服。独一无二的帝国元帅戈林，手里还拿着他的元帅节杖。他们在离空地大约200码的阿尔萨斯-洛林的雕像前走下汽车。雕像用德国军旗覆盖着，为的是不让元首看到那把大剑（不过我因以前来参观过，所以还记得）。那是一把1918年获得胜利的盟国的大剑，插在一只有气无力的鹰身上，这鹰代表霍亨索仑王朝的德意志帝国。希特勒向纪念碑投了一瞥，继续大踏步地走去。

> ［我在日记中写道］我观察了他的脸，他的脸严肃、庄重而充满了复仇的神情。从他的脸上，正如从他的轻快的步伐里一样，可以看出一副胜利的征服者、世界的挑战者的神气。还有……一种傲然的内心快乐，这是因为他目睹命运起了地覆天翻的变化——而这种变化又是他亲自创造出来的。

他走到这块小小的林间空地以后，空地中央升起了他的最高统帅旗。他的注意力给离地约三英尺高的一大块花岗石吸引住了。

> ［我引用我的日记］希特勒后面跟着一些人，慢步走上前去，读着石头上刻着的大字碑文（法文）：
>
> “1918年11月11日，德意志帝国在此屈膝投降——被它企图奴役的自由人民所击败。”
>
> 希特勒读着，戈林也读着。大家站在6月的阳光中和一片沉静中读完了它。我观察着希特勒脸部的表情。我离他只有50码，从我的望远镜里看他，好像他正站在我面前一样。我曾经在他生命的伟大时刻里多次看见过那张脸孔。但是今天啊！他的脸上燃烧的是蔑视、愤怒、仇恨、报复和胜利。
>
> 他离开了纪念碑，极力使他的姿态能表示出他的蔑视。他回头看 742
> 了一下，表情轻蔑而愤怒——人们几乎可以感觉到这种愤怒，因为他不能用他的普鲁士高筒靴一脚踏去这些可恶的、挑衅的字句。* 他慢慢

---

* 三天以后，根据希特勒的命令，这个纪念碑被炸掉了。

被纳粹旗帜覆盖的第一次世界大战纪念碑。

地向空地四周扫了一眼，这时，当他的目光和我们的目光相遇的时候，谁都可以体会到他的仇恨的深度。这种仇恨是和胜利混在一起的——一种报复的、胜利的仇恨。突然，他好像感到自己的脸部表情还没有完全表达出他的感情似的，他把整个身子摆出一副与他的心情相协调的姿态。他迅速地用两手搭在臀部，两肩耸起，两脚分得很开。这是一种不可一世的挑战姿态。这种姿态是对现在这个地方的极端蔑视，以及对这个地方在目击德意志帝国受辱以来的22年中所代表的一切的极端蔑视。

然后，希特勒及其随行人员走进停战谈判的车厢，元首坐在1918年福煦坐过的那把椅子上。五分钟以后，法国代表团来了。这个代表团以色当的第二军团司令夏尔·安齐热将军为首，成员有一个海军将领、一个空军将领和一个文职官员利昂·诺埃尔。利昂·诺埃尔曾任驻波兰大使，他现在正亲身经历着德军造成的第二次崩溃。他们看起来都精神颓丧，但还保持着一种悲惨的尊严。他们事先并不知道会把他们带到法国人引以为傲的这个圣地来受这样一种屈辱。他们的这种震惊，无疑正是希特勒所期望的。哈尔德在听了布劳希奇对他讲述的当场看到的情况以后，那天晚上在日记里写道：

法国人事先没有得到通知，要他们在1918年谈判的地方接受条件。这种安排显然使他们大为惊讶，在开始的时候并且有点不高兴。

甚至像哈尔德或布劳希奇这样有教养的德国人，也把法国人的尊严神情误认为不高兴，这是不足为怪的。我们立即看到，法国人确实感到茫然不知所措。但是，与当时报道的情况相反，他们曾经企图使元首所提条件中比较苛刻的部分放宽一些，并且取消那些他们认为屈辱的条件。他们的企图失败了。这是我们现在才从缴获的纳粹秘密文件中的德国官方会议记录[27]中得知的。

在凯特尔将军对法国人宣读了停战条款的序文以后，希特勒和他的随行人员马上离开了车厢。谈判工作交由最高统帅部长官继续进行，但对于

里宾特洛甫、凯特尔、戈林、赫斯、希特勒、雷德尔、布劳希奇站在签订贡比涅停战协议的车厢前。

他亲手所拟订的条件没有留出丝毫的回旋余地。

凯特尔把这些条款读完以后，安齐热马上对德国人说，条件太“冷酷无情”了，比1918年法国在这里向德国提出的条件坏得多。而且，“如果阿尔卑斯山那一边的、一个没有打败法国的国家［安齐热很看不起意大利，
743 甚至不愿提它的名字］也提出类似的要求，法国绝不投降。它将战斗到底……因此，他不能在德国停战协定上签字”。

当时临时主持会议的最高统帅部第二号人物约德尔将军，没有料到一个被打得走投无路的敌人竟会说出这样倔强的话。他回答说，他虽然不免要表示他“理解”安齐热所说的关于意大利人的话，但他无权改变元首提出的条款。他说，他所能够做的，只是“提供一些说明和对不清楚的地方做些解释”而已。法国人要么原封不动地接受停战条款，要么就全部不接受。

德国人感到恼怒的是：法国代表团除非得到在波尔多的政府的明确同意，否则无权签订停战协定。靠了技术上的奇迹，也许是运气好，他们从这辆旧卧车上居然通过战斗还在继续的战线，与波尔多直接建立了电话联

系。法国代表团被允许用电话将停战条款的全文发回去，并和他们的政府进行磋商。担任翻译的施密特博士被指派在树林后面几码远的地方，在军用通讯车里偷听谈话内容。第二天，我自己设法听到了德国人记录的安齐热和魏刚将军谈话的部分录音。

魏刚对于法国的失败主义情绪、最后投降和与英国决裂都负有重大责任，但是他至少在抗拒德国的许多要求这一点上曾做过不屈不挠的努力。这是应该记载下来的。在德国人提出的条件中，最恶毒的一条就是强迫法国把法国本土和海外属地上的反纳粹的德国流亡人士全部交给希特勒帝国。魏刚认为，从法国尊重避难权的传统来看，这样做是可耻的。但是当第二天讨论到这个问题的时候，傲慢自大的凯特尔一点也不肯取消这个要求。他大声说道，“德国的流亡者是最大的战争贩子”，他们已经“背叛了自己的人民”，必须“不惜任何牺牲”把他们移交出来。法国对于这样一条也没有提出抗议：凡是与别国联合对德国作战的法国人，被捕以后将按法国义勇军处理——就是说，立即枪决。这其实是针对戴高乐说的，他已经开始在英国组织一支自由法国军队了。魏刚和凯特尔都知道，这一条款是对于战争基本法规的粗暴违反。条款中还有这样一条：所有战俘都将被拘留到签订和约为止，对于这样一段文字，法国方面也没有提出异议。魏刚肯定地认为，英国在三个星期之内将战败，到那个时候，法国战俘即可释放了。这样一来，他使150万法国人在战俘营中待了五年。

停战条约中最难处理的是法国海军问题。在法国将要崩溃的时候，丘吉尔曾经表示，法国如果把海军开到英国来，过去不单独媾和的诺言就可
取消。希特勒决心不让这件事情实现。他在6月18日对墨索里尼说，他充 744
分认识到，这将大大加强英国的力量。由于此事关系重大，他不得不对这个被打败了的敌人做一些让步，或者至少给一点保证。停战协定规定，法国舰队必须复员、解除武装并把舰只停泊在本国港口废置不用。对这个行动的报酬是：

> 德国政府对法国政府庄严地宣布，它无意使用在德国监督下的港口所停泊的法国舰队来为自己作战。而且，德国政府还庄严而明确地宣布，在签订和约的时候，他们无意对法国舰队提出任何要求。

正如希特勒的几乎全部诺言一样，这个诺言也是要违背的。

最后，希特勒给法国政府一块未占领区，它在法国的南部和东南部，表面上可以自由治理。这是一种狡猾的手段。这不仅可以从地理上和行政上分裂法国，还可以使法国流亡政府难以成立，如果不是不可能的话；并且可以打消在波尔多的政治家们想把政府迁往北非的任何计划——这个计划几乎成功，结果却失败了，破坏它的不是德国人，而是法国失败主义者：贝当、魏刚、赖伐尔及其支持者。还有，希特勒明白，目前在波尔多控制法国政府的这批人是法兰西民主的敌人，可以期望这些人与他合作，帮助他在欧洲建立纳粹新秩序。

但是，在贡比涅举行停战会谈的第二天，法国代表还在继续拖延和争论。拖延的原因之一是，安齐热坚持说，魏刚并没有给他签字的权力，而只是给了他一项命令——在法国，谁也不肯负这个责任。最后，下午6点半，凯特尔发出了最后通牒。法国必须在一小时之内接受或者拒绝德国的停战条件。在这一小时之内，法国政府屈服了。1940年6月22日下午6时50分，安齐热和凯特尔在停战协定上签了字。*

我曾从卧车上秘密的麦克风里听到这最后一幕的情况。这位法国将军在签字以前，以颤抖的声调说，他想发表一项个人声明。在他说话的时候，我曾用法文记下他的话。

> 我宣布，法国政府已经命令我在这些停战条款上签字……法国由于武力所迫，不得不停止与盟国并肩作战。它认为，加在自己身上的条件是苛刻的。法国有权希望在未来的谈判中，德国能表现出容许两
> 745 个相邻的大国在和平中共同生活和工作的精神。

签订和约的那些谈判，永远也不会举行。但是不久，随着对法国统治的日渐残酷，随着对卑躬屈膝的贝当政府的压力日益增加，纳粹第三帝国表现的是怎样的精神已很清楚了。法国现在已经注定要成为德国的属国，贝当、魏刚、赖伐尔显然已看到这一点——并且也已接受了这一点。

---

* 协定规定在法意停战协定签字以后立即生效，并在协定签字六小时后停止敌对行动。

当代表们从停战谈判的车厢里出来乘车离开的时候，开始下起霏霏的细雨。在森林里的一条路上，人们可以看见有成群结队的难民。他们拖着疲惫的步伐，在回家的路途上走着。还有骑着自行车的，有坐在大车上的，有几个运气好的坐在旧卡车上。我走到空场上。一群德军工兵正起劲地叫着，开始移动那辆老卧车。

“到哪里去？”我问。

“到柏林去。”他们说。*

两天以后，法国-意大利停战协定在罗马签字。墨索里尼只能占领他的部队攻克了的地方，这就是说，占领法国几百码的领土，另外在法意边境和突尼斯设置50英里长的非军事区。这个停战协定在6月24日晚7点35分签了字，六小时以后，法国全境的炮声停止了。

在上一次战争中，曾经有四年之久坚持不败的法兰西，在这次战争爆发六周以后就退出了战争。德国军队驻守着欧洲的大部分地区，从北极圈内的北角到波尔多，从英吉利海峡到波兰东部的布格河。阿道夫·希特勒已经到达了顶峰，这个第一次把德国人统一在一个真正的民族国家中的前奥地利流浪汉，这个第一次世界大战时的下士，现在已经成了德国征服者中最伟大的人物了。阻挠他在欧洲建立德国霸权的，现在只有一个拒不屈服的英国人——那就是温斯顿·丘吉尔——和在他领导下的意志坚决的人民。他们拒不承认面临失败，他们差不多是赤手空拳地孤军作战，他们的岛国正遭到有史以来最强大的军事力量的围攻。

希特勒玩弄和平

当德国在西线发动进攻十天以后，德国的坦克到达了阿布维尔的那个晚上，约德尔将军在日记里对元首怎样“欣喜若狂”做了一番描述，之后他又写道，元首“……正在草拟和约……英国在把殖民地归还德国以后，

* 这辆车于7月8日运到柏林。但有讽刺意味的是，后来在盟军轰炸柏林的时候，这辆车被炸毁了。

746 随时都可以单独媾和”。这是5月20日的事。在随后的几周之中，看来希特勒已肯定地认为，由于法国的屈服，英国一定会急于求和。从德国的观点来看，由于英国在挪威和法国受到严重打击，他所提出的条件似乎很宽大了。他在5月24日对冯·伦德施泰特将军详细地说明了这些条件。他表示，他对英帝国是钦佩的，并且强调指出英帝国有它存在的“必要”。他说他只希望伦敦让他在大陆有行动的自由。

他非常肯定地认为英国一定会同意这一点，甚而至于在法国战败以后，仍然没有制订出继续对英国作战的计划。而骄矜自负的参谋总部向来被认为具有普鲁士人的缜密作风，对各种可能情况都在事先有周密的筹划，但这次也没有为他提供出什么计划。在这期间，参谋总长哈尔德在他的成本成本的日记里，也没有谈到这个问题。他对于俄国在巴尔干和波罗的海的威胁，比对英国的威胁更感到不安。

可不是吗，为什么英国要在这毫无希望的劣势中单独打下去呢？特别是当它看到自己同法国、波兰以及其他一切战败国家的处境不同，可以在不受损伤、完整无缺和保持自由的情况下获得和平、摆脱战祸的时候，为什么偏要打下去呢？除了唐宁街以外，到处都在提出这样的问题。据丘吉尔后来透露，唐宁街从来也没有讨论过这个问题，因为答案是可想而知的。[28] 但德国独裁者并不懂得这一点，而当丘吉尔开始公开宣布英国不放弃作战的时候，希特勒显然不相信真的会如此。甚至在6月4日英国军队已从敦刻尔克撤退，首相做了关于在山上、在滩头继续作战的有名演说以后，他还是不相信；在贝当已经要求签订停战条约以后，丘吉尔于6月18日在下院重申英国“继续作战的不可动摇的决心”，并在他的另一篇动人的、令人难忘的演说中说了如下的话以后，他还是不相信：

> 因此，让我们振起精神，负起我们的责任来，让我们这样要求自己，如果大英帝国及英联邦能延续千年之久，人们将要这样说：“现在是他们最美好的时刻。”

自己是一个夸夸其谈的演说家的希特勒，想必认为，这只不过是一个天才演说家的打气话而已。他现在一定还从中立国家的首都的试探和从那里传出来的结束战争的要求中得到了鼓励。6月28日，希特勒收到教皇发给他的一封密电——墨索里尼和丘吉尔也收到了类似的电报。电报说，他愿意为“公平而体面的和平”进行调解，并宣布在着手这一步骤以前，他希望私下了解一下这个建议将会受到怎样的对待。[29] 瑞典国王也积极地向伦敦和柏林双方建议举行和谈。

在美国，德国大使馆在代办汉斯·汤姆森的领导下，正在把他们得到的每一块钱都花在支持孤立主义者身上，使美国能够继续不参加战争，从而使英国丧失继续作战的信心。在缴获的德国外交部文件中，有很多是汤姆森报告大使馆在如何致力于操纵美国舆论使其对希特勒有利的函电。那年夏天，美国政党举行代表大会，汤姆森集中一切力量影响各党的，特别是共和党的外交政策纲领。 747

例如，在6月12日，他向柏林发出了“特急、绝密”的密码电报，说有一个和德国大使馆“密切”合作的“著名的共和党国会议员”愿意邀请50个孤立主义议员参加共和党代表大会，“使他们能够对代表做工作，让他们赞成孤立主义者的外交政策”，他要的代价是3 000美元。汤姆森的报告说，同一个人还要求给他30 000美元，以支付美国报纸的广告费，这些广告将刊登整版篇幅，其标题为“别让美国参加战争”！[*] [30]

第二天汤姆森打电报到柏林报告一项新的计划。他说，他通过一个美国文艺界的经理人，找到五个著名的美国作家，写几本“我希望能起到巨大效果”的书。他需要20 000美元以进行这项计划。几天以后，里宾特洛甫就同意拨出这笔款子。[†] [31]

希特勒关于希望与英国进行和谈的最初的公开言论之一，是对赫斯特

---

* 这样一种广告在1940年6月25日的《纽约时报》上出现过。

† 到1940年7月5日，汤姆森开始对他付出的款项担心起来，因此，他打电报给柏林，请求准许他销毁一切收据和账目：

> 这些款项……都是通过可靠的中间人交给收款人的，但在目前这种情况下，显然难望得到收据……如果大使馆遭到美国当局的突然查封，这些收据或记载将会落入美国特务机构的手中。不管怎样掩饰，仅仅它们的存在，在政治上就会是不利的，而且对于我们的政治上的朋友会产生严重的后果，可能会把他们暴露给我们的敌人……
>
> 因此，我要求授权大使馆销毁这些收据和记载，并且要求今后免掉这些手续以及付款的账目。

这份电报报告已经销毁。[32]

系报纸记者卡尔·冯·维甘德的谈话。它发表于6月14日纽约的《美国人报》上。两周以后，汤姆森通知德国外交部，他已把这篇访问记加印了10万份。他说：

> 我能够进一步通过一个秘密代理人劝使孤立主义众议员索克尔森［蒙大拿州的共和党员］把元首访问记载入6月22日的《国会记录》中。这就再一次保证访问记能得到最广泛的传播。[33]

华盛顿的纳粹大使馆抓住了每一根稻草。这年夏天的某一个时候，大
748 使馆的新闻参赞转来了据他说是电台评论员小富尔顿·刘易斯的一项建议。新闻参赞把他说成“德国和元首的崇拜者，是一个很受尊敬的美国新闻记者”。

> 元首应该致电罗斯福……内容大致如下：“您，罗斯福先生，曾经一再向我呼吁，并且经常表示希望避免流血的战争。我并没有对英国宣战；恰恰相反，我经常强调我并不想毁灭大英帝国。我曾一再要求丘吉尔理智一些，要求他达成一个体面的和约，但这个要求却给丘吉尔顽固地拒绝了。我意识到，如果我发出向不列颠诸岛进行全面战争的命令，英国是会遭到严重损失的。因此，我要求您与丘吉尔联系，说服他放弃他那无谓的固执。”刘易斯补充说，当然，罗斯福会做出一个无礼的、恶意的答复；不过那没有什么关系。这样一种呼吁，必然会在北美人民中，特别会在美国南部造成深刻的印象……[34]

阿道夫·希特勒并没有采纳刘易斯先生的建议，但柏林的外交部却打电报来询问这位电台评论员在美国有怎样的重要地位。汤姆森回答说，刘易斯“最近取得了特殊的成就……［但是］另一方面，和一些有名的时事
749 评论员比起来，刘在政治上却并没有什么重要地位”。* [35]

---

* 发表在《德国外交政策文件汇编》上的那些函电表明，华盛顿的德国大使馆在这期间的所作所为，材料之多，是可以写成一本暴露性的书的。人们得到深刻印象的是，德国外交官有一种向这个纳粹独裁者专谈他喜欢听的话的趋向，这是极权国家的外交代表的共同（转下页）

丘吉尔自己，正如他后来在回忆录中所说，对于通过瑞典、美国和梵蒂冈发出来的和平试探颇感为难。同时，他由于深信希特勒在试图尽力利用他们，于是采取了严厉的对策。他在得到德国代办汤姆森企图在华盛顿与英国大使会谈的消息以后，发了一封电报说："应告知洛西恩勋爵绝不能

（接上页）做法。最高统帅部的两个军官在柏林告诉我，最高统帅部，或者至少参谋总部，十分怀疑华盛顿大使馆发来的报告的客观性，他说他们已经在美国建立了自己的军事情报网。

如果人们能够根据收集在《德国外交政策文件汇编》中的函电进行判断的话，那就可以看出，在华盛顿的德国陆军武官弗里德里希·冯·伯蒂歇尔将军为最高统帅部和参谋总部所做的工作并不出色。他不知疲倦地打电话警告最高统帅部和陆军、空军的参谋总部，说美国完全控制在犹太人和共济会的手里，而这正是希特勒的想法。伯蒂歇尔还过高地估计了孤立主义者在美国政治上的影响，特别是对查尔斯·A. 林德伯格上校的估计。他在函电中，简直把林德伯格看作伟大的英雄人物。这里举出一两封函电的摘要，从中可以看出他的报告的主要内容。

> 1940年7月20日：……罗斯福作为犹太人的代表（犹太人主要通过共济会控制美国广大人民），需要英国人继续打下去，延长战争……以林德伯格为中心的一批人，清楚知道这种情况，现在正在努力至少要阻止犹太人对美国政策的致命控制……我曾再三报告关于对林德伯格的卑鄙恶毒的攻击，犹太人惧怕他，认为他是他们最大的敌人……（《德国外交政策文件汇编》，第10卷，第254—255页）
>
> 1940年8月6日：……林德伯格在公众中重新出现的背景和反对他的运动。
>
> 犹太分子在上周让一些逢迎拍马的人充任陆军部长、陆军部长助理和海军部长，还让一个有势力的犹太领袖尤利乌斯·奥克斯-阿德勒"上校"当上陆军部长秘书以后，现在已经控制美国军队的关键职位了。
>
> 我在报告中已经谈过美国的反犹势力和美国目前的政策，也谈到过参谋总部的重要作用。了不起的天才人物林德伯格社会关系很广，是反犹势力中最重要的人物。犹太分子和罗斯福都害怕这个人精神上的特别是道德上的优越和纯洁。
>
> 星期日（8月4日）林德伯格对犹太人发动了一次足以伤害他们的攻击。他……强调说，美国为了和平与保存西方文化，应努力与德国进行真诚合作。几小时以后，长期以来一直是罗斯福手中，也就是犹太人手中玩偶的年老的潘兴将军，在电台发表了他的牵线人塞给他的一个声明，大意是说，美国将因英国的战败而陷于危险……
>
> 犹太分子的合唱，使林德伯格在报刊上受到怀疑，并且受到一个参议员的指责……卢卡斯在罗斯福的命令之下，于星期一晚上在无线电广播中攻击林德伯格……是一个"第五纵队队员"，这就是说，一个卖国贼。这不过进一步表明他们对于这个人的精神力量的恐惧，对于这个人，我在战争一开始的时候就已经报告了他的进步；并且报告说，我信任他在未来德美关系上的重要作用。（《德国外交政策文件汇编》，第10卷，第413—415页）

9月18日，汤姆森在另一份报告中，详述了林德伯格和美国参谋总部的几个军官进行的秘密谈话的内容。林德伯格在谈话中表达了自己的意见，认为英国在德国空军的袭击下，不久就会崩溃。但参谋总部的军官则认为德国的空军力量并不足以迫使别人做出投降的决定（《德国外交政策文件汇编》，第10卷，第413—415页）。

1938年10月19日，在慕尼黑协定达成后的第三个星期，林德伯格被授予——并且接受了——一枚德国星鹰服役勋章。我想那是德国的二级最高勋章，通常是授给在奖状中所称的"对第三帝国有功"的著名外国人士的。

给德国代办以任何答复。”[36]

瑞典国王曾劝说英国接受和平解决，因此这位坚决的首相写了一封措辞强硬的复信。

> ……甚至在对于这种要求或建议做任何考虑以前，德国必须用事实而不是用空话做出确实的保证。它必须保证恢复捷克斯洛伐克、波兰、挪威、丹麦、荷兰、比利时，特别是法国的自由和独立生
> 750 活……[*] [37]

这就是丘吉尔的主要立场。在伦敦显然没有一个人会梦想违反这个立场而签订和约，只保住英国而让那些已被希特勒征服的国家永远遭受奴役。但是柏林并不明白这一点。据我回忆，那年夏天，柏林的每一个人，尤其是威廉街和班德勒街的那些人，都深信战争几乎已经过去了。

6月的整整下半个月和7月初，希特勒都在等待伦敦发来的英国政府表示认输并准备签订和约的消息。7月1日他对意大利的新任大使迪诺·阿尔菲耶里[†]说，他“不能想象英国还有什么人当真相信能获得胜利”。[38] 最高统帅部仍然没有做出任何继续对英作战的准备。

但是第二天，7月2日，最高统帅部终于发出了第一道关于继续对英作战的指令。这是一道犹豫不决的命令。

---

* 在《德国外交政策文件汇编》里的几封致德国外交部的函电中，谈到同英国外交官员和私人进行实际接触的情况，这些接触，有些是直接进行的，有些是通过中立国家如佛朗哥治下的西班牙进行的。苏台德区的德国人、亲英分子马克斯·冯·霍亨洛厄亲王，曾向柏林报告关于同英国驻瑞士公使戴维·凯利爵士和阿迦汗谈话的情况。他说后者曾经要求他把下面的信件转给元首：

> 埃及国王也在这里，曾和他约定，在元首住在温莎的那一天，他们将一起喝一瓶香槟……如果德国或意大利想接管印度，那么，他愿供我们驱使……对英国的作战，并非反对英国人民，而是反对犹太人。丘吉尔已经被他们雇用多年了。国王太软弱，而且受到限制……如果他怀着这样的主意到英国去，丘吉尔会把他关起来……（《德国外交政策文件汇编》，第10卷，第294—295页）

这里必须记住，这些都是德国的报告，也许一点都不真实。但这些都是希特勒所据以继续行动的依据。纳粹想利用温莎公爵，并确实还有把他绑架起来然后利用他的阴谋计划。这在德国外交部的秘密文件中有过透露，以后再做注释。

† 这年5月，由于里宾特洛甫的指使，阿尔菲耶里接替了阿托利科的职务。

> 元首兼最高统帅已经决定：
>
> 如果能取得空中优势并具备其他一些必要条件的话，登陆英国是可能的。开始登陆的日期还没有决定。一切准备工作须立即开始。

希特勒对于这项军事行动劲头不大，他还认为没有必要采取这一行动，这反映在指令的最后一节中。

> 一切准备工作都必须在这样的基础上进行，入侵仍然仅仅是一个计划，还没有做出什么决定。[39]

7月7日齐亚诺在柏林会见元首。他得到的印象是，这个纳粹统帅很难下定决心。他在日记中记下了这一点。 751

> 他颇倾向于继续作战，用愤怒和钢铁的风暴袭击英国，但最后决定还没有做出，也正因为如此，他推迟了他的演说，据他自己说，他要权衡演说的每一个字的分量。[40]

7月11日，希特勒开始在上萨尔茨山召集他的军事首领，听取他们对于这个问题的意见。如果进攻英国，海军就要担任负责入侵部队渡海的任务。雷德尔海军元帅这一天和元首做了一次长谈。他们之中谁也没有兴趣详谈这个问题——事实上，他们花了大部分时间讨论了关于在挪威的特隆赫姆和纳尔维克扩充海军基地的问题。

从雷德尔关于会议的秘密备忘录判断，[41] 最高统帅的心情是低沉的。他问这位海军元帅是否认为他计划中的国会演说“会产生效果”。雷德尔回答说，会产生效果，特别是如果在演说之前能对英国做一次“密集”轰炸的话。海军元帅提醒他的上司注意，英国皇家空军正对威廉港、汉堡和基尔等德国主要的海军基地进行“破坏性的轰炸”，他认为德国空军应当立即动手对付英国。但在入侵的问题上，这个海军总司令显然很冷淡。他急切建议只能把入侵“当作迫使英国乞求和平的最后一着”试一试。

他［雷德尔］深信，只要用潜艇作战，空军对护航队进行袭击，并在英国主要城市进行猛烈轰炸，以截断英国的进口贸易，就能够迫使英国求和……

因此，海军总司令［雷德尔］本人与在挪威战争中的态度不同，他不能赞成对英国实行入侵……

于是这位海军元帅就有关这种入侵的一切困难情况，做了一次长时间的详细说明。这必然使希特勒感到非常气馁。气馁是不在话下的，但他也许也相信他的说法。因为雷德尔报告说，“元首也认为入侵是最后一着”。

两天以后，7月13日，将军们到了贝希特斯加登山上的伯格霍夫，与最高统帅进行商谈，他们发现英国人仍然使他感到难以理解。哈尔德在那天晚上的日记中写道：“元首仍然一心在想英国为什么还不走和平道路的问题。”但是，现在他第一次开始明白其中的一个原因。哈尔德这样写道：

他和我们一样看到，问题的答案在于英国仍然把希望寄托在俄国方面。因此他也认为对英国将不得不用武力迫其求和，虽然这样做是他所不愿意的。道理在于：如果我们用武力击溃英国，大英帝国就会分崩离析。但这对德国并没有什么好处。我们德国人流血牺牲得到一
752 些胜利，但获得实惠的只是日本、美国及其他国家。

同一天，7月13日，希特勒写信给墨索里尼，婉言谢绝意大利领袖派部队和飞机帮助入侵英国的建议。从这封信里可以明白地看出，元首终于开始打定主意了。英国人性格特别，对他们用讲道理的办法是不行的。

［他写道］我已经向英国提出许多有关协商甚至合作的建议，但是却受到难堪的对待。因此，我现在深信再做任何理智的呼吁，都会遭到同样的拒绝。因为，现在统治那个国家的并不是理智……[42]

三天以后，7月16日，希特勒终于做出了决定。他发出了“关于准备在英国登陆作战的第十六号指令”。[43]

绝　密

元首大本营

1940年7月16日

> 由于英国不顾自己军事上的绝望处境，仍然毫无愿意妥协的表示，我已决定准备在英国登陆作战，如果必要，即付诸实施。这一作战行动的目的，是消除英国本土作为对德作战的基地，并且在必要时，全部予以占领。

这个进攻的代号将是“海狮”。准备工作定在8月中旬完成。

“如果必要，即付诸实施。”虽然他在直觉上越来越强烈地感觉有采取行动的必要，但正如指令所表明的那样，他并没有十分肯定。7月19日晚上，当阿道夫·希特勒在国会中站起来向英国提出最后一次和谈建议的时候，“如果”这两个字仍然占着重要的地位，这是他在国会所做的最后一次重要演说，也是本书作者这几年来在国会所听到的许多演说中的最后一次。这也是他最精彩的演说之一。就在这天晚上，我写下了关于这次演说的印象。

> 今晚我们在国会里看见的希特勒，是一个征服者，他自己也感觉到是一个征服者；但他同时又是一个十分了不起的演员，是一个能自由操纵德国人心理的人。他把征服者的充分自信和常常使群众点头心服（当他们知道这是一个领袖人物时则更心服）的谦逊巧妙地糅合在一起。今晚他的声音低了一些，很少像平常那样大叫大嚷；他一次也没有像我从前见到的那样在这个讲坛上歇斯底里地大声叫喊。753

不用说，他的长篇讲演充满了对历史的伪造和对丘吉尔个人的恣意攻击。但考虑到当时光辉灿烂的场面，语调是温和的。目的不仅是想狡猾地赢得本国人民的支持，还想赢得中立国家人民的支持，同时还要给英国群众一些值得考虑的东西。

> ［他说］现在我从英国只听到一个呼声：战争必须进行下去！但

这不是人民的声音，而是政客的声音。我不知道这些政客对于这场战争继续下去会有什么结果是否有了一个正确的概念。他们的确宣布过，他们将继续打下去，并且说即使英国灭亡了，他们也要到加拿大继续进行战争。我不能相信他们的意思是说英国人民也将迁到加拿大去。大概只有那些热衷于把这场战争继续打下去的绅士才会迁到那里去。恐怕人民将不得不留在英国，而且……一定会用与他们在加拿大的所谓领导人不同的眼光来看待这场战争。

请相信我吧，先生们，我对于这种毁灭整个国家的无耻政客是深感嫌恶的。这些人早已把房屋糟蹋得东倒西歪了，而命运却安排我来给予最后一击，每当想到这里，我就感到十分难受……丘吉尔先生……无疑将会去加拿大，那些特别热衷于战争的人们的金钱和子女早就送到加拿大去了。但是千百万人民将开始遭受大灾大难。丘吉尔先生这一次也许会相信我的预言：一个伟大的帝国——一个我从来也不想毁灭甚至不想伤害的伟大帝国，将遭到毁灭……

对这个顽强的首相进行了这样的攻击，并试图对他和英国人民的关系进行挑拨离间后，希特勒接着开始谈到这个长篇演说的中心问题。

现在，我觉得在良心上有责任再一次向英国和其他国家呼吁，应该拿出理智和常识来。我认为我是有资格做这种呼吁的，因为我不是乞求恩惠的被征服者，而是以理智的名义说话的胜利者。

754 **我看不出有继续打下去的任何理由。***

---

* 当希特勒突然中止他的演说，向十二名将领授予陆军元帅的节杖并授予戈林一支特大号节杖的时候，出现了一个在德国历史上空前精彩的场面。戈林获得了德国新创的大德意志帝国的帝国元帅军衔，这就使他位居于其他元帅之上。他还获得铁十字的大十字勋章，这在整个大战期间只发过一次。哈尔德在这一批陆军元帅授衔中没有列进名单之内，他只被提升了一级，从陆军中将升到陆军上将。这种滥授陆军元帅军衔的做法——德皇在第一次世界大战期间只在军官团中授予五个人陆军元帅的军衔，甚至连鲁登道夫都没有得到——无疑有助于防止将领中任何潜在的反对希特勒的阴谋。而过去至少曾发生过三次企图推翻希特勒的危险。希特勒就是用提升这么多将领为元帅而贬低最高陆军军衔的价值的手腕，达到了这个目的，巩固了他对这批将领的控制。提升为陆军元帅的有九名陆军将领：布劳希奇、凯特尔、伦德施泰特、博克、里布、利斯特、克鲁格、维茨勒本和赖歇瑙。还有三名空军军官：米尔希、凯塞林和施佩勒。

他没有更明确地说下去。他对于和平条件没有提出什么具体建议，也没有提到被征服国家中在纳粹统治下的千百万人民的命运问题，但是那天晚上，在国会里几乎没有人认为有必要在这个时候详细地说明。在会议结束的时候，我曾与许多文武官员混在一起，他们之中没有一个人有丝毫的怀疑，都认为英国一定会接受元首的建议。他们真的相信，元首的建议是十分宽大的，甚至是豪爽的。但是，他们是不会长期受骗下去的。

我直接驱车到广播大厦，把这篇演说用无线电报告到美国去。刚到广播电台，就听到伦敦英国广播公司的德语广播。还不到一小时，英国就答复希特勒了。回答是一个坚决的“不！”*

从最高统帅部来的下级军官和从各部来的官员们，正围坐在屋子里，全神贯注地倾听着。他们的脸变了色，不能相信自己的耳朵。“你说这是怎么一回事？”有一个人大声问我。他好像被弄得莫名其妙了。“你能理解那些英国傻瓜吗？”他继续大声说。“现在还拒绝和平？他们发疯了！”

同一天晚上，齐亚诺†在柏林听到比我所接触到的要高级得多的人士对于发了疯的英国人的反应，他在日记里写道：“深夜，当英国人对于演讲的第一个冷冰冰的反应传来的时候，在德国人中间蔓延着一种掩盖不住的失望情绪。”据齐亚诺说，墨索里尼的反应则恰恰相反。

> 他……说这是“一个十分狡猾的讲演”。他担心英国人会从这里找到开始谈判的借口。这对于墨索里尼是可悲的，因为他现在比任何时候都更希望战争。[44]

正如丘吉尔后来所说，墨索里尼“其实不必担忧，不管他想要打什么仗，没有人会拒绝他的”。[45] 755

---

* 丘吉尔后来说，这个对希特勒和平建议的立即的、毫不客气的拒绝，是“英国广播公司在收听到希特勒的演说以后立即表示的，它并没有得到英国政府的任何提示”（丘吉尔：《他们最美好的时刻》[*Their Finest Hour*]，第260页）。

† 意大利外相在德国国会开会期间，举止活像一个丑角。每当希特勒停下来歇一口气的时候，他就像一个弹簧玩具人一样，突然站起来行法西斯敬礼。我也注意到吉斯林，一个小眼睛的矮个子，缩在楼厅角落的一张座位上。他到柏林来是向元首请求恢复他在奥斯陆的权势的。

那天晚上我在日记里写道："作为团结德国人民对英国作战的一种策略，希特勒的演说是一篇杰作。因为德国人民现在会说：希特勒向英国建议和平，并且不附带什么条件。他说他看不出有把这场战争进行下去的任何理由。如果战争进行下去，那是英国的过失。"

在发出了准备入侵英国的第十六号指令的第三天，他发表了这个演说，主要原因难道不就在于这个吗？他在事前就向两个意大利人阿尔菲耶里和齐亚诺私下承认了这一点。7月1日他告诉大使：

> ……使德国和外国的公众舆论认为事件的未来发展的责任完全在于敌人方面，这总是一种很好的策略。这样就可以增强自己的斗志，打击敌人的士气。德国正在计划中的军事行动是要做出重大牺牲的……因此，我们必须使公众舆论相信，为了避免这种惨祸，已经做了一切努力……
>
> 他在10月6日的演说中［当时他向西方建议在波兰战争结束的时候谈和。——作者］，同样地为这样的思想所支配：把一切后果都推给对方负责。这样，在战争真正开始以前，他似乎就已经取得了胜利。现在他为了心理上的理由，又想鼓励士气，以迎接行将采取的行动。[46]

一周以后，7月8日，希特勒对齐亚诺透露：

> 他要再做一次表示，以便在战争必须继续下去的时候——他认为继续下去是唯一真正成问题的可能性——他可以在英国人民中取得心理上的效果……也许，通过对英国人民的巧妙的呼吁，有可能使英国政府在英国更加孤立。[47]

这并没有被证明是可能的。7月19日的演说，打动的是德国人民，而不是英国人民。7月22日，哈利法克斯勋爵在广播中正式拒绝了希特勒的和平建议。这虽然是意料之中的事，但是使威廉街多少受到一些震动。我在那天下午，看到那里许多人都是满面怒容。政府发言人告诉我们："哈利法克斯勋爵已拒绝接受元首的和平建议。先生们，将要打仗了！"

说起来容易做起来难。事实上，希特勒和最高统帅部以及陆、海、空军的参谋总部都没有认真考虑过同英国的仗怎么打和怎么取得胜利的问题。现在，在1940年仲夏，他们对自己辉煌的成就感到不知所措；他们没有什么计划，更谈不上想利用他们这个军事化国家的空前军事胜利。这是第三帝国的最大矛盾之一。希特勒已达到他的军事力量的顶峰。欧洲大部分的土地都在他的践踏之下。他的胜利的军队从比利牛斯山直到北极圈，从大 756
西洋直到维斯杜拉河以东，现在在养精蓄锐，准备下一步的行动。但是也正在这个时候，他却不知道怎样继续行动，怎样使战争胜利结束。他的将领们，其中有12个还被授予了陆军元帅的节杖，也同样不知道。

当然，这里是有原因的，不过当时我们并不清楚罢了。德国人尽管自吹有军事天才，但是缺乏雄才大略的战略思想。他们的天地只限于——而且常常如此——在欧洲大陆进攻邻国的**陆上战争**。希特勒自己怕海，*而他手下的重要军事将领，对海则几乎一窍不通。他们的心中只有陆地，没有海洋。虽然，德国军队只要能抓得到英国陆军，他们就能在一周之内击溃英国软弱无力的陆军，但是把他们隔开的多佛尔海峡狭窄的水面——狭窄到可以看清对岸——当壮丽的夏天开始消逝时，却像一个他们不知如何才能越过的障碍一样，使他们惴惴不安。

自然，在德国人面前，还有另一个选择途径。他们可以和他们的盟国意大利横渡地中海，西取地中海的门户直布罗陀，东从意大利在北非的基地直趋埃及，跨过苏伊士运河而至伊朗，截断英帝国的一条主要生命线，以此来搞垮英国。但这就需要远离本国基地，在海外广大地区进行军事行动，而在1940年，这对德国似乎是无法想象的。

因此，在这目眩头晕的胜利的顶峰，希特勒和他的将领们犹豫不决了。他们没有策划下一着，也没有想出走下一步的办法。事实证明，这个致命的疏忽，是这场战争而且的确是第三帝国的短促的生命和阿道夫·希特勒昙花一现的事业中的巨大转折点之一。在他们取得了许多伟大的胜利之后，现在失败开始了。但是，当然，这是难以预见的，因为当时在围困之中的

---

* 他有一次对伦德施泰特说："我在陆地上是英雄，但在水上却是懦夫。"（见舒尔曼：《西方的溃败》，第50页）

英国正在孤军坚持作战，为了准备应付德军在夏末的进攻，把手头的一切
757 可以使用的力量都用上了。

注 释

1.《比利时——官方的情况报告1939—1940年》，第27—29页。

2.《纳粹的阴谋与侵略》，第4卷，第1037页（纽伦堡文件2329-PS）。

3. 同上，第6卷，第880页（纽伦堡文件C-62）。

4. 艾伦·杜勒斯：《德国秘密抵抗运动》，第58—61页。杜勒斯说，萨斯上校在战后曾亲自向他证实这种说法。

5. 关于德国人在西线发动进攻的计划的制订情况，有大量材料。我取材于下列文件：哈尔德和约德尔的日记；哈尔德的小册子：《统帅希特勒》，1949年慕尼黑出版（英译本于1950年在伦敦出版）；最高统帅部作战日记的选录，这份日记载《纳粹的阴谋与侵略》和《主要战犯的审讯》；希特勒和最高统帅部的各项指令，载纽伦堡文件和《德国外交政策文件汇编》第8卷和第9卷；曼施坦因：《失去的胜利》；戈利茨：《德军总参谋部》和《第二次世界大战》；雅各布逊：《有关西线战役的文件（1939—1940年）》；古德里安：《装甲部队领导人》；布鲁门特里特：《冯·伦德施泰特》；李德·哈特：《德国将领谈话录》；收集在纽伦堡文件中的最高统帅部文件丛刊中的大量德国材料，这些材料是在次要审讯中整理出来的。英国方面的计划见丘吉尔回忆录的前两卷；埃利斯：《在法国和佛兰德斯的战争》，这是一本英国官方的叙述；富勒：《第二次世界大战》；德拉波尔：《六星期的战争》；全面情况介绍以特尔福德·泰勒的《征服的进军》一书为最好，该书系根据一切可以得到的德国方面的材料写成的。

6. 丘吉尔：《他们最美好的时刻》，第42—43页。

7.《德国外交政策文件汇编》，第9卷，第343—344页。

8. 戈林和凯塞林在纽伦堡受审时都被询问到轰炸鹿特丹的情况。见《主要战犯的审讯》，第9卷，第213—218，338—340页。

9.《主要战犯的审讯》，第36卷，第656页。

10. 丘吉尔：《他们最美好的时刻》，第40页。

11. 详细情况见瓦尔特·梅尔齐尔：《阿尔伯特运河和埃本·埃美尔要塞》；鲁道夫·维哲希1954年5月在《战讯》上所写的《埃本·埃美尔要塞的占领》一文（维哲希中尉指挥这一战斗，但由于他的滑翔机出了事故，直到他手下的人员在温齐尔中士指挥下快要完成任务时才赶到）；凡·奥佛尔斯特拉坦将军：《从阿尔伯特一世到利奥波尔德三世》；《比利时——官方的情况报告》；特尔福德·泰勒著《征服的进军》对此有很出色的概述，见该书第210—214页。

12. 丘吉尔：《他们最美好的时刻》，第46—47页。

13. 希特勒，1940年5月18日致墨索里尼的信件，载《德国外交政策文件汇编》，第9卷，第374—375页。

14. 引自国王自己关于这次会议的叙述以及皮埃洛首相的叙述。载官方的《比利时报告》，附录第69—75页，保罗·雷诺也曾援引过，他是当时的法国总理，见他的《斗争最前线》一书，第420—426页。

15. 戈特勋爵的函电，伦敦《官报》的附件，1914年伦敦出版。

16. 魏刚：《应召服役》，第125—126页。

17. 丘吉尔：《他们最美好的时刻》，第76页。

18. 李德·哈特：《德国将领谈话录》，第114—115页（平装本）。

19.《齐亚诺日记》，第265—266页。

20. 特尔福德·泰勒：《征服的进军》，第297页。

21. 全文、威廉二世的电报和希特勒复电全文，均见《德国外交政策文件汇编》，第9卷，第598页。

22. 希特勒和墨索里尼1940年5—6月间来往信件全文见《德国外交政策文件汇编》，第9卷。

23.《齐亚诺日记》，第267页。

24.《德国外交政策文件汇编》，第9卷，第608—611页。

25.《齐亚诺日记》，第266页。

26. 同上。

27. 虽然在德国档案局发现的会议记录副本是未经签字的，但施密特博士证实那是他自己起草的。他当时担任翻译工作，因此他比任何人做这件事情都要适当。这些文件载《德国外交政策文件汇编》第9卷，其中有：6月21日谈判，第643—652页；6月21日晚上安齐热将军与魏刚将军（在波尔多）电话会谈记录，是由奉命偷听这次谈话的施密特记录并整理出来的，第652—654页；6月22日上午10点安齐热将军与魏刚将军的副官布尔热上校的电话谈话记录，第664—671页；法德停战协定全文，第671—676页；关于贡比涅谈判期间法国所提出的和德国所答复的问题的备忘录，第676—679页。希特勒曾经指示，这项文件虽然不是协定的一部分，但"对德国方面有约束力"。德国人在这节卧车里安置了窃听器，把车上所讲的每一句话都记录下来。当它们在德国的通讯车中记录下来的时候，我曾亲耳听到过当时会议的部分情况。就我所知，它们从来没有公布过，录音和记录也许从来没有被发现。我自己的笔记除了富有戏剧性的闭幕会议外，都是非常零碎的。

28. 丘吉尔：《他们最美好的时刻》，第177页。

29.《德国外交政策文件汇编》，第10卷，第49—50页。

30. 同上，第9卷，第550—551页。

31. 同上，第558—559页，第585页。

32. 同上，第10卷，第125—126页。

33. 同上，第39—40页。

34. 同上，第298页。

35. 同上，第424，435页。

36. 丘吉尔：《他们最美好的时刻》，第259—260页。

37. 同上，第261—262页。

38.《德国外交政策文件汇编》，第10卷，第82页。

39. 由凯特尔签署的最高统帅部指令，见《海军事务元首会议记录》，1940年，第61—62页。

40.《齐亚诺日记》，第274页。

41.《海军事务元首会议记录》，1940年，第62—66页。

42. 希特勒1940年7月13日致墨索里尼的信，见《德国外交政策文件汇编》，第10卷，第209—211页。

43. 第十六号指令全文，见《纳粹的阴谋与侵略》，第3卷，第399—403页（纽伦堡文件442—PS）。另见《德国外交政策文件汇编》，第10卷，第226—229页。

44.《齐亚诺日记》，第277—278页（7月19日、22日）。

45. 丘吉尔：《他们最美好的时刻》，第261页。

46.《德国外交政策文件汇编》，第10卷，第79—80页。

47. 同上，第148页。

第二十二章

海狮计划：入侵英国的失败

德国最高统帅部作战局局长约德尔将军在1940年6月30日写道："德国对英国的最后胜利，现在只是一个时间问题，敌人再也不可能进行大规模的进攻作战了。"

希特勒宠信的这个战略家感到信心十足，颇为自满。法国在一周前已经投降，丢下英国单独作战，显然已孤立无援。6月15日，希特勒通知将领们，他要把陆军复员一部分——从160个师减到120个师。哈尔德在那一天的日记里写道："这一措施所根据的假定是，陆军的任务已经完成。空军和海军将单独担负起对英作战的任务。"

事实上，陆军对于对英作战并不感兴趣。元首自己对此也并不怎样关心。6月17日，约德尔的副手瓦尔特·瓦尔利蒙特上校通知海军说："关于登陆英国的问题，元首……至今还没有表示过有这种意图……因此，最高统帅部直到现在还没有完成任何准备工作。"[1]四天以后，6月21日，就在希特勒步入贡比涅停战谈判车厢使法国人受辱的时候，海军接到通知说："陆军参谋总部对于英国问题并不感兴趣。它认为不可能实施这种行动，它不知道怎么能从南部地区采取行动……参谋总部反对这个行动。"[2]

在德国陆海空三军中，没有一个有才能的战略家知道如何进攻英国，虽然，首先是让海军对这个问题有所考虑，这也是很自然的事。早在1939

年11月15日，当希特勒枉费心机地试图鼓励他的将军们在西线进攻的时候，雷德尔就曾指示海军作战参谋部研究一下“入侵英国的可能性，如果战争继续发展下去，某些条件具备了，这种可能性会日渐增加”。[3]德国的军事参谋部被要求对这种军事行动进行研究，这在历史上还是第一次。雷德 758
尔之所以采取这一步骤，看来好像主要是因为他想免得他的变幻莫测的元首会突然乱出主意。这件事情是否和希特勒商量过，或者他是否知情，没有记录可以查考。希特勒当时所想到的充其量不过是在荷、比、法取得机场和海军基地，以便加强对不列颠群岛的封锁而已。

到1939年12月，陆军和空军总司令部对入侵英国的问题也曾做过一些研究。陆海空三军曾互相交换一些非常含混的意见，但并没有什么结果。1940年1月，海军和空军拒绝了陆军提出的一个计划，认为它不现实。海军认为，这个计划没有把英国的海军力量估计在内；空军则认为它把英国皇家空军估计过低了。空军参谋总部在给陆总的公函中说：“总之，必须放弃以在英国登陆作为目标的联合作战计划。”[4]后来，正如我们将要谈到的，戈林和他的副手们却要采取一种完全相反的观点。

在德国的文件记录里，第一次提到希特勒认为有可能进攻英国是在5月21日，就是装甲部队在阿布维尔打到海岸的这天。雷德尔和元首“私下”讨论了“将来在英国登陆的可能性”。这个情报来源是海军元帅雷德尔。[5]雷德尔的海军没有分享到陆、空军在西线获得惊人胜利的光荣，因此，他当然也要找寻使自己的海军获得光彩的门路，但希特勒却在考虑北边的围攻战和当时正在南边形成的索姆战线。除了这两个紧急任务，他没有再让别的任务来使他的将领们伤脑筋。

但是海军军官无事可做，仍在继续研究进攻英国的问题。到5月27日，海军作战参谋部作战处处长库尔特·弗里克海军少将提出了一个新的计划，叫作“英国研究”。初步的准备工作，如集中船舶和建造登陆艇，都已经开始了。德国海军当时连一艘登陆艇都没有。在这一方面，经济学怪人戈特弗里德·费德尔博士提出一个叫作“战争鳄鱼”的计划。（此人在慕尼黑时代早期曾帮助希特勒草拟过党纲，现在在经济部担任国务秘书，他的种种奇怪主意在那里毫无用武之地。）这是一种用水泥制成的自动推进驳船，可以装载全副武装的200人的连队，或者装几辆坦克，或者几门大炮，登上任何海滩，掩护登陆的部队和车辆。海军司令部非常重视这个计划，甚至哈尔德也很重视。他曾在日记里提到过。6月20日希特勒和雷德尔也曾详细讨论过这个计划，但结果并没有下文。

快到6月底的时候，那些海军将领们对于进攻不列颠群岛的问题似乎
759 并没有得出什么结论。6月21日，希特勒在贡比涅露面以后，曾和一些老友到巴黎做过一次短暂的游览，*同时也参观了战场——是第一次世界大战的，而不是这次大战的战场。他曾在这里当过传令兵。同他一起去的是他当时那厉害的班长马克斯·阿曼（现在已成了拥有百万财富的纳粹出版商）。他对战争的未来发展，特别是怎样继续对英作战，似乎并不怎么关心，也许只是因为他认为这件小事已经解决，因为现在是英国恢复“理智”而求和的时候了。

希特勒直到6月29日才回到他在坦嫩贝格新建立的大本营去，它坐落在黑森林中的弗罗伊登斯塔特西面。第二天，他又回到现实中来，阅读了约德尔所写的关于下一步怎么办的报告，反复思考着问题。这个报告的题目是《继续对英作战》。[6] 虽然约德尔对希特勒的天才的盲信，在最高统帅部中仅次于凯特尔，但在他一人独自思考问题的时候，他往往是一个精明的战略家。但是他现在却和最高统帅部中的一般看法一样，认为战争已经赢定了，差不多要结束了。如果英国还没有认识到这一点，那必须要再用一点武力来提醒它。为了“围困”英国，他在报告中建议采取三个步骤：加强德国空军和海军对英国船舶、仓库、工厂和皇家空军的打击；“在居民集中的地方，进行恐怖轰炸”；“部队登陆，以占领英国为目的”。

约德尔认为，“对英国空军的作战应当占最优先的地位”。但是他认为，就整个来说，进攻英国空军也如其他方面的进攻一样，进行起来不会有什么困难。

> 食品供应标准的不断降低，加上宣传影响和宣布作为报复手段的定期恐怖轰炸，**将麻痹并最后瓦解人民的抗战意志，从而强迫他们的**

---

* 他在荣军院看了拿破仑墓。他对他的忠实摄影师海因里希·霍夫曼说：“那是我一生中最伟大、最美好的时刻。”

1940年6月，希特勒在巴黎。

政府投降。[*]

至于登陆，只能

> 在德国获得制空权以后才可考虑。因此，登陆绝不能以军事征服英国为目的，这一个任务可以交给空军和海军。登陆的目的，毋宁说是对经济上已经陷于瘫痪再也没有能力进行空战的英国进行致命的打击［Todesstoss］，如果认为这是必需的话。[†]

760 但是，约德尔也认为，所有这些或许都是不必要的。

> 因为英国打下去再也不是为了取得胜利，而只不过是为了保持自己的属地和世界威望。因此，根据各种情况判断，它在看到现在还可以用相对较小的代价就能够保持它们的时候，它一定会同意和平解决。

这也是希特勒的想法，他于是立即准备在国会做和平演说。与此同时，正如前面所说，他也命令（7月2日）制订一些登陆的初步计划，到7月16日，当伦敦没有做出什么"理智"的答复时，他就发出关于"海狮计划"的十六号指令。经过了六个多星期的迟疑以后，他终于决定"如有必要"就进攻英国。希特勒和他的将领们终于开始明白（但为时已晚），这一场大战不是没有危险的，要取得胜利，全靠空军和海军能否胜过远占优势的英国海军和不可轻视的敌方空军而为陆军开道。

"海狮"是一个认真的计划吗？当初是认真地要求贯彻执行的吗？

直到今天还有许多人作这样的怀疑。而他们的这种意见，也由于德国将领在战后的齐声否认而显得有力起来。当时指挥这次入侵的伦德施泰特，在1945年对盟国的提审人员说：

---

* 着重体是约德尔自己用的。

† 约德尔还曾暗示有"扩大战争范围"的可能性——就是说，不仅要意大利，而且还要日本、西班牙和俄国都来帮助进攻英帝国。

> 入侵英国的计划完全是胡来，因为没有足够的船只……我们把整个事情看作开玩笑，因为我们的海军没有力量掩护渡海或运输增援部队，入侵显然是不可能的。如果海军失败了，空军也没有能力担当起这些任务……我总是十分怀疑这整个事情……我觉得元首从来没有真的要打算入侵英国。他根本没有过足够的勇气……他肯定希望英国会求和……[7]

伦德施泰特的作战处长布鲁门特里特在战后也曾向李德·哈特表示过同样的看法。他说:“我们彼此谈论到它［海狮］的时候，把它当作一种虚张声势。”[8]

这年8月中旬，我自己曾在英吉利海峡度过了几天，从安特卫普到布洛涅，来来去去寻找入侵部队。8月15日，在加来和格里内斯角，我们看见几群德国轰炸机和战斗机通过海峡上空，向英国飞去，后来才知道它们是去进行第一次大规模空袭。虽然空军显然是在全力出动，但后方缺乏船只，尤其在港口、运河和内河都缺乏驳船。这就给我一个印象：德国的确是在虚张声势。就我所知，他们根本没有运送军队渡过海峡的工具。

但是一个采访记者在一场战争中是看不到多少东西的。现在我们知道 761
德国人到9月1日才开始把准备入侵的舰队集中起来。至于将领们，任何一个读过他们的口供或在纽伦堡审判中听过他们受盘诘的人，都知道对他们战后的证词是要打折扣来听的。* 人的记忆力说到底是很靠不住的，德国将领们也不例外。同时，他们还有许多其他打算。其中最主要的就是把希特勒的军事领导才能说得一钱不值。的确，他们在回忆录中，在口供中和证词中不厌其烦地加以说明的主要论调不外是：如果让他们来做决定，希特勒就不可能把第三帝国弄到一败涂地。

对于他们来说是不幸的，但对于后代和真理却很幸运的是：大批德国的军事秘密档案使我们清楚看到，希特勒在1940年初秋的侵英计划是非常认真地制订出来的，而且，尽管多次犹豫不决，但只要有一点成功的机会，

---

* 甚至像李德·哈特这样精明的军事评论家也常常疏忽了这一点。这样的疏忽使他的《德国将领谈话录》一书有了美中不足之处。他们的确谈过话，但谈话时并不总是记性很好，或者态度很老实的。

这个独裁者就要认真地付诸实施。这个计划的最后命运，不是决定于缺乏决心或努力，而是决定于战争的运气，这种运气现在第一次对他不利了。

7月17日，即发布准备入侵的第十六号指令的后一天，也是元首在国会发表“和平”演说前两天，陆军总司令部就部署了执行“海狮计划”的部队，并且命令13个精锐师开到海峡沿岸的出击地点，以便作为头一批登陆部队。同一天，陆军总司令部完成了在英国南部海岸广阔的前线登陆的详细计划。

正如法国战役一样，执行主要进攻任务的是A集团军司令冯·伦德施泰特陆军元帅。恩斯特·布施将军的第十六军团的6个步兵师从加来海峡乘船进攻拉姆斯盖特和贝克斯希尔之间的海滩。阿道夫·施特劳斯将军的第九军团的4个师从勒阿弗尔地区横渡海峡，在布赖顿和怀特岛之间登陆。再往西一点的地方，有赖歇瑙陆军元帅的第六军团的3个师（属冯·博克陆军元帅的B集团军）从瑟堡半岛出发，将在韦默思和莱姆里吉斯之间的莱姆湾上岸。总共9万人组成了第一批登陆部队。陆军总司令部计划到第三天总共登陆26万人。空运部队将在莱姆湾和其他地区着陆，以作增援。一支不少于6个装甲师的装甲部队，由3个摩托化师支援，将作为第二批。计划在几天之内，将总共登陆39个师和2个空运师。

762 他们的任务如下：在取得桥头堡以后，东南方的A集团军的各师部队将推进至第一目标，即在格雷夫森德和南安普敦之间的一线。赖歇瑙的第六军团将北进至布里斯托尔，切断德文和康沃尔。第二个目标是东海岸泰晤士河口之北的莫尔登与塞文河之间的一线，以封锁威尔士。大约在德国人达到他们第一个目标的时候，预计将会“与强大的英军发生大战”。但大战必然会马上取胜，伦敦将被包围，这时德军就继续向北推进。[9]布劳希奇在7月17日对雷德尔说，整个战役将于一个月内结束，并且是比较容易的事。*[10]

---

* 德国情报机关在整个7，8，9三个月的时间中，对英国陆军的实力做了过高的估计，大约多估了8个师。7月初德国参谋总部估计英国具有“战斗价值”的部队可能有15个到20个师。实际上，这时英国有29个师，但是有很大“战斗价值”的，不超过6个师，因为他们实际上没有装甲车和大炮。但与当时普遍流行的而且直到今天还有人这样看的看法相反，英国陆军在9月中旬可与当时德国部署入侵第一批的部队势均力敌。那时候，它可有16个训练有素的师（其中有3个装甲师），用以抵御南海岸的袭击，而在泰晤士河至沃希河的东海岸则有（转下页）

但雷德尔和海军总司令部对此是有怀疑的。在这样一条广阔的战线上进行这样大规模的战斗——从拉姆斯盖特至莱姆湾延伸了200多英里——是完全超出德国海军的运输和掩护能力的。两天以后，雷德尔向最高统帅部报告了这一点。7月21日，当希特勒召集他、布劳希奇和汉斯·耶顺内克将军（空军参谋总长）在柏林开会的时候，他再次提出这一点。元首对于“英国当时的情况”还是不清楚的。他承认海军的困难，但强调尽快结束战争的重要意义。他说，入侵英国须用40个师，并且“主要战役”一定要在9月15日以前结束。总的来看，这位统帅是乐观的，尽管丘吉尔在这个时候拒绝响应他的和平呼吁。

> ［哈尔德记录希特勒的话说］英国的处境是没有希望的。我们已经赢得了这场战争。把成功的前景扭转过来是不可能的。[11]

可是，在强大得多的英国海军和还很活跃的敌人空军面前，要把一支大军送过白浪滔天的海峡，海军面对着这样吓人的任务并没有多大把握。7月29日，海军作战参谋部起草了一份备忘录，主张“不要在今年进行作战”，并 763
且建议：“至1941年5月或者更晚一些时候再作考虑。”[12]

但是，希特勒却坚持要在1940年7月31日考虑这个问题。那一天他再度召集了他的军事首脑，这一次开会地点在他的上萨尔茨山别墅。出席会议的除了雷德尔以外，还有代表最高统帅部的凯特尔和约德尔，以及代表陆军总司令部的布劳希奇和哈尔德。现在当上了海军元帅的雷德尔说话最多。他并不是很抱希望的。

他说，9月15日将是开始执行“海狮计划”的最早日期，并且说，只有届时没有“由于天气或者敌人的原因而出现不测的情况”，才开始执行。当希特勒问到天气问题的时候，雷德尔就这个问题发表了长篇大论的讲话，

（接上页）4个师和1个装甲旅。这表明，在敦刻尔克溃败之后，英军的力量已经有了显著的恢复。这次溃败曾使英国在6月间差不多处于在陆上毫无抵抗能力的状况。

英国关于德国计划的情报是有严重缺点的。而在存在入侵威胁的最初三个月的情报，则几乎完全错误。整个夏天，丘吉尔和他的军事顾问都一直认为德国人将在东海岸做主要登陆的试探，因此9月以前，大部分英国地面部队都集中在这里。

说得越来越雄辩有力，而且说得相当可怕。他解释说，海峡和北海的天气，除了10月上半月以外，“一般都是恶劣的”。10月中开始有薄雾，到月底就有浓雾了。但这只是天气问题的一部分。他说：“只有海上**风平浪静**，才能够执行作战计划。”如果波涛汹涌，驳船就会沉没，甚至大船也将无能为力，因为它们不能卸下补给品。这位海军元帅在考虑到前途时，愈来愈悲观。

> [他继续说]即使第一批部队在天气有利的条件下渡海成功，还是**不能**保证第二批第三批部队也能够有同样有利的天气……事实上，我们必须认识到，在一些港口可供利用之前，有好几天是不能运送比较大量的物资的。

这种情况就会使得陆军陷入困境：他们会被搁在海滩上，没有给养，也没有援军。雷德尔现在谈到了海军和陆军之间的主要分歧。陆军需要一条从多佛尔海峡到莱姆湾的广阔的战线。但预料英国海空军必将进行强大反击，在这种情况下进行这样规模的作战，海军根本提供不出所需的船只。因此，雷德尔强烈地主张缩短战线——只能从多佛尔海峡到伊斯特本。这位海军元帅有力的结论是留在最后说的。

“**从一切情况考虑，**”他说，“**最有利的作战时间将是1941年5月。**”

但希特勒不愿等待那么久。他承认，对于天气，他们“自然”没有什么办法可想。但他们也不能不考虑坐失时机的后果。德国海军到来年春天也仍然不会是英国海军的对手，而英国陆军在目前这个时候却是微不足道的。如果给英国陆军8个月到10个月的时间，它就将有30至35个师的兵力，摆在预定入侵的有限地区，就成了可观的力量了。因此，他做出如下的决定（根据

764 雷德尔和哈尔德两人所作的秘密记录）：[13]

> 应该考虑在非洲进行牵制战。但是只有对英国进攻才能获得决定性的结果。因此必须设法为1940年9月15日开始的作战行动进行准备工作……至于这次作战行动是在9月进行，还是推迟到1941年5月进行，将在空军对英国南部进行一个星期的密集轰炸之后做出决定。如果空袭的效果很好，敌人的空军、港口和海军等遭受重创，那么“海

狮计划”将在1940年进行。否则将推迟到1941年5月。

现在一切取决于德国空军了。

因此，希特勒在第二天，即8月1日，从最高统帅部发出了两个指令，一个由他本人签字，另一个由凯特尔签字。

元首大本营

1940年8月1日

绝　密

关于对英进行海空作战的第十七号指令

为了为最后征服英国创造必要的条件，我打算对英国本土继续进行比过去更加猛烈的海空战争。

为此目的，我发布如下命令：

1. 德国空军应尽快以其所有的力量打败英国空军……

2. 在获得暂时的或局部的空中优势之后，应对港口，特别是对与粮食供应有关的设施进行空袭……对英国南部沿海港口的袭击应在尽可能小的规模上进行，以利于我们所计划的作战行动……

4. 空军主力应整装待命，准备参加“海狮计划”。

5. 关于以恐怖空袭作为报复手段，由我做最后决定。

6. 可以于8月6日或在这个日子以后开始加强进行空战……海军已受权在同时开始加强进行计划中的海战。

阿道夫·希特勒[14]

同日由凯特尔代表希特勒签署的指令的部分内容如下：

绝　密

海狮计划

海军总司令于7月31日报告，为“海狮”进行的必要准备工作不能在9月15日以前完成，因此元首命令： 765

陆军和空军应继续进行“海狮计划”的准备工作，并在9月15日以前完成。

计划在8月5日前后开始对英国进行空中攻势，在发动这次攻势之后8天到14天内，元首将决定是否在今年发动入侵；他的决定在很大程度上将取决于空中攻势的结果……

尽管海军警告说它只能保证防卫一条狭长的海岸地带（最西到伊斯特本），但仍应按原定计划为在广阔基础上进行的攻击继续进行准备工作……[15]

上面最后一段话，只能加剧陆军和海军之间在进攻战线应长应短的问题上的争吵。两星期以前，海军作战参谋部曾估计，为了满足陆军在第一次进攻中运送带着装备和给养的10万人在从拉姆斯盖特到莱姆湾的一条200英里长的战线上登陆的要求，需要征集1 722艘驳船、1 161艘汽艇、471艘拖船和155艘运输船。雷德尔于7月25日对希特勒说，即使聚集这样大量的船只是可能的，也将破坏德国的经济，因为调走那么多的驳船和拖船，将摧毁国家经济生活在很大程度上所依赖的整个内河运输。[16]雷德尔表明，要保护为这样长的战线运送给养的一支船队，使其不受英国海军和空军肯定会进行的攻击，无论如何是德国海军能力所不及的。海军作战参谋部一度还警告陆军，如果陆军坚持很长的战线，海军可能丧失**全部**船只。

但是陆军仍然坚持它的主张。由于过高估计英国的力量，陆军认为在一条短短的战线上登陆，将使进攻部队遭到“占优势的”英国陆军的攻击。8月7日，当哈尔德碰到海军作战参谋长施尼温德海军上将时，这两个军种之间摊牌了，发生了一场尖锐且激烈的冲突。

陆军参谋总长通常是很平心静气的，这时他发火说：“我完全不同意海军的建议，从陆军观点来看，我认为这简直是自杀。我还不如把登上陆的军队直接放进绞肉机里去！”

根据海军作战参谋部的会议记录，*施尼温德回答说，“鉴于英国海军的

---

* 在哈尔德那天晚上的日记里，他并没有像上面那样记载自己的话。但是他说：“谈话只不过肯定了一个无可弥补的分歧。”他说，海军“害怕英国远洋舰队，并且坚持认为德国空军不可能对付这种危险”。显然，这时德国海军——如果不是陆军的话——对戈林的空军的打击力量不抱什么幻想。

优势”，如果像陆军所希望的那样，试图为那样长的战线运送军队，也将“同样是自杀”。

这是一个极为严重的左右两难局面。如果试图用大量军队来部署一条很长的战线，那么德国的全部远征军可能被英国海军击沉于海底。如果用较少的军队开辟一条短短的战线，那么入侵部队又可能被英国陆军赶到海里。8月10日，陆军总司令布劳希奇通知最高统帅部说，他“不能同意”在福克斯顿和伊斯特本之间进行登陆。但是他仍然表示愿意，虽然“很勉强”，放弃在莱姆湾登陆，以便缩短战线，迁就海军的意见。 766

固执己见的海军将领们并不以此为满足，他们的谨慎和坚决的态度开始对最高统帅部产生了影响。8月13日，约德尔草拟了一份“估价”形势的文件，规定了“海狮计划”取得成功所需要的五个条件。陆军和海军将领们对这些条件看来一定会感到荒唐可笑的，如果他们的左右为难境地不是那样严重的话。他说，第一，应当从南海岸把英国海军消灭；第二，应当从英国上空把皇家空军消灭。其他条件规定要以大量军队迅速登陆，而其规模和速度显然不是海军力量所能做到的。如果这些条件不能实现，他认为登陆“就是一个只有在万不得已的局势下才应采取的万不得已的行动，但是我们目前没有理由采取这种行动”。[17]

如果说海军的担心正扩大到约德尔，那么最高统帅部这位作战局长的犹豫不决也在影响希特勒。在整个战争期间，元首对约德尔要比对没有骨气、头脑迟钝的最高统帅部长官凯特尔更加倚仗得多。因此这就难怪，当雷德尔8月13日在柏林会见最高统帅并要求就战线长短做出决定时，希特勒便倾向于同意海军所主张的较小规模的行动，他答应在第二天会见陆军总司令以后做出明确的决定。[18] 希特勒于14日听取了布劳希奇的意见之后，终于做出了决定。16日，由凯特尔签署的最高统帅部的一项指令说，元首已决定放弃原定由赖歇瑙的第六军团执行的在莱姆湾登陆的计划。关于9月15日在比较短的战线上登陆的准备工作仍要继续进行，但是现在元首自己的怀疑第一次在秘密指令里出现了。这项指令又说：“在局势明朗以前将不发出最后命令。”然而新命令多少是一种妥协。因为那一天发出的另一项指令就扩大了这个较长的战线。

> 横渡海峡主要在较短的战线上进行。但同时要用4 000—5 000军队乘汽艇在布赖顿登陆，并且空运同样数目的伞兵在迪尔-拉姆斯盖特着陆。此外，在登陆前一日，空军将对伦敦进行猛烈轰炸，这将使居民逃离这座城市，从而堵塞道路。[19]

尽管哈尔德8月23日用速记在日记里草草写道，“在这个基础上，今年
767 进行攻击没有成功希望”，但是8月27日由凯特尔签字的一项指令，仍然为在福克斯顿和塞尔西-比尔角（在朴次茅斯东面不远）之间的南部海岸的四个主要地区进行登陆制订了最后的计划，而且和以前一样，第一个目标是，一俟滩头阵地连成一片、组织起来，军队能够向北进攻之后，便立即推进到从朴次茅斯到伦敦以东泰晤士河上的格雷夫森德一线。同时还下令准备好进行若干迷惑性的调动，其中主要的是“秋季旅行”（Herbstreise）。这要求对英国东海岸进行大规模的佯攻，前面已说过，丘吉尔和他的军事顾问们仍在预料主要的入侵将在东海岸。为此目的，在登陆前两天，将从挪威南部一些港口和黑尔戈兰湾驶出包括德国最大邮轮“欧罗巴号”和“不来梅号”在内的四艘大邮船和十艘运输舰，由四艘巡洋舰护航，开往阿伯丁和纽卡斯尔之间的英国海岸。运输舰只都是空船，天黑以后便全部返航，第二天再进行同样的调动。[20]

8月30日，布劳希奇发出一份关于登陆的详尽指示，但是收到这项指示的将领们必然怀疑，他们的这位陆军首脑现在对登陆这件事究竟有多大的热忱。他把这项指示叫作《关于海狮计划**准备工作**的指示》——他前已下令这个计划必须在9月15日以前执行，如今才发出准确的命令未免太晚了。他还说，“执行这一计划的命令取决于政治局势”——这个条件必然使不懂政治的将领们感到大惑不解。[21]

9月1日，船只开始从德国北海一些港口向英吉利海峡上一些出航港口移动。两天后，9月3日，最高统帅部又发出一项指令。

> 进攻的舰队启航的最早日期已定为9月20日，登陆的最早日期已定为9月21日。
>
> 发动攻击的命令将在登陆前10天下达，因此大概在9月11日。

最后的命令至迟将在登陆前3天的中午下达。

一切准备工作在预定开始行动前24小时仍然有取消的可能。

凯特尔[22]

这个指令听起来好像挺认真，但是听觉是靠不住的。9月6日，雷德尔和希特勒又举行了一次长时间的会议。这位海军元帅当晚在海军作战参谋部的日记上写道："元首关于在英国登陆的决定仍然没有确定，因为他坚信，甚至不'登陆'也能把英国打败。"实际上，雷德尔关于这次会谈的长篇记录表明，元首在长时间的谈话中几乎谈到了所有的问题，就是没有谈"海狮"。他谈到了挪威、直布罗陀、苏伊士、"美国问题"、法国一些殖民地的 768
处理以及关于建立"北德意志联邦"的异想天开的想法。[23]

关于这次值得注意的会议，如果丘吉尔和他的军事首脑们听到了一点点风声，那么也许就不会在第二天（9月7日）晚上在英国发出"克伦威尔"这个代号。这个代号表示"入侵在即"，它引起了莫大混乱；它使英国国民卫队不断敲着教堂的钟，使皇家工兵炸毁了好几座桥梁，并使一些人由于误触匆忙埋设的地雷而遭到不必要的伤亡。*

但是在9月7日星期六傍晚，德国人用648架战斗机掩护着625架轰炸机，开始对伦敦进行首次大规模轰炸。这是到那时为止对一个城市进行的最猛烈的空袭——对比之下，华沙和鹿特丹遭到的轰炸就像小巫见大巫——那天黄昏，这个大城市的整个码头地区成了一片火海，在它南面对防御入侵十分重要的每条铁路都堵塞了。在那种情况下，伦敦有许多人认为这种猛烈的轰炸是德国即将登陆的前奏，主要就是由于这一点，才发出了"入侵在即"的警报。但下文即将表明，9月7日对伦敦进行的野蛮轰炸，尽管促使警报过早发出并造成很大损害，但是它也标志着当时正在迅速接近最高潮的不列颠战役——这个地球上从未经历过的第一次空中大决战——已达到一个决

---

* 丘吉尔说，他和他的参谋长们都不"知道"这个决定性的代号"克伦威尔"已经发出。它是由国内驻防军总部发出的（见《他们最美好的时刻》，第312页）。但是四天以后，9月11日，首相在广播中确曾发出警告：如果他们要进行入侵，他们不会"长期推迟下去"。他说："因此，我们必须把下一周左右的时间视为我们历史上很重要的时期。它可以同以下这些日子相比：西班牙舰队接近英吉利海峡的时候，德雷克正在打完他的滚球戏的时候，或者纳尔逊站在我们和拿破仑在布洛涅的大军之间的时候。"

1940年9月8日，温斯顿·丘吉尔视察被轰炸过的伦敦东区。

定性转折点。

希特勒必须做出他是否发动入侵这个重大决定的时刻也接近了。按照9月3日指令的规定，这一决定应于9月11日做出，给武装部队十天的时间来进行准备工作。但是到了10日，希特勒又决定把他的决定推迟到14日做出。推迟的原因看来至少有两个。一个原因是，最高统帅部认为轰炸伦敦对英国人的财产和斗志造成了很大的破坏，入侵可能不再需要了。*

769 另一个原因是德国海军在聚集它的船只方面开始感到困难。此外，据海军当局在9月10日报告，天气“非常不正常和不稳定”，而戈林保证要摧毁的皇家空军以及英国海军都在加紧扰乱准备入侵的舰队的集中工作。同一天，海军作战参谋部对英国空军和海军攻击调动中的德国运输舰只的

* 德国人对驻华盛顿大使馆发来的报告印象很深，大使馆传递了在华盛顿从伦敦得到的消息并加以夸大。据说美国参谋总部认为英国坚持不了多久。据冯·洛斯贝格中校说（见《武装部队参谋总部》[*Im Wehrmacht Führungsstab*]，第91页），希特勒真的指望英国会爆发一次革命。洛斯贝格是陆军在最高统帅部中的代表。

“危险”发出警报，它还说，英国人的攻击“无疑已经获得成功”。两天后，在9月12日，海军西部舰队司令部向柏林拍发了一个不祥的电报：

> 由于敌人空军造成的阻碍，长距离大炮和轻型海军舰艇第一次具有重大意义。由于有遭到英国轰炸和炮击的危险，奥斯坦德、敦刻尔克、加来和布洛涅的港口都不能供船只在夜间停泊之用。英国海军舰只现在能够几乎不受阻挠地在海峡活动。由于这些困难，预料集结入侵舰队的工作将再度延迟。

第二天情况变得更坏。英国海军轻型舰艇袭击了海峡内供发动入侵用的主要港口奥斯坦德、加来、布洛涅和瑟堡，英国皇家空军还在奥斯坦德港炸沉了八艘驳船。这一天，希特勒在柏林和他的军事首脑们举行午餐会议。他认为空战进行得很好，并说他无意冒险发动入侵。[24] 事实上，约德尔从元首讲话中获得的印象是：他已“显然决定完全放弃‘海狮’”，这个印象在那天来说是正确的，因为希特勒在第二天证实了这一点，可是就在那一天，他又改变了主意。

9月14日，元首和他的总司令们在柏林会谈时，雷德尔和哈尔德二人都记下了关于会议情况的秘密记录。[25] 会议开始以前，海军元帅设法递给希特勒一份备忘录，陈述海军的意见认为

> 目前空中形势并没有为执行［海狮］计划提供条件，因为风险仍然太大。

在会议开始的时候，这个纳粹统帅表现出一种消极情绪，他的思想充满矛盾，无所适从。他既不愿下令发动入侵，又不愿取消入侵，因为据雷德尔在海军作战日志上所记的，“他显然计划在9月13日下令”。

他最后这次改变主意是什么原因呢？哈尔德比较详细地记录了这些原因。

> ［元首认为］成功登陆之后就接着再加以占领，将可在短时间内结

770 束战争。英国将遭受饥荒。登陆并不一定要在特定时间内进行……但是进行长时间的战争是不可取的。我们已经完成了我们所需要的一切。

希特勒说，英国对俄国和美国的希望没有实现。俄国不准备为英国流血。美国的重整军备工作要到1945年才能充分产生效果。至于目前，“最快的解决办法是在英国登陆。海军已经完成了必要的条件。空军的行动是最值得赞扬的。四五天的好天气将取得决定性的结果……我们使英国屈服的可能性很大”。

那么问题在哪里呢？为什么还要迟疑而不发动入侵呢？希特勒承认，困难在于：

敌人不断得到恢复……敌人的战斗机还没有完全被消灭。我们自己关于成功的报告并不能给出一种完全可靠的前景，虽然敌人已遭受重创。

接着，希特勒说，总的说来，“尽管我们取得了这一切成就，**但是进行‘海狮计划’的必要条件还没有实现**”（着重体是哈尔德用的）。

希特勒把他的考虑总结为：

1. 登陆成功就意味着胜利，但是要做到这一点，我们必须取得空中的完全优势。

2. 恶劣的天气至今使我们未能获得空中的完全优势。

3. 所有其他的因素都是良好的。

因此决定：还不放弃这个计划。

在做出这种消极的结论以后，希特勒于是就对空军抱起奢望幻想来，以为它仍然可能取得可望而不可即的胜利。他说：“空袭到目前为止产生了巨大的效果，虽然这种效果主要或许是在心理方面。即使空中的胜利只保持10天或12天以内，英国也可能会处于大规模歇斯底里状态。”

为了使这个希望得以实现，空军的耶顺内克请求准许轰炸伦敦的住宅区，他说，由于这些区域没有受到轰炸，伦敦没有“大规模恐怖情绪”的迹象。雷德尔海军元帅积极地支持进行一些恐怖轰炸。但是希特勒认为集中轰炸军事目标更为重要。他说：“为了造成大规模的恐怖情绪而进行的轰炸必须留在最后进行。”

雷德尔之所以热衷于恐怖轰炸，看来主要是由于他对登陆不热心。他现在再次发言，强调登陆具有“巨大危险”。他指出，在9月24日到27日计划登陆的日期以前，空中的形势很难有所改善；因此必须放弃登陆，“直 771
到10月8日或24日为止”。

但是这实际上是根本取消入侵，希特勒是知道这一点的，因此他决定把他关于登陆的决定仅推迟到9月17日——三天以后——做出，以便仍有可能在9月27日进行登陆。如果到那时仍然不行，他将考虑10月的日子。于是最高统帅部发布了一项指令。

绝　密

柏林

1940年9月14日

……元首已决定：

“海狮计划”再次延期开始。9月17日以后将发出新命令。一切准备工作应继续进行。

对伦敦的空袭应继续进行，空袭的目标将扩大到军事和其他重要设备（例如火车站）。

对纯粹住宅区的恐怖空袭，保留作为施加压力的最后手段。[26]

希特勒虽然这样把入侵的决定推迟了三天，但是并没有放弃入侵。这样给德国空军多几天时间来消灭皇家空军和瓦解伦敦的士气，接着便可进行登陆，这将带来最后的胜利。因此，一切仍旧取决于戈林所吹嘘的空军。事实上，空军将在第二天做出它最大的努力。

然而海军对空军的看法愈来愈坏了。在柏林召开决定性会议的那天晚上，德国海军作战参谋部报告，英国皇家空军猛烈地轰炸了各个准备发动入侵的港口，从安特卫普到布洛涅。

……在安特卫普……运输船只遭到很大的损失，在港内的五艘运输轮遭受重创；一艘驳船沉没，两架起重机被破坏，一列军用火车被炸毁，几处仓库着火。

第二天晚上，情况更糟。海军报告：“敌人强大的空军袭击了从勒阿弗尔到安特卫普的整个沿海地区。”海军发出了紧急求救信号，要求派更多的高射炮来保护准备发动入侵的港口。海军作战参谋部9月17日报告：

英国皇家空军仍然丝毫未被击败，相反地，他们加强了攻击海峡
772 各港口和扰乱军事集结的活动。*[27]

那天晚上是满月，进行夜袭的英国轰炸机充分地利用了这月明之夜。德国海军作战参谋部报告船只遭到“很大损失”，因为这些船只当时拥塞在准备入侵的港口里。在敦刻尔克，有84艘驳船被击沉或受到损害；又据海军报告，从瑟堡到登海尔德，传来令人沮丧的消息：一个500吨的军火库被炸毁，一所军粮仓库被焚毁，各种轮船和鱼雷艇被炸沉，人员也遭到不少伤亡。海军作战参谋部报告，由于这种猛烈的轰炸，再加上海峡那边的大炮的轰击，有必要疏散已经集中在海峡的军舰和运输船只以及停止进一步把船只调到准备入侵的港口。

［海军作战参谋部说］否则，在敌人采取有力行动时，我们将遭到重大的伤亡，从而使按原定规模执行登陆在任何情况下都很成问题。[28]

---

* 据一个德国权威人士说，9月16日，皇家空军的轰炸机空袭了进行大规模入侵演习的部队，使人员和登陆舰只遭受惨重的损失。这造成在德国以及欧洲大陆其他地方流传许多这样的消息：德国人确已试图登陆，但是被英国人打退了（见格奥尔格·W. 孚希特：《空战》［*Geschichte des Luftkriegs*］，第176页）。我于9月16日晚上在瑞士日内瓦就听到了这样一个“消息”，当时我正在那里度几天假。9月18日和19日，我看见两长列救护火车，在柏林郊区抬下许多伤兵。从包扎的情况来看，我断定这些伤大部分是烧伤。因为在地面上已经有三个月没有战斗了。

9月21日，德国海军的秘密文件记载，21艘运输船和24艘驳船遭到损失或损坏，这个数字约占为了入侵而集结的船只总数的12%（《海军事务元首会议记录》［*Führer Conferences on Naval Affairs*］，第102页）。

事实上事情已经到了这种地步了。

在德国海军作战日志里，9月17日简明地记着这样一段：

> 敌人的空军仍然一点也没有被打败。它的活动反而增加了。从天气的总的情况来看，我们不能指望会有一个平静的时期……**因此元首决定无限期地推迟“海狮”**。[29]

着重体是海军用的。

阿道夫·希特勒在经过那么多年的辉煌成功以后，终于遇到了失败。在这以后的近一个月时间中，他一直佯称仍有可能在秋天进行入侵，但这不过是为自己壮胆而已。9月19日，元首正式下令停止继续集结入侵的舰只，并疏散已在港内的船只，“以使船只遭受敌人空袭的损失减少到最低限度”。

但是，甚至要维持一个分散的舰队，要维持为了现在已无限期延迟的入侵而集结起来准备横渡海峡的所有军队、大炮、坦克和给养，都已不可能了。哈尔德在9月28日的日记中惊呼：“把‘海狮’继续拖下去，这种情 773
况是令人难以忍受的。”10月4日，齐亚诺和墨索里尼在布伦纳隘口同元首会晤时，这位意大利外交大臣在日记里写道：“这次没有再谈到在不列颠群岛登陆的问题。”希特勒遭受这种挫折，使他的伙伴墨索里尼产生了好久以来没有过的那种愉快心情。齐亚诺还记道：“我很少见到领袖像今天在布伦纳隘口这样高兴……”[30]

海军和陆军已经在促使元首决定完全放弃“海狮”。陆军参谋总部向他指出，把军队留在海峡“遭受英国空军不断的袭击会造成连续的伤亡”。

终于在10月12日，纳粹统帅正式承认失败，取消入侵，到来年春天再说。他发了一个正式指令。

绝　密

元首大本营

1940年10月12日

元首已经决定，从现在起直到明年春天，“海狮”准备工作应继续

> 下去，这只是为了保持对英国的政治和军事压力。
>
> 如果1941年春天或初夏重新考虑入侵，重新进行作战准备的命令以后将会发布……

陆军奉命调出它用于“海狮”的部队，“以便担任其他任务或者部署到其他战线上”。海军则奉命“采取一切措施调出人员和舰只”。但这两个军种不得暴露它们的调动情况。希特勒规定：“必须让英国人继续认为我们正准备在很长的战线上发动进攻。”[31]

到底发生了什么事情，使阿道夫·希特勒终于后退了呢?

有两件事：在空中进行的不列颠战役的不利发展以及他的念头再次转向东方，转向俄国。

不列颠战役

戈林对英国的大规模空中攻势——“鹰计划”——是在8月15日发动的，其目的在于把英国空军逐出空中，从而完成发动入侵的一个必要条件。现在已经成为帝国元帅的肥胖的戈林，对胜利毫不怀疑。7月中旬，他深信倾全力进攻能够在四天内摧毁英国战斗机在英国南部的防御，从而为入侵开辟道路。戈林对陆军总司令部说，要完全摧毁英国皇家空军则需要稍微
774 长一点的时间：二至四星期。[32] 事实上，这个勋章满胸的德国空军领袖认为单靠空军就能使英国屈膝，可能不需要用陆军进攻。

他拥有三支庞大的航空队可以实现这个巨大的目的：第二航空队在凯塞林元帅指挥之下，从低地国家和法国北部进行活动；第三航空队在施佩勒元帅指挥之下，基地在法国北部；第五航空队在施通普夫将军指挥之下，驻在挪威和丹麦。前两个航空队总共有战斗机929架，轰炸机875架，俯冲轰炸机316架；第五航空队小得多，拥有轰炸机123架和双引擎ME-110型战斗机34架。为了抵御这支强大的空军，英国皇家空军在8月初保卫帝国本土的力量为700至800架战斗机。

在整个7月里，德国空军对在海峡里的英国舰只和英国南部的港口进行的攻击日益频繁。这是一种试探性的行动。尽管在入侵开始以前肃清狭

隘的海峡里的英国舰只是必要的，但是这些初步空中袭击的目的在于引诱英国战斗机出来作战。这个目的没有达到，英国皇家空军司令部机智地只出动了很小一部分战斗机来应战，结果舰只和一些港口遭到了很大的损失。4艘驱逐舰和18艘商船被击沉，但是这个初步交锋使德国空军付出的代价是296架飞机被击毁，135架被击伤。皇家空军丧失了148架战斗机。

戈林在8月12日下令在第二天开始“鹰计划”。作为战斗的序幕，12日对敌人的雷达站进行了猛烈的袭击，五个雷达站被击中并受到损坏，一个雷达站被炸毁。但是德国人这时还不了解雷达对英国的防御多么重要，因此没有继续袭击这些雷达站。在13日和14日两天，德国人出动了大约1 500架飞机，主要是袭击皇家空军的战斗机机场，虽然德国人说已经“完全摧毁了”其中的五个，但是它们所受的损失实际上是微不足道的，德国空军损失了47架飞机，皇家空军损失了13架。[*]

8月15日展开了第一次大规模空战。德国人把他们所有的三个航空队中的大部分飞机都投了进去，轰炸机出动了801架次，战斗机1 149架次。从斯堪的纳维亚出动的第五航空队遇到了灾难。德国人满心以为东北沿海是一无防御的，因此派出约800架飞机对英国南部海岸进行大规模空袭，而只派100架轰炸机由34架双引擎ME-110型战斗机掩护去袭击东北沿海。但是这支队伍在飞近泰恩河畔时，意外地碰上七个中队的飓风式和喷火式机群，因此严重地受到打击。30架德国飞机（大部分是轰炸机）被击落，而对方则一无损失。这是第五航空队在不列颠战役中的末日。它从此没有重新参加这场战役。

那天德国人在英国南部比较成功，他们发动了四次大规模的袭击，有 775
一次几乎飞到伦敦。他们击中了克罗伊登的四个飞机工厂并且损坏了皇家空军五个战斗机机场。德国人总共损失了75架飞机，皇家空军损失34架。[†]按照这个比数，德国人虽然在数量上占优势，也很难希望把皇家空军逐出空中。

---

* 德国空军宣称英国飞机损失134架，自己损失34架。从那时起双方都大大地过高估计了对方所受的损失。

† 在伦敦，那天晚上官方公报宣布击落了182架德国飞机，另外还可能击毁了43架。这对一般英国人，特别是对受到压力的战斗机驾驶员的士气，起了很大的鼓舞作用。

戈林这时犯了他的两个战术错误中的第一个。英国战斗机司令部派飞机同处于极大优势的攻击力量作战，靠的是机智地运用雷达。德国飞机刚从西欧的一些基地起飞，它们的影子便在英国雷达的荧光屏上显示出来。它们的航程被精确地划出来后，英国战斗机司令部完全知道在什么地点和在什么时候迎战最为有利。这是战争中的新发明，它使德国人感到迷惑，因为在发展和运用这种电子装置方面，德国人远远落后于英国人。

> ［德国著名战斗机驾驶员阿道夫·加兰后来作证说］我们意识到皇家空军战斗机中队一定受地面某种新装置的控制，因为我们听到指挥喷火式和飓风式飞机同德国机队作战的命令是非常熟练和准确的……这种雷达和对战斗机的控制使我们感到意外，而且是非常惨痛的意外。[33]

但是在8月12日使英国雷达站遭到巨大损失的攻击并没有继续进行下去，8月15日戈林受到第一次挫折后，便完全放弃了这种攻击。他说："继续攻击雷达站是否还有任何意义是有疑问的，因为受到攻击的雷达站迄今为止没有一个失去作用。"

成功地保卫了英国南部上空的第二个关键是扇形站。这是地下神经中心，这个中心根据从雷达、从地面观察站和从空中的驾驶员获得的最新情报，用无线电话指导飓风式和喷火式飞机作战。正如加兰指出的那样，德国人能够听到扇形站和天上的驾驶员之间经常进行的无线电谈话，并且终于开始认识到这些地面控制中心的重要性。8月24日，他们便改变战术，去摧毁这种扇形站，其中七个扇形站设在伦敦四周各机场，它们对于保护英国南部和首都本身是十分重要的。这个战术的改变对英国空中防御的关键是一个打击。

直到那天为止，战斗看来对德国空军不利。8月17日，德国空军损失
776 了71架飞机，皇家空军则损失了27架。曾在波兰和在西线为陆军的胜利铺平道路的缓慢的施图卡式俯冲轰炸机，受到英国战斗机的打击时毫无招架之功。8月17日，戈林把它们撤出了战斗，这样便使德国轰炸机的力量削减了三分之一。8月19日到23日，由于天气恶劣，空战停止了五天。戈林

于19日在柏林附近的乡村别墅卡琳宫回顾了局势后命令，等天气一好，德国空军立即集中力量专门攻击英国皇家空军。

他说："我们在对英国的空战中已经进入了决定性的时期。最重要的任务是击败敌人的空军。我们的第一个目标是摧毁敌人的战斗机。"[34]

为了完成这个目标，德国人从8月24日到9月6日每天平均派出1 000多架飞机。帝国元帅这一回是正确的。不列颠战役已经进入了决定性阶段。皇家空军驾驶员一个月来每天要出动好几次，已经很疲劳了。他们虽然进行了英勇的战斗，但是德国方面在数量上的优势开始发挥效力。英国南部的五个前进战斗机场遭到了巨大破坏，更糟的是，七个关键性的扇形站有六个受到十分猛烈的轰炸，整个通讯系统似乎已处于被摧毁的边缘。这使英国面临灾难的威胁。

最糟糕的是，皇家空军战斗机防御力量开始变弱了。在8月23日到9月6日这关键性的两周中，英国被摧毁或受重伤的战斗机有466架，虽然他们当时并不知道德国空军损失较少：损失385架，其中214架为战斗机，138架为轰炸机。而且，皇家空军有103名驾驶员被打死，128名受重伤——为当时全部驾驶员的四分之一。

正如丘吉尔后来所写的那样，"局势已对空军司令部不利……人们感到十分焦虑"。这种情况如果再继续几个星期，英国在天空中就没有有组织的防御力量了。入侵几乎肯定是会成功的。

但是接着戈林又突然犯了他的第二个战术错误，这一错误的后果可与希特勒在5月24日停止用坦克进攻敦刻尔克相比。它拯救了被打得晕头转向的皇家空军，并且标志着历史上第一次大空战的一个重大转折点。

在英国战斗机防御力量在空中和地面遭受了它无法长期支持的损失的情况下，德国空军9月7日转而大规模夜袭伦敦。皇家空军的战斗机因此而缓了一口气。

这种战术上的改变对野心勃勃的希特勒和戈林肯定会有非常致命的后果。德国阵营里到底发生了什么事情才使战术做这样的改变呢？答案是十分具有讽刺意味的。

首先，有12名德国轰炸机驾驶员在8月23日晚上飞行时航向有一点错误。他们原来奉令对伦敦郊外的飞机工厂和油库投弹，却没有击中目标，而

777 把炸弹投到首都中心，炸毁了一些住房，炸死了若干平民。英国人认为这是有意的，为了报复，第二天晚上他们轰炸了柏林。

轰炸本身没有什么了不起。那天晚上柏林上空笼罩着密云，派出的81架皇家空军轰炸机只有大约半数找到了目标。物质损失是微不足道的。但是这对德国士气的影响极大。**因为柏林受到飞机轰炸还是第一次。**

> 柏林人惊得目瞪口呆［第二天，8月26日，我在日记上写道］。他们没有想到竟会发生这种事。当这次战争开始时，戈林曾向他们保证不可能发生这种事……他们相信了他。因此，他们今天感到的失望程度就更大了。你看看他们面部的表情就能衡量出这一点来。

保卫柏林的有里外两层高射炮。当飞临的轰炸机在云层（它使数以百计的探照灯搜寻不到轰炸机）上嗡嗡飞行三小时的时候，高射炮火之猛烈是我前所未见的，但是连一架飞机也没有打下来。英国人还扔下一些传单说："希特勒发动的这场战争将继续下去，希特勒要打多久就打多久。"这是很好的宣传，但是炸弹的爆炸声是更好的宣传。

第一次轰炸之后，德国地面部队在柏林动物园安设高射炮塔。

8月28日的夜间，英国皇家空军派了更多的飞机袭击柏林，我在日记上写道："**第一次在德国的首都打死了德国人。**"官方统计数字说炸死了10人，炸伤了29人。纳粹的要人大为震怒。在第一次袭击时，戈培尔曾命令报纸只用几行字报道空袭消息，现在则指示就英国飞行员"野蛮地"袭击柏林手无寸铁的妇孺大肆宣传。首都的大部分报纸都用同样的标题：《怯懦的英国袭击》。过了两个晚上，在第三次空袭之后，标题则为：《柏林上空的英国空中强盗！》。

> ［9月1日，我在日记里写道］一星期来英国连续不断地进行夜间轰炸的主要作用，是在人民中引起普遍幻灭的情绪和在他们心里播下怀疑的种子……实际上轰炸并不很厉害。

9月1日是战争开始的一周年。除了人们由于睡眠不足和由于出乎意料的轰炸和可怕的高射炮响声的惊扰而神经受到损伤以外，我还记载了人们的情绪。

> 德国军队在今年取得了甚至在这个侵略成性的军国主义国家的辉煌军事史上也无与伦比的胜利。然而战争并没有过去，也没有打赢。人民的思想今天就集中在这个方面。他们渴望和平。他们希望在冬季来到以前获得和平。 778

9月4日，冬赈运动在体育馆开幕这天，希特勒认为有必要向人民发表讲话。他要出席这件事一直保密到最后一分钟，这显然是担心敌人的飞机可能利用云层进行轰炸以破坏这次集会，虽然集会是在下午天黑以前一小时举行的。

我很少看见这个纳粹独裁者有这一次那样喜欢冷嘲热讽，或者那样喜欢说德国人民所认为的幽默话，虽然希特勒基本上是一个毫不幽默的人。他称丘吉尔是"那个著名的战地记者"。他说，像"达夫·库珀这样的人在普通的德文里是找不到字来形容的。只有巴伐利亚人有一个词可以恰当地描写这一类人，这就是Krampfhenne"，这个词可以译为"一只神经质的老母鸡"。

> ［他说］丘吉尔先生或者艾登先生的胡言乱语——为了尊老，这里且不谈张伯伦先生——对德国人民来说不起任何作用。这种胡言乱语充其量不过使他们发笑而已。

于是希特勒继续使他的听众——大部分是女护士和社会工作者——发笑，随后是歇斯底里的鼓掌。他需要答复德国人民心中想得最多的两个问题：什么时候进攻英国？对于柏林和德国其他城市遭到的夜袭将采取什么行动？关于第一个问题：

> 在英国，人们充满了好奇心，他们一直在问："他为什么不来？"别着急，别着急。他就来了！他就来了！

他的听众觉得这句俏皮话很好笑，但是他们也相信这是毫不含糊的保证。至于轰炸问题，他首先捏造了典型的谎言，最后进行了可怕的威胁：

> 现在……丘吉尔先生正在显示他想出的新主意——夜间空袭。丘吉尔先生进行这些空袭，并不是因为这些空袭很有效，而是因为他的空军不能够在白天飞临德国上空……但是德国飞机则每天都飞临英国领土上空……英国人看见一点亮光就扔下炸弹……扔在住宅区、农场和乡村里。

接着进行了威胁。

> 我三个月没有回击，因为我认为这种疯狂行动会停止的。丘吉尔先生却把这一点当作示弱。现在我们要以夜袭来回答夜袭。
>
> 当英国空军扔下2 000、3 000或者4 000公斤炸弹时，我们将在一
> 779 夜间扔下15万、23万、30万或者40万公斤炸弹。

根据我的日记记录，希特勒说到这里时不得不停下来，因为德国妇女听众歇斯底里地鼓掌。

希特勒继续说:“当他们说他们将加强对我们城市的袭击的时候，我们将把他们的一些城市**夷为**平地。”这时，我记录说，那些年轻妇女忘乎所以，狂热鼓掌。在她们恢复平静后，他又说:“我们将制止这些夜间空中强盗的行径，愿上帝帮助我们！”

我还记录说，在听到这话时，“年轻的德国妇女跳了起来，挺起胸部，高喊她们赞成”！

希特勒最后说:“总有一天，我们两个国家中有一个会求饶，但这绝不会是民族社会主义的德国！”我最后记录说，这时“疯了似的妇女们才从狂喊乱叫转为齐声高喊‘绝不是！绝不是！’”

齐亚诺数小时后在罗马听到录音广播，他承认自己感到迷惑不解。他的结论:“希特勒一定是神经过敏了。”[35]

德国空军在白天对皇家空军进行攻击甚为顺利，如今改为大规模夜袭伦敦，希特勒之所以做出这个有致命后果的决定，他的神经过敏是一个因素。这既是一个军事决定，也是一个政治决定，做出这一决定的一部分原因，是为了对柏林以及德国其他城市遭受的轰炸（这同德国空军对英国一些城市的轰炸比较起来犹如小巫见大巫）进行报复，并且用**夷平**英国首都的办法来摧毁英国人进行抵抗的意志。如果此举成功的话，可能就不需要进攻英国了，而希特勒和戈培尔毫不怀疑此举是会成功的。

因此，在9月7日傍晚，对伦敦的大规模空袭开始了。正如前面所说，* 德国人投入了625架轰炸机和648架战斗机。那天是星期六，下午5点左右，第一批320架轰炸机在德国所有战斗机的保护下，飞到泰晤士河上空，并始向伍利奇兵工厂、各个煤气厂、发电厂、仓库以及几英里长的码头扔下炸弹。这一片广大地区立即成为火海。银城的居民被火包围了，不得不从水路把他们撤出来。天黑以后，在8点10分，第二批250架轰炸机再次进行袭击，接着一批又一批的飞机不断前来轰炸，一直进行到星期天凌晨4点30分。第二天晚上7点30分又来了200架轰炸机，继续炸了一整夜。据英国官方的历史学家说，在最初这两天夜里约有842人死亡和2 347人受伤，这座大城市遭到了巨大的破坏。[36]在接下来的整整一个星期中，天天晚

---

* 见本书原文第769页。

上都遭到空袭。*

接着，德国空军在胜利（或者说它自认为的胜利）的鼓舞下，决定在白天对这个疮痍满目、大火焚烧的首都进行大规模空袭。这便导致了9月
780 15日（星期天）的这次战争中的一场决斗性的战斗。

这天大约中午时分，200架左右的德国轰炸机在三倍的战斗机掩护下在海峡上空出现，飞向伦敦。英国战斗机司令部在雷达荧光屏上注视着进攻者的聚集，并且做好了准备。德国人在逼近英国首都以前就遭到拦截，虽然有几架飞机穿过去了，但是很多飞机被驱散，另外一些还没有把炸弹扔下就被击落。两小时后，一支甚至更为强大的德国机队来了，也被打得落花流水。尽管英国人宣称击落了185架德国空军的飞机，战后从柏林档案中获悉的实际数字却要小得多——56架，但是其中有34架是轰炸机。英国皇家空军仅损失了26架飞机。

这一天的战斗表明，德国空军至少在当时还不能成功地在白天对英国进行大规模的空袭，因为它停止袭击英国战斗机而改为空袭伦敦已使英国战斗机有了一个星期的时间来恢复元气。情况既然如此，要进行有效登陆的前景自然就暗淡了，因此，9月15日这一天是不列颠战役的一个转折点，正如丘吉尔后来所断定的，是不列颠战役的“关键”。戈林在第二天下令改变战术，规定白天使用轰炸机不再是为了进行轰炸，而只是用它们来作英国战斗机的诱饵。他吹嘘说，敌人的战斗机“应当在四五天内被消灭”。[37]但是希特勒以及陆军和海军的司令们比他知道得更清楚。在决定性的空战之后两天，即9月17日，正如我们前面已经指出的，元首把“海狮计划”无限期推迟了。

伦敦从9月7日到11月3日连续57个夜晚遭到恐怖的袭击，每天平均有200架轰炸机前来轰炸，以致在丘吉尔看来（他后来如此透露），这个城市不久后肯定将成为一片废墟；同时英国其他大部分城市，尤其是考文垂，在整个秋天和冬天也要遭到巨大而残酷的破坏。尽管如此，英国的士气并没有瓦解，军火的生产也没有下降，而希特勒曾十分自信地认为一定会如此。情况恰恰相反。作为德国轰炸机首要目标之一的英国飞机工厂的产量，

* 这时，夜间的防御还没有完善，德国人的损失微不足道。

在1940年实际上仍然比德国的多，其比数为9 924架对8 070架。希特勒在英国上空损失了大量的轰炸机，它们一直没能恢复到原来的数目。事实上，德国的机密档案表明，德国空军在夏末和秋天在英国上空遭受打击之后，一直没有能够完全恢复。

德国海军首脑们一直承认，海军自从初春在挪威海面遭受严重损失以来，不能够为入侵英国提供海上的力量。没有这种力量，没有空中的优势，德国陆军要想横渡这狭小的海峡是无能为力的。战争发生以来希特勒第一次被制止住了，他的进一步征服计划遭到了挫折，而就在这时，正如我们上面已经看到的，他却肯定认为已经获得了最后的胜利。

他从来没有想到，到那时为止也从来没有别人想到，一次决定性的战役能够在空中决定胜负。或许他也没有认识到，当阴暗的冬天笼罩着欧洲的时候，少量的英国战斗机驾驶员由于阻挠了他的入侵，保全了英国，使 781
它成为一个日后从西方重新征服大陆的巨大基地。他的念头不得不转到别处，而事实上，我们在下面将要看到，他的念头已经转到别处了。

英国保全了。在将近一千年的时间内，英国都成功地用海上的力量保卫了自己。英国领袖们尽管在两次大战之间的年代做了种种蠢事，本书不乏这种记载，但他们之中终于有少数几个人及时地认识到空军已经成为20世纪中叶的决定性力量，小小的战斗机和它的驾驶员成了主要的防御盾牌。丘吉尔于8月20日在另一次难忘的总结性演说中对下院说：“在人类战争领域里，从来没有像现在这样，那么多人的生存全靠那么少的人。”他说这话的时候，空战仍在激烈进行，结局如何还不得而知。

如果入侵成功

如果纳粹德国占领了英国，那不会是一件好受的事情。缴获的德国文件使人毫不怀疑这一点。陆军总司令布劳希奇在9月9日签署了一项指令，规定“除非当地局势要求做例外规定，［英国的］所有从17岁到45岁的健全的男性居民都将被拘禁，送到大陆”。几天以后，陆军总司令部的军需总监向集合起来准备入侵的第九军团和第十六军团发出了同样的命令。在任何其他一个被征服的国家里，甚至在波兰，德国人都没有在一开头就采取这样激烈的措施。布劳希奇指令的标题是《关于英国军政府的组织和职能的命令》，并且做了很详细的规定。它的目的似乎在于保证对这个岛国进行有计划的洗劫并对它的居民进行恐怖统治。为了完成第一个目标，在7月27日建立了一个特设的“驻英经济军管处”。除了家常用物以外，一切都将立即没收。一些人要作为人质。凡是张贴德国人所不喜欢的标语者将立即被枪决，凡是在24小时以内不交出武器或无线电收发报机者将受到同样的惩处。

但是真正的恐怖行动将由希姆莱和党卫军来执行，由海德里希领导的令人害怕的德国中央保安局负责。[*] 奉派要在伦敦就地指挥其活动的人是一个党卫军上校、大学教授弗朗茨·西克斯博士。他也是一个知识分子出身的匪徒，
782 在纳粹时期，不知怎么他竟被吸引参加希姆莱的秘密警察。西克斯教授辞去了柏林大学经济系主任的职务，参加了海德里希的保安处，他在那里专门处理“科学事务”，这个“事务”的神秘的一面，戴眼镜的海因里希·希姆莱和他手下的刽子手是颇为着迷的。英国人民由于西克斯博士没有在英国出现而错过了领略他的本领的机会，但可以从他后来在俄国的所作所为看出一些来。在俄国，他在党卫军特别行动队里很活跃，后者是以在那里进行大规模屠杀而出名的。这位教授的专长之一就是从被俘的苏联人中查出政治委员加以杀害。[†]

据缴获的德国中央保安局的档案透露，戈林曾于8月1日叫海德里希开始工作。党卫军保安警察和保安处应

> 在军事入侵的同时开始它们的活动，以便查封在英国的许多重要反德组织和团体并对它们进行有效的斗争。

希特勒在9月17日无限期推迟入侵，具有讽刺意味的是，西克斯教授就在这一天被海德里希正式委任他在英国的新职位。海德里希对他说：

---

* 前面已经谈过，德国中央保安局在1939年控制了秘密警察、刑事警察和保安处。

† 西克斯博士1948年在纽伦堡作为战犯被判20年徒刑，但于1952年获释。

> 你的任务在于用必要的手段，同一切能够在英国查到的反德组织、机构和反对团体进行斗争，以防止所有可以得到的物资被运走，并集中和保护这些物资，以供将来使用。我指定伦敦为你的总部所在地……我授权你在英国其他地方设立小型的特别行动队，如果局势要求这样和有此必要的话。

实际上，海德里希在8月间就已经为英国建立了六个特别行动队，由设在伦敦、布里斯托尔、伯明翰、利物浦、曼彻斯特和爱丁堡（如果发现福斯桥被炸掉的话，则设在格拉斯哥）的总部指挥它们的活动。它们将执行纳粹的恐怖政策；在开始时，它们要逮捕所有在“英国特别搜查名单”上的人，这个名单是希姆莱的另一个年轻聪明的大学毕业生瓦尔特·舍伦贝格在5月间匆匆忙忙、漫不经心地编制出来的，舍伦贝格当时是德国中央保安局第四局E处（反间谍处）的处长。这是舍伦贝格后来说的，虽然当时他主要是在葡萄牙的里斯本忙于进行绑架温莎公爵的离奇使命。

这个“英国特别搜查名单”是和其他更为有趣的“入侵”文件一起在希姆莱的文件中发现的，当然，本来是没想到会让人们发现的。名单上罗列了大约2 300名英国的知名人士，德国的秘密警察认为立即监禁他们是 783
重要的，他们不全是英国人。丘吉尔自然列在名单上，还有内阁成员和所有党派的著名政治家。名单上有报纸的著名主编、发行人和记者，其中包括《泰晤士报》前驻柏林的两位记者诺曼·埃巴特和道格拉斯·里德，他们发的消息曾使纳粹不快。英国的一些作家受到特别的注意。突出的是没有萧伯纳的名字，但是有H. G. 威尔斯，其他作家有弗吉尼亚·伍尔夫、E. M. 福斯特、阿道斯·赫胥黎、J. B. 普里斯特利、斯蒂芬·斯彭德、C. P. 斯诺、诺埃尔·科沃德、丽贝卡·韦斯特、菲利普·吉布斯爵士和诺曼·安吉尔。也没有放过学者，他们当中有吉尔伯特·莫里、伯特兰·罗素、哈罗德·拉斯基、比阿特丽斯·韦布和J. B. S. 霍尔丹。

德国秘密警察还打算在英国搜捕外国和德国的流亡者。在它的名单上有帕德雷夫斯基、弗洛伊德*和哈伊姆·魏茨曼，还有捷克斯洛伐克流亡政

---

* 这位著名的精神分析学家已于1939年死于伦敦。

府的总统贝奈斯和外交部长扬·马萨里克。在许多德国难民中，有两个过去是希特勒的私友、后来又反对他的人，他们是赫尔曼·劳施宁和恩斯特·汉夫施丹格尔。名单上的许多英国人的名字拼得乱七八糟，以致几乎分辨不出他们是谁，有时还附有奇怪的说明，例如，博纳姆·卡特夫人被写成卡特-博纳姆夫人，说明中不仅写有“婚前姓名维奥莱特·阿斯奎思”，而且称她为“主张包围德国的女政客”。每个名字后面都标着R. S. H. A.（德国中央保安局）字样，意思是由它来处理此人。丘吉尔则由第六处（外国情报处）处理，不过大部分人却将交给第四处（秘密警察）处理。*

这个纳粹黑名单实际上是一本称作《情报稿》的被认为是绝密手册的附录，舍伦贝格说这个《情报稿》也是他写的，其目的似乎在于帮助征服者洗劫英国并且消灭那里的一切反德组织。它甚至比搜查名单还要有趣。在开列的许多危险的组织中，除了德国中央保安局“特别注意”的共济会会所和犹太人的各种组织以外，还有“公共学校”（在英国就是私立学校）、被称为“英帝国政策的得力工具”的英国教会以及童子军，它称童子军是“为英国谍报局提供消息的极好来源”。童子军的受人尊敬的领袖和创始人贝登堡勋爵则要立即予以逮捕。

如果德国人果真入侵的话，也不会得到英国人的客气对待。丘吉尔后
784 来承认，他那时常常在想，不知会发生什么情况。不过下面这种情况，他确信是会发生的：

> 双方都将进行残酷和大规模的屠杀。不会有仁慈或宽大。他们会采取恐怖手段，我们也准备采取一切极端措施。[38]

他没有具体说明采取什么样的极端措施，但是彼得·弗莱明在他写的关于“海狮”的书中谈到了其中之一。他说，英国人曾决定，如果所有其

---

* 若干美国人也被列入逮捕的名单，包括伯纳德·巴鲁克、约翰·根室、保罗·罗伯逊、路易·菲舍尔、丹尼尔·德·鲁斯（他是美联社记者，名单上把他写成“丹尼尔·德·鲁斯——美国记者”，列在字母D栏内）和M. W. 福多尔。福多尔是芝加哥《每日新闻》记者，以写反对纳粹的文章而出名。

他常规的防御方法都失败了，则准备用飞机低空飞行，施放糜烂性的芥子毒气来攻击德国人的滩头阵地，作为最后一着。这是一个痛苦的决定，最高当局做这个决定时不是不感到内疚的；而且正如弗莱明所说，这个决定“在当时和以后都一直保密”。[39]

丘吉尔所考虑的这种屠杀以及德国秘密警察计划进行的这种恐怖活动，在当时当地都没有发生——至于原因，我们已经在这一章里叙述了。然而不到一年之后，在欧洲的另一部分，德国人就要在空前的规模上放手进行这种恐怖活动了。

甚至在放弃入侵英国以前，阿道夫·希特勒就已经做出一项决定。他将在来年春天转而进攻俄国。

附记：纳粹绑架温莎公爵夫妇的阴谋

纳粹阴谋绑架温莎公爵夫妇，并且劝诱这位前英王同希特勒合作，以便与英国请和，这段故事虽很有趣，但没有什么重要性，不过通过它可以看到第三帝国的统治者在他们获得巨大胜利的那年夏天的荒唐可笑的一面。缴获的德国外交部文件[40]详细说明了这个想入非非的计划的制订过程，被派执行这一计划的年轻的党卫军保安处领导人瓦尔特·舍伦贝格，在回忆录[41]中也谈到这件事。

里宾特洛甫曾告诉舍伦贝格，这是希特勒的主意。这位纳粹外交部长十分热情地接受了这个计划，他的极端无知往往驱使他抱有这种热情。同时，德国外交部和它驻西班牙和葡萄牙的外交代表们在1940年关键性的夏天也不得不为这个计划浪费了大量时间。

1940年6月法国沦陷之后，作为英国驻法国陆军最高司令部的军事代表团成员的这位公爵，偕同夫人前往西班牙，以免被德国人所俘。德国驻马德里大使、职业外交家埃伯哈德·冯·施托雷尔6月23日打电报到柏林说：

> 关于如何对待即将于今天到达马德里的温莎公爵夫妇，西班牙外

> 交部长征求我们的意见，公爵夫妇显然是取道里斯本前往英国的。外
> 785 交部长认为，我们或许可能对于把公爵扣留在这里并可能和他建立接触一事感兴趣。请回电指示。

第二天里宾特洛甫回电做了指示。他建议把温莎夫妇“在西班牙扣留两个星期”，但是警告说，一定不要流露出“建议系来自德国”。第二天，6月25日，施托雷尔回答说：“［西班牙］外交部长答应我尽一切可能把温莎扣留在这里一些时候。”外交部长胡安·贝格韦德尔–阿蒂恩萨上校会见了公爵，并把会见的情况告诉了德国大使。大使于7月2日用“绝密”电报向柏林汇报说，除非承认公爵夫人为王室的成员和给予公爵本人一个重要的地位，温莎将不返回英国。他将在佛朗哥政府答应给他的一所古堡中住下来。

> ［大使又说］温莎曾向外交部长以及其他熟人表示，他反对丘吉尔，反对战争。

7月初，温莎夫妇前往里斯本。德国驻里斯本公使在7月11日向里宾特洛甫报告说，公爵已被任命为巴哈马总督，但是“打算尽可能长地推迟动身时间……希望局势会有对他有利的转变”。

> ［公使又说］他深信，如果他仍然是国王的话，战争本来是会避免的，他称自己是坚决支持同德国媾和的人。公爵肯定地认为，继续猛烈地轰炸将使英国愿意媾和。

这个情报促使狂妄自大的德国外长在富施尔从他的专车发出一封标有“特急、绝密”字样的电报给德国驻马德里大使馆，这是在同一天即7月11日深夜发出的。他希望把公爵送回西班牙，最好由他的西班牙朋友送回，以阻止他前往巴哈马。里宾特洛甫说：“在公爵和他的夫人回到西班牙之后，必须劝说或者强迫他们留在西班牙领土上。”如果必要的话，西班牙可以把他当作英国军官“拘禁”起来，并且把他“作为逃亡军人”对待。

> ［里宾特洛甫进一步说］在适当时机必须告诉公爵，德国是希望同英国人民媾和的，但遭到丘吉尔集团的阻挠。如果公爵本人为局势的进一步发展做好准备，那将是一件好事。德国决心用各种办法迫使英国媾和，如果这样的情况发生的话，德国准备满足公爵所表示的任何希望，特别是使公爵和夫人来担任英国国王和王后。如果公爵另有打算，但又愿意为建立德国和英国之间的良好关系而合作，我们也同样 786
> 准备保证他和他的夫人有一笔生活费，使他能够……过和国王身份相称的生活。*

这个愚昧无知的纳粹部长当德国驻伦敦大使的经验并没有使他对英国人有什么了解。他又说，他已得到情报，“英国特务机关”将在公爵一到巴哈马之后就“干掉”他。

第二天，7月12日，德国驻马德里大使会晤了西班牙内政部长、佛朗哥的姻兄弟拉蒙·塞拉诺·苏涅尔，这个部长答应把佛朗哥也拉进这一阴谋并执行下述的计划：西班牙政府将派公爵的老友、马德里长枪党的领袖、前西班牙一个独裁者的儿子米格尔·普里莫·德·里韦拉前往里斯本。里韦拉将邀请公爵到西班牙来打猎并同政府商谈关于英国–西班牙的关系问题。届时苏涅尔将把英国特务阴谋杀害他的消息告诉公爵。

> ［德国大使向柏林报告说］这位部长随后还将邀请公爵和夫人接受西班牙的接待，可能还有经济上的帮助。也可能用其他的办法不让公爵离开。在这整个计划中，我们将一直完全隐蔽在幕后。

据德国文件说，里韦拉于7月16日第一次访问温莎夫妇之后，从里斯本回到了马德里。他给西班牙外交部长带来一个消息，外交部长把它转给德国大使，大使立即发往柏林。这个消息说，丘吉尔在一封“非常冷淡和毫无商量余地的信件里”任命公爵为巴哈马的总督，并命令他立即前去就职。如果他不去，“丘吉尔曾以交军事法庭审判威胁温莎”。这个消息还说，

---

* 里宾特洛甫对舍伦贝格说，在瑞士储存了5 000万瑞士法郎，又说，“元首准备出更大的数目”。

1937年10月，温莎公爵夫妇访问德国，无视英国政府的建议，在上萨尔茨山会见了希特勒。

西班牙政府同意“再一次紧急警告公爵不要去就职”。

7月22日，里韦拉第二次访问里斯本后归来。第二天德国大使及时用“特急、绝密”电把他发现的情况汇报给里宾特洛甫。

> 他曾同温莎公爵做了两次长谈；最后一次谈话时，公爵夫人也在座。公爵毫无拘束地表示了自己的意见……在政治上，他同英王和目前的政府愈来愈远了。公爵和夫人并不畏惧十分愚蠢的国王，而是害
> 787 怕精明的王后，她巧妙地施计反对公爵，特别是反对公爵夫人。
>
> 公爵正在考虑发表一项公开声明……反对目前的英国政策并与他的兄弟决裂……公爵和夫人说，他们很希望回西班牙。

电报又说，为了便于此事的进行，大使已和苏涅尔做好安排，派遣另一名西班牙使者前往葡萄牙“劝说公爵离开里斯本，假装乘汽车做长途旅行，然后在安排好的地点越境，那里的西班牙秘密警察一定会设法使他们安全越过边境”。

两天后，大使又用“特急、绝密”的电报把来自里韦拉的进一步消息报告给里宾特洛甫。

> 他劝告公爵不要去巴哈马，而是返回西班牙，因为可能需要公爵出来在英国政策中起重大的作用，并且有可能登上英国王位，这时公

爵和夫人都显然感到惊讶。两人……回答说，根据英国的宪法，在逊位以后是不可能再即位的。于是密使表示，他预料战争的发展可能甚至改变英国的宪法。公爵夫人这时就沉思起来。

德国大使在这份电报中提醒里宾特洛甫说，里韦拉不知道“德国在这个事件里有任何利害关系”。这个年轻的西班牙人显然相信他是在为他自己的政府效劳。

到了7月的最后一个星期，纳粹绑架温莎夫妇的计划已经拟妥。希特勒亲自委派瓦尔特·舍伦贝格执行这个计划。他从柏林飞到马德里同那里的德国大使商谈，然后前往葡萄牙开始工作。7月26日，大使已经能够发出长篇的“最急、绝密”的电报给里宾特洛甫，叙述阴谋的梗概。

……可以假定公爵夫妇已决心返回西班牙。为了加强他们的这个决心，今天已派出第二个密使，带给公爵一封写得很巧妙的信件；信内附有周密准备的关于越境的计划。

根据这项计划，公爵和夫人将启程前往西班牙边境附近的山区，表面上说是去避暑，实际上是在打猎的过程中在特定时间内在明确指定的地点越境。由于公爵没有护照，需要把该地负责的葡萄牙边境官员收买过来。

在计划规定的时间中，第一个密使［普里莫·德·里韦拉］将与布置在适当地点的西班牙军队在边境守候，以保证安全。

舍伦贝格一行为了同一目的，将离开里斯本继续活动。 788

为此目的，在前往避暑地点的旅程中以及避暑时，应当有一个可靠的葡萄牙警察长暗中进行保护……

在预定越过边界的时刻，舍伦贝格一行应当接管边界上的葡萄牙一边的安全工作，并且要作为直接的护卫人员继续进入西班牙。这些护卫人员要时常更换，但不要引起注意。

为了整个计划的安全，［西班牙］部长选择了另一名特工人员，一名妇女，她在必要时可以同另一名特工人员进行联系，也可以在必要时向舍伦贝格提供情报。

> 同时也做了准备，使公爵夫妇能够乘飞机到达西班牙，以防万一由于英国谍报局采取的行动而发生紧急情况。如果发生这种情况，就像执行第一个计划那样，首先必须对公爵的明显的英国人心理巧妙地施加心理影响，使他愿意离开，而不要造成仓皇逃走的印象。办法是利用他对英国谍报局的不安心情和利用他在西班牙领土可以自由进行政治活动的前景。
>
> 除了在里斯本的护卫工作以外，考虑在必要时采取适当的恫吓行动，使他愿意离开。这种恫吓行动可归咎于英国谍报局。

这就是纳粹绑架温莎公爵夫妇的计划。它具有典型的德国人的愚蠢作风。德国人一向不能了解“公爵的英国人心理”，也使这项计划受到阻碍。

舍伦贝格及时地执行了这个“恫吓行动”。一天晚上，他安排人员对温莎夫妇别墅的窗户投掷石头，然后在仆人中间散布谣言，说是“英国特务机关”干的。他让人送一束花给公爵夫人，所附的一张名片上写道:“谨防英国特务机关的阴谋，一个关心你的利益的葡萄牙朋友。”他在向柏林发出的正式报告中说:“预定在7月30日晚上进行的打枪（打碎卧室窗户的一种无害的行动）没有进行，因为它对公爵夫人产生的心理影响只会加强她离开的愿望。”

时间已经不多了。舍伦贝格在7月30日报告说，公爵的一位老朋友、英国政府的重要官员沃尔特·蒙克顿爵士，已到达里斯本。他的使命显然是使公爵夫妇尽快前往巴哈马群岛。同一天，德国驻马德里大使向里宾特洛甫拍发了一份“特急、绝密”的电报说，在里斯本的一名德国情报人员刚刚告诉他，公爵夫妇计划在8月1日（即两天以后）离开。由于这种情况，他问里宾特洛甫，“我们是否应当在某种程度上从我们所处的幕后地位
789 走出来”。这位大使又说，根据德国的情报，公爵已经向他的主人葡萄牙银行家里卡多·埃斯皮里托·圣席尔瓦表示“希望同元首接触”。为什么不安排温莎和希特勒之间的会晤呢？

第二天，7月31日，大使再次向里宾特洛甫发出一封“特急、绝密”的电报，内称：据在里斯本会见温莎夫妇后刚刚回来的西班牙密使说，公爵夫妇虽然“对于英国阴谋伤害他们的消息和他们个人的安全很为关注”，

但是显然仍计划在8月1日乘船启行，不过温莎企图“隐瞒实际的启行日期”。大使又说，西班牙内政部长即将对“防止公爵夫妇的离开做最后努力”。

温莎夫妇可能很快启行的消息，使里宾特洛甫感到吃惊，他在同一天即7月31日傍晚从他在富施尔的专车上向德国驻里斯本公使发出了一封“特急、绝密”的电报。他要求通过公爵的主人、葡萄牙银行家把下列情况通知公爵：

> 德国基本上希望同英国人民媾和。丘吉尔集团堵塞了这条和平道路。在元首上次发出的要求采取理智态度的呼吁遭到拒绝之后，德国现在决心以一切力量迫使英国媾和。如果公爵使自己对事态的进一步发展做好准备，那将是一件好事情。在这种情况下，德国将愿意同公爵进行最密切的合作，并为公爵和夫人所表示的任何愿望扫清道路……如果公爵和夫人抱有其他意图，但是愿意在建立德国和英国的良好关系方面进行合作，德国同样准备同公爵进行合作，并按照公爵夫妇的愿望为他们的前途做出安排。与公爵同住的葡萄牙密使应该做最认真的努力，来阻止他明天启程，因为据我们掌握的可靠消息，丘吉尔打算在巴哈马把公爵控制起来，以便使公爵永久住在那里，而且还因为我们在适当的时候同公爵在巴哈马群岛建立接触是十分困难的……

这位德国外长的紧急电报在午夜前不久送到了驻里斯本的公使馆。德国公使在夜间会见了埃斯皮里托·圣席尔瓦先生，竭力要求他把这个消息告诉他的贵宾。这位银行家在8月1日早晨照办了。据公使馆的电报说，公爵深受感动。

> 公爵赞扬了元首的和平愿望，这种愿望同他自己的观点是完全一致的。他坚信，如果他是国王，绝不会进行战争。他欣然同意向他提出的在适当时候进行合作建立和平的要求。但是在目前，他必须遵守 790
> 他的政府的官方命令。不服从命令会过早地暴露他的意图，引起丑闻，

并使他在英国威信扫地。他还深信，目前由他出面还为时过早，因为英国还没有要同德国进行商谈的意向。但是，一俟这种情绪改变，他就准备立即回去……英国早晚会要他回来（他认为这一点是完全可能的），德国也将表示愿意同他谈判。在这两种情况下，他都准备做出个人的任何牺牲，愿意效劳，而毫不带有个人野心。

他将同他以前的主人继续通讯，并同他定好一个暗号，他在接到这个暗号后将立即回来。

公爵夫妇在8月1日晚上乘美国邮船“亚瑟王之剑号”启程了，这使德国人大吃一惊。舍伦贝格在第二天给“外长［里宾特洛甫］亲收”的长电中提出的关于他的任务失败的最后报告中说，他直到最后一刻为止，做了可能做的一切事情来阻止公爵夫妇启程。佛朗哥的一个兄弟（他是西班牙驻里斯本大使）已被说服，同意向温莎夫妇发出最后一分钟的呼吁，要求他们不要走。舍伦贝格说，装载公爵夫妇的行李的汽车被“破坏了”，因此行李很晚才送到船上。德国人散布谣言说，有人在船上放了定时炸弹。葡萄牙官员推迟了开船的时间，在船上进行了彻底搜查。

但是，公爵夫妇还是在那天晚上启程了。纳粹的阴谋失败了。舍伦贝格在向里宾特洛甫提出的最后报告中，认为这种失败应归咎于蒙克顿的影响，归咎于“西班牙计划”的失败和“公爵的心理”。

在缴获的德国外长的档案中，关于这个阴谋，还有最后一项文件。8月15日，德国驻里斯本公使打电报给柏林说：“密使刚刚收到了公爵从百慕大发来的一份电报，要求他一俟宜于采取行动就发出通知。是否应该作任何答复？”

在德国外交部的文件中没有找到答复。到8月中，希特勒决定用武力征服英国。为英国寻找一个新国王是不必要的。这个岛屿，将如其他一切被征服的领土一样，由柏林来直接治理。至少希特勒是这样想的。

德国的秘密文件所叙述的而且得到舍伦贝格补充的这个离奇的故事，就谈到这里。舍伦贝格是一个不可信的人，不过若说他在这个故事中所扮演的角色——他承认他所扮演的角色是可笑的——完全出于他的捏造，也是使人难以相信的。

在这些德国文件公布之后，公爵在1957年8月1日通过他在伦敦的律
师发表了一项声明。他在声明中指责里宾特洛甫同德国驻西班牙和葡萄牙 791
的大使的通讯“完全是捏造，一部分则大大歪曲了真相”。温莎解释说，当他于1940年在里斯本候船前往巴哈马时，“某些人”（他发现这些人是纳粹的同情者）曾做过一定的努力劝他回到西班牙，不要去担任他的总督职务。

他说：“有人甚至向我暗示，如果公爵夫人和我前往巴哈马，我们甚至可能遇到人身的危险。在任何时候，我都从未有过要照这种暗示去做的想法，我待之以它应得的轻蔑。”

英国外交部发表了一项正式声明，说公爵在战争期间对英国的忠诚从
来没有动摇过。[42] 792

注　释

1. 海军参谋部作战日记，1940年6月18日。罗纳德·惠特利著《海狮计划》第16页中加以引用。作者是英国方面负责编纂官方战争史的人之一。他不受限制地参看了缴获的德国海陆空三军的档案和外交档案。直到写该书时，联合保管这些文件的英国或美国当局都还未给予任何非官方美国作者以这样一种特权。因此，惠特利作为了解关于“海狮计划”的德国机密材料的一个向导，是非常有帮助的。

2. 海军总司令部记录。见惠特利：《海狮计划》，第26页。

3. 海军参谋部作战日记，1939年11月15日。惠特利：《海狮计划》，第4—7页。

4. 惠特利：《海狮计划》，第7—13页。

5.《海军事务元首会议记录》，第51页（1940年5月21日）；海军参谋部作战日记，同一日期，惠特利：《海狮计划》，第15页。

6. 全文，见《主要战犯的审讯》，第28卷，第301—303页（纽伦堡文件1776-PS）。不太好的英文译文载《纳粹的阴谋与侵略》，附件A，第404—406页。

7. 英国陆军部情报评论，1945年11月。舒尔曼引用过，见《西方的溃败》，第49—50页。

8. 李德·哈特：《德国将领谈话录》，第129页。

9. 摘自惠特利引用的陆军总司令部文件，见《海狮计划》，第40，152—155，158页。在后来的六个星期中，这个计划曾不断改变。

10. 雷德尔-布劳希奇会谈，见海军参谋部作战日记，7月17日，惠特利：《海狮计划》，第40页注。

11. 哈尔德日记，7月22日；《海军事务元首会议记录》，第71—73页（7月21日）。

12. 海军参谋部作战日记，7月30日，和备忘录，7月29日。惠特利：《海狮计划》，第45—46页。

13.《海军事务元首会议记录》，1940年8月1日。这是雷德尔关于会议的秘密报告。哈尔德

在7月31日的一篇长篇日记中提供了他自己的报告。

14.《德国外交政策文件汇编》，第10卷，第390—391页。另见纽伦堡文件443-PS，这个文件在《纳粹的阴谋与侵略》或《主要战犯的审讯》中都没有刊载。

15.《海军事务元首会议记录》，第81—82页（1940年8月1日）。

16. 同上，第73—75页。

17. 引自约德尔和最高统帅部文件。惠特利：《海狮计划》，第68页。

18.《海军事务元首会议记录》，第82—83页（8月13日）。

19. 两项指令，同上，第81—82页（8月16日）。

20. 同上，第85—86页。惠特利：《海狮计划》，第161—162页，提供了引自德国军事记录的关于8月旅程的细节。

21. 引自陆军总司令部档案中的布劳希奇的指示全文。惠特利：《海狮计划》，第174—182页。

22.《海军事务元首会议记录》，1940年，第88页。

23. 同上，第91—97页。

24. 同日的哈尔德日记；阿斯曼：《决定德国命运的年代》，第189—190页；最高统帅部作战日记，惠特利《海狮计划》中加以援引，第82页。

25. 雷德尔的报告，《海军事务元首会议记录》，1940年，第98—101页。哈尔德日记，9月14日。

26.《海军事务元首会议记录》，1940年，第100—101页。

27. 海军参谋部作战日记，9月17日。惠特利：《海狮计划》，第88页。

28. 同上，9月18日，惠特利援引。

29.《海军事务元首会议记录》，1940年，第101页。

30.《齐亚诺日记》，第298页。

31.《海军事务元首会议记录》，1940年，第103页。

32.《空战史学习笔记，第11卷，进攻英国的空战，1940—1941年》，冯・赫斯勒中校著，惠特利援引，第59页。两周到四周的估计是哈尔德提出的，他记于7月11日的日记中。

33. 阿道夫・加兰：《最初一个和最后一个》，第26页。另见加兰的提审记录，威尔莫特在《争夺欧洲的斗争》第44页中援引过。

34. 空军参谋总部关于戈林在这次会议上发出的指令的记录。惠特利：《海狮计划》，第73页。

35.《齐亚诺日记》，第290页。

36. 见T. H. 奥布赖恩：《民防》。这是英国官方的第二次世界大战史中的一卷，由J. R. M.巴特勒教授主编，皇家出版局出版。

37. 戈林同空军首脑举行的会议的记录，9月16日。惠特利援引，第87页。

38. 丘吉尔：《他们最美好的时刻》，第279页。

39. 彼得・弗莱明：《海狮计划》，第293页。这是一部出色的书，但是弗莱明不能看到保密文件，虽然他说他获准在惠特利的著作出版之前不久花了一两个小时把它翻阅了一遍。

40.《德国外交政策文件汇编》，第10卷。

41. 舍伦贝格：《迷宫》，第2章。

42.《纽约时报》，1957年8月1日。

第二十三章

巴巴罗萨：轮到了俄国

当希特勒在1940年夏季忙于指挥征服西方的战事时，斯大林利用他无暇他顾的机会，进入波罗的海沿岸各国并南下到巴尔干各国。

这两个大独裁国家之间的关系，在表面上一切都是友好的。在德国采取每一次新的侵略行动或进行新的征服时，代表斯大林的莫洛托夫从不放过任何机会来赞扬和奉承德国人。当德国在1940年4月9日入侵挪威和丹麦的时候，这位苏联外交人民委员立即在当天早晨对德国驻莫斯科大使冯·德·舒伦堡说："苏联政府谅解德国被迫采取的措施。"莫洛托夫说："我们祝德国在它采取的防御措施中取得完全成功。"[1]

一个月以后，当德国大使拜访莫洛托夫，把德国军队在西方进行的攻击正式通知他的时候（里宾特洛甫曾指示他的大使解释说，这种攻击"是德国被迫进行的，因为英法即将取道比利时和荷兰向鲁尔推进"），这位苏联政治家再次表示感到高兴。舒伦堡打电报给柏林说："莫洛托夫抱着谅解的精神接受了这个通知，并说他认识到，德国必须保护自己不受英法的攻击。他毫不怀疑我们会获得胜利。"[2]

6月17日，即法国要求停战的那一天，莫洛托夫约请舒伦堡到他的办公室，"表示苏联政府对德国军队的光辉胜利致以最热烈的祝贺"。

这位外交人民委员还说了一些别的话，这些话在德国人听来并不是非常令人愉快的。正如德国大使发往柏林的“特急”电报所说，他把“苏联对波罗的海沿岸各国采取的行动”通知了德国大使，并说——人们几乎可以看到莫洛托夫眼中的兴奋神情——“现在有必要结束英法企图在波罗的海沿岸各国散布德苏之间的不和与不信任而进行的一切阴谋”。[3]莫洛托夫又
793 说，为了结束这种“不和”，苏联政府已经派“特使”到这三个波罗的海国家。事实上，他们是斯大林的三个最优秀的刽子手：杰卡诺索夫被派往立陶宛，维辛斯基被派往拉脱维亚，日丹诺夫被派往爱沙尼亚。

这三个人像人们预期的那样，彻底地执行了他们的任务，特别是后面这两个人。早在6月14日，德军进入巴黎的那一天，苏联政府已经向立陶宛发出了限九小时答复的最后通牒，要求它的政府辞职，逮捕它的一些主要官员，并且要求有权愿派多少红军就派多少红军去。虽然立陶宛政府接受了这个最后通牒，莫斯科还是认为它的接受“不能令人满意”。第二天，即6月15日，苏军占领了这个国家——与德国接壤的唯一波罗的海国家。在以后的两天中，苏联向拉脱维亚和爱沙尼亚提出了同样的最后通牒，接着它们也都被红军占领了。

在这些事情上，斯大林是能够和希特勒一样残酷无情的——甚至比希特勒更加无耻。报纸受到压制，政党领袖被捕，除了共产党以外的各个政

1940年，苏联坦克开进拉脱维亚。

党都被宣布为非法。俄国人7月14日在这三国举行了“选举”，在这样“选出的”各国议会通过把它们的国家并入苏联以后，俄国的最高苏维埃（议会）就“接纳”它们到祖国来：立陶宛在8月3日被接纳，拉脱维亚在8月5日，爱沙尼亚在8月6日。

阿道夫·希特勒丢了面子。但是他由于忙于设法组织对英国的入侵工作，对此无能为力。根据里宾特洛甫的命令，三个波罗的海国家驻柏林公使抗议俄国侵略的信件被退还给他们了。为了进一步使德国人丢脸，莫洛托夫在8月11日不客气地叫他们在两周内“清理”德国驻在考纳斯、里加和塔林的公使馆，并在9月1日以前，关闭在这些波罗的海国家的领事馆。

占领波罗的海国家并没有满足斯大林的贪欲。英法军队惊人迅速的崩溃促使他尽量趁火打劫。他显然觉得，时不再来，机不可失。6月23日，即法国正式投降，在贡比涅签订停战协定的第二天，莫洛托夫再次召见纳粹驻莫斯科大使，对他说：“比萨拉比亚问题的解决刻不容缓。如果罗马尼亚政府拒绝接受和平协定，苏联政府决心使用武力。”莫洛托夫又说，苏联希望德国“不要妨碍而要支持苏联的行动”。此外，“苏联的要求也同样扩大到布科维纳”。[4]比萨拉比亚是罗马尼亚在第一次世界大战结束时从俄国手中夺去的。但是布科维纳从来不是俄国的领土，罗马尼亚1919年占领布科维纳以前，它一直处在奥地利管辖之下。当《德苏条约》在莫斯科进行谈判的时候，里宾特洛甫曾被迫把比萨拉比亚划归俄国的利益范围。他现在向希特勒提醒这一点，因为希特勒向他询问此事。但是他从来没有放弃过布科维纳。 794

柏林方面相当惊慌。这种惊慌情绪也传播到最高统帅部在西线的大本营。德军非常需要罗马尼亚的石油，德国也需要从这个巴尔干国家得到粮食和饲料。如果红军占领罗马尼亚，德国就会失去这些东西。若干时候以前，5月23日，当法兰西战役达到高潮的时候，罗马尼亚参谋总部曾向德国最高统帅部发出求援电报，通知它说，苏军正在边界集结。约德尔在第二天的日记中总括了希特勒大本营的反应。他说：“由于俄国集中部队对付比萨拉比亚，东方局势日益逼人。”

6月26日晚上，俄国向罗马尼亚发出最后通牒，要求割让比萨拉比亚和北布科维纳，并且坚持要罗马尼亚在第二天答复。里宾特洛甫在专车上慌忙向德国驻布加勒斯特公使发出指示，要他劝告罗马尼亚政府屈服。6月27日，罗马尼亚屈服了。苏军在第二天开进新获得的领土。柏林松了一口气，由于俄国并未夺取整个罗马尼亚，至少保住了丰富的石油和粮食来源。

从斯大林的行动和德国的秘密文件可以清楚看出，在德国人被牵制在西线时，斯大林虽然力求在东欧能捞到多少就捞多少，但是，他并不希望也没有打算与希特勒决裂。

6月底，丘吉尔在一封私人信件中设法告诫斯大林，德国的征服除了对英国有危险外，对俄国也有危险。[5]这位苏联独裁者没有答复；他也许像几乎所有其他人一样，认为英国已经完蛋了。因此，他向德国人透露了英国政府的打算。原来英国首相曾赶派左翼工党领袖斯塔福·克里普斯爵士到莫斯科担任新的大使，希望能在布尔什维克那里引起比较有利的反应——他后来悲哀地承认，这是一个无望的希望。7月初，斯大林接见了克里普斯，丘吉尔称这次接见是“客套的和呆板的”。7月13日，莫洛托夫根据斯大林的指示向德国大使提交了关于这次秘密谈话的书面备忘录。

这是一个很有趣的文件。它透露了苏联独裁者在冷静估计外交事务方面的严重局限性，这是任何其他文件从来没有透露过的。舒伦堡用“特急”（当然也是“机密”）电报赶紧把它发往柏林。里宾特洛甫对于电报的内容非常感激，他对苏联政府说，他“非常重视这个情报”。备忘录说，克里普斯曾力促斯大林表示他对其中这样一个主要问题的态度：

795 英国政府确信德国正力图称霸欧洲……这对于英国和苏联都是危险的。因此两国应当商定一个防御德国以自卫的共同政策，并且商定重建欧洲均势的办法……

备忘录说，斯大林的答复如下：

他看不出存在着任何一个国家称霸欧洲的危险，更看不出德国可能鲸吞欧洲的危险。斯大林曾观察了德国的政策，并且清楚了解德国的一些主要政治家。他没有发现他们有鲸吞欧洲各国的任何欲望。斯大林并不认为德国的军事胜利威胁了苏联以及它与德国的友好关

系……[6]

这种令人吃惊的自满和这种极端的无知，真使人为之咋舌。当然，这位俄国暴君并不知道希特勒心中的秘密，但是，希特勒过去的行径、他的人所共知的野心以及纳粹的意外迅速的征服，应当足以使他看到苏联现在面临的严重危险。但是，不可理解的是，这些事情并不足以使他看到这种危险。

从缴获的纳粹文件中，从参加那一年在西欧广大舞台演出的伟大戏剧的许多主要德国人物所作的证词中，可以明显看出，正当斯大林表示极度心满意足的时候，希特勒心中事实上正在打着转而扑向苏联、毁灭苏联的主意。

他的基本思想少说早在15年前就在《我的奋斗》一书中表现出来了。

[希特勒写道]因此我们民族社会主义者要接替我们在六百年以前中止了的事业，我们要停止德国向南欧和西欧的无休无止的移动，把我们的视线转向东方的土地……当我们今天谈到欧洲的新领土的时候，我们主要必须想到俄国和它周围的附庸国家，看来，命运本身希望在这里向我们指出道路……东方的这个巨大帝国解体的时候到了，犹太人在俄国的统治的终结也将是俄国作为一个国家的终结。[7]

这个思想在希特勒心中是根深蒂固的，他与斯大林缔结的协定根本没有改变他这种思想，只不过是推迟执行的时间罢了。但这也只是短暂的推迟。事实上，在这个协定缔结并被利用来毁灭波兰以后不到两个月，希特勒就指示陆军说，要把已被征服的波兰领土看作“德国未来的军事行动的集结地区”。作这个指示的日期是1939年10月18日，哈尔德在那一天的日记中记下了这一点。

五个星期以后，11月23日，当他向他的态度勉强的将领们大谈其西线进攻的问题时，他的心中绝没有忘记俄国。他说：“**只有我们在西线腾出手来的时候，才能够反对俄国。**”当时，希特勒心中很嘀咕两条战线的战争——这是一百年来德国将领最害怕的事情。他当时详细地谈了这个问题。他说他不想重犯德国历届统治者的错误。他将继续努力保证使陆军一次只 796

在一条战线上作战。

因此，法国既已沦亡，英军已被赶到海峡那边，英国即将崩溃，这时希特勒的思想再次转向俄国来，这就是很自然的事。因为他现在自认为在西线已腾出手来，因而取得了他为自己规定的“反对俄国”的一个条件。斯大林在6月间迅速占领波罗的海三国和罗马尼亚的两个省份，这一事实促使希特勒做出决定。

做出决定的时刻，现在终于可以弄清楚了。约德尔说，“基本决定”“早在西线战役期间”就做出了。[8]约德尔在最高统帅部的副手瓦尔特·瓦尔利蒙特上校记得，7月29日，约德尔在作战局参谋军官会议上宣布:“希特勒打算在1941年春进攻苏联。”约德尔说，在这次会议以前的某个时候，希特勒曾告诉凯特尔:“他打算在1940年秋对苏联发动进攻。”但是，甚至凯特尔也觉得吃不消。他使希特勒打消了这个计划，理由是，不但因为秋天天气不好，而且把大部分军队从西线调到东线来也有困难，使这种进攻无法进行。瓦尔利蒙特叙述道，到7月29日举行这次会议的时候，“打算［对俄国］发动进攻的日期已经推迟到1941年春”。[9]

我们现在从哈尔德的日记中[10]知道，仅仅在一周以前，希特勒仍然坚持可能于秋天在俄国作战，如果不进攻英国的话。7月21日，他在柏林的一次军事会议上，要布劳希奇赶紧为此进行准备。从布劳希奇对希特勒的答复中可以清楚看出，这位陆军总司令和他的参谋总部已经对这个问题做了一些考虑，但是考虑得并不充分。布劳希奇对领袖说，这次战役“将持续四周到六周”，目的将是“击败俄国军队或者至少占领足够的俄国领土，使苏联轰炸机不能够到达柏林或西里西亚工业地区，而另一方面，德国空军轰炸机却能够到达苏联境内的一切重要目标”。布劳希奇认为，德军80个师到100个师就能够完成这项任务；他估计俄国的兵力是“50到75个师”。哈尔德所记载的关于布劳希奇向他叙述的会议情况表明，希特勒因斯大林在东部夺取了一些地方而感到不快，他认为苏联独裁者“与英国勾搭”，鼓励英国坚持下去，但是他认为没有迹象表明俄国准备参加对德国的战争。

1940年7月最后一天在伯格霍夫举行的另一次会议上，入侵英国的前景的消失促使希特勒第一次向他的陆军首脑们宣布他关于俄国的决定。哈

尔德本人出席了这次会议，他用速记确切地记下了希特勒所说的话。[11] 这个 797
记录不仅表明希特勒已确定在第二年春天进攻俄国，而且还表明他已经在心中想好了主要战略目的。

> ［希特勒说］英国的希望在于俄国和美国。如果对俄国的希望破灭，那么对美国的希望也将破灭，因为消灭俄国以后就会大大增加日本在远东的力量。

希特勒说，他越想到这一点就越相信，英国继续进行战争的顽强决心是由于它对苏联有所指望。

> ［他解释说］在英国发生了某种奇怪的事情！英国人原来已经完全倒下了。* 现在他们又站了起来。这时有别人插入谈话。俄国由于西欧事态的迅速发展而大为不安。
>
> 俄国只需向英国暗示，它不希望德国过分强大，那么像一个快要淹死的人一样，英国就会重新获得这种希望：局势在六个月到八个月之内就会完全改观。
>
> **但是如果俄国被摧毁，英国最后的希望就会被粉碎。**那时，德国就将成为欧洲和巴尔干的主人。
>
> **决定：由于考虑到这些情况，必须消灭俄国。时间定在1941年春天。**
>
> **越快消灭俄国越好。**†

然后这个纳粹统帅详细叙述了他的战略计划，将领们可以明显看出，这些计划若干时候以来就一直在他的思想中酝酿着，尽管他为西线的战斗已忙得不可开交。他说，这次行动只有以一举摧毁苏联为目标才值得进行，占领俄国的大片领土是不够的。希特勒强调说："要消灭俄国生存的力量！

---

* 哈尔德在德文原文中在这里使用了英文"down"这个词。

† 报告中的着重体是哈尔德用的。

这才是目的!”最初将发动两个攻势：一个是在南方向基辅和第聂伯河进攻，第二个是在北方通过波罗的海国家，然后向莫斯科进攻。两支军队将在莫斯科会师。在这以后，必要时将进行一次特殊的作战，以获得巴库油田。希特勒一想到这种新的征服，就感到十分兴奋：他已经想到了怎样处理这些新征服的地方。他说，他将干脆吞并乌克兰、白俄罗斯和波罗的海沿岸各国，把芬兰的领土扩大到白海。他将拨出120个师来进行整个战争，留60个师保卫西线和斯堪的纳维亚。他规定，进攻将在1941年5月开始，用五个月的时间完成，在冬天结束。他说，他本来希望在今年这样做，但
798 是这已经证明是不可能的了。

第二天，8月1日，哈尔德同他的参谋总部人员开始制订计划。虽然他后来声称，他根本反对进攻俄国的主张，认为这是发疯，但是他这一天的日记透露，他在致力于这项富有挑战性的新任务时，是充满热情的。

制订计划的工作现在在三个方面以德国人典型的周密彻底作风进行着，这三个方面是陆军参谋总部、最高统帅部中瓦尔利蒙特领导的作战局和最高统帅部中托马斯将军领导的经济和军备局。戈林在8月14日指示托马斯说，希特勒希望“只有等到1941年春季”* 才向俄国运交订购的货物。同时他的部门要详细调查俄国的工业、运输和石油中心的情况，这既可以作为轰炸目标的指南，同时也有助于以后管理俄国。

几天以前，8月9日，瓦尔利蒙特曾发出他的第一项指令，要求在东方为出击俄国准备集结地区。执行这项计划的代号是“加强东方”。8月26日，希特勒下令从西线向波兰派遣十个步兵师和两个装甲师。他规定，装甲部队要集中在波兰东南部，以便他们可以出兵保护罗马尼亚油田。[13] 向东部调动大量部队† 一事，如果为斯大林所获悉，一定会引起他的多疑，因此德国人做了很大的努力，保证不使他获悉此事。由于有些调动肯定会被发现，因此德国驻莫斯科武官恩斯特·科斯特林将军奉令通知苏联总参谋

---

* 托马斯在关于这一点的报告中强调，苏联这时向德国运交的货物多么准时。他说，事实上“一直到进攻开始的时候”，这种交货一直是准时的。他很高兴地说：“甚至在最后几天，[俄国人] 还用快车完成了从远东运送印度橡胶的工作”——大概是通过横贯西伯利亚的铁路。[12]

† 德国人在波兰只留了七个师，其中两个师在春季战役期间调到西线。哈尔德叫嚷说，那里的军队只足以维持海关工作。如果斯大林在1940年6月进攻德国，那么还没有能够组织任何认真的抵抗，红军也许就到达柏林了。

部说，这个调动只是派年轻的士兵代替要复员参加工业生产的年纪较大的士兵。9月6日，约德尔发出指示，相当详细地概述了进行伪装和掩蔽的方法。他规定：“要使这种集结的工作绝不能在俄国造成这样一种印象，好像我们准备在东方发动攻势。”[14]

为了使武装部队在取得夏天的伟大胜利以后不满足于自己的功劳，希特勒在1940年11月12日发出了一项详尽的绝密指令，概述在整个欧洲和欧洲以外的新的军事任务。我们将在以后再来谈其中的一些任务。我们这里所要谈的是关于苏联的那一部分。

> 政治会谈已经开始进行，以弄清俄国目前的态度。不管这种会谈的结果如何，已经在口头上下令进行的关于在东方的一切准备工作应 799
> 当继续进行。一俟陆军向我提出作战计划总纲并经批准，我就将发出关于这方面的指示。[15]

事实上，就在那一天，即11月12日，莫洛托夫到达柏林继续与希特勒本人进行这种政治会谈。

莫洛托夫在柏林

柏林和莫斯科之间的关系几个月来一直在趋于恶化。斯大林和希特勒欺骗第三者是一回事，但是当他们开始相互欺骗时，那就是另外一回事了。希特勒未能阻止俄国夺取波罗的海国家和罗马尼亚的两个省——比萨拉比亚和北布科维纳，他的失望只能加剧他日益增长的愤怒。必须制止俄国向西推进，首先要在罗马尼亚加以制止。罗马尼亚的石油资源对于德国至为重要，由于英国的封锁，德国已不再能够由海路输入石油了。

使希特勒的问题更加复杂的是，匈牙利和保加利亚也要求对罗马尼亚领土分一杯羹。事实上，1940年快到夏末的时候，匈牙利为了夺回罗马尼亚在第一次世界大战后从匈牙利夺去的特兰西瓦尼亚不惜一战。希特勒认识到，这样一场战争会把德国跟它的主要原油来源地切断，而且大概会使俄国人参加进来，占领整个罗马尼亚，使德国永远得不到罗马尼亚的石油。

到8月28日，局势已变得十分逼人，使得希特勒命令五个装甲师和三个摩托化师加上伞兵和空降部队准备在9月1日夺取罗马尼亚油田。[16]同一天，他在伯格霍夫同里宾特洛甫和齐亚诺会商，然后派他们到维也纳去，要他们在维也纳向匈牙利和罗马尼亚两国外长定下规矩，要它们接受轴心国的仲裁。在里宾特洛甫对双方进行恫吓以后，这个任务轻而易举地完成了。8月30日，在维也纳的贝尔维德宫，匈牙利和罗马尼亚接受了轴心国的解决办法。当罗马尼亚外交大臣米哈伊·马诺伊列斯库看到地图规定特兰西瓦尼亚的一半左右要划归匈牙利的时候，他晕过去了，趴在要签订协定的那张桌子上，只是在医生用樟脑对他施行急救以后，他才恢复知觉。* [17] 德国和意
800 大利向罗马尼亚做出了关于罗马尼亚所剩下的领土的保证。† 这表面上是为了使罗马尼亚得到公平合理的待遇，而实际上是使希特勒在执行他的进一步计划时有合法的借口。

三周以后，希特勒的亲信了解了元首的进一步计划。9月20日，希特勒在一项绝密指令中下令派“军事代表团”到罗马尼亚。

> 对外界来说，代表团的任务是指导友邦罗马尼亚组织和训练它的部队。
>
> 真正的任务——绝不可使罗马尼亚军队或我们自己的军队看出这种任务——将是：
>
> 保护石油地区……
>
> 准备一旦我们被迫同苏俄作战时，以罗马尼亚为基地，部署德国和罗马尼亚部队。[18]

这将使他开始在心中计划的一条新战线的南翼得到保护。

维也纳的仲裁结果，特别是德国对罗马尼亚剩下的领土的保证，使莫

---

* 这使卡罗尔国王失去了王位。他于9月6日逊位，由他18岁的儿子米哈伊继承王位，他带着他的红发爱姬玛格达·卢佩斯库乘一列10节车厢组成的专车，穿过南斯拉夫逃往瑞士，车中装满了可以称为“赃物”的财务。法西斯“铁卫队”头子、希特勒的朋友扬·安东内斯库将军成为独裁者。

† 其中还要减去多布罗加南部，罗马尼亚被迫把这块地方割让给了保加利亚。

斯科方面很不好受，因为事先没有同莫斯科商量。舒伦堡在9月1日拜访了莫洛托夫，把里宾特洛甫的一份空话满篇的备忘录交给他。这份备忘录企图对维也纳所发生的事情做解释和辩护。这位大使报告说，在他提交备忘录后，苏联外交人民委员“同他通常的态度相反，相当冷淡”。但是他并没有过分冷淡，还是提出了强硬的口头抗议。他指责德国政府违反了《德苏条约》的第三条，这一条规定要进行协商；他还指责德国政府向俄国提出“既成事实”，这同德国关于“共同关心的问题”[19]的保证是矛盾的。盗贼开始为赃物争吵起来了，这是在这种情况下几乎难以避免的。

在以后的几天中，双方相互进行的责骂变得更加激烈了。9月3日，里宾特洛甫用电报向莫斯科发出一份很长的备忘录，否认德国违反《莫斯科条约》，反而指责俄国违反了这个条约，因为它没有同柏林协商就并吞了波罗的海国家和罗马尼亚的两个省份。这个备忘录措辞强硬，俄国在9月21日用同样严厉的词句答复——到了这个时候，双方都通过书面提出了他们的论点。苏联的答复重申德国破坏了这个条约，并且警告说，俄国在罗马尼亚仍有许多权益，最后提出了一项讽刺性的建议说，如果规定进行协商的这一条为德国带来了“某些不便和限制”，苏联政府准备修改或取消条约中的这一条。[20]

克里姆林宫由于9月的两次事件对希特勒产生了进一步的怀疑。16日，里宾特洛甫打电报给舒伦堡，要他拜访莫洛托夫，并“随口”通知他说，德国将取道芬兰向挪威北部派遣援军。几天以后，9月25日，纳粹外长向驻莫斯科的大使馆发出了另一份电报，这次是发给代办的，因为舒伦堡已 801
回德国休假了。这是一封十分机密的电报，上面写有“绝密——国家机密”字样，电报指示说，只有在第二天代办通过电报或电话从柏林收到一个特别的暗号后才可以执行电报中的指示。[21]

他要通知莫洛托夫的是，“在今后几天中”，日本、意大利和德国将在柏林签订一个军事同盟条约。这个条约不是针对俄国的——一项具体的条款将说明这一点。

> ［里宾特洛甫说］这个同盟完全是针对美国战争贩子的。毫无疑问，像通常一样，在条约中不能明确地这样说，但是可以从条约的条

款中明确无误地推断出这一点……它的唯一目的是使竭力要求美国参战的那些分子恢复理智，办法是确凿地向他们表明，如果他们参加目前的斗争，他们自然就得把这三个大国作为敌人来对付。[22]

这个冷冰冰的苏联外交人民委员对德国人已疑窦丛生，当代办维尔纳·冯·蒂佩尔斯基希在9月26日晚上告诉他这个消息的时候，他是极为怀疑的。他立即说，按照《莫斯科条约》的第四条，在这个三国军事同盟**签订之前**，苏联政府有权看到这个同盟条约的全文；他又说，这包括“任何秘密议定书”的全文在内。说这话时，他对于条约细节表现了学究式的追根问底的态度，这是使得跟他谈判的一切人，无论是朋友还是敌人，都感到讨厌的。

莫洛托夫还希望更多地了解德国同芬兰签订的关于通过该国调动军队的协定，他说，他主要是通过报纸，包括合众社从柏林发的一条电讯在内，得到这个消息的。莫洛托夫又说，在过去三天中，莫斯科收到了关于德国部队在至少三个芬兰港口登陆的消息，“而德国却没有把此事通知它”。

［莫洛托夫继续说］苏联政府希望得到关于军队在芬兰过境的协定的全文，包括协定的秘密部分在内……并希望得知协定的宗旨何在，针对何方，要达到什么目的。[23]

现在必须安一安俄国人的心了，即使愚钝的里宾特洛甫也能看出这一
802 点。因此在10月2日，他把他所谓的同芬兰签订的协定全文用电报发给莫斯科。他还重申，这时已经签订的三国条约*并不是针对苏联的，并且庄严

---

* 这项条约是1940年9月27日在柏林一种滑稽歌剧式的环境和仪式中签订的，我在别的地方（《柏林日记》，第532—537页）描述了这种场面。在第一条中，日本承认“德国和意大利在建立欧洲新秩序方面的领导”。在第二条中，德国和意大利则承认日本在建立大东亚新秩序方面的领导。第三条规定，如果三国中任何一国遭到美国的进攻，就进行互助，虽然没有具体提到美国的名字，不过从定义来看，指的是美国。在我看来，正像那天我在柏林的日记中所写的，关于这个条约的最重要的事情是，它意味着希特勒现在死心塌地只好进行一次长期的战争了。代表意大利签订这个条约的齐亚诺也得出了同样的结论（《齐亚诺日记》，第296页）。此外，这个条约是而且也有意是对苏联的一个警告，尽管他们否认这一点。

宣布“没有任何秘密的议定书，也没有任何秘密的协议”。[24] 10月7日，里宾特洛甫指示蒂佩尔斯基希“顺便”通知莫洛托夫，德国将要派遣一个“军事代表团”到罗马尼亚去。里宾特洛甫得到莫洛托夫对这个进一步消息的怀疑的反应（这位外交人民委员要求知道：“你们将要向罗马尼亚派遣多少军队？”）后，[25] 10月13日写了一封长信给斯大林，企图消除苏联对德国所抱的不安情绪。[26]

可以预料，这是一封既愚蠢又傲慢的信，它充满了胡言乱语、谎言遁词。它把这次战争和到现在为止的一切后果都归咎于英国，但是有一点是肯定的：“这场战争已被我们打赢了。现在只是英国还要多久才会……承认失败的问题。”德国在芬兰和罗马尼亚所采取的针对俄国的行动和三国条约都被说成是对俄国的真正的恩典。同时，英国外交人员和英国特务正在设法在俄德之间挑起纠纷。为了挫败他们的企图，里宾特洛甫问斯大林，为什么不派莫洛托夫到柏林来，以便元首可以“亲自说明他对于今后建立我们两国之间的关系的意见”。

里宾特洛甫狡猾地暗示了这些意见是什么：**就是在这四个极权国家之间瓜分世界。**

> ［他说］**看来四大国——苏联、意大利、日本和德国——的任务是采取一个长期的政策在世界规模上划分它们的利益。**

着重体是里宾特洛甫自己用的。

莫斯科的德国大使馆在投递这封信方面有一些拖延，这使里宾特洛甫大为震怒，他向舒伦堡发出了一封愤怒的电报，要求知道为什么这封信到17日才送出去，“鉴于信件内容的重要性”，为什么没有递交给斯大林本人——原来舒伦堡把它交给了莫洛托夫。[27] 斯大林在10月22日用异常亲切的口气做了答复。他写道：“莫洛托夫承认他有义务到柏林对你进行访问。他现在接受了你的邀请。”[28] 斯大林的亲切一定只是一种伪装。舒伦堡在几天以后打电报给柏林说，俄国人抗议德国拒绝向俄国人运交军用物资而同时却向芬兰运送武器。舒伦堡通知柏林说：“这是苏联第一次提到我们向芬兰运送武器。”[29]

在一个阴暗的、下着毛毛细雨的日子，莫洛托夫到达了，他所受
803 到的接待是极其拘泥于形式的。他乘车沿菩提树下大街前往苏联大使馆，在我看来，他很像一个勤苦的乡下小学校长。但是为了在克里姆林宫的你死我活的竞争中生存下来，他一定有一套办法。德国人夸夸地谈论让莫斯科得到俄国长期梦寐以求的博斯普鲁斯海峡和达达尼尔海峡，而他们将占有巴尔干的其余地方：罗马尼亚、南斯拉夫和保加利亚……

我于1940年11月12日那天在柏林写的日记就是这样开始的。德国人夸夸的谈论，仅就谈论而言，是一点也不含混的。今天，我们对于这一次奇怪的、后来证明是关系重大的会议了解了更多的情况，这是由于缴获了外交部的文件。我们在这些文件中找到了德国人所记载的这两天会议的秘密记录，除了一份以外，全是由无所不在的施密特博士所记的。* [30]

在11月12日上午两位外交部长举行的第一次会议上，里宾特洛甫的情绪像他一贯那样极为冷淡和傲慢，但是莫洛托夫很快就看穿了他，明白了德国玩的是什么把戏。里宾特洛甫首先说："英国已经被打败，它什么时候最后承认失败，现在只是时间问题了……大英帝国现在已经开始完蛋了。"不错，英国希望从美国得到援助，但是"美国参战对德国来说是无关紧要的。德国和意大利绝不会再允许一个盎格鲁-萨克逊人在欧洲大陆登陆……这根本不是军事问题……因此，轴心国现在并不考虑它们怎样能够赢得这次战争，而是考虑它们能够如何迅速地结束这场已经打赢了的战争"。

里宾特洛甫解释说，情况既然是这样，现在是俄、德、意、日四国来确定它们的"利益范围"的时候了。他说，元首已经得出结论，认为所有这四国都自然地要"向南"扩张。日本已经转向南方，意大利也是这样，而德国在西欧建立了"新秩序"以后，将在"中非"（竟在这里！）找到它的另外的生存空间。里宾特洛甫说，他"不知道"俄国是不是也要"转向南方，寻求通往海洋的天然出口，这种出口对它是十分重要的"。

---

* 这个记录的精确性后来为斯大林所证实，虽然是无意中证实的。丘吉尔说，他在1942年8月从斯大林那里得到关于莫洛托夫在柏林会谈的情况，"与德国的记录没有实质的差别"，虽然它"比较简洁"（丘吉尔：《他们最美好的时刻》，第585—586页）。

1940年11月，里宾特洛甫在柏林迎接莫洛托夫。

“哪个海?”莫洛托夫冷淡地插言说。

这是一个令人为难然而却是关键性的问题，德国人在后来同这个态度顽固不化、言谈枯燥乏味、作风一丝不苟的布尔什维克进行36小时未中断的会谈中将会了解这一点。这个插言使里宾特洛甫瞠目结舌，他一时想不出一个答复。相反，他信口谈到“战后全世界将会发生巨大的变化”，并且啰啰嗦嗦地说，重要的是“德俄条约的两个伙伴已经一同做了一些好生意”，并且“将继续做一些生意”。但是当莫洛托夫坚持要求答复他的简单 804
的问题时，里宾特洛甫终于答复说：“从长远来说，对俄国最有利的通往海洋的出路可以在波斯湾和阿拉伯海的方向找到。”

在场做记录的施密特博士说，莫洛托夫坐在那里，“显出一副捉摸不透的表情”。[31] 他讲的话很少，只是在最后说，在确定利益范围，“特别是德俄之间”的利益范围时，需要“精确性和警惕性”。这个狡猾的苏联谈判代表把他精彩的一手留着对付希特勒，后者他在下午就见到了。对于这个集大权于一身的纳粹统帅来说，这次会见之伤透脑筋和难以对付，是他完全没有意想到的，甚至是他这辈子绝无仅有的一次。

希特勒像他的外长一样含糊其词，甚至吹得更加厉害。他首先说，一俟气候好转，德国就将“对英国进行最后的打击”。不错，存在着美国问题。但是美国“在1970年或1980年以前是不能危及其他国家的自由的……在欧洲、非洲或亚洲都没有它的事”——莫洛托夫插言说，他同意这个说法。但是他不同意希特勒所说的其他许多话。这个纳粹领袖讲了一大套笼统的好听的话，强调指出两国在追求各自的目的和共同努力取得“通往海洋的出口”方面没有基本的分歧。在他讲完以后，莫洛托夫回答说：“元首的谈话是一般性的。”他说，他现在要提出斯大林的意见，斯大林在他离开莫斯科时对他做了确切的指示。于是他向这个德国独裁者提出质问。记录表明，希特勒对此是毫无准备的。

施密特后来追述：“问题接二连三向希特勒提出来了。在有我参加的会谈中，我没有看到过任何外国客人曾经以这种方式向他谈话。”[32]

莫洛托夫想要知道：德国想在芬兰打什么主意？欧洲和亚洲的新秩序的意义是什么，苏联将在其中担任什么角色？三国条约的“意义”是什么？他继续说：“此外，关于俄国在巴尔干和黑海的利益，与保加利亚、罗马尼亚和土耳其有关的方面，有些问题需要澄清。”他说，他希望听到一些答复和“解释”。

希特勒惊讶得竟至答不上话来，这也许是他平生第一次。“鉴于可能有空袭警报”，他提议他们休会，他答应在第二天进行详细的讨论。

摊牌推迟了，但是没有避免。第二天上午，当希特勒和莫洛托夫继续会谈时，这位俄国外交人民委员是冷酷无情的。首先谈芬兰问题，在这个问题上，两人很快就发生了激烈的、辛辣的争执。莫洛托夫要求德国把军队撤出芬兰。希特勒否认“德军占领了芬兰”。德军只是**通过**芬兰开往挪
805 威。但是他想要知道“俄国是否打算对芬兰进行战争”。据德国的记录说，莫洛托夫“有点闪烁其词地回答了这个问题”，希特勒不满意。

希特勒坚持说：“在波罗的海绝不能发生战争。这会使德俄关系极度紧张起来。”这是一种威胁，一分钟以后，他又补充说，这种紧张可能带来“不可预见的后果”。希特勒想要知道，苏联还想在芬兰得到什么。他的客人回答说，它想要“像在比萨拉比亚那样规模的解决办法”——这意味着公开的吞并。希特勒对这一点的反应一定使得这位甚至不会感到不安的俄国人也感到不安了，他连忙要求元首“对这一点表示意见”。

这个独裁者也有点闪烁其词，他回答说，他只能重申："绝不能同芬兰作战，因为这样一种冲突可能有深远的影响。"

莫洛托夫反驳说："这样一种立场为讨论带来了一个新的因素。"

争执变得如此激烈，以致这时一定感到十分恐慌的里宾特洛甫插话说（据德国的记录）："实际上根本没有理由使芬兰问题成为一个争端。或许这只是一个误解。"

希特勒利用了这个及时的插话，马上改变了话题。难道英帝国即将垮台后出现的坐地分赃打动不了俄国？

他说："让我们来谈谈更重要的问题吧。"

> [他说] 在征服英国以后，英帝国散布于全世界的4 000万平方公里属地就像破产了的巨大产业一样将被瓜分。在这个破产了的产业中，俄国可以得到通往不冻的真正开放的海洋的出口。到现在为止，居于少数的4 500万英国人统治了英帝国的6亿居民。他即将粉碎这个少数……在这种情况下，将要出现世界范围的前景……可能对这个破产了的产业发生兴趣的各国必须停止它们之间的一切争论，而专心关注瓜分英帝国的问题。这一点适用于德国、法国、意大利、俄国和日本。

1940年11月，莫洛托夫与希特勒会谈。

看来这位冷冰冰的、不动声色的俄国客人并没有为这样一个美好的“世界范围的前景”所动，他也不像德国人那样相信英帝国不久就可以拿到手——他后来反复地陈述了这一点。他说，他想要讨论“与欧洲更接近的”问题。例如，土耳其、保加利亚和罗马尼亚。

他说:“苏联政府认为，德国对罗马尼亚的保证是针对苏俄的利益的——如果我们可以这样坦率地表示自己的意见的话。”其实他坦率地表示他的意见已有一整天了，这一点使他的主人越来越感到不安。他现在步步进逼。他要求德国“取消”这个保证。希特勒拒绝了。

806 莫洛托夫说，那么好吧，鉴于莫斯科在海峡的利益，“如果俄国根据德国和意大利向罗马尼亚做出保证那样的条件向保加利亚做出保证”，德国会说什么呢?

可想而知，希特勒听了这话是大皱眉头的。他问莫洛托夫，保加利亚是否已经像罗马尼亚那样要求这样一个保证？德国的备忘录引述他的话说，“他［元首］并不知道保加利亚提出了任何要求”。无论如何，他必须首先同墨索里尼商量，然后才能对俄国人的问题给予一个比较肯定的答复。他又威胁地补充说，如果德国“不得不找碴同俄国发生摩擦，它无须用海峡问题来找碴”。

但是，通常很健谈的元首没有胃口再同这个无法忍受的俄国人谈下去了。

德国的记录说:“会谈到这个时候，元首提请注意时间已经很晚了，他说，鉴于英国可能进行空袭，最好现在中止会谈，因为主要问题大概已经充分地讨论了。”

那天晚上，莫洛托夫在菩提树下大街俄国大使馆为他的主人们举行了盛大的宴会。由于下午所受的罪，希特勒显然精疲力竭，并且仍然感到恼火，他根本没有露面。

英国人倒露面了。我曾感到奇怪，英国轰炸机最近差不多每天晚上都出现在这个首都上空，为什么没有在苏联外交人民委员到柏林的第一个晚上出现来提醒他，不管德国人对他说些什么，英国仍然在进行战争，并且正在反击。我承认，我们当中的一些人曾经满怀希望地等待飞机到来，但是它们没有来。曾经担心会发生最坏情况的威廉街官员显然感到松了一口气。但是这口气没有松很久。

11月13日晚上，英国人很早就来了。* 在一年的这个时候，柏林在下午4点左右天就黑了。9点过后不久，空袭警报就开始响起来了，然后就可以听到隆隆的高射炮声，在炮声之间，可以听到轰炸机在上空嗡嗡作响。据参加苏联大使馆宴会的施密特博士说，在莫洛托夫刚刚提议为友谊干杯而里宾特洛甫刚刚站起来要作答时，空袭警报就响了，客人们纷纷奔向防空洞。我记得沿菩提树下大街和在威廉街转角的四散奔逃情况，当时德国人和俄国人纷纷奔向外交部的地下防空洞。有些官员，施密特博士是其中之一，跑进阿德隆饭店（我们当中一些人当时正在饭店门前观看），没有能够参加这两位外长现在在外交部很深的地下室举行的临时会议。由于施密特博士不在，因此这次会议不得不由德国驻莫斯科大使馆的参赞古斯塔夫·希尔格来做记录，他在会议期间是译员之一。 807

当英国轰炸机在夜空飞行，高射炮不起作用地向它们开火时，狡猾的纳粹外长最后一次设法要使俄国人上他的圈套。他从口袋里拿出一个协定草案，这个草案实质上是把三国条约变为四国条约，以俄国作为第四个成员国。当里宾特洛甫宣读这个草案的时候，莫洛托夫耐心地听着。

协定的核心是第二条。在这一条中，德国、意大利、日本和苏联保证“尊重彼此的自然势力范围”。它们之间的任何争执都要“和睦地”解决。两个法西斯国家和日本同意“承认苏联目前拥有的领土范围并将尊重它”。所有这四国在第三条中同意不参加或支持“针对四国之一的”任何联合。

里宾特洛甫建议，协定本身应予发表，但是当然不发表它的秘密议定书，他接着就读了这些秘密议定书。最重要的一个秘密议定书阐明了每一国的“领土要求”。俄国的要求要“集中于苏联国土以南，在印度洋的方向”。

莫洛托夫没有上钩。这个拟议中的条约显然是企图使俄国不再像它历

---

* 丘吉尔说，空袭是有意为这个场合进行的。他后来写道：“我们事先听说有这次会议，虽然未被邀请参加这次讨论，但我们并不希望完全被排斥在会议之外。”（丘吉尔：《他们最美好的时刻》，第584页）

来那样向西进逼，沿着波罗的海而进入巴尔干，通过海峡而入地中海，因为在那里，它必然会和德国和意大利的贪婪的野心发生冲突。苏联至少在目前对遥远的印度洋不感兴趣。莫洛托夫回答说，它目前感兴趣的是欧洲和土耳其的海峡。他又说："因此，纸面的协定对苏联来说是不够的；它必须坚持使它的安全得到有效的保证。"

> ［他阐述说］苏联感兴趣的问题不仅关系到土耳其，而且还关系到保加利亚……但是，罗马尼亚和匈牙利的命运也是苏联所关心的，在任何情况下对它都不可能是不重要的。苏联政府还想要了解轴心国对南斯拉夫和希腊有什么打算，同样，还想了解德国对波兰有什么打算……苏联政府也对瑞典中立的问题产生兴趣……此外，还存在着从波罗的海向外的通道的问题……

这位毫不疲倦、面无表情的苏联外交人民委员把什么都说出来了，一个问题也不漏。里宾特洛甫被一大堆问题弄得没有招架之功——因为莫洛托夫这时说，如果里宾特洛甫答复这些问题，他将"甚为感激"——抗议说他被"逼问得太紧了"。

> ［他无力地回答说］他只能够再一次重申，决定性的问题是：苏联是
> 808 否准备和是否能够在消灭英帝国这一伟大事业中同我们合作。

莫洛托夫马上作了一个尖锐的反驳。希尔格在记录中据实记了下来。

> 莫洛托夫在回答中说，德国人认为对英国的战争实际上已经打赢了，因此，如果［像希特勒所认为的那样］德国是在对英国进行一场生死斗争，他只能解释这句话是说德国在"为生"而战，英国是"为死"而战。

里宾特洛甫是一个极为愚钝的人，这句讽刺话也许还能为他所了解，但是莫洛托夫并不存侥幸之心。德国人一再声言英国已经完蛋了，对此，

这位外交人民委员最后回答说："如果情况是这样，为什么我们躲在这个防空洞里？落下的这些炸弹又是谁扔的？" *

由于这次与莫斯科的谈判能手打交道的吃力费劲的经验，也由于两周以后出现的说明斯大林的胃口越来越大的迹象，希特勒得出了他的最后结论。这里必须指出，苏联独裁者后来尽管矢口否认，当时却接受了希特勒要他参加法西斯阵营的建议，虽然代价比柏林提出的要高。11月26日，在莫洛托夫从德国回来不到两星期后，他通知德国驻莫斯科大使说，俄国愿意参加四国条约，但是须根据以下条件：

> 1. 德军要立即从芬兰撤退，芬兰……属于苏联的势力范围……
>
> 2. 在今后几个月内，苏联在海峡的安全要得到保证，办法是苏联同保加利亚缔结一项互助条约……并且苏联可以凭长期的租借权建立一个可以到达博斯普鲁斯海峡和达达尼尔海峡的陆海军基地。
>
> 3. 承认在波斯湾的总方向内，巴统和巴库以南的地区是苏联的领土要求的中心。
>
> 4. 日本放弃它在库页岛北部开采煤炭和石油的权利。[33]

斯大林总共要求缔结五个秘密议定书来包含他的新建议，而不是两个，并且还额外要求，如果土耳其在关于俄国控制海峡的基地方面进行刁难，四国应对它采取**军事**措施。

这些建议所要的代价比希特勒甚至愿意考虑的还要高。他曾设法把俄国排除在欧洲之外，但是现在斯大林要求得到芬兰、保加利亚、对海峡的控 809
制权，而且实际上还要求得到阿拉伯和波斯的油田。欧洲的大部分石油通常是由这些油田供应的。俄国人甚至没有提到印度洋，而元首起先是想用印度洋作为苏联的"领土要求"中心来搪塞的。

希特勒对他的高级军事首脑说："斯大林真是精明狡猾，他要求的东西

---

* 莫洛托夫最后说的这句尖刻话是丘吉尔叙述的，斯大林在战争后期曾把莫洛托夫的这句话告诉丘吉尔（丘吉尔：《他们最美好的时刻》，第586页）。

越来越多了。他是一个冷酷无情的讹诈能手。德国的胜利已经是俄国所不能容忍的了。因此：必须尽快使它屈膝。”[34]

这个冷酷无情的纳粹讹诈能手如今碰到了敌手，这使他感到十分恼怒。12月初，他要哈尔德把陆军参谋总部关于进攻苏联的计划拿给他。12月5日，哈尔德和布劳希奇遵命把计划拿来给他，在四小时的会议结束后，他批准了这个计划。在缴获的最高统帅部的作战日志和哈尔德自己的秘密日记中都有关于这次重要会议的叙述。[35]纳粹统帅强调说，必须在普里佩特沼泽地以北和以南冲破红军的防线，“像在波兰那样”包围他们并加以消灭。他对哈尔德说，莫斯科“是不重要的”。重要的事情是消灭俄国的“有生力量”。罗马尼亚和芬兰将要参加攻击，但是匈牙利则不参加。迪特尔将军在纳尔维克的山地作战师将要通过瑞典北部运到芬兰去攻击苏联的北极地区。* 为了这次大战役一共拨出了大约“120个到130个师”。

哈尔德将军的日记在记述这次会议的情况时，像以前提到攻击俄国的这个计划时一样，使用了“奥托”这个代号。不到两周以后，在1940年12月18日，这个计划在载入史册时所要用的代号被替换了。在这一天，希特勒下了最后的决心。他发出了第二十一号指令，它的题目是“巴巴罗萨计划”。它开始说：

绝　密

元首大本营

1940年12月18日

德国武装部队必须准备在对英国的战争结束以前**以一次快速的战役击溃苏俄**。† 为此目的，**陆军**必须动用一切可以调动的部队，但是有一个条件，就是必须保卫已被占领的领土以防突然袭击……

准备工作……必须在1941年5月15日以前完成。必须非常谨慎，
810 以防泄露进攻的意图。

* 在苏芬战争期间拒绝盟国过境的瑞典，已允许这个全副武装的师过境。当然，匈牙利后来也参加了对俄国的战争。

† 着重体是希特勒用的。

因此，预定的日期是第二年春季的5月月中。希特勒规定“巴巴罗萨计划”的“总目的”如下：

> 用装甲部队纵深楔入的大胆作战摧毁俄国西部的俄国陆军主力，并且要防止有战斗准备的俄军完整无损地撤退到俄国的广阔地区去。这次作战行动的最后目的是要建立一道从伏尔加河到阿尔汉格尔的防线，以对付俄国的亚洲部分。

希特勒的指令随后相当详细地叙述了主要的进攻路线。* 罗马尼亚和芬兰的任务也被规定下来。它们将充任在极北翼和极南翼的进攻的出击基地，并且提供军队援助进行这些战斗的德国部队。芬兰的地位特别重要。各种芬-德军队将要向列宁格勒和拉多加湖地区挺进，切断摩尔曼斯克铁路线，夺取贝柴摩镍矿，占领俄国在北冰洋的不冻港。希特勒承认，有许多事情取决于瑞典是否肯让德国军队从挪威通过它的领土，但是他预言瑞典会同意这一点。他的预言是正确的。

希特勒解释说，主要的作战行动将以普里佩特沼泽地来划分。主要的打击将在沼泽以北，用整整两个集团军进行。一个集团军将通过波罗的海国家向列宁格勒推进。在南边的另一个集团军将通过白俄罗斯进军，然后挥戈向北同第一个集团军会师，从而包围从波罗的海退却的苏军的残余部队。希特勒规定，只有到这时，才应当对莫斯科发动攻势。两周以前在希特勒看来是“不重要的”俄国首都，现在具有较大的重要性了。他写道：“占领这座城市除意味着这个国家最重要的铁路交叉点陷落以外，还意味着政治上和经济上的一个决定性的胜利。”他指出，莫斯科不仅是俄国的主要交通中心，而且还是它生产军备的主要地点。

第三个集团军将在沼泽以南通过乌克兰向基辅进攻，它的主要目的是包围和消灭在第聂伯河以西的苏联部队。再往南，德国-罗马尼亚部队将掩

---

* 许多历史学家说，希特勒在他关于“巴巴罗萨”的第一个指令中没有做详细的叙述，这是一个误解，这个误解的产生大概是由于在《纳粹的阴谋与侵略》的英文译文中做了极为简略的删节。但是在《主要战犯的审讯》第26卷第47—52页中的德文全文透露了全部的细节，从而可以看出德国的军事计划在这样早的时候就已经多么完善了。[36]

护主要作战行动的侧翼，并向敖德萨推进，再从那里沿黑海推进。在这以后，将要占领苏联60%的工业的集中地顿涅茨克盆地。

这就是希特勒的宏伟计划，它是在1940年圣诞节前不久制订完成的，
811 这个计划制订得极其精密，不需再做任何实质的修改。为了保密，这个指令只印了九份，三军各一份，其余的保存在最高统帅部。指令表明，甚至对高级战地指挥官也只能说，这个计划只是为了“预防俄国改变它以前对我们的态度”。希特勒指示，参与这个机密的军官的人数要“尽可能少。不然，我们的准备工作就有泄露的危险，因而在政治上和军事上产生最严重的不利后果”。

没有证据表明陆军总司令部的将领们曾反对过希特勒进攻苏联的决定，而苏联信守同德国缔结的条约曾使德国有可能在波兰和西线取得胜利。后来哈尔德在他的书中嘲弄地写到“希特勒的俄国冒险”，并声称陆军领导人从一开始就是反对这个冒险的。[37] 但是在他1940年12月的长篇累牍的日记中没有片言只字足以证明他的这个说法。事实上，他给人的印象是，他对这个“冒险”是充满了真正的热情的，他本人作为参谋总长，对于策划这个冒险是负有主要责任的。

无论如何，对希特勒来说，决心既下，就无后退余地。他在1940年12月18日做出的这个决定，注定了他的最后命运，虽然他当时并不知道这一点。据他后来透露，他做出了决定以后，感到如释重负，于是他就去和驻在英吉利海峡——这是他能到的离俄国最远的地方——的军队和飞行员一起庆祝圣诞节了。他的心中一定也没有想到瑞典的查理十二世和拿破仑，他们在进行了许多次同他相似的光荣征服以后，在广阔的俄罗斯草原上碰到了灾难。但是，他们怎么可能在他的心中占很多的地位呢？因为到了现在，后来的事实很快就要表明，当年维也纳的流浪汉已经认为自己是世界上有史以来最伟大的征服者了。所有的征服者犯的致命毛病——自大狂，已在他身上扎了根。

六个月的挫折

但是，在1940年春和初夏取得了这一切显赫一时的胜利以后，这个纳

粹征服者遭到了六个月的挫折。他不仅没有取得对英国的最后胜利，而且也丧失了在地中海给予英国以致命打击的机会。

圣诞节后两天，雷德尔海军元帅在柏林会见了希特勒，但是他没有在圣诞节带来什么令人愉快的消息。他对元首说："英国在整个东地中海、近东和北非所受到的威胁已经消除了……因此，我们曾经希望在地中海采取的决定性行动已经不再可能采取了。"[38]

由于佛朗哥的多变、墨索里尼的愚蠢，甚至由于贝当元帅的年迈，阿道夫·希特勒的确在地中海坐失了大好的机会。意大利盟军在埃及的沙漠 812
中遇到了灾难，现在到了12月，又在阿尔巴尼亚的雪山中面临着灾难。这些不顺心的事件也是战争中以及第三帝国的历史进程中的转折点。这些事件的发生不仅是由于德国的朋友和盟国的软弱，而且一部分也是因为这个纳粹统帅不能了解必须采取目光远大的洲际战略，而雷德尔，甚至戈林，倒曾经敦促他采取这种战略。

1940年9月间，这位海军元帅曾经两次——9月6日和26日——企图扩大元首思想上的视野，因为现在看来根本谈不到直接进攻英国的问题了。在第二次会议上，雷德尔曾与希特勒单独进行密谈。他在没有陆空军军官打扰他们会谈的情况下，向他的首脑详细叙述了海军的战略和在英吉利海峡以外的地方打击英国的重要性。

> ［雷德尔说］英国人一贯认为地中海是他们的世界范围的帝国的中枢……为英国力量所包围的意大利正在迅速成为主要的进攻对象……意大利人拒绝我们的帮助，因为他们还没有认识到这个危险。但是德国必须趁在美国能够有效地进行干预以前，用它所拥有的一切手段毫不延迟地对英国进行战争。因此，地中海问题必须在冬季的几个月中予以澄清。

怎样澄清？这位海军元帅于是谈到了具体的措施。

> 必须占领直布罗陀。必须由空军占领加那利群岛。
>
> 必须占领苏伊士运河。

在占领苏伊士以后，雷德尔对于以后必然会发生的事情做了乐观的描述。

> 必须从苏伊士通过巴勒斯坦和叙利亚向前推进，远至土耳其。如果我们达到那一步，土耳其就将在我们的手掌之中。那时俄国问题就不同了……是否还有必要在北方向俄国推进，就有疑问了。

雷德尔心中想到的是把英国赶出地中海，把土耳其和俄国掌握在德国手中。他又继续描绘下去。他正确地预言，英国在美国和戴高乐部队的支持下，最后会设法在西北非洲获得一个立足点，作为以后对轴心国进行战争的一个基地。他主张德国和维希法国先占领这个在战略上重要的地区，以防止这一着。

813 据雷德尔说，希特勒同意他的“总的想法”，但是希特勒说，他得先同墨索里尼、佛朗哥和贝当谈一谈这个问题。[39]关于这一点，他着手做了，不过是在丧失了许多时间以后才开始同他们会谈的。他安排在10月23日会见西班牙独裁者，在第二天会见贝当（贝当现在是在维希的投敌政府的首脑），几天以后再会见墨索里尼。

佛朗哥在西班牙内战中获胜是由于意大利和德国给了大规模的军事援助。他像其他一切独裁者一样，对于坐地分赃有很大的胃口，特别是如果能够以低廉的代价分得这些赃物的话。6月间，在法国沦亡的时候，他赶紧通知希特勒说，西班牙将参战，交换条件是把法国在非洲的广大属地的大部分地区（包括摩洛哥和阿尔及利亚西部）给它，另一个条件是德国向西班牙供应大量的武器、汽油和粮食。[40]希特勒在10月23日乘专车到达了法国–西班牙边界城市昂代，这是为了给佛朗哥一个履行这个诺言的机会。但是在这期间的几个月发生了许多情况（例如英国顽强地坚持下来了），希特勒碰到了一个不愉快的意外。

这个狡猾的西班牙人并没有为希特勒的“英国已被肯定地击败”的吹嘘所动，他对希特勒的保证也不满意，这个保证是让西班牙在法属北非得到领土补偿，“其程度要以有可能从英国殖民地弥补法国的损失为限”，而佛朗哥想要整个法属非洲，而不附任何条件。希特勒建议西班牙在1941年1月参战，但是佛朗哥指出这样仓促地采取行动是危险的。希特勒要西班牙人在1月10日在曾从空中占领了比利时埃本-埃美尔要塞的德国专家的帮助下进攻直布罗陀。佛朗哥以典型的西班牙自豪感回答说，直布罗陀必须由西班牙人“单独”占领。于是这两个独裁者进行了争论——争论了九个小时。据当时在场的施密特博士说，佛朗哥用单调的声音不断地往下讲，希特勒越听越恼火，并且一度像他过去对待张伯伦那样，一跃而起，宣布继续会谈下去没有用了。[41]

他后来对墨索里尼叙述他同佛朗哥进行的争吵时说：“我宁愿把牙齿拔掉三四个，也不愿再受这个罪了。”[42]

九个小时（其中包括在希特勒的特别餐车上吃饭的时间）以后，会谈在夜晚中断，而佛朗哥没有肯定答应参加战争。希特勒在那天晚上走后把里宾特洛甫留下来同西班牙外长塞拉诺·苏涅尔继续会谈，企图使西班牙人签署一个文件，至少是签订一个同意把英国人赶出直布罗陀并且不让英国人进入地中海西部的协议，但是他的这种努力没有成功。里宾特洛甫第二天早晨在施密特面前骂佛朗哥说：“这个忘恩负义的懦夫！他的一切都是靠我们得来的，而现在却不愿同我们合作。”[43]

希特勒第二天在蒙图瓦尔与贝当会晤的情况较好，但是，这是因为这
个年老的失败主义元帅、第一次世界大战中的凡尔登英雄、在第二次世界 814
大战中使法国投降的人，同意法国与它的征服者合作，以便做最后努力使

1940年10月，希特勒会见佛朗哥。

从前的盟国英国屈膝。而且他同意把这个可耻的勾当写成书面的东西。

> 轴心国和法国在使英国尽快失败方面有着共同的利益。因此，法国政府将在它的能力范围内支持轴心国为达到这个目的而可能采取的措施。[44]

作为对这个背信弃义的行动的报答，法国将在“新欧洲”得到“它应得的地位”，而在非洲，它将从法西斯独裁者手中得到英帝国的领土，以补偿它被迫割让给其他国家的任何领土。双方同意这个协议要“严守秘密”。*

尽管贝当做了可耻的然而是重要的让步，希特勒却并不满足。据施密特博士说，他想要更多的东西——非要法国积极参加对英国的战争不可。在回慕尼黑的漫长的旅途上，这位翻译官发现元首对此行的结果感到失望和沮丧。10月28日上午他到达佛罗伦萨会晤墨索里尼后，这种情绪更是有增无已。

他们两人在仅仅三周以前，即10月4日，还曾在布伦纳山口会过面。像通常一样，当时讲话的主要是希特勒，他天花乱坠地说了一通美好的前途的话，其中丝毫不提他将要派遣军队到罗马尼亚一事，而罗马尼亚也是意大利所垂涎的。当墨索里尼在几天以后知道了这一点之后，大为气愤。

> ［他向齐亚诺愤怒地说］希特勒总是把既成事实放在我的面前。这次我要用同样的办法来对待他了。他将从报纸上发现我已经占领了希腊。这样，平衡可以重新建立起来。[45]

墨索里尼在巴尔干的野心像希特勒的野心一样疯狂，而且妨害了希特勒的野心。因此，早在8月中旬，德国人就警告罗马不要在南斯拉夫和希腊采取冒险行动。齐亚诺在8月17日的日记上写道：“这完全是一个要我们

---

* 虽然丘吉尔和罗斯福没有得知在蒙图瓦尔达成的这个秘密协议的内容，他们也怀疑到会发生最坏的情况。英王通过美国的途径亲自向贝当发出呼吁，要求他不要站在反对英国的方面。罗斯福总统给予贝当的信是严厉的，措辞强硬，并且警告他注意维希法国背叛英国后将会产生的可怕后果（见威廉·L. 朗格尔：《我们的维希赌博》［*Our Vichy Gamble*］，第97页。朗格尔教授为了写这本书，看到了英美政府在十一年以后还没有发表的德国文件）。

在全线停下来的命令。”墨索里尼至少暂时放弃了在巴尔干取得进一步军事
胜利的计划，并且在8月27日写给希特勒的一封卑躬屈节的信中证实了这 815
一点。但是，轻而易举地征服希腊——这至少在某种程度上可以抵消他的
伙伴的光辉的胜利——这一前景对这个高傲的法西斯恺撒的诱惑力太大，
他无法抗拒，虽然这种前景是不真实的。

10月22日，他决定意大利在10月28日对希腊进行突袭，他在同一天写信给希特勒（他把这封信的日期写为10月19日），暗示他打算采取的行动，但是对这个行动的确切性质和日期则含糊其词。齐亚诺在那一天的日记中写道，墨索里尼担心元首可能“命令”他住手。希特勒和里宾特洛甫在从法国各乘专车回国的时候，风闻墨索里尼的计划，纳粹外长根据元首的命令在进入德国以后的第一个车站就停下来，打电话给在罗马的齐亚诺，主张立即召开轴心国领导人会议。墨索里尼建议10月28日在佛罗伦萨开会，当他的德国客人在那一天上午从火车上走下来的时候，墨索里尼兴高采烈地欢迎他：“元首，我们在进军！胜利的意大利军队已经在今天黎明越过了希腊-阿尔巴尼亚边界了！”[46]

根据所有记述来看，墨索里尼由于能够对他的朋友进行报复，感到极为高兴，因为在以前，纳粹独裁者在每次开入一个国家时都没有预先告诉过他的意大利盟友。希特勒非常愤怒。在一年之中这个最坏不过的时候，对一个顽强的敌人采取这个轻率行动，有打乱在巴尔干的计划之势。正像在稍后一些时候写信给墨索里尼时所说的，希特勒赶往佛罗伦萨是希望能阻止这个行动，但是他来得太晚了。据在场的施密特说，纳粹领导人还是设法压住了心头的怒火。

> ［施密特后来写道］希特勒那天下午回国时心中极为气愤。他已失望了三次——一次在昂代，一次在蒙图瓦尔，这次是在意大利。在以后几年的漫长的冬夜，这些劳顿的长途旅行，是他气愤地责骂忘恩负义的不可靠的朋友、轴心伙伴和“骗人的”法国人时经常出现的话题。[47]

可是，入侵英国既已证明为不可能，他就必须采取某种行动来贯彻对英国的战争。元首刚刚回到柏林，墨索里尼的军队在希腊遭到挫败的消息

就传来了，这进一步使他深切认识到采取行动的必要性。不到一周，意大利在那里的“胜利的”进攻就变成了一场溃败。

11月4日，希特勒在柏林的总理府召开了军事会议，他召集陆军的布劳希奇和哈尔德以及最高统帅部的凯特尔和约德尔参加了这次会议。由于哈尔德的日记和所缴获的一份约德尔向海军做的关于这次会议的报告，我们知道了希特勒的决定，这些决定包含在希特勒11月12日所发布的第十八号指令中，这项指令的全文收在纽伦堡的记录中。[48]

德国海军对希特勒的战略的影响变得很明显了，为摇摇欲坠的意大利
816 盟国采取某种行动的必要性也是如此。哈尔德注意到元首对意大利领导层“缺乏信心”。因此决定**不**派任何德军到利比亚。原来鲁道夫·格拉齐亚尼元帅的军队在9月已经深入埃及60英里而到达西地巴拉尼。希特勒决定要等到格拉齐亚尼到达马特鲁港时再派德军到利比亚去，而要到达这个地方还要沿海岸前进75英里。因此，如果到达的话，预料也不会在圣诞节前到达。同时希特勒决定要制订计划，派遣少数俯冲轰炸机前往埃及，袭击在亚历山大港的英国舰队和轰炸苏伊士运河。

至于希腊，希特勒向他的将领们承认，意大利在那里的进攻是一个“令人遗憾的错误”，并且不幸危及了德国在巴尔干的地位。英国人由于占领了克里特和利姆诺斯而获得了空军基地，他们从这些基地能够轻而易举地轰炸罗马尼亚油田，他们还由于派兵到希腊本土而威胁了德国在巴尔干的整个地位。为了对付这个危险，希特勒命令陆军立即制订计划，用至少十个师的兵力通过保加利亚入侵希腊，这十个师将首先派往罗马尼亚。他说：“预料俄国将继续保持中立。”

但是，11月4日所举行的会议以及接着发出的第十八号指令，大部分是关于摧毁英国在地中海西部的地位的。

> ［指令说］将占领直布罗陀，将封闭海峡。
>
> 应当防止英国人在伊比利亚半岛的另一个地点或在大西洋的岛屿上获得立足点。

为占领直布罗陀、西班牙的加那利群岛和葡萄牙的佛得角群岛所用的

代号是“费利克斯”。海军还要研究占领葡萄牙的马德拉和亚速尔群岛的可能性。葡萄牙本土可能必须加以占领。这个行动的代号将是“伊莎贝拉计划”，德国三个师将要集结在西班牙-葡萄牙边界，以执行这个计划。

最后，法国海军的一些舰只和一些部队将要调出来，以便法国可以保卫它在西北非的属地以防英国和戴高乐的进攻。希特勒在他的指令中说：“从这个初步任务开始，法国参加反英战争的工作就可以充分地展开了。”

希特勒在11月4日向将领们叙述的以及在一周以后的指令中所规定的新计划，在军事细节方面是很详尽的，特别是关于怎样通过德国的大胆袭击而占领直布罗陀，这些新计划显然使他的陆军首脑有很深的印象，认为是大胆的和精明的。但是实际上这些计划是权宜措施，不可能达到它们的目的，而且这些计划一部分是以他欺骗自己的将领为基础的。哈尔德说，希特勒在11月4日向他们保证，他刚刚接到佛朗哥重新提出的关于与德国一起参加战争的保证，但是我们已经看到，这是不很真实的。把英国人赶出地中海这个目的是正确的，但是为执行这个任务而派出的部队非常不够，特别是因为意大利的软弱无能。 817

海军作战参谋部在一个措辞强硬的备忘录中指出了这一点，这个备忘录是雷德尔在11月14日交给希特勒的。[49] 海军指出，意大利在希腊的惨败——墨索里尼的军队现在已被赶回阿尔巴尼亚，并且仍在退却中——不仅大大改善了英国在地中海的战略地位，而且提高了英国在全世界的威望。至于意大利对埃及的进攻，海军直率地对希特勒说：“意大利**绝不可能进行**它的埃及攻势。* 意大利的领导是很糟的，他们对局势毫无了解。意大利武装部队**既没有**胜任的领导，也没有军事效能，以必要的速度和决心在地中海地区进行所要求的战斗，取得胜利的结果。”

海军最后说，因此这个任务必须由德国来执行。它警告希特勒说：“**争夺非洲地区的战斗**是德国整个战争中的最重要的战略目标……它**对于战争的结局是具有决定性的重要意义的**。”

但是这个纳粹独裁者并不相信这一点。他一向认为在地中海和北非的战争只是从属于主要目标的。当雷德尔海军元帅在11月14日的会议上向

---

* 着重体是海军用的。

希特勒详述海军的战略思想时，希特勒反驳说，他“仍然倾向于同俄国较量”。[50] 事实上，他比以前任何时候都更倾向于这一点，因为莫洛托夫刚刚在那天上午离开柏林，在这以前他惹得希特勒大为愤怒。当雷德尔下一次在圣诞节过后两天会见希特勒时报告在地中海已坐失了大好机会时，希特勒并不过分感到不安。雷德尔说，英国在埃及对意大利的胜利* 以及它正在从美国得到的越来越多的物质援助，使得德国有必要集中它的力量把英国打垮，“巴巴罗萨”应当推迟到“打倒英国”以后再进行。希特勒对这个论点几乎没有听进去。

818 希特勒说：“鉴于目前的政治发展，特别是俄国对巴尔干事务的干涉，有必要不惜一切代价消灭在大陆上的最后的敌人，然后再打英国。”从现在一直到最后，他将要执迷不悟地坚持这个基本战略。

作为对他的海军首脑的让步，希特勒答应“再设法影响佛朗哥”，以便能够进攻直布罗陀，使英国舰队不能进入地中海。实际上，他已放弃了整个主意。12月11日，他悄悄地下令说：“‘费利克斯’将不执行，因为政治条件已不复存在了。”由于他自己的海军和意大利人一再要他催逼佛朗哥采取行动，希特勒做了最后一次努力，虽然这对他来说是痛苦的。1941年2月6日，他写了一封长信给西班牙独裁者。

……领袖，有一件事情必须澄清：我们正在进行一场生死斗争，目前不能够送任何礼物……

---

* 这时，英国由一个装甲师、一个印度步兵师、两个步兵旅、一个皇家坦克团（一共31 000人）组成的一支乌合之众的沙漠部队，已经把人数为三倍的意大利部队赶出了埃及并且捉了38 000名俘虏，而所付的代价是死133人，伤387人，失踪8人。英国在阿奇博尔德·韦弗尔将军的全面指挥下所进行的反攻是在12月7日开始的，在四天之中，格拉齐亚尼元帅的军队就被击溃了。作为五天的有限反攻而开始的这种攻势继续进行到2月7日，这时，英国已经越过了昔兰尼加（前进了500英里），消灭了意大利在利比亚的整整十个师的军队，俘虏了13万人，缴获了1 240门大炮，500辆坦克。英国方面死了500人，伤1 373人，失踪55人。这对于抱怀疑态度的英国军事作家J. F. 富勒将军来说，是“有史以来最大胆的战役之一”（富勒：《第二次世界大战》[*The Second World War*]，第98页）。

意大利海军也受到了致命的打击。11月11日的夜间，从德国空军声称已经炸沉的英国航空母舰“光辉号”起飞的轰炸机，袭击了停泊在塔兰托的意大利舰队，使三艘战斗舰和两艘巡洋舰在许多月内不能使用。齐亚诺在11月12日的日记的开头写道：“这是一个‘凶日’，英国人没有警告就击沉了无畏战舰‘加富尔号’，重创战列舰‘利托里奥号’和‘杜里奥号’。”

德国和意大利正在进行的战斗也将决定西班牙的命运。只有我们获胜，你目前的政权才会继续存在下去。[51]

对轴心国来说很不幸的是，佛朗哥收到这封信，正好是格拉齐亚尼元帅在昔兰尼加的残部于本加济以南被英军消灭的那一天。这就难怪，佛朗哥在1941年2月26日复信时，虽然声称他“绝对忠于”轴心国，但是他提醒纳粹领袖说，最近的事态发展已使“10月的情况大大改变”，他们在那个时候达成的谅解已经“过时了”。

阿道夫·希特勒在他充满剧烈变动的一生中少有几次承认失败，这次是其中之一。他写信给墨索里尼说:“这个西班牙人的乏味废话归结起来是，西班牙现在并不想参战，而且将来也不会参战。这是极端令人烦闷的，因为这意味着暂时已不可能以最简单的方式在英国的地中海属地打击英国了。”

但是，在地中海打败英国的关键是意大利而不是西班牙。而墨索里尼的脆弱的帝国并没有力量独力完成这个任务，希特勒也没有想到给予它完成这个任务的手段，其实希特勒是有这种手段的。他现在承认，直接越过英吉利海峡攻击英国或间接越过更广阔的地中海攻击它的可能性“暂时”已经消失了。虽然这是令人失望的，但是希特勒在认识到这一点后却感到宽慰。他现在可以转而处理他心中时刻想着的问题了。

1941年1月8日至9日，他在贝希特斯加登山上的伯格霍夫举行了一次军事会议。隆冬的积雪现在已深深地覆盖着这座高山，山上的空气看来已使他的头脑清醒过来。据雷德尔海军元帅和哈尔德将军关于会议的长篇秘密报告[52]所透露的，当希特勒向他的军事首脑们概述他的伟大战略时，他的思想又如脱缰之马一样驰骋起来。他又恢复了乐观态度。 819

[雷德尔记道]元首坚信，即使我们失掉整个北非，欧洲的局势也不再可能对德国有不利的发展了。我们在欧洲的地位已十分巩固地确立起来，因此结果是不可能对我们不利的……英国只有在大陆上打败我们以后才有希望赢得战争。元首深信，在大陆上打败我们是办不到的。

他承认，直接入侵英国的确是“行不通的，除非使英国在很大程度上陷于瘫痪，除非德国拥有绝对的空中优势”。他说，海军和空军必须集中力量攻击英国的海上运输线，从而断绝它的供应。他认为，这种攻击“可能使得早在7月或8月就赢得胜利”。他说，同时，“德国必须使自己在大陆上变得十分强大，致使我们能够对英国（和美国）进一步进行战争”。括弧是希特勒加的，括弧内的字是意味深长的。在缴获的德国记录中，这是第一次提到希特勒——在1941年初——准备面临美国参加战争的可能性。

接着，这位纳粹统帅谈到了各个战略地区和各个战略问题，并概述了他打算怎么办。

> ［雷德尔写道］元首认为，使意大利不垮台，这一点对于战争的结局十分重要……他决心……不让意大利失掉北非……失掉北非会使轴心国的威信大大下降……［因此］他决心支持他们。

这时，他告诫他的军事领袖们不要泄露德国的计划。

> 他**不**愿把我们的计划告诉意大利人。意大利王室极有可能会把情报送给英国！！[*]

希特勒说，给予意大利的支持，是把一些反坦克部队和德国空军中队派往利比亚。更重要的是，他将派遣由两师半兵力组成的一个军去支援在阿尔巴尼亚退却的意大利人——希腊人现在已把意大利人逼进了阿尔巴尼亚。在这方面，“玛莉塔计划”[†]将加紧执行，他下令，必须立即开始把军队从罗马尼亚调到保加利亚，这样就能在3月26日开始“玛莉塔计划”。希特勒还相当详细地谈到有必要做好准备，以执行“阿提拉计划”（德国的代号看来
820 几乎是取之不尽的），他在1940年12月10日的指令中已概述了这个计划。

---

* 着重体和双惊叹号是雷德尔用的。

†“玛莉塔计划”是在1940年12月13日的第二十号指令中下达的。这个计划规定在罗马尼亚集合一支由24个师组成的军队，一俟气候好转，就通过保加利亚向希腊进攻。这个指令是希特勒签字的。[53]

这是要占领法国的残余地区并夺取法国在土伦的舰队的一个计划。他认为现在可能必须很快执行这个计划。他说:"如果法国不听话，就必须把它彻底粉碎。"如果这样，这是粗暴地违反贡比涅停战协定的行动，但是，至少从哈尔德和雷德尔的记录来看，没有一个陆军将领或海军将军提出这个问题。

正是在这次军事会议上，希特勒称斯大林是"一个冷酷无情的讹诈能手"，并对他的司令官们说，必须"尽快"使俄国屈膝。

> [希特勒说]如果美国[这是他第二次提到美国参加对德战争的可能性]和俄国参加对德战争，情况将变得非常复杂。因此，必须从一开始就消除出现这种威胁的任何可能性。如果消除了俄国的威胁，我们就能无限期地对英国进行战争。如果俄国垮台，日本就可大大松一口气，这一点则意味着美国所受到的威胁增加了。

这就是这个德国独裁者在1941年开始时对全球战略的想法。在军事会议之后的两天，即1月11日，他在第二十二号指令中体现了这种想法。他规定，根据"向日葵计划"调德国援军去的黎波里，根据"阿尔卑斯山紫罗兰计划"调德国援军去阿尔巴尼亚。[54]

"全世界将会大惊失色!"

希特勒约墨索里尼在1月19日和20日到伯格霍夫去见他。墨索里尼由于意大利在埃及和希腊的溃败而感到震惊和丢脸，并没有兴趣做这一次旅行。齐亚诺发现，当墨索里尼登上他的专车时，他"愁眉苦脸，神经紧张"，担心希特勒、里宾特洛甫和德国将领们会对他不客气。他带了助理参谋长阿尔弗雷多·古佐尼同行，这使事情更糟了。齐亚诺在他的日记中描绘古佐尼是一个大腹便便、头戴染色假发的庸才。齐亚诺认为，把这个人带到德国人面前，肯定是丢脸的。

墨索里尼感到又惊讶又放心的是，他发现希特勒亲自到普赫小火车站的覆盖着白雪的月台上来迎接，态度既客气又热诚，丝毫没有责备意大利在战场上的可悲表现。据齐亚诺的日记，他还发现希特勒当时的心情是非常反俄的。希特勒在第二天花了两个多小时向他的意大利客人和两国的一些将领做了讲话。据约德尔将军写的关于这次讲话的一项秘密报告[55]证实，
821 虽然元首急于在阿尔巴尼亚和利比亚帮助意大利人，他的主要思想仍放在俄国方面。

> ［希特勒说］即使**美国**参战，我也不认为它会形成很大的危险，大得多的危险是俄国这个大家伙。虽然我们同俄国签订了非常有利的军事和经济协定，但我宁愿依靠我所拥有的强有力的手段。

虽然他对打算用他的“强有力的手段”干什么事这一点已做了暗示，但是他没有向他的伙伴透露他的计划。不过，这种暗示已足以使负责拟订细节的陆军参谋总长在两星期后于柏林举行的会议上能够向最高统帅提出这种计划。

有最高统帅部和陆军总司令部的高级将领参加的这次军事会议，从2月3日中午开到下午6点。哈尔德将军概述了陆军参谋总部的计划，虽然他后来在他的书[56]中说，他和布劳希奇怀疑他们自己对苏联的军事力量所做的估计，并且总的来说是反对“巴巴罗萨”的，认为这是一项“冒险”，但是在他同天晚上写的日记中或者在最高统帅部关于会议的极端秘密的备忘录[57]中，没有只言片语可以证实这个说法。的确，根据日记和记录透露，哈尔德最初对双方部队都做了认真的估计，估计敌方虽约有155个师，但德国的兵力也差不多一样，而且据哈尔德说，“质量要优越得多”。后来当灾难降临时，哈尔德和其他将领认识到，他们关于红军的情报是极其错误的。但是在1941年2月3日，他们并不怀疑他们的情报。而且事实上，哈尔德关于双方兵力和消灭红军的战略*的报告写得令人极其信服，因此希特勒在最后不仅表示“基本上”同意，而且对于这位参谋总长提出的前景感到极为兴奋。他欢呼说：

“当‘巴巴罗萨’开始时，全世界将会大惊失色，难置一言！”

---

* 这个战略实质上就是在1940年12月18日第二十一号指令中规定的那个战略（见本书原文第810—811页）。希特勒在对布劳希奇和哈尔德发表意见时，再次强调“大批大批歼灭敌人”而不是迫使他们退却的重要性。他着重指出：“**主要目的**［着重体是他用的］是要占领波罗的海国家和列宁格勒。”

他迫不及待地要开始实行这个计划。他急躁地下令“尽快”把作战地图和部队的部署计划送给他。

巴尔干序曲

在“巴巴罗萨”能够在春天开始以前，必须把位于巴尔干的南翼掌握在手中，并加强那里的军事力量。到1941年2月的第三周，德国人已在罗马尼亚集结了一支68万人的大军。罗马尼亚同乌克兰接壤，从波兰边境到 822
黑海，共长300英里。[58] 但是在南面，希腊人仍然使意大利人不能越雷池一步。柏林方面有理由相信，从利比亚开来的英国军队不久会在那里登陆。据希特勒在这段时期里举行的无数次会议的记录透露，他担心，盟国可能在萨洛尼卡以北形成一条战线，对于德国来说，这条战线会比第一次世界大战中的一条类似的战线更加麻烦，因为它将使英国人得到一个基地，从那里派飞机去轰炸罗马尼亚的油田。此外，这条战线还将危及“巴巴罗萨”。事实上，他们早在1940年12月就已预见到这个危险，当时发布了关于“玛莉塔计划”的第一道指令，规定德国用集结在罗马尼亚的军队，通过保加利亚大举进攻希腊。

保加利亚在第一次大战中，由于对谁是胜利者没有看准而吃了很大的亏，它现在又打错了算盘。保加利亚政府相信了希特勒所谓的他已经打赢这场战争的保证，并对得到南边的希腊领土从而获得一条通向爱琴海的通道的前景感到眼花缭乱，因此它同意参加“玛莉塔行动”——至少允许德军过境。利斯特陆军元帅和保加利亚的陆军参谋总部在1941年2月8日秘密达成了一项大意如此的协定。[59] 2月28日晚上，德国陆军部队从罗马尼亚渡过多瑙河，占领了保加利亚的战略阵地，保加利亚翌日参加了三国条约。

比较强悍的南斯拉夫人不是这么听话的。但是他们的顽强只有激使德国人把他们也拉进自己的阵营。3月4日到5日，元首非常秘密地把摄政王保罗亲王召到伯格霍夫，对他进行惯常的那一套威胁，然后是利诱，表示要把萨洛尼卡送给他。3月25日，南斯拉夫首相德拉吉沙·斯维特科维奇和外相亚历山大·辛卡尔-马科维奇到达维也纳，他们两人是在头天晚上为了躲避敌对的示威或者甚至绑架而偷偷溜出贝尔格莱德的。他们到达维也纳后，在希特勒和里宾特洛甫面前代表南斯拉夫签字参加三国条约。希特勒极为满意，他对齐亚诺说，这会有助于他对希腊的进攻。这两位南斯拉夫领导人在离开维也纳之前收到了里宾特洛甫的两封信，这两封信肯定德国“决心永远”尊重“南斯拉夫的主权和领土完整”，并保证轴心国“在这场战争中”不会要求让它的军队在南斯拉夫有过境权。[60]这两项保证后来都被希特勒违反了，其速度之快，在他本人的纪录来看，也是破天荒的。

这两位南斯拉夫大臣回到贝尔格莱德不久，他们以及政府和摄政王就在3月26日夜里被由若干高级空军军官领导并得到陆军大多数人支持的一次群众起义推翻了。年轻的王太子彼得抱着雨水管滑下来，逃过了摄政官员的监视，被宣布为国王。虽然杜尚·西莫维奇将军的新政权立即表示愿
823 意同德国签订互不侵犯条约，但是柏林可以清楚看出，它不会接受元首要南斯拉夫担当的傀儡地位。在贝尔格莱德举行的狂热的庆祝活动中，一批群众向德国公使的汽车吐唾沫，塞尔维亚人表明了他们是同情谁的。

贝尔格莱德的政变使阿道夫·希特勒勃然大怒，这是他一生中最愤怒的时刻之一。他认为这是对他个人的侮辱，一怒之下突然做出了后来证明对第三帝国的命运是灾难深重的决定。

他在3月27日急忙把他的军事首脑召到柏林的总理府，会议召开得极其仓促，布劳希奇、里宾特洛甫和哈尔德都迟到了。希特勒大叫大嚷地声称要对南斯拉夫人进行报复。他说，贝尔格莱德政变危及了“玛莉塔”，甚至更严重的是危及了“巴巴罗萨”。因此，他决定“不等新政府有可能宣布效忠，就在军事上把南斯拉夫毁灭，使它不再是一个国家”。他下令说：“不要进行外交上的询问，不要提出最后通牒。”他又说，要以“无情的严厉行动”粉碎南斯拉夫。他命令戈林马上派轰炸机从匈牙利空军基地起飞“进行波状攻击，摧毁贝尔格莱德”。他发布了立即入侵南斯拉夫的第二十五号指令，[61]他要凯特尔和约德尔当晚就制订军事计划。他指示里宾特洛甫对匈牙利、罗马尼亚和意大利说，南斯拉夫将由它们瓜分，它们全都可以分到一片土地，一个小小的克罗地亚傀儡邦除外。*

---

* 希特勒讥笑地说：“对南斯拉夫的战争在意大利、匈牙利和保加利亚应该是颇得人心的。”他说，他将把巴纳特分给匈牙利，马其顿分给保加利亚，亚得里亚海岸分给意大利。

然后，据最高统帅部的极端秘密的会议记录中画有着重线的一节说，[62] 希特勒宣布了一切决定中关系最重大的一个决定。

他对他的将领们说："**'巴巴罗萨计划'不得不推迟开始，期限最多为四星期。**"*

纳粹统帅为了对一个胆敢不把他放在眼里的小小的巴尔干国家发泄个人的怒气而推迟对俄国的进攻，这可能是希特勒一生中导致最大灾难的一个决定。这样说并不过分：由于他在3月的那个下午在柏林的总理府大怒之下做出了那个决定，他失掉了在战争中获胜的最后良机，不能使他以如此惊人的（虽然是野蛮的）天才建立的第三帝国成为德国历史上最大的帝国，同时不能使自己成为欧洲的主宰。德国陆军总司令布劳希奇元帅和天才的陆军参谋总长哈尔德将军后来由于俄国的大雪和零下温度才发现，按照他们的估计，要取得最后胜利，所需要的时间尚差三四个星期。这时，他们才沉痛地想起了这个决定，虽然这时他们对这个决定的后果的了解，要比在做出决定时深刻多了。他们和其他将领后来总是把接着产生的一切 824
灾难都归咎于一个自负而激怒的人所仓促做出的这个不明智的决定。

最高统帅在散会之前向他的将领们发布的第二十五号军事指令是一项典型的希特勒式文件。

> 南斯拉夫的军事政变已经改变了巴尔干的政局。尽管南斯拉夫表示了忠诚，但是目前必须把它视为敌人，因此必须尽快予以摧毁。
>
> 我打算用武力打进南斯拉夫……歼灭南斯拉夫军队……

最高统帅部作战局局长约德尔奉命当晚就拟定计划。约德尔后来对纽伦堡法庭说："我在帝国总理府工作了一个通宵。我在3月28日凌晨4点，把一项备忘录交给了我们负责与意大利最高统帅部进行联络的冯·林特伦将军。"[63]

因为，必须立即将德国的作战计划通知墨索里尼，并要求他进行合作。墨索里尼在阿尔巴尼亚的士气不振的军队，当时正有可能遭受南斯拉夫人

---

* 在1940年12月18日发布的第一道"巴巴罗萨"指令中，本来规定在5月15日开始。

从后方袭击的危险。为了保证使墨索里尼了解对他的期望，希特勒不等约德尔将军拟就他的军事计划，就在27日半夜火速写了一封信，命令立即用电报发往罗马，以便使墨索里尼当夜收到此信。[64]

> 领袖，情况迫使我用这个最快的办法把我对局势以及对可能产生的后果所做的估计告诉你。
>
> 从一开始，我就认为南斯拉夫在同希腊的争端中是一个危险的因素……因此，我尽了一切正当努力来使南斯拉夫参加我们的大家庭……不幸，这种努力没有成功……今天的消息使人毫不怀疑南斯拉夫的外交政策马上就要改变。
>
> 因此，我已在军事上安排了一切必要措施……现在，我真挚地要求你，领袖，在今后几天不要在阿尔巴尼亚采取任何进一步的行动。我认为你必须用现有的一切部队来掩护南斯拉夫–阿尔巴尼亚之间的最重要的关口。
>
> ……我还认为，领袖，你必须用现有的一切手段，极其迅速地增援你在意大利–南斯拉夫战线上的军队。
>
> 我还认为，领袖，对我们所采取的和下令要采取的一切行动应该
> 825 严守秘密……这些措施如果为人所知，就会毫无价值……领袖，如果能保守秘密，那么我毫不怀疑，我们两人就可取得不下于一年前在挪威取得的那种成就。这是我的不可动摇的信念。
>
> 请接受我的衷心的和友好的致意。
>
> 阿道夫·希特勒

就这个短期目标来说，纳粹统帅的预言又是正确的；但是看来他丝毫没有感到，从长远来说，他对南斯拉夫的成功的报复将使他付出多大的代价。4月6日黎明，他的军队以压倒优势的兵力全力扑向南斯拉夫和希腊，势如破竹地越过了保加利亚、匈牙利和德国本国的疆界，迅速地向那些被德国空军照例事先进行的轰炸炸得不知所措的、装备很差的守军进逼。

按照希特勒的命令，贝尔格莱德要被夷为平地。接连三天三夜，戈林的轰炸机在这个小小的首都掠过房顶、低飞肆虐——因为这个城市没有高

被夷为平地的贝尔格莱德。

射炮——炸死了17 000名平民，炸伤了更多的人，使这个地方成为硝烟迷漫的一堆瓦砾。希特勒称之为“惩罚计划”，他显然深信，他的命令已经非常有效地执行了。南斯拉夫人来不及动员他们的人数不多而精悍的军队，他们的陆军参谋总部犯了试图保卫整个国家的错误，他们被打垮了。4月13日，德国军队和匈牙利军队开进了残破的贝尔格莱德。17日，南斯拉夫陆军的残余部队（仍然有28个师）在萨拉热窝投降，国王和首相乘飞机逃到了希腊。

在六个月的战斗中使意大利人丢脸的希腊人，无法抵挡利斯特元帅的由15个师组成的第十二军团，其中4个师是装甲师。英国急忙从利比亚派遣大约4个师，共53 000人，开往希腊。但是，他们像希腊人一样，被德国的装甲部队和空军的猛烈轰炸打得一败涂地。北部的希腊军队在4月23日向德国人投降，并且也硬着头皮向意大利人投降了。四天后，纳粹的坦克隆隆地开入雅典，在卫城挂起了卐字旗。此时，英国人再次拼命设法从海路撤军——这是一次小规模的敦刻尔克撤军行动，差不多是同样成功的。

到4月底，在三周内，除克里特之外，一切都结束了。5月底，德国人在用伞兵进行的一次袭击中从英国人手里夺取了克里特。在墨索里尼在整个冬天遭到惨败的地方，希特勒在春天的几天之内就取得了成功。虽然墨索里尼由于摆脱了困境而感到宽慰，但是他丢了脸，因为是全靠德国人使他摆脱困境的。希特勒现在开始瓜分南斯拉夫了，而意大利得到的一份是
826 令人失望的，这也并没有使墨索里尼感到好过一些。*

元首并不只是在巴尔干使他的昏庸无能的小伙伴摆脱困境。当意大利在利比亚的军队被歼之后，希特勒虽然很勉强，但是终于同意派遣一个轻装甲师和一些空军部队前往北非，在那里，他安排由埃尔温·隆美尔将军全面指挥意大利-德国部队。隆美尔是一个大胆泼辣、足智多谋的坦克军官，他在法兰西战役中作为一个装甲师的师长而驰名一时。英国人以前在北非沙漠中从来没有碰到过像他那样的将领，有两年之久，他将使英国人伤透脑筋。但是他不是唯一的问题。英国人由于从利比亚向希腊派去相当多的陆军和空军，而使他们在沙漠里的地位大为削弱。最初，他们并不过分担心，甚至在他们的情报人员报告说德国装甲部队在2月底到达的黎波里塔尼亚之后都没有感到过分不安。他们是不该如此的。

在3月的最后一天，隆美尔用他的德国装甲师和两个意大利师（其中一个师是装甲师）突然攻击昔兰尼加。在十二天中，他收复了这个省，包围了图卜鲁格，并抵达了离埃及边境只有几英里的巴迪亚。英国在埃及和苏伊士的整个地位再次受到了威胁；事实上，由于德国人和意大利人到了希腊，英国在地中海东部的控制权已受到严重的威胁。

在这第二个春天，即这次战争的第二个春天，德国人又取得了一些辉煌胜利，现在单独坚持作战的英国的困境，由于国内德国空军夜间的轰炸，由于海外英军被赶出希腊和昔兰尼加，看来比以前更加严重、更加没有希望了。英国的威信降到了新的低点，而威信在一场生死斗争中是十分重要的，因为在这种斗争中，宣传是一个非常有力的武器，特别是在影响美国

---

* 1941年4月12日，在希特勒发动进攻后六天，他就发布了一道关于在德国、意大利、匈牙利和保加利亚之间瓜分南斯拉夫的秘密指令。克罗地亚被建立为一个自治的傀儡国家。元首是非常不讲谦让的，德国取得了同旧奥地利毗邻的地区，除了铜矿区和煤矿区以外，还占领了整个塞尔维亚。意大利应得的地区没有明确规定，但是这个地区是不大的。[65]

和俄国方面。*

希特勒于5月4日在柏林德国国会发表的胜利演说中很快利用了这一点。他的演说主要是对丘吉尔进行的恶毒的冷嘲热讽的人身攻击，说他（跟犹太人一起）是战争的鼓动者，说打输战争是他一手造成的。 827

他是历史上最嗜血成性，也是最外行的战略家……五年多来，这个人一直像疯子一样在欧洲到处追逐，寻求他能够放火焚烧的东西……作为一个军人，他是一个糟糕的政客；作为一个政客，他同样是一个糟糕的军人……丘吉尔先生的天才就是善于装成一副虔诚的样子说谎、歪曲事实，直到最后把惨败说成光荣的胜利。丘吉尔对战略是一窍不通的，因此，他一下子就在［南斯拉夫和希腊］两个战场上吃了败仗。在其他任何国家，他都是会受到军事法庭的审判的……他的不正常的心理状态只能表明他患了瘫痪病，或者表明他是一个说胡话的醉汉……

至于使他如此愤怒的南斯拉夫政变，希特勒没有试图掩饰他的真正感情。

一小撮被收买的阴谋分子进行的这次政变使我们全都大吃一惊……各位先生，你们知道，当我听到这个消息时，我立即下令进攻南斯拉夫。**这样对待德意志帝国是不行的。**

---

* 飞行英雄查尔斯·A. 林德伯格在美国不止一次向一大批热情的听众发表演说时说，英国已战败了。在本书作者看来，他在访德期间已经惊人天真地听信了纳粹的宣传吹嘘。1941年4月23日，当纳粹在巴尔干和北非取得胜利之际，他在纽约新成立的美国第一委员会的第一次群众大会上向3万人发表演说。他说："英国政府有一项最后挣扎的计划：……说服我们再派一支美国远征军去欧洲，以便在军事上和财政上同英国分摊这场战争的失败。"他谴责英国"鼓动欧洲小国跟压倒的优势进行斗争"。显然，这个人没有想到，刚刚被希特勒打垮的南斯拉夫和希腊遭到了无端的残酷进攻，它们本能地设法进行了自卫，因为它们有荣誉感，因为它们甚至在压倒的优势面前也有勇气。罗斯福总统在4月25日公开谴责林德伯格是一个失败主义者和姑息者，于是林德伯格在28日放弃了他的美国陆军航空队后备役上校军衔。陆军部长接受了他的辞呈。

虽然希特勒由于他在春天取得的胜利，特别是由于他对英国人取得的胜利而狂妄自大，但他没有充分认识到这种胜利对英国是多么大的一个打击，他也没有充分认识到英帝国的困境多么严重。在他向德国国会发表演说的那天，丘吉尔正在写信给罗斯福总统，说明丢掉埃及和中东的严重后果，并要求美国参战。首相当时正处于他在整个战争中最阴郁的心境。

［他写道］总统先生，我请求你不要低估在中东的溃败可能产生的后果的严重性。[66]

德国海军力促元首充分利用这种局势。为了进一步改善轴心国的情况，新近被任命的伊拉克首相、亲德的拉希德·阿里领导了对巴格达城外哈巴尼亚英国空军基地的一次攻击，并呼吁希特勒协助把英国赶出这个国家。这是5月初的事情。随着克里特在5月27日被攻克，对“巴巴罗萨”一向不热情的雷德尔海军元帅在5月30日呼吁希特勒准备对埃及和苏伊士发动一次决定性的攻势。急于一俟得到援军就继续推进的隆美尔从北非也发出
828 了类似的呼吁。雷德尔对元首说：“这一打击要比占领伦敦对英帝国更为致命。”一星期以后，这位海军元帅把海军作战参谋部作战处草拟的备忘录交给了希特勒，备忘录警告说，虽然“巴巴罗萨”“在最高统帅部的领导方面当然占主要地位，但绝不可因此而放弃或推迟在地中海的作战”。[67]

但是元首已经下定决心；事实上，从他在圣诞节假日宣布“巴巴罗萨计划”并对雷德尔海军元帅说必须“首先消灭”俄国以来，他一直没有改变他的决心。他的思想局限于陆地，不理解海军所主张的目光更远大的战略。甚至在雷德尔和海军作战参谋部于5月底向他提出请求之前，他就在5月25日发布的第三十号指令中[68]做了最后规定。他下令把一个军事代表团、几架飞机和一些武器送到巴格达去帮助伊拉克。他说：“我已决定支持伊拉克以鼓励中东的局势发展。”但是他目光所见没有超过这个小小的、不充分的步骤。至于海军将领和隆美尔所主张的目光更远大的、大胆的战略，他说：

以后是否可能（如果可能，用什么办法）对苏伊士运河发动攻

> 势并最后把英国人从他们在地中海和波斯湾之间的阵地赶出去，要到“巴巴罗萨计划”结束之后才能决定。

首先必须消灭苏联，其他一切必须等待。我们现在可以看到，这是一个极其重大的错误。在这个时刻，即1941年5月底，希特勒本来只要用他的一小部分部队就能给英帝国以毁灭性打击，也许是致命的打击。处境极为困难的丘吉尔比谁都更清楚地了解这一点。他在5月4日写给罗斯福总统的信中承认，如果失掉埃及和中东，那么，继续进行战争“将是一件艰巨、长期和前途黯淡的事情”，即使美国参战也是这样。但是希特勒不了解这一点。由于他的巴尔干战役已使“巴巴罗萨计划”的开始推迟了几周，从而危及了这个计划，他的盲目就更加不能理解了。必须在比原定计划更短的时间内完成征服俄国的工作，因为有一个冷酷无情的限期：曾经使查理十二世和拿破仑遭到失败的俄国的冬天。德国人要在冬天来临之前攻占一个从来没有被西方征服过的大国，只剩六个月的时间了。虽然6月已经来到，但仍必须在不平的公路和陈旧的单轨铁路上把那些已被派到东南方面南斯拉夫和希腊的大量军队千里迢迢地调至苏联边境，而这些公路和铁路要运输如此多的军队是极其不够的。

正如结果所证明的，这次延迟是致命的。为希特勒的军事天才辩护的人们说，巴尔干战役并未使“巴巴罗萨”的时间表大大推迟，无论 829
如何，推迟主要是由于那一年雪融化得晚，这使东欧的道路在6月中旬还是泥泞不堪。但是重要的德国将领的证词则不这样认为。名字将始终同斯大林格勒联系在一起的弗里德里希·保卢斯陆军元帅，这个时候是陆军参谋总部的俄国战役的主要策划人，他后来在纽伦堡证人席作证说，希特勒要毁灭南斯拉夫的决定使得“巴巴罗萨”的开始推迟了“大约五周”。[69] 海军的作战日志也说推迟了这样长的时间。[70] 在俄国带领南方集团军的冯·伦德施泰特陆军元帅在战后对盟军的审讯员说，由于巴尔干战役，“我们至少迟开始了四周”。他又说：“这是一次代价非常昂贵的推迟。”[71]

无论如何，在4月30日，当希特勒的军队完成了对南斯拉夫和希腊的征服时，他为“巴巴罗萨”规定了新的日期，在1941年6月22日开始。[72]

恐怖统治的策划

在占领俄国方面可以不受限制地采取任何手段。希特勒坚持要将领们非常清楚地了解这一点。1941年3月初，他召集了三军首脑和重要的陆军战地指挥官，定下了这个规定。哈尔德记下了希特勒的话。[73]

> ［希特勒说］由于对俄国的战争的实际情况，不能以侠义方式进行。这场斗争是一场意识形态和种族差别的斗争，必须以空前的、残酷无情的严厉方式进行。所有的军官必须抛弃过时的思想。我知道，用这种办法进行战争的必要性是你们各位将军所不能理解的，但是……我绝对坚持，必须毫无违抗地执行我的命令。政治委员是跟民族社会主义背道而驰的意识形态的传播者。因此要消灭政治委员。破坏了国际法的德国士兵……应予以宽恕，俄国没有参加《海牙公约》，因此它不能根据这个公约而享受任何权利。

这样就发布了所谓的“政治委员命令”。德国将领们究竟是应当服从元首要他们犯战争罪行的命令呢，还是应当按照他们自己的良知行事？后来在纽伦堡的审讯中向他们提出这个重要的道德问题时，进行了不少的
830 讨论。*

据哈尔德后来说，将领们对这道命令大为愤怒，会议一结束，他们就向他们的总司令布劳希奇提出抗议。这个没有骨气的陆军元帅†答应，他将“反对所发布的那种形式的命令”。哈尔德一口咬定说，后来，布劳希奇书面通知最高统帅部，陆军军官“绝不能执行这种命令”。但是他果真如此了吗？

布劳希奇在纽伦堡直接受审时所作的供词中承认，他没有向希特勒采

---

* 冯·曼施坦因陆军元帅在纽伦堡证人席谈到“政治委员命令”时说：“我第一次发现自己陷入了一个我的军人概念和我的服从天职之间的矛盾。实际上，我应该服从。但是我对自己说，作为一个军人，我万万不能在这种事情中进行合作。我对我当时所属的集团军司令说……我不愿执行有损一个军人的荣誉的这种命令。”[74]

事实上，这个命令当然大规模地执行了。

† 希特勒后来称他是“稻草人”（《希特勒秘密谈话录》，第153页）。

取这种行动，“因为根本没有办法改变他的态度”。他对法庭说，陆军首脑所做的就是发布一道书面命令，“陆军的纪律必须按照过去实行的方针和规定严格遵守”。

语言辛辣的军事法庭庭长劳伦斯大法官问布劳希奇：“你没有发布直接提到‘政治委员命令’的任何命令吗？”

他回答说：“没有，我不能直接取消这道命令。”[75]

凯特尔将军于5月13日以元首的名义随后发布了几道指令，具有普鲁士传统的旧派陆军军官这时便又有了一个良心斗争的机会。主要的一个指令限制了德国军事法庭的职能。这种职能要由一种比较原始的法律取而代之。

> ［俄国的］敌方平民所犯的可惩罚的罪行不再受到军事法庭的审讯，直到发出进一步通知时为止……
>
> **凡有罪行嫌疑者应立即递交一位军官，由该军官决定是否把他们枪毙。**
>
> 关于**武装部队人员对敌方平民所犯的罪行，不一定予以起诉，**即使这个行为同时是一种军事罪行。*

陆军奉令可以从轻处理这种犯罪者，每一次都要记住“布尔什维克”自从1918年以来使德国遭受的一切损害。只有“为维护部队的纪律和安全而需要把德国兵送交军事法庭时”，才有理由采取这种措施。指令最后说：“无论如何，只有那些同最高统帅部的政治意图相符合的法庭判决才可予以批准。”[76]这项指令应“作为‘绝密’文件处理”。† 831

---

* 着重体是命令中原来用的。

† 1941年7月27日，凯特尔下令销毁5月13日关于军事法庭的指令的一切副本，不过他规定，“这项指令并不由于销毁副本而失效”。他又说，7月27日的命令“本身应予销毁”。但是使最高统帅部烦恼的是，这两道命令的副本都存了下来，并且在纽伦堡军事法庭上披露过。

四天前，在7月23日，凯特尔发布了另一道“绝密”命令：

> 7月22日，元首在接见了陆军司令［布劳希奇］之后发布了如下命令：
>
> 由于东方占领区幅员广阔，只有靠占领军广泛进行这种恐怖活动而不是靠对犯罪者提出起诉来惩罚一切抵抗行为，现有的部队才足以确保安全，因为只有占领军广泛进行这种恐怖活动才可消除居民中想要进行抵抗的一切倾向。[77]

凯特尔代表希特勒在同天签署的第二道指令责成希姆莱承担为俄国境内的政治管理进行准备的“**特别任务**”。指令说，“这种任务是由于必须在两个对立的政治制度之间进行斗争而产生的”。这个纳粹秘密警察虐待狂奉命“由他自己负责”“独立”行事，不受陆军干预。将领们清楚知道委派希姆莱执行“特别任务”意味着什么，虽然他们在纽伦堡军事法庭受审时否认他们知道这一点。此外，指令说，当希姆莱进行工作时，应封锁俄国的被占领区。希特勒规定，即使“政府和党的最高级人员”也不准观看。同一指令任命戈林“开发这个国家，获取它的经济资财，供德国工业使用”。附带说一句，希特勒在这道命令中还宣布，一俟军事行动结束，将把俄国“划分成各个国家，各国建立自己的政府”。[78]

这种工作进行的办法将由阿尔弗雷德·罗森贝格拟定，罗森贝格是一个头脑糊涂的波罗的海人，正式说来，他是纳粹的主要思想家，我们前已述及，在慕尼黑的日子里，他是希特勒的启蒙导师之一。4月20日，元首任命他担任“有关东欧地区问题的中央监督专员”。善于误解历史甚至误解他所出生和上学的俄国的历史的这个纳粹傻瓜，立即着手在他的故乡建造他的城堡。罗森贝格的长篇累牍的档案原封不动地被缴获了。他的档案像他的书一样，读起来枯燥无味。我们不让它们来妨碍本书的叙述，虽然必须偶尔提到它们，因为它们透露了希特勒关于俄国的一些计划。

到了5月初，罗森贝格为有希望成为德国历史上最大的一次征服拟就了他的第一个详尽的计划。首先，俄罗斯的欧洲部分将划分成一些所谓帝国专区，俄属波兰将成为一个叫作奥斯特兰的德国保护国，乌克兰成为“一个同德国联盟的独立国”，盛产石油的高加索将由一个德国“全权代表”统治，三个波罗的海国家和白俄罗斯将构成一个德国保护国，准备直接并
832 入大德意志帝国。罗森贝格曾向希特勒和将领们提出无数备忘录，据他说是为了说明他做出决定的“历史和种族条件”。他在其中一项备忘录中解释说，完成上面所说的最后一点的办法将是，把在种族上可以同化的波罗的海人德国化，并“把不良分子放逐出境”。他告诫说，在拉脱维亚和爱沙尼亚，“必须计划进行大规模的放逐”。这些被驱逐出境的人将由德国人，最好是由退伍军人来代替。他规定说：“波罗的海必须成为德国的内海。”[79]

在军队开始进攻之前两天，罗森贝格向他的一些将去接管俄国统治权

的最亲密的合作者发表了演说。

> ［他说］养活德国人民这项工作，在德国对东方的要求的清单上居于首位。［俄国］南部领土必须……为养活德国人民……而服务。
>
> 我们认为绝对没有理由说明我们有义务也用这个富饶地区的产品来养活俄国人民。我们知道，这是一种严格的需要，而不是带任何感情的事情……俄国人今后的年头将是非常难过的。[80]

的确是非常难过的年头，因为德国人蓄意策划要把数以百万计的俄国人饿死！负责对苏联进行经济剥削的戈林甚至比罗森贝格更清楚地表明了这一点。他的东方经济工作处在1941年5月23日的一道冗长的指令中规定，绝不可把俄国南部黑土地带的剩余粮食运给工业地区的人民，反正那里的工业是要破坏的。这些地区的工人及其家属就只能等着饿死——或者，如果他们能够的活，就移居到西伯利亚去。必须把俄国生产的大量粮食运给德国人民。

> ［指令宣称］这些地区的德国行政机构可以缓和一下饥馑的后果，并加速恢复原始的农业状况。但是，这种措施不会避免无疑将发生的饥馑。如果企图从黑土地带输送剩余粮食来使那里的居民免于饿死，那就会使欧洲的供应受到影响，就会削弱德国在战争中的持久力，破坏德国和欧洲的抵抗封锁的力量。必须清楚而完全地了解这一点。[81]

德国蓄意采取这种政策会使俄国老百姓死掉多少？各部国务秘书们在5月2日举行的会议上做了一般的答复。会议的一项秘密备忘录说：“**无疑，如果我们从这个国家拿走我们所需的东西，那么就将有好几百万人饿死。**”[82] 戈林说过，罗森贝格也说过，这种东西要拿走——必须“清楚而完全地了解”这一点。

是否有什么德国人，即使是一个德国人，曾经抗议过这个计划中的残酷行动，这个经过深思熟虑的、要把成百万人饿死的计划？在有关德国 833

掠夺俄国的指令的一切备忘录中，没有提到有什么人反对——像至少是一些将领反对“政治委员命令”那样。这种计划不仅仅是像希特勒、戈林、希姆莱和罗森贝格之流的神志错乱的人的狂妄和邪恶的空想。从一些记录中可以清楚看出，多少星期和多少月来，许多德国官员把风和日暖的春光消磨在写字台旁，忙着把一些数字加起来，撰写备忘录，冷酷地计划对几百万人的屠杀。这一次是用饿死的方法。在那些日子里，面貌温和、养鸡出身的海因里希·希姆莱也坐在他在柏林党卫军总部的写字台旁，戴着夹鼻眼镜，读着要用更快、更厉害的办法屠杀另外几百万人的计划。

希特勒对于他的忙碌的文武走卒在策划如何进攻苏联、毁灭苏联、剥削苏联、大肆屠杀百姓方面的劳动感到非常满意。他在4月30日规定了进攻的日期：6月22日，于5月4日在德国国会发表了他的胜利演说，然后回到他最喜欢去的地方贝希特斯加登山上的伯格霍夫，他在那里可以凝视山巅仍然覆盖着春雪的阿尔卑斯山的壮丽景色，并考虑他的下一次征服，最大的一次征服，据他对他的将领们说，全世界对这次征服将会大惊失色。

1941年5月10日是星期六，就在这天晚上，他在这里得到一个令人惊奇的出人意料的消息，使他大为震动，并迫使他不得不暂时把战争丢在脑后，正和西方世界的几乎任何其他人听到这个消息以后的反应一样。原来他最亲信的心腹、纳粹党的副领袖、仅次于戈林的第二号接班人、自从1921年以来最忠心耿耿的追随者、自从罗姆被谋害以来最接近的朋友，已经自己坐飞机溜了出去，同敌人进行谈判去了！

鲁道夫·赫斯的出走

据施密特博士追述，5月10日晚上鲁道夫·赫斯乘一架梅塞施密特-110战斗机独自飞往苏格兰的消息最初传来时，对希特勒的打击“好像一颗炸弹落在伯格霍夫一样”。[83] 凯特尔将军发现元首在他那宽敞的书房里走来走去，一个手指放在额角上，口中咕哝着说，赫斯一定是发疯了。[84] 希特勒喊道：“我必须立即同戈林谈话。”翌日早晨，他同戈林和纳粹党的所有首脑开了一次紧张的会议，他们要设法“想出”——用凯特尔的话来说——一个向德国公众和全世界公布这件令人难堪的事情的办法。凯特尔后来作证说，他们的任务并未由于英国人最初闭口不谈他们这位不速之客而容易些，希特勒和当时的与会者曾一度希望，也许赫斯会用完汽油，掉在冰冷的北 834
海中淹死了。

元首最初得到的情报来自赫斯的一封内容有点前言不搭后语的信件，这封信是由一位信使在赫斯于5月10日下午5点45分从奥格斯堡起飞之后几小时提交的。希特勒对凯特尔说：“我在这封信里认不出赫斯了。那是另外一个人。他一定出了什么毛病——神经有点错乱。”但是元首也很猜疑，他下令逮捕了梅塞施密特，因为赫斯是从他的公司的机场起飞的，同时还逮捕了这位副领袖的几十个幕僚。

如果说赫斯的突然离去使希特勒莫名其妙，那么他的出人意料的到来也使丘吉尔莫名其妙。* 斯大林则十分猜疑。在战争进行的整个期间，这件奇怪的事情一直是一个谜，只是在纽伦堡的审讯中才得到澄清，赫斯在那里是被告之一。事实可以简短地谈一谈。

赫斯一直是一个糊里糊涂的人，虽然他不像罗森贝格那样愚蠢。他自作主张飞往英国，幻想他能够安排一项和平协议。虽然他抱有幻想，但却是真诚的——看来没有理由怀疑这一点。他于1936年在柏林的奥林匹克运动会上同汉密尔顿公爵见过面。他从他的梅塞施密特飞机跳出来以后，用降落伞安全地着陆，离公爵在苏格兰的住宅不到12英里，可见他的导航是准确的。他要求一个农民带他去见这位苏格兰公爵。汉密尔顿是皇家空军的一个空军中校，那个星期六傍晚正在扇形站作战室值班，他在晚上10点过后不久在雷达屏上发现这架梅塞施密特飞机从海岸飞进来降落。一小时后，有人向他报告，这架飞机已经坠落焚毁，驾驶员跳伞，驾驶员说他的名字叫阿尔弗雷德·霍恩，自称有“特别使命”要见汉密尔顿公爵。英国当局安排在翌日上午进行这次会晤。

赫斯向公爵解释说，他是在执行一项“人道使命，元首并不想打败英国，而希望停止战斗”。赫斯说，这是他第四次试图飞到英国来，他在另

---

* 丘吉尔生动地叙述了他于那个星期六傍晚在乡村中视察时接到这个消息时的心情，并叙述他最初如何认为这个消息荒诞得简直不能相信（《伟大的联盟》[*The Great Alliance*]，第50—55页）。

外三次曾由于气候关系而不得不折回。他说他毕竟是德国的一个内阁阁员。这些事实表明了"他的诚意以及德国希望和平的意愿"。在这次谈话中，正如以后跟其他人进行的谈话中一样，赫斯毫不迟疑地说："德国将打赢这次战争，如果战争继续下去，英国人的处境将是可怕的。因此，他的主人最好利用他的到来，进行和谈。这个纳粹狂人充满自信，相信英国人会坐下来同他谈判，他请公爵要求"国王'假释'他，因为他来英国没有带武器，并且是出于自己的自由意志前来的"。[85] 后来他又要求以一个内
835 阁阁员应得的尊重来对待他。

随后几次的会谈（除一次外），英国方面是由伊冯·柯克帕特里克进行的，他是了解德国情况的前英国驻柏林大使馆一等秘书，他的秘密报告后来在纽伦堡法庭曾被利用过。[86] 赫斯像鹦鹉学舌一般重复了希特勒对于纳粹

1940年5月10日，鲁道夫·赫斯乘坐的梅塞施密特飞机坠毁后，被运往苏格兰的火车站。

的一切侵略行为（从奥地利到斯堪的纳维亚和低地国家）的解释，并且坚持说战争是英国造成的，如果英国现在不停止战斗，它肯定要失败。接着他就向这位研究纳粹德国问题的老手提出了他的和平建议。这些建议就是希特勒在进攻波兰前夕力促张伯伦接受而没有成功的那些建议，即英国应该让德国在欧洲自由行动，交换条件是德国让英国在“英帝国内完全自由地行动”。必须归还前德国殖民地，当然，英国还必须同意大利媾和。

> ［柯克帕特里克报告说］最后，当我们要离开房间时，赫斯还补充说了一句。他说，他忘记强调，这个建议只能根据这样一个谅解予以考虑，即这项建议是由德国同一个非现任的英国政府进行谈判的。自从1936年以来就策划战争的丘吉尔先生以及他的一些支持其战争政策的同僚们并不是元首能够与之谈判的人物。

作为一个在纳粹党内和在第三帝国内经过勾心斗角的残酷斗争取得这样高的地位的德国人，鲁道夫·赫斯真是太天真了，这是了解他的一切人都能证明的。从这些谈话记录可以清楚看出，他满以为会立即受到——如果不是丘吉尔，那么也至少是“反对党”的——接见，把他当作一个认真的谈判代表。赫斯认为汉密尔顿公爵是反对党的领导人之一。当他同英国官员的接触继续仅限于同柯克帕特里克一人时，他的好战和威胁态度越发厉害了。在5月14日的一次谈话中，他对这位不信他那一套的外交官描绘了英国继续战争将会遇到的可怕后果。他说，不久将对不列颠群岛进行厉害的、彻底的封锁。

> ［赫斯对柯克帕特里克说］这里如果有人设想英国本土可以投降，战争可以由英帝国进行下去，那是无用的。希特勒的意图是，万一发生这种情况，就继续封锁英国本土……以至于我们不得不面临有意使这些岛上的人民饿死的情况。

赫斯极力主张立即进行他冒了极大的风险来进行的会谈。据他向柯克帕特里克解释：“他自己的出走是为了给我们一个在不丧失威信的情况下举行谈判的机会。如果我们拒绝这个机会，那就清楚地证明，我们无意同德

国达成谅解，希特勒就有权——事实上他有责任——把我们完全毁灭，并
836 在战后使我们永远处于从属地位。”赫斯坚持，谈判代表的人数要少一些。

> 作为德国的一个部长，他不能使自己处于这样一种地位，即他独自一个人要听一大批人纷纷提出意见和问题。

就柯克帕特里克而论，会谈就这样可笑地结束了。但是，据丘吉尔说，[87]英国内阁——令人惊讶地——“邀请”西蒙勋爵在6月10日会见赫斯。据这个纳粹副领袖的律师在纽伦堡说，西蒙答应他将把赫斯的和平建议提交英国政府。*[88]

赫斯的动机是清楚的。他真诚希望同英国媾和。他毫不怀疑，德国会在战争中获胜，并会毁灭联合王国，除非立即媾和。毫无疑问，他还有别的动机。战争使他个人黯然失色。在战争期间，作为希特勒的副手管理纳粹党是一种很无聊而且不再是非常重要的职务。目前，在德国的重要工作是处理战争和外交事务。元首所注意的就是这些事情，其他一切几乎全都顾不上了，这些事情使戈林、里宾特洛甫、希姆莱、戈培尔和将领们处于重要地位。赫斯感到既失望，又嫉妒。为了恢复他以前在他所爱戴的元首身边的地位和他在国内的地位，单枪匹马地安排德英两国之间的和平，这样一种大胆而显赫的政治成就，岂不是最好的办法？

最后，这个眉毛浓密的副领袖，像其他一些纳粹要人——如希特勒自己和希姆莱——一样，居然相信占星学。在纽伦堡，他向美国的监狱精神病学家道格拉斯·凯利博士说，在1940年底，他的一位占星学家在为他算命时说，他是注定会带来和平的。他还叙述他以前的导师、慕尼黑的地缘政治学家豪斯霍费尔教授如何在梦中看到他在英国城堡的饰以挂毡的大厅里阔步行走，给两个“北欧人的”大国带来了和平。[90]对于赫斯这样一个从未摆脱幼稚思想的人来说，这种话当然使他着迷，毫无疑问，他去英国执行这项不可思议的使命，是受了这种话的影响的。

---

* 赫斯在纽伦堡法庭上说，西蒙勋爵向他自我介绍是古特里爵士，并说：“我是奉政府之命来的，我愿意同你讨论你愿意提供政府参考的任何事情，只要看来有用处。”[89]

在纽伦堡，一位英国检察官提出了另一个理由：赫斯飞往英国是设法安排一项和平协议，这样当德国进攻苏联时，它就可以只在一条战线上作战。俄国检察官对法庭说，他确信这一点。约瑟夫·斯大林也相信这一点，他在这个 837
危急时刻是极其猜疑的，但是他的猜疑看来不是集中在他应该猜疑的德国，而是集中在英国。赫斯到达苏格兰使他相信，在丘吉尔和希特勒之间正在策划某种阴谋，正如这个俄国独裁者让德国放手进攻波兰和西方一样，这项阴谋也会让德国放手进攻苏联。三年以后，英国首相在第二次赴莫斯科时，曾设法使斯大林相信真实情况，但是斯大林硬是不相信。柯克帕特里克曾设法使赫斯谈出希特勒对俄国的意图，从他进行的询问中可以清楚看出，赫斯根本不知道“巴巴罗萨”，或者，如果他知道的话，他也不知道马上就要执行这个计划。

赫斯突然离开之后的一些日子，是希特勒一生中最狼狈的日子。他认识到他的政权的威信由于他最亲密的合作者的出走而受到了严重损害。如何向德国人民和外界解释此事呢？对被捕的赫斯下属进行了讯问后，元首相信，没有人对他不忠诚，也肯定没有什么阴谋，他所信任的这个助手只是神经错乱了。在英国证实赫斯到达之后，伯格霍夫方面决定向公众以这个原因来作解释。不久，德国报纸忠实地刊载了简短的报道说，这个前纳粹党要人已成了“一个神志不清的、神经错乱的、头脑糊涂的理想主义者，充满了由于他在［第一次］世界大战中负伤而造成的幻觉”。

> ［官方的新闻公报说］这位赫斯同志看来是生活在幻觉之中，正由于此，他才认为他能够实现英国和德国之间的谅解……但是这不会影响德国人民被迫继续进行的战争。

希特勒暗中下令，如果赫斯回来，立即枪毙。* 他公开剥夺了他的这位

* 赫斯在纽伦堡是一个可怜的、垮了的人，他在一部分审讯中假装完全健忘（他的神经肯定受到了伤害）。但是他比希特勒活得长。他被国际法庭判处无期徒刑，主要由于他精神失常而免受死刑。我在《柏林日记的终结》（*End of a Berlin Diary*）中描绘了他在那里的样子。

英国人把他当战俘对待，在1945年10月10日释放了他，以便他能够在纽伦堡受审。他在英国被囚禁期间，激愤地抱怨没有得到他经常要求得到的“充分的外交特权”。他的失常的神经开始恶化，他长时间健忘。但是他对凯利博士说，他在被拘留期间曾两次企图自杀。他说，他相信英国人正在企图毒死他。

老同志的一切职务，派性格更为阴险和沉默的马丁·鲍曼来代替他担任党的副领袖。元首希望这个奇怪的插曲将尽快被人遗忘，他自己的思想再次
838 很快转向对俄国的进攻，这次进攻不久就要进行了。

克里姆林宫的困境

尽管有一切证据证明希特勒的意图——在波兰东部集结德国部队，100万纳粹军队驻在附近的巴尔干半岛，德国武装部队征服了南斯拉夫和希腊，占领了罗马尼亚、保加利亚和匈牙利——克里姆林宫中的人们，特别是斯大林，虽然的确不愧是赤裸裸的现实主义者，却仍然盲目地希望俄国会躲过这个纳粹暴君的暴怒。当然，赤裸裸的事实不能不使他们天然的疑心日益增长，希特勒在东南欧的行动也使他们的不满越来越难以遏制，但是在春天的这几个星期中，莫斯科和柏林的外交往来中却存在着某种不现实的、几乎难以置信的、十分奇怪的东西（详尽地记录在缴获的纳粹文件中）。在这些往来中，德国人笨拙地企图把克里姆林宫骗到底，而苏联领导人看来对现实还没有充分了解并据此及时采取行动。

虽然苏联对德军进入罗马尼亚和保加利亚，随后又进攻南斯拉夫和希腊，几次提出抗议，认为这违反了《纳粹-苏联条约》，是对俄国“安全利益”的威胁，但是，随着德国进攻日期的接近，苏联却格外努力去姑息讨好柏林。斯大林自己在这方面起了带头作用。1941年4月13日，冯·德·舒伦堡大使向柏林拍发了一封耐人寻味的电报，叙述日本外务相松冈洋右在那天晚上从莫斯科动身的时候，斯大林不仅向日本人而且向德国人表示了“一种异常友好的态度”。在火车站上

> ［舒伦堡的电报说］斯大林公开地寻找我……用手臂搂着我的肩膀说：“我们必须继续交朋友，你现在必须千方百计维持我们的友谊！”不一会儿，斯大林转向德国代理武官克雷布斯上校，在弄清楚他是一个德国人以后对他说：“我们将继续同你们做朋友——患难与共！”[91]

三天以后，德国驻莫斯科代办蒂佩尔斯基希打电报给柏林强调说，斯

大林在车站上的表现表明了他对德国的友好态度，“鉴于一直流传的关于德苏即将发生冲突的谣言”，[92] 这种表现是特别重要的。一天以前，蒂佩尔斯基希曾经通知柏林说，克里姆林宫在进行了几个月的讨价还价以后已经“无条件地”接受了德国关于解决两国之间从伊戈尔卡河到波罗的海的边界的建议。他说：“苏联政府的殷勤态度看来是非常突出的。”[93] 鉴于柏林正在酝酿采取的行动，确实是这样的。

苏联政府向被封锁的德国供应重要的原料，也仍然是殷勤的。1941年4月5日，负责同莫斯科进行贸易谈判的施努雷高兴地向他的纳粹主子报告 839
说，俄国在1941年1月和2月份的交货，由于“政治关系冷淡”而放慢速度以后，“在3月份已经飞速增加，特别是在谷物、石油、锰矿、非铁金属和贵重金属方面”。

> ［他又说］通过西伯利亚进行的过境运输正在像往常一样顺利地进行着。由于我们的要求，苏联政府甚至在“满洲”边界拨出一列运输橡胶的货车供我们支配。[94]

六个星期以后，在5月15日，施努雷报告说，有求必应的俄国人拨出了几列运货专车，以便4 000吨迫切需要的生胶可以通过西伯利亚铁路运往德国。

> 俄国人正在按时依照合同所规定的数量运交原料，虽然这使他们负担很重……我的印象是，我们甚至可以向莫斯科提出超过1月10日条约的范围的经济要求，以使德国获得超过目前合同的范围的粮食和原料。[95]

施努雷说，德国没有按照计划如期向俄国送交机器。但是看来他并不介意，如果俄国人不介意的话。可是他在5月15日由于另外一个因素而感到不安。他抱怨说：“关于德苏即将发生冲突的许多谣言造成很大的困难。”他把这种谣言归咎于德国的官方人士。令人惊奇的是，施努雷在向外交部发出的一份很长的备忘录中解释说，这种“困难”不是来自俄国，而是来自德国工业公司，他说，这些公司正在设法“取消”它们同俄国人缔结的合同。

必须在这里指出，希特勒正在尽他的最大力量否认这些谣言，另一方面，他正在忙于设法使他的将领和高级官员相信德国遭受俄国进攻的危险在日益增加。虽然这些将领通过他们自己的军事情报对情况了解得更清楚，但是希特勒对他们的魔力如此之大，甚至到了战后，哈尔德、布劳希奇、曼施坦因等人（不过没有保卢斯，看来他比较诚实）还争辩说，苏联在波兰边界的军事集结在夏初已变得具有很大的威胁性了。

冯·德·舒伦堡伯爵这时已从莫斯科回国作短期休假，他于4月28日在柏林会见了希特勒，并设法使希特勒相信俄国的意图是和平的。他试图解释说：“俄国对于预言德国要进攻俄国的谣言很为担心。”他又说：“我不能相信俄国会进攻德国……如果说斯大林在1939年英法仍然强大的时候没有能同这两国合作，他今天在法国被毁灭和英国遭受重创的时候肯定不会做出这样一个决定。我倒相信斯大林甚至会对我们做出进一步的让步。”

840 希特勒假装表示怀疑。他说，“塞尔维亚事件”使他“预先得到了警告”。他问道：“……俄国人到底着了什么魔要同南斯拉夫缔结友好条约？”* 他说，他并不相信“俄国会进攻德国”。这话倒说得不错。可是他最后说，他还是不得不“谨慎行事”。希特勒并没有告诉他的驻苏大使他计划对俄国采取什么行动，而舒伦堡这个旧派的诚实规矩的德国人直到最后一直是给蒙在鼓里的。

斯大林对于希特勒想要采取的行动也是毫无了解的，但是对于**迹象**或**警告**却不是一点也没有看到或听到。4月22日，苏联政府正式对于它所说的纳粹飞机从3月27日到4月18日侵犯边界80次提出抗议，并且详细叙述了每一次侵犯边界的情况。它说，有一次，4月15日在罗夫诺附近降落的一架德国侦察机中发现了一架照相机、几卷曝光胶卷和一幅撕破了的苏联

---

* 4月5日，即德国进攻南斯拉夫的前一天，苏联政府赶忙同南斯拉夫新政府缔结了《友好互不侵犯条约》，显然是拼命企图遏止希特勒。莫洛托夫曾在前一天晚上把此事通知了舒伦堡，这位大使惊呼“这样做的时机是非常不幸的”，并且尽力同俄国人进行争辩，要使他们至少推迟签订这个条约，但是没有成功。[96]

西部地区地形图，“所有这一切都证明了这架飞机的人员的目的是什么”。俄国人甚至在抗议时态度也是和解的。照会说，他们正向边防军发出“命令，不得射击在苏联领土上空飞行的德国飞机，只要这种飞行不是经常发生的”。[97]

斯大林在5月初进一步采取了和解的行动。为了讨好希特勒，他驱逐了比利时、挪威、希腊甚至南斯拉夫驻莫斯科的外交代表，关闭了它们的公使馆。他承认了伊拉克的亲纳粹的拉希德·阿里政府。他极其严格地约束苏联的报纸，以免惹怒德国。

> ［舒伦堡在5月12日打电报给柏林说］斯大林政府是有意采取这些表明其意图的行动的……为的是缓和苏德之间的紧张局势，并为未来创造更好的气氛。我们必须记住，斯大林本人一向主张德苏之间应有友好关系。[98]

虽然斯大林长期以来一直是苏联的绝对的独裁者，但这是舒伦堡在他的电报中第一次用“斯大林政府”一词。这是有充分的理由的。5月6日，斯大林取代莫洛托夫亲自担任人民委员会主席即总理的职务，莫洛托夫继续担任外交人民委员。这是大权独揽的苏共书记第一次接管政府职务。全世界的反应普遍认为，这意味着局势对苏联来说已经变得非常严重，特别是在它同纳粹德国的关系方面，因此只有斯大林担任名义上的和实际上的政府首脑才能应付这种局势。这个道理是很明显的，但是还有另一个道理 841
不是那么明显，而德国驻莫斯科的这位精明的大使马上向柏林指出了这个道理。

他报告说，斯大林对于德苏关系的恶化感到不快，把主要责任归咎于莫洛托夫的笨拙的外交手腕。

> ［舒伦堡说］我认为，可以有把握地假定，斯大林已为自己规定了一个极为重要的外交目标……他希望以他个人的努力来达到这个目标。我坚信，在斯大林认为是严重的国际局势中，他为自己规定的目标是不使苏联与德国发生冲突。[99]

这个狡猾的苏联独裁者难道在现在——1941年5月月中——还没有认识到这是一个不可能实现的目标？没有认识到除了卑躬屈膝地向希特勒投降以外，他没有别的办法达到这个目标？他肯定知道希特勒征服南斯拉夫和希腊的意义，知道大量德军驻在他的西南邻国罗马尼亚和匈牙利的意义，并且知道德国武装部队在他的西部边界上的波兰加强力量的意义。他一定听到过在莫斯科一直流传着的谣言。到5月初，舒伦堡在5月2日的第一封电报中所称的“德俄即将进行军事摊牌的谣言”在苏联首都已极为流传，他和德国大使馆的官员都很难否认。

> [他通知柏林说]请记住，企图驳斥在莫斯科这里的谣言，肯定是徒劳的，如果这种谣言不断从德国传到这里，如果到莫斯科来的或者途经莫斯科的每一个旅客不仅带来了这些谣言，而且甚至还能列举事实证实这些谣言的话。[100]

这位老资格的大使自己也日益怀疑起来了。柏林指示他继续否认这些谣言，并且要他宣传，不仅德军没有在俄国的边界上集中，而且实际上有大量部队（为了供他“个人参考”而告诉他，部队数目是八个师）正在从“东部调到西部”。[101] 也许这些指示只能增加这位大使的不安，因为这时全世界的报纸正在开始宣传德国沿苏联边界集结军事力量。

但是在这以前很久，斯大林就接到了关于希特勒进攻计划的明确警告，他显然没有注意这些警告。最严重的警告是美国政府提出的。

早在1941年1月，美国驻柏林商务参赞山姆·伍兹就向国务院发出一份机密报告说，他从可靠的德国人士获悉，希特勒正在制订计划在春季
842 进攻俄国，这是一份详尽的电报，它叙述了参谋总部的进攻计划（这种叙述证明是十分正确的），以及在一旦征服苏联时对它进行经济剥削的准备工作。*

---

* 山姆·伍兹是一个温和的性格外向的人，他对于世界政治和历史的了解并不突出，在我们当中那些了解他、喜欢他的人看来，他在柏林的美国大使馆中是最不可能得到这种重要情报的人。他在大使馆中的一些同事到现在仍然不相信他获得过这种情报。但是科德尔·赫尔在他的回忆录中证实了这一点，并且透露了详细情况。这位已故的前国务卿说，伍兹有（转下页）

科德尔·赫尔国务卿最初认为伍兹上了德国“暗探”的当。他召见了埃德加·胡佛，这位联邦调查局首脑看了这份报告，认为是真实的。伍兹提出了向他提供情报的人士的名字（他们在柏林的各个部以及在德国参谋总部工作），在进行核查之后，华盛顿方面认为这些人照理是应当知道将要发生什么事情的，他们也是非常反对纳粹而不会乱说的。尽管当时美苏政府之间的关系非常紧张，赫尔仍决定把情况通知俄国人，要副国务卿萨姆纳·威尔斯把报告的内容通知康斯坦丁·奥曼斯基大使。威尔斯在3月20日这么做了。

> ［威尔斯后来写道］奥曼斯基先生面色变得非常苍白。他沉默了一会儿，然后只是说：“我完全认识到你向我提供的消息的严重性。对于你的情报，我的政府将不胜感激，我将立即把我们的谈话情况通知我的政府。”[102]

如果说他的政府是感激的，如果说它真的相信这个及时的情报，那么，它并没有向美国政府做过任何表示。事实上，正像赫尔国务卿在他的回忆录中所说的，莫斯科越来越怀敌意和挑剔了，因为美国对英国的支持使得美国不可能向俄国供应它所要求的全部物资。可是，据赫尔说，国务院在6月的第一周从它驻布加勒斯特和斯德哥尔摩的公使馆接到关于德国将在两周内进攻俄国的电报以后，就把电报的抄件发给驻莫斯科的斯坦哈特大使，这位大使把电报抄件转交给了莫洛托夫。

丘吉尔也曾设法警告斯大林。4月3日，他要求他的驻莫斯科大使斯塔

（接上页）一个德国朋友（一个反对纳粹的人），同各部、国家银行和纳粹党中的高级人士有接触。早在1940年8月，这位朋友就把在希特勒总部举行的关于准备进攻苏联的一些会议的情况通知了伍兹。自那以后，这位通报消息的人就把在参谋总部和在策划从经济上剥削俄国的那些人当中所进行的工作不断地详细通知了这位商务参赞。为了避免为别人发觉，伍兹在柏林的各电影院或者在夜幕的遮盖下和他的传递情报者会晤，以便从这个人手中收到字迹潦草的笔记（见《科德尔·赫尔回忆录》［*The Memoirs of Cordell Hull*］，第967—968页）。

我在1940年12月离开了柏林。大使馆的最出色的外交官员乔治·凯南（他仍留在那里）通知我说，大使馆从几个方面得知即将进攻俄国。他说，在进攻前两三周，我国驻柯尼斯堡的领事凯肯德尔发出过一份报告，正确地提到了进攻将要开始的确切日期。

福·克里普斯爵士向这个独裁者提交他本人写的一封信，指出他从英国
843 一名情报人员那里得悉的德军在波兰南部调动的消息对俄国的意义。克里普斯没有立即递交这封信。丘吉尔几年以后在他的回忆录中写到这次事件时[103]仍然对这种拖延感到恼火。

在4月底以前，克里普斯知道了德国所规定的进攻日期，德国人也了解他知道了这个日期。4月24日，德国驻莫斯科海军武官向柏林海军总司令部发出了一份简单的电报：

英国大使预言6月22日是战争爆发的日期。[104]

这封电报是缴获的文件之一，德国海军日志同日记载了这封电报，并在末尾加上了一个惊叹号。[105]海军将领们对于英国大使的预言的准确性感到惊奇。这位可怜的海军武官像驻莫斯科大使一样，没有被告知这个秘密，他在电报中说，这“显然是荒谬的”。

莫洛托夫一定也是这样认为的。一个月后，5月22日，他接见舒伦堡，讨论了各种问题。大使向柏林报告说，“他像以往一样是和蔼的、自信的和消息灵通的”，并且再次强调“苏联的两位最有力人物”斯大林和莫洛托夫正在“特别”努力避免与德国发生冲突。[106]

这位通常是机灵的大使有一点是极为错误的。莫洛托夫在这个时候肯定不是“消息灵通的”。这位大使也不是消息灵通的。

俄国外交人民委员消息闭塞的程度在1941年6月14日，在德国进攻以前仅仅一周，公开表现出来。莫洛托夫在那天晚上召见了舒伦堡，把塔斯社一项声明的全文交给他，莫洛托夫说，这项声明将在当天晚上广播，并在第二天早上见报。[107]苏联政府的这项官方声明把“英国和外国报纸上普遍出现的关于‘苏德之间即将发生战争’的谣言”归咎于克里普斯本人，斥责这些谣言“显然是荒谬的……是反苏反德力量的笨拙的宣传伎俩”。它又说：

苏联人士认为，关于德国……想要对苏联发动进攻的谣言完全是无稽之谈。

声明甚至把最近德军从巴尔干调到苏联边界解释为“同苏德关系无关”。至于俄国将要进攻德国的谣言，则是“不真实的和挑拨性的”。

塔斯社代表苏联政府所发表的声明，由于德国人所采取的两个行动而越发显得滑稽至极，一个行动是在声明发表的那一天即6月15日采取的，另一个行动是在第二天采取的。 844

里宾特洛甫在6月15日从威尼斯（他在那里同齐亚诺进行会谈）向布达佩斯发出了一封密电，要匈牙利政府“采取步骤，确保它的边界”。

> 鉴于俄国在德国的东部边界集结重兵，元首大概会至迟在7月初被迫澄清德俄关系，并在这方面提出某些要求。[108]

德国人向匈牙利人吹了风，但是却没有向他们的主要盟国这么做，当第二天在威尼斯的运河上泛舟游览时，齐亚诺向里宾特洛甫询问了关于德国进攻俄国的谣言。这个纳粹外长回答说：

> 亲爱的齐亚诺，由于每一个决定都藏在元首的不可捉摸的心中，我现在还不能向你提供任何情况。但是有一点是肯定的：如果我们进攻他们，斯大林的俄国将在八星期内从地图上被抹掉。*

当克里姆林宫正在满不在意地准备在1941年6月14日向全世界广播，宣布关于德国进攻俄国的谣言“显然是荒谬的”的时候，阿道夫·希特勒就在那天同德国武装部队的主要官员就“巴巴罗萨”举行了他的最后一次大规模军事会议。关于在东部集结军队和把他们部署到出击阵地的工作已按时间表在5月22日执行了。几天以后发出了一个修改了的时间表。[109]这是一份详尽的文件，它表明，到6月初，不仅关于进攻俄国的全部计划都已完成，而且大规模调动军队、大炮、坦克、飞机、船只和供应品的复杂工作也已按计划开始进行了。海军在5月29日那一天的作战日志上有简短的

---

* 这是从齐亚诺最后一天的日记中摘引下来的，这篇日记是于1943年12月23日在他被处决以前的几天在维罗纳监狱的第二十七号牢房中写的。他又说，意大利政府在德国开始进攻俄国半小时以后才得知这次进攻（《齐亚诺日记》，第583页）。

一条说:“为‘巴巴罗萨’进行的预备性的军舰调动工作已经开始。”同罗马尼亚、匈牙利和芬兰(芬兰现在渴望夺回俄国人在冬季战争中从它那里拿走的东西)的参谋总部进行的会谈已经完成。6月9日，希特勒从贝希特斯加登发出命令，召集三军总司令和战地高级将领于6月14日在柏林就“巴巴罗萨”举行最后一次全日会议。

尽管任务艰巨，但不仅希特勒，而且还有他的将领，在检查历史上最
845 大的军事战役——从北冰洋的贝柴摩延伸到黑海的大约1 500英里长的战线上发动的全面攻击——的最后细节时都是满怀信心的。前一天晚上，布劳希奇在东部视察军队集结情况后返回柏林。哈尔德在日记中写道，陆军总司令非常高兴。他说，官兵的情况极为良好，并且做好了准备。

6月14日举行的这次最后军事会议从上午11点一直开到下午6点半。会议在下午2点休会进午餐，希特勒在午餐时对他的将领们进行了另一次战斗前夕的激励士气的谈话。[110]据哈尔德说，这是“一次全面的政治演说”，希特勒强调，他必须进攻俄国，因为俄国的沦亡会迫使英国“屈服”。但是，这个嗜血成性的元首一定甚至更多地强调了另外的某种东西。凯特尔在纽伦堡直接受审时叙述了这一点。

> 主要的问题在于，这是两种意识形态之间的决定性战斗，必须用完全不同的尺度来衡量我们作为军人所习知的惯例——根据国际法是唯一正确的惯例。

凯特尔说，希特勒于是发布了用“残暴手段”在俄国进行空前的恐怖统治的各种命令。

凯特尔自己的辩护律师问道:“你，或者任何其他将领，曾否对这些命令提出过异议?”

这个将领回答说:“没有，我本人没有提出过异议。”他又说，其他任何将领也没有提出过异议。*

---

* 哈塞尔证实了这一点。两天以后，即6月16日，他在日记中写道:“布劳希奇和哈尔德已经同意了希特勒[在俄国]的手段。因此，陆军必须对到目前为止只限于党卫军进行的屠杀和焚烧负责。”

(转下页)

尽管克里姆林宫的人们以多疑、狡猾和冷静著称，尽管在他们面前摆着一切证据和警告，但是他们直到最后一分钟还没有认识到他们将会受到进攻——而进攻的力量之大几乎会毁灭他们的国家。这几乎是不可想象的，然而却是事实。

在1941年6月21日令人愉快的夏晚9点半，即在德国预定开始进攻以
前的九小时，莫洛托夫在克里姆林宫的办公室接见了德国大使，表现了他 846
的“最后的昏庸”。* 莫洛托夫提到德国飞机进一步侵犯边界的行动，他说，他已经指示苏联驻柏林大使提请里宾特洛甫注意这些行动。在这以后，他转而谈到另一个问题，舒伦堡在当天晚上向外交部发出的急电中叙述了这个问题：

> ［莫洛托夫对他说］有若干迹象表明，德国政府对苏联政府不满。甚至有谣言说，德苏之间即将发生战争……苏联政府不能了解德国不满的原因……如果我能告诉他造成德苏关系目前的情况的原因，他将很感激。
>
> ［舒伦堡又说］我回答说，我不能答复这个问题，因为我没有有关的情报。[111]

他不久就要得到这种情报了。

因为里宾特洛甫正在从柏林向莫斯科发给他日期为1941年6月21日的一封密码长电，上面写有“特急，国家机密，大使亲收”字样。电报的开头说：

（接上页）

最初，反纳粹的“密谋分子”天真地认为，希特勒关于在俄国采取恐怖行动的命令可能使将领们感到震惊而参加反纳粹的反叛。但是到6月16日，哈塞尔本人的幻想破灭了。他在那一天写的日记是这样开始的：

> 与波比茨、格德勒、贝克和奥斯特举行了一系列会议，讨论陆军指挥官接到的某些命令（但是他们还没有下达这些命令）是否足以使军事领导人睁开眼睛，看到他们为之作战的那个政权的性质。这些命令是关于军队在侵入俄国时要对布尔什维克采取的残暴……措施的。
>
> 我们得出结论，认为现在不能存什么希望……他们［将领们］欺骗了自己……毫无希望的班长们呀！（《冯·哈塞尔日记》［*The von Hassell Diaries*］，第198—199页）

* 丘吉尔语。

在接到这封电报以后，仍存在的一切密码文件要统统销毁。无线电机要加以破坏。

请立即通知莫洛托夫先生，你有紧急的事要通知他……然后请向他发表下列声明。

这是一个我们现已见惯的声明，其中充满了陈腐的谎言和捏造，希特勒和里宾特洛甫制造这种谎言和进行这种捏造已是十分熟练了，因为他们以前常常进行这种捏造以便为每一个新的无端侵略行动进行辩解。或许这一次在纯粹厚颜无耻和欺诈诡术方面多少超过了以前的几次，至少这是本书作者在重读之下所得到的印象。它说，德国信守《德苏条约》，而俄国一再破坏它，苏联对德国进行了“破坏、恐怖和间谍活动”。苏联“反对德国在欧洲建立稳定的秩序的努力”。它同英国一起阴谋“进攻罗马尼亚和保加利亚的德军”。由于集中“现有的全部俄国部队于从波罗的海到黑海的一条漫长的战线上”，它“威胁了”德国。

［它接着说］过去几天所接到的消息，使我们对俄军的这种集中的
847 侵略性质不再有任何怀疑……而且，还接到来自英国的消息，说到克里普斯大使为谋求英苏之间更密切的政治和军事合作在进行谈判。

因此概而言之，德国政府宣布，苏联政府已违反了它所承担的义务，

1. 不仅继续而且甚至加紧企图破坏德国和欧洲；

2. 采取了越来越反德的外交政策；

3. 把它的全部部队集中在德国边界并已做好了准备。这样，苏联政府就破坏了它与德国缔结的一些条约，并且即将在德国争取生存的斗争中从后方攻打德国。因此，元首命令德国的武装部队用他们所拥有的全部力量对付这个威胁。[112]

里宾特洛甫在最后通知他的大使说，“请不要就这项照会进行任何讨论”。舒伦堡曾用他一生的大部分时间致力于改善德苏关系，他知道对苏联的进攻是无端的和没有道理的。如今他除了感到震惊和幻灭之外，还有什

么话可说呢？他在天刚黎明时到达克里姆林宫，宣读了德国的声明。[*] 莫洛托夫终于目瞪口呆，他一声不响地听完了，然后说：

“这是战争。你认为应该这么对待我们吗？”

就在同一天的黎明时刻，在柏林的威廉街出现了一个类似的场面。6月21日的整个下午，苏联大使弗拉季米尔·杰卡诺索夫一直打电话给外交部，要求会见里宾特洛甫，以便提出他对德国飞机进一步侵犯边界一事的温和的抗议。他得到的答复是，纳粹外长“不在城里”。后来，在22日凌晨2点，他接到通知说，里宾特洛甫将在凌晨4点在外交部接见他。这位大使曾经是副外交人民委员，是斯大林手下的一名刽子手，是一个解决困难的能手，曾经主持过立陶宛的接管工作。他在外交部像莫洛托夫在莫斯科一样受到了他一生中最大的震动。当时在场的施密特博士描述了这个场面。

> 我从来没有看到里宾特洛甫在杰卡诺索夫到达以前的五分钟那样兴奋。他像一个囚在笼子里的野兽一样在房间里走来走去…… 848
>
> 杰卡诺索夫被请进房间里来，他显然没有猜到有什么不测之事，向里宾特洛甫伸出手来。我们坐下……杰卡诺索夫开始代表他的政府提出了需要加以澄清的某些问题。但是他刚一说话，毫无表情的里宾特洛甫就打断他的话说：“这不是现在要谈的问题。”……

这个傲慢的纳粹外长接着说明问题是什么，他给了这位大使一份舒伦堡当时正在向莫洛托夫宣读的备忘录的抄件，并且通知他说，德军当时正在苏联边界采取“军事反措施”。施密特说，这位吃惊的苏联大使“迅速地恢复了镇定”，并且对于这种事态发展“表示深切的遗憾”。他把这种事态

---

* 这样，这位老资格的大使的外交生涯就结束了，他在返回德国后被迫退休。他参加了贝克将军、格德勒、哈塞尔等人领导的反对集团，并且一度被内定为反希特勒政权的外交部长。哈塞尔报告说，舒伦堡在1943年愿意越过俄国防线以便与斯大林会谈关于与德国的反纳粹政府谈和的问题（《冯·哈塞尔日记》，第321—322页）。1944年7月反希特勒的密谋失败以后，舒伦堡被捕下狱，11月10日被秘密警察处决。

发展归咎于德国。“他站起身来，敷衍地点了一下头，没有握手就走出了房间。”[113]

纳粹–苏联蜜月结束了。1941年6月22日凌晨3点半，在克里姆林宫和德国外交部最后的外交仪式结束之前半小时，希特勒沿几百英里长的战线发出的大炮轰隆声把这一蜜月轰得烟消云散。

在炮击以前还有另一个外交序曲。6月21日下午，希特勒在东普鲁士拉斯滕堡附近阴暗森林中的新的地下大本营“狼穴”中，坐在他的办公桌旁，口授了一封致墨索里尼的长信。正如在准备他的其他一切侵略行动时一样，他对他的好朋友和主要盟友并不推心置腹，总是到最后一分钟才把自己的秘密告诉他。现在，在最后一刻钟，他这样做了。他的信是我们所得到的最说明情况和最真实的证据，说明他之所以采取这个致命步骤的原因。这个步骤为他的末日和第三帝国的末日铺平了道路，长期以来曾使外界迷惑不解。这封信中当然也充满了希特勒惯用的谎言和遁词，他甚至企图用这些谎言和遁词来欺骗他自己的朋友。但是在这些谎言和遁词的背后和字里行间，我们可以看出他的基本想法以及他在1941年夏天（大战以后的第二个夏天）正式开始时对于世界局势真正的——虽然是错误的——估计。

> 领袖！
>
> 经过几个月的伤尽脑筋的考虑和令人不安的等待，我终于做出了我一生中最困难的决定，我正是在这个时候写这封信给你的。
>
> **局势：***英国已在这场战争中打败了。它像一个快要淹死的人那样，抓住每一根稻草。可是，它的某些希望当然并不是没有一定道理的……法国的毁灭……已使英国战争贩子的眼光不断地转向他们曾经努力挑起战争的那个地方，即转向苏联。
>
849 苏联和英国两国都同样对于……由于长期的战争而筋疲力尽的欧洲发生兴趣。北美联邦则站在两国后面鼓励它们……

---

* 着重体是希特勒用的。

1941年夏，希特勒在狼穴。

希特勒然后解释说，由于苏联的大量军事部队在他背后，他就绝不可能集结力量——“特别是在空中”——对英国进行足以使它屈服的全面攻击。

> 实际上，俄国现有的一切部队都在我们的边界上……如果情况使我有理由运用德国空军对付英国，那也会产生这样一种危险：俄国将开始执行它的勒索战略，而我只是由于感到空军处于劣势就不得不默默地屈服于这种战略……英国将更加不愿意求和，因为它能把它的希望寄托在俄国伙伴身上。事实上，随着俄国武装部队备战活动的加强，这种希望自然会增长起来。此外，美国也将把他们希望在1942年获得的大量军用物资运送给他们……
>
> 因此，经过反复思量，我终于决定趁早下手，以免后患……我的总的看法如下：
>
> 1. **法国**像以往一样是不能信任的。
>
> 2. **北非**本身，领袖，就你的殖民地而论，大概在秋天以前没有什么危险。

3. **西班牙**是不坚决的，我担心它将只是在战争结果有定局时才会参加……

5. 在秋天以前进攻**埃及**是不可能的……

6. **美国**是否参战是无关重要的问题，因为它现在正在用它能够动员的一切力量支援我们的敌人。

7. 英国本国的局势是很坏的。粮食和原料的供应越来越困难。进行战争的斗志只是靠希望而存在，而这些希望完全以两个假定为基础：俄国和美国。我们没有消灭美国的可能，但是我们的确有力量排除俄国。消灭俄国也意味着使远东的日本大大松一口气，从而有可能通过日本的介入对美国的活动造成更大威胁。

在这种情况下，我已决定结束克里姆林宫的伪善行径。

希特勒说，德国将不需要意大利的任何军队到俄国去。他不想让人分享征服俄国的光荣，就像他不让人分享征服法国的光荣一样。但是他说，意大利可以“提供决定性的援助”，那就是加强它在北非的部队，并且准备“在一旦法国违反条约时开进法国”。这对于渴望扩大领土的墨索里尼是一个很好的诱饵。

850 就对英国的空战而论，我们暂时将继续采取守势……

至于东线的战争，领袖，它将肯定是困难的，但是我对于它将获得伟大胜利这一点，没有一丝一毫的怀疑。我首先希望的是，那时，我们将有可能在乌克兰获得一个共同的粮食供应基地，它将向我们提供我们在将来可能需要的额外供应。

接着他谈到他所以没有较早地通知他的伙伴的借口。

领袖，我等到现在才告诉你这个消息，是因为最后的决定要到今晚7点才能做出……

领袖，不管可能发生什么情况，我们的形势不会由于采取这个步骤而恶化；它只会改善……如果英国不从严酷的事实得出任何结论，那么我们在我们的后方得到巩固以后，就能够用更大的力量迅速地消灭我们的敌人。

最后，希特勒描述了他在终于做出决定后感到大松一口气的快感。

……领袖，让我再谈一件事情。由于我在苦心思考以后做出了这个决定，我在精神上再次感到自由了。尽管我们完全有诚意努力实现最后的和解，可是同苏联的伙伴关系常常使我非常苦恼，因为在我看来，它总有点违反我的整个信念、我的思想和我以前的义务。我现在为我解脱了这些精神上的痛苦而感到高兴。

致以热烈的同志式的问候。

阿道夫·希特勒[114]

6月22日凌晨3点，在德军开始进攻以前半小时，冯·俾斯麦大使在罗马叫醒了齐亚诺，把希特勒的长信交给他。这位意大利外长随后打电话把这封信告诉了当时正在里乔内避暑地休养的墨索里尼。墨索里尼在半夜里由于他的轴心伙伴的来信而被从睡梦中叫醒，这不是第一次了，他对这一点很恼火。墨索里尼对齐亚诺焦躁地说："我在晚上也不大打扰我的仆人，但是德国人毫不体谅人，随便在什么时候都把我从床上叫起来。"[115]可是墨索里尼揉揉他的睡眼以后，马上下令立即对苏联宣战。他现在完全是德国人的俘虏了。他知道这一点，并且对此感到恼火。他对齐亚诺说："我只希望一件事情，那就是在东方进行的这场战争中，德国人会给煞一煞威风。"[116]不过，他认识到，他自己的前途现在已完全依靠德国的武力了。他确信德国人将在俄国获胜，但是他希望至少德国人会被打得鼻青脸肿。

他没法知道，也没有想到，在西方的任何其他人也没有想到，德国人会得到坏得多的结果。6月22日星期天，拿破仑就是在1812年的那一天前往莫斯科途中渡过涅曼河的， 851
他的祖国法国也是在一年前的那一天在贡比涅投降的，阿道夫·希特勒所向无敌的机械化装甲部队就在那一天清晨大举渡过了涅曼河和其他一些河流，猛扑俄国。红军尽管得到了一切警告，但

1941年6月22日，德国士兵渡过涅曼河，“巴巴罗萨”计划开始。

是正如哈尔德将军第一天在日记中所说，红军“在整个战线上，遭到战术上出其不意的袭击”。* 最初所遇到的一切桥梁都是完整无损地占领下来的。哈尔德说，事实上，在边界的大部分地方，俄国人甚至没有做好战斗部署，还未能组织抵抗就被打败了。数以百计的苏联飞机在机场遭到摧毁。† 几天以内，数以万计的俘虏开始源源而来；整军整军的军队被迅速包围了。看来这是波兰战役的重演。

一向谨慎的哈尔德看过参谋总部的最近报告以后在7月3日的日记上写

---

* 在第一天中，哈尔德的日记中有一段奇怪的记载。他在提到德国人收听的俄国电台在中午重新进行广播以后写道：“他们已要求日本调解俄德之间的政治和经济分歧，并且仍在与德国外交部进行积极的联系。”难道斯大林相信——在进攻发动以后九小时——他可能设法停止这场战争吗？

† 第四军团参谋长君特·布鲁门特里特将军后来追述，21日午夜稍过，当德军大炮已向目标瞄准时，柏林-莫斯科快车穿过了在布格河的德国战线，越过了这条河进入布列斯特-立托夫斯克，“没有发生事件”。他认为这是“不可思议的”。对他来说，差不多同样不可思议的是，当进攻开始时，俄国大炮甚至没有回击。他后来写道：“俄国人在我们的战线上完全措手不及。”黎明时分，德国信号站收到红军电台发出的电报。布鲁门特里特引述俄国的一份电报说：“我们正在遭到射击，我们该怎么办？”总部发回了答复：“你们一定发疯了，你们的信号为什么不用密码？”（西摩·弗赖丁和威廉·理查逊编：《致命的决定》[*The Fatal Decisions*]）

道:“对俄国进行的战役在十四天内就获胜了。这么说是一点也不过分的。”他又说，战争将在几周内全部结束。 852

注 释

1.《德国外交政策文件汇编》，第9卷，第108页。

2. 同上，第294，316页。

3. 同上，第599—600页。

4. 同上，第10卷，第3—4页。

5. 丘吉尔:《他们最美好的时刻》，第135—136页（他给斯大林的信件全文）。

6.《德国外交政策文件汇编》，第10卷，第207—208页。

7.《我的奋斗》，第654页。

8. 约德尔的讲话，1943年11月7日。《纳粹的阴谋与侵略》，第1卷，第795页（纽伦堡文件L-172）。

9. 瓦尔利蒙特的画押供词，1945年11月21日，《纳粹的阴谋与侵略》，第5卷，第741页；对瓦尔利蒙特的提审记录。1945年10月12日，同上，附件B，第1635—1637页。

10. 哈尔德日记，1940年7月22日。他记录了布劳希奇告诉他前一天在柏林同希特勒举行会谈的情况。

11. 哈尔德日记，1940年7月3日。

12.《纳粹的阴谋与侵略》，第4卷，第1083页（纽伦堡文件2353-PS）。

13. 最高统帅部作战局的作战日志，1940年8月26日。引自《德国外交政策文件汇编》，第10卷，第549—550页。

14. 见瓦尔利蒙特的两份供状，《纳粹的阴谋与侵略》，第5卷，第740—741页（纽伦堡文件3031，2-PS），和对他的提审记录，同上，附件B，第1536页。1940年9月6日的约德尔指令载 第3卷，第849—850页（纽伦堡文件1229-PS）。

15. 1940年11月12日的指令，《纳粹的阴谋与侵略》，第3卷，第403—407页。有关俄国的一部分在第406页。

16. 最高统帅部的作战日志，8月28日。在《德国外交政策文件汇编》，第10卷，第566—567页注中援引。

17.《齐亚诺日记》，第289页。

18.《纳粹的阴谋与侵略》，第6卷，第873页（纽伦堡文件C-53）。

19.《纳粹-苏联关系》，第178—181页。

20. 德国备忘录，同上，第181—183页；9月21日的苏联备忘录，同上第 190—194页。

21. 同上，第188—189页。

22. 同上，第195—196页。

23. 同上，第197—199页。

24. 同上，第201—203页。

25. 同上，第206—207页。

26. 里宾特洛甫致斯大林的信，1940年10月13日，同上，第207—213页。

27. 里宾特洛甫的愤怒的电报全文，同上，第214页。

28. 斯大林的复电全文，同上，第216页。

29. 同上，第217页。

30. 关于1940年11月12—13日莫洛托夫同里宾特洛甫和希特勒会谈的报告，同上，第217—254页。

31. 施密特：《希特勒的译员》，第212页。

32. 同上，第214页。

33. 舒伦堡的电报，1940年11月26日，《纳粹-苏联关系》，第258—259页。

34.《海军事务元首会议记录》，1941年，第13页；哈尔德日记，1941年1月16日。

35. 哈尔德日记，1940年12月5日；《纳粹的阴谋与侵略》，第4卷，第374—375页（纽伦堡文件1799-PS）。后者是以约德尔为领导人的最高统帅部作战局的作战日志的部分译文。

36. 德文全文载《主要战犯的审讯》，第26卷，第47—52页；简短的英文译文载《纳粹的阴谋与侵略》，第3卷，第407—409页（纽伦堡文件446-PS）。

37. 哈尔德：《统帅希特勒》，第22页。

38.《海军事务元首会议记录》，1940年，第135—136页（1940年12月27日的会议）。

39. 同上，第91—97，104—108页（1940年9月6日和26日的会议）。雷德尔签署了这两个报告。

40.《德国外交政策文件汇编》，第9卷，第620—621页。

41. 施密特：《希特勒的译员》，第196页。这位译员相当完整地叙述了会谈情况。在美国国务院的《西班牙政府和轴心》一书中的德文记录是零星的。当时也在场的埃里希·科尔特在他的没有发表的报告中做了较为详细的叙述，前面曾提到过这个报告。

42.《齐亚诺外交文件集》，第402页。

43. 施密特：《希特勒的译员》，第197页。

44.《蒙图瓦尔协定》的全文在缴获的德国外交部的文件中，但是在写本书时，美国国务院还没有发表。可是威廉·朗格尔在《我们的维希赌博》（第94—95页）中从国务院向他提供的德国文件中援引了这一文件。

45.《齐亚诺日记》，第300页。

46. 里宾特洛甫在纽伦堡受审时以及施密特在他的书中（第200页）追述了这些话。

47. 施密特：《希特勒的译员》，第200页。

48. 哈尔德日记，1940年11月4日；约德尔11月4日对施尼温德海军上将提出的报告，见《海军事务元首会议记录》，1940年，第112—117页；1940年11月12日，第十八号指令，见《纳粹的阴谋与侵略》，第3卷，第403—407页（纽伦堡文件444-PS）。

49.《海军事务元首会议记录》，1940年，第125页。

50. 同上，第124页。

51.《西班牙政府和轴心》，第28—33页。

52. 雷德尔的报告载《海军事务元首会议记录》中，1941年，第8—13页；哈尔德直到1941年1月16日为止并未在他的日记中记录这两天会议的情况。

53. 第二十号指令全文，见《纳粹的阴谋与侵略》，第4卷，第101—103页（纽伦堡文件1541-PS）。

54. 第二十二号指令的全文和说明代号的补充命令，见《纳粹的阴谋与侵略》，第3卷，第413—415页（纽伦堡文件448-PS）。

55.《纳粹的阴谋与侵略》，第6卷，第939—946页（纽伦堡文件C-134）。

56. 哈尔德：《统帅希特勒》，第22—24页。

57.《纳粹的阴谋与侵略》，第3卷，第626—633页（纽伦堡文件872-PS）。

58. 外交部提供的德国方面1941年2月21日为止的数字，《纳粹-苏联关系》，第275页。

59. 德国方面的会议记录，《纳粹的阴谋与侵略》，第4卷，第272—275页（纽伦堡文件1746-PS）。

60.《纳粹的阴谋与侵略》，第1卷，第783页（纽伦堡文件1450-PS）。

61. 第二十五号指令的部分文稿，见《纳粹的阴谋与侵略》，第6卷，第938—939页（纽伦堡文件C-127）。

62. 最高统帅部的会议记录，《纳粹的阴谋与侵略》，第4卷，第275—278页（纽伦堡文件1746-PS，第二部分）。

63. 约德尔的供词，见《主要战犯的审讯》，第15卷，第387页。他的“初步”作战计划，《纳粹的阴谋与侵略》，第4卷，第278—279页（纽伦堡文件1746-PS，第五部分）。

64. 希特勒致墨索里尼的信，全文，1941年3月28日，见《纳粹的阴谋与侵略》，第4卷，第475—477页（纽伦堡文件1835-PS）。

65. 细节见指令全文，载《纳粹的阴谋与侵略》，第3卷，第838—839页（纽伦堡文件1195-PS）。

66. 丘吉尔：《伟大的联盟》，第235—236页。

67. 摘自俄国方面的德国海军总司令部的档案，5月30日和6月6日，《纳粹的阴谋与侵略》，第6卷，第998—1000页（纽伦堡文件C-170）。

68.《海军事务元首会议记录》，1941年，第50—52页。

69.《主要战犯的审讯》，第7卷，第255—256页。

70.《纳粹的阴谋与侵略》，第6卷，第996页（纽伦堡文件C-170）。

71. 舒尔曼援引，见《西方的溃败》，第65页。

72. 绝密指令，1941年4月30日，《纳粹的阴谋与侵略》，第3卷，第633—634页（纽伦堡文件873-PS）。

73. 哈尔德在纽伦堡的供状，1945年11月22日，《纳粹的阴谋与侵略》，第8卷，第645—646页。

74.《主要战犯的审讯》，第20卷，第609页。

75. 布劳希奇在纽伦堡的供词，《主要战犯的审讯》，第20卷，第581—582，593页。

76. 凯特尔命令全文，1941年7月23日，《纳粹的阴谋与侵略》，第6卷，第876页（纽伦堡文件C-52）；7月27日命令，同上，第875—876页（纽伦堡文件C-51）。

77. 军事法庭指令全文，《纳粹的阴谋与侵略》，第3卷，第637—639页（纽伦堡文件886-PS）。在《纳粹的阴谋与侵略》，第6卷，第872—875页（纽伦堡文件C-50）中提供了略微不同的文本，这个文本是在南方集团军的记录中找到的，日期晚了一天，即5月14日。

78. 指令全文，日期也是1941年5月13日，《纳粹的阴谋与侵略》，第3卷，第409—413页（纽伦堡文件447-PS）。

79. 罗森贝格的指示全文，见《纳粹的阴谋与侵略》，第3卷，第690—693页（纽伦堡文件1029，1030-PS）。

80. 全文，见《纳粹的阴谋与侵略》，第3卷，第716—717页（纽伦堡文件1058-PS）。

81. 指令全文，见《纳粹的阴谋与侵略》，第7卷，第300页（纽伦堡文件EC-126）。

82. 会议备忘录，见《纳粹的阴谋与侵略》，第5卷，第378页（纽伦堡文件2718-PS）。

83. 施密特：《希特勒的译员》，第233页。

84. 凯特尔提审记录，《纳粹的阴谋与侵略》，附件B，第1271—1273页。

85. 汉密尔顿公爵的个人报告，《纳粹的阴谋与侵略》，第8卷，第38—40页（纽伦堡文件M-116）。

86. 柯克帕特里克关于他在5月13日、14日、15日同赫斯会谈情况的报告，第40—46页（纽伦堡文件M-117，118，119）。

87. 丘吉尔:《伟大的联盟》，第54页。

88.《主要战犯的审讯》，第10卷，第7页。

89. 同上，第74页。

90. 道格拉斯·M.凯利:《纽伦堡的二十二号牢房》，第23—24页。

91.《纳粹-苏联关系》，第324页。

92. 同上，第326页。

93. 同上，第325页。

94. 同上，第318页。

95. 同上，第340—341页。

96. 同上，第316—318页。

97. 同上，第328页。

98. 同上，第338页。

99. 舒伦堡的电报，5月7日、12日，同上，第335—339页。

100. 同上，第334页。

101.《纳粹-苏联关系》，第334—335页。

102. 萨姆纳·威尔斯:《决定的时刻》，第170—171页。

103. 丘吉尔:《伟大的联盟》，第356—361页。

104.《纳粹-苏联关系》，第330页。

105.《纳粹的阴谋与侵略》，第6卷，第997页（纽伦堡文件C-170）。

106.《纳粹-苏联关系》，第344页。

107. 同上，第345—346页。

108. 同上，第346页。

109. 全文，《纳粹的阴谋与侵略》，第6卷，第852—867页（纽伦堡文件C-39）。

110. 就我所知，这次会议的记录从来没有出现过，但是哈尔德的1941年6月14日日记叙述了这个记录，凯特尔在纽伦堡受审时谈到了它（《主要战犯的审讯》，第10卷，第531—532页）。海军作战日志也简短地提到了它。

111.《纳粹-苏联关系》，第355—356页。

112. 同上，第347—349页。

113. 施密特关于这次会议的正式报告，同上，第356—357页，另见他的《希特勒的译员》，第234—235页。

114. 希特勒致墨索里尼的信，1941年6月21日，《纳粹-苏联关系》，第349—353页。

115.《齐亚诺日记》，第369，372页。

116. 同上，第372页。

第二十四章

形势的转变

到1941年初秋，希特勒认为俄国已经完蛋了。

战役开始后的头三个星期中，陆军元帅冯·博克的中央集团军，率有30个步兵师、15个装甲师或摩托化师，从比亚韦斯托克向前推进450英里，抵达斯摩棱斯克。莫斯科就在1812年拿破仑曾经经过的那条公路向东200英里。北面一路，陆军元帅冯·里布的集团军，兵力达21个步兵师和6个装甲师，往北穿过波罗的海沿岸国家迅速向列宁格勒推进。南面一路，陆军元帅冯·伦德施泰特的由25个步兵师、4个摩托化师、4个山地师和5个装甲师组成的集团军，向第聂伯河和基辅进军。基辅是希特勒垂涎已久的富饶的乌克兰的首府。

用最高统帅部的公报的话来说：德军是“按计划”沿着从波罗的海到黑海的1 000英里的战线上全面向前推进的。纳粹独裁者相信，随着苏军一个接着一个被包围或被击溃，德军必将以更快的速度前进。因此，到了7月14日，即入侵后刚满三个星期，希特勒竟发布一项指令，说陆军兵力可“在最近的将来大大减少”，军火生产将集中于海军舰只和空军飞机方面，尤其要以后者为重点，以便对最后的敌人英国作战，以及——他又说——“对美国作战，如果有此必要的话”。[1]到了9月底，他指示最高统帅部准备解散40个步兵师，以便腾出这一部分人力用于工业生产方面。[2]

俄国的两座最大的城市，彼得大帝在波罗的海沿岸建立的都城列宁格勒和现在是布尔什维克首都的古城莫斯科，在希特勒看来，快要陷落了。9
853 月18日，他发下严格命令："列宁格勒或莫斯科方面即使提出投降，也不得予以接受。"[3] 他在9月29日的指令中对他的指挥官说明了应该怎样对待这两座城市：

> **元首已决定将圣彼得堡［列宁格勒］从地球上移除。**[*] 一旦苏联被推翻，这个大城市的继续存在并无重要意义……
>
> 我军目的在于包围这个城市，用炮击和连续不断的空军轰炸，把它夷为平地……
>
> 把这个城市接管过来的任何要求，将不予考虑。因为**全市居民的生存和供应他们食物的问题，不能由我们也不应该由我们解决**。在这一场争取生存的战争中，我们对于这样一个大城市的人口连一部分也不想保留。[†4]

就在同一个星期，10月3日那一天，希特勒回到柏林，对德国人民做了一次讲话，宣称苏联已经崩溃。"今天我宣布，我毫无保留地宣布，"他说，"东方的敌人已被打垮，再也不能站起来了……在我们部队的后边，已经有了相当于我在1933年执政时德意志国家幅员两倍的土地。"

10月8日，莫斯科南面重镇奥廖尔陷落，希特勒派他的新闻发布官奥托·迪特里希乘飞机回到柏林。第二天，迪特里希对世界各大报纸的新闻记者宣布，守卫莫斯科的铁木辛哥元帅所率苏联最后一支完整的部队，已被围困在德军于莫斯科城下设下的两个钢铁包围圈中；布琼尼元帅的南方部队已经溃散；伏罗希洛夫元帅的六七十个师的部队已被包围在列宁格勒。

"从各种军事意义上看，"迪特里希最后扬扬得意地说，"苏联已经被打

---

* 着重体是原来用的。

† 几个星期以后，戈林对齐亚诺说："今年俄国将会饿死两三千万人。情况如果真的如此，也许倒是件好事，因为有些民族就是得减少人口。即使这不算是件好事情，也没有什么办法可以阻止它发生。如果说人类该受饿死的处罚的话，最后死的显然是我们两个民族……在收容俄国战俘的集中营里，已经开始人吃人了。"（《齐亚诺外交文件集》［*Ciano's Diplomatic Papers*］，第464—465页）

垮了。英国的两线作战的迷梦已经破灭。”

希特勒和迪特里希的牛皮至少吹得太早了。* 俄国人尽管在6月22日遭到了突然袭击，部队和装备遭到重大损失，在仓促后撤中，他们的一些精锐部队陷入敌人包围，但是实际上，从7月份起，他们已开始进行德军从来没有遇到过的日益顽强的抵抗。在哈尔德的日记中，以及在中路战线统率一支庞大的装甲部队的古德里安将军和像他那样的前线指挥官的报告中，都开始频繁地——后来则连篇累牍地——记载着顽强的战斗、俄国人的殊死抵抗和反攻，以及除了苏军以外德军也遭到惨重损失的情况。 854

布鲁门特里特将军后来写道：“即使在［争夺明斯克的］第一次战役中，俄国军队的表现也与波兰军队和西方盟军失败时迥然不同。俄国军队即使是在被包围的时候，也仍然坚守阵地，继续战斗。”[5] 俄军的人数之多，他们的武器装备之好，都是希特勒做梦也想不到的。苏联的新的师源源投入战斗，德国的情报机构事前对此竟毫无所闻。哈尔德在8月11日的日记中写道：“现在已经越发清楚，我们不仅低估了俄国巨大的经济力量和运输力量，而且最重要的是，低估了他们的军事力量。我们最初计算敌人大约有200个师，现在已经查明番号的有360个师。一有十几个师被消灭，俄国人就又投入十几个师。我军战线由于分布太广，显得过于单薄。我们的战线没有纵深度。结果，敌人在连续进攻之后，常常得到一些成功。”伦德施泰特在战后向盟军提审人员直率供认：“在发动进攻后不久，我便发现以前所写的关于俄国的一切都是满纸胡话。”

古德里安、布鲁门特里特和塞普·迪特里希等将军在他们的报告中，对初次碰到俄国T-34型坦克都表示惊讶不已。他们对T-34型坦克事前毫无所闻。这种坦克的装甲很厚，德国的反坦克炮弹打上去就被弹回来，坦克毫无损伤。布鲁门特里特后来说，这种装甲车的出现，标志着后来所谓“坦克恐怖”的开始。战争开始以来，德国人在以空军保护地面部队和进行战前侦察方面一直占有压倒优势，现在却第一次不能用这种优势占便宜了。

---

* 美国参谋总部的警告比希特勒等人的牛皮来得还要早。7月初，它就秘密通知美国编辑人员和华盛顿的记者，说苏联的崩溃不过是几个星期之内的事。因此，希特勒和迪特里希博士在1941年10月说的话除了在德国以及其他地方以外，也在美国和英国受到普遍的相信，是不足为奇的。

苏联的战斗机，尽管在战争爆发的第一天在机场上遭到轰炸，在战争初期的战斗中也受到重大损失，但是，和那些新的师团一样，仍然不断出现，简直说不上是从哪儿来的。还有，德军进军过于迅速，加上俄国没有适宜的机场，都使德国空军基地距离太远，无法有效地掩护前线作战。冯·克莱斯特将军后来报告说："在好几次挺进时，我的装甲部队由于没有飞机掩护，遇到很大困难。"[6]

德国人对俄国还有一个估计上的错误，克莱斯特曾对李德·哈特谈过这一点。不用说，那年夏天，绝大多数西方人士也有同样的错误估计。

克莱斯特说："我们把胜利的希望主要寄托在入侵必然要使俄国发生政治混乱这种前途上……我们把过高的希望放在这样的信念上：斯大林一旦遭到重大失败，必然要被国内人民推翻。这种想法是元首的政治顾问们制
855 造的。"[7]

希特勒确实对约德尔说过："我们只要在门上踢一脚，整个破房子就会倒下来。"

希特勒认为，到7月中旬，踢门的机会已经到来了。当时在德国最高统帅部中，发生了头一场战略上的大争论。结果是，元首不顾大多数高级将领的反对，做出了哈尔德认为已证明是"东线战役中最大战略上的错误"的决定。问题说来也简单，但是却极关重要。这就是，博克所率领的实力

维修好的坦克开上列宁格勒前线。

最强，也是迄今为止德国三路大军中成就最大的中央集团军，是要从7月16日已经到达的斯摩棱斯克向前推进200英里，拿下莫斯科，还是仍然坚持按照希特勒在12月18日指令中规定的计划行事，以北路和南路两翼为主攻？换句话说，是以莫斯科还是以列宁格勒和乌克兰作为最后目标？

以布劳希奇和哈尔德为首的陆军总司令部，坚决主张全力进攻苏联首都。支持这个意见的有博克，他所统率的中央集团军正沿着公路向莫斯科进军；还有古德里安，他的装甲部队正在前边打头阵。他们在辩论当中，除了强调攻占敌人首都的心理上的价值之外，还申述了更多的理由。他们向希特勒指出，莫斯科是军火生产的重要来源，而且更重要的，它是俄国交通运输的枢纽。拿下莫斯科，苏联不仅要失去一个主要的军火来源，而且后方的兵员、供应也不能运往遥远的各个前线，各个前线就要因此而削弱和崩溃。此外，将领们还向这位现在已成为他们最高统帅的前下士提出一个最后的、无可置辩的论点。他们说，种种情报表明，俄国的主力现在正集中在莫斯科前沿，以图全力保卫首都。在斯摩棱斯克正东，50万苏军突破了博克的双重包围，正在挖壕据守，以阻挡德军进一步向首都推进。

［哈尔德在战争结束后不久给盟军写的一份报告中说道］[8]这样一来，俄国兵力的重心就摆在中央集团军的面前……

参谋总部提出了这样一种看法：我军必须以击败敌人的军事力量为作战目标，因此，下一个最迫切的任务是，集中中央集团军的全部力量，击溃铁木辛哥的部队，进军莫斯科，拿下敌人的这个抗战神经中枢，并击溃敌人的新的部队。由于季节变换在即，准备这次进攻的部队的集结工作必须尽快完成。与此同时，北方集团军须执行既定任务，争取与芬兰人取得联系。南方集团军将继续向东推进，尽可能牵制敌人的力量。

……参谋总部与最高统帅部经过多次讨论，没有取得任何结果， 856
后来，陆军总司令［布劳希奇］把参谋总部的一份备忘录交给了希特勒。

我们从哈尔德的日记中了解到，提交这份备忘录的日期是8月18日。

哈尔德写道 :“这事引起了爆炸性的后果。”希特勒对乌克兰的盛产粮食地区和工业地区以及高加索的俄国油田垂涎已久。而且，他认为他现在找到了一个诱歼仍在坚守中的基辅东面第聂伯河东岸的布琼尼部队的大好机会。另一方面，他也希望打下列宁格勒，与芬兰军队在北面会师。为了达到这两个目的，必须从中央集团军分出好几个步兵师和装甲师，调到北路去，更要到南路去。莫斯科可以等一等再说。

8月21日，希特勒向与他意见不合的参谋总部下达一项新的指令。哈尔德在第二天的日记中逐字逐句地把指令内容抄录下来。

> 陆军方面提出的关于东线作战如何继续的建议，不符我的意图。
>
> 在冬天到来以前要达到的最重要目标，不在于占领莫斯科，而是拿下克里米亚，拿下顿涅茨克盆地的工业和煤矿区，并切断俄国的高加索石油供应线。北路的任务在于围困列宁格勒和同芬兰军队会师。

希特勒在指令中规定，必须彻底摧毁南路的第聂伯河一带的苏联第五军团。这一支部队的顽强抵抗，使希特勒伤了好几天的脑筋。他还要求占领乌克兰和克里米亚，包围列宁格勒，与芬兰军队会师。他最后说 :“只有这样，才能创造进攻铁木辛哥部队、顺利地打败它的条件。”

> ［哈尔德悻悻地说］这样一来，原定要在莫斯科城门前给俄国军队以决定性打击的这一目标，就只得从属于想夺取一个有价值的工业区和向俄国油区方面进军的欲望了……希特勒现在已给同时攻占列宁格勒和斯大林格勒的主意迷住了，因为他自信这两个“共产主义圣地”一旦陷落，俄国就会土崩瓦解。

希特勒为了对那些不能赞赏他的战略天才的陆军元帅和将军进行侮辱，发出了一个哈尔德称之为“反备忘录”（针对陆军18日的备忘录）的文件。参谋总长说这个“反备忘录”“通篇是骂人的话”，例如其中说到，陆军司令部中全是一批“脑袋已被过时理论弄得陈腐不堪”的人。

哈尔德在第二天的日记中大发牢骚 :“不能忍受！闻所未闻！莫此为

甚！”这天整个下午和晚上，他都与陆军元帅冯·布劳希奇会商，讨论元首对陆军总司令部和参谋总部事务进行的“不能被允许的”干涉，最后他建议陆军总司令和他本人辞职。“布劳希奇不同意，”哈尔德写道，“因为他认为这并不实际，而且也于事无补。”这个胆小怕事的陆军元帅这次仍和从前一样，向那位从前的下士屈服了。

第二天，8月23日，古德里安将军到达元首的大本营，哈尔德就怂恿他劝说希特勒放弃他那将会造成重大损失的决定。虽然这位性情倔强的装甲部队司令用不着怂恿也会这么做的。他一到大本营就碰上了布劳希奇。陆军总司令对他说：“我不许你跟元首谈莫斯科的问题。在南方作战的命令已经发下来了。当前只是如何执行的问题。讨论是没有用处的。”

但是，当古德里安晋见希特勒时——布劳希奇和哈尔德都没有和他一起进去——他还是拒绝服从命令，竭力主张立即进攻莫斯科。

> [古德里安后来写道]希特勒让我把话说完，然后详细说明他之所以做出不同决定的种种理由。他说，将来继续进行战争，十分需要乌克兰的原料和农业。他谈到有必要使克里米亚半岛失去作用，他认为“克里米亚是苏联进攻罗马尼亚油田的航空母舰”。我头一回听到他说出这样的话：“我的将军们对于战争的经济方面的问题一窍不通。”他已经发布严格的命令，规定进攻基辅是当前的战略目标，进行一切军事行动时，必须牢记这一点。在最高统帅部这里，我头一回看到后来非常习见的一个现象：希特勒每说一句话，在场的凯特尔、约德尔等人莫不点头称是，只有我仍然坚持我自己的观点……[9]

但是哈尔德在以前历次讨论中，从来没有点头称是。第二天，古德里安看到他，把自己并没有能使希特勒回心转意的情况告诉了他。古德里安说参谋总长“精神完全失常，使我十分惊讶，他竟口出不逊，做了完全没有根据的指责和诋毁”。*

---

* 哈尔德在8月24日的日记中却另有一种说法。他指责古德里安见了希特勒以后“不负责任地”改了主意，并且觉得要改变一个人的性格是多么困难。如果照古德里安的说法，哈尔德果真是“精神完全失常”的话，那么，他那天的感慨系之的日记表明他已迅速恢复正常了。

这是战争爆发以来德国最高统帅部中发生的最严重的一次危机。可是更严重的危机及其不利后果还在后头哩。

南路方面，伦德施泰特的部队由于得到从中路抽调出来的古德里安的装甲部队和步兵师的增援，终于发动了进攻。古德里安认为这个进攻从本身来说是一个重大的战术胜利。基辅于9月19日陷落——德国部队已越过
858 基辅150英里——到26日，基辅战役便结束了。据德国方面宣布，俄国军队被包围而投降的共达665 000人。在希特勒看来，这是一次“世界上史无前例的最大战役”。但是尽管这个成就非同小可，他的一些将领对于它的战略上的重大意义却更加怀疑了。在中路，博克的没有装甲部队的集团军，在斯摩棱斯克东面不远的杰斯纳河一带，两个月来一直按兵不前。秋雨季节快来了，到时候俄国的道路将是一片泥泞。随之而来的将是冰天雪地的严冬。

对莫斯科的大进攻

希特勒终于勉勉强强地对布劳希奇、哈尔德和博克的主张让了步，同意重新发动对莫斯科的进攻。但是太迟了！ 9月5日下午，哈尔德去看他，这时元首主意既定，就亟不可待地要进克里姆林宫了。最高统帅下了命令：“中路必须在八天到十天之内开始行动。”（“不可能！”哈尔德在日记中叫道。）“包围他们，击败他们，消灭他们。”希特勒同意把中央装甲集团军的古德里安装甲部队重新调回来，这时该部在乌克兰正打得难解难分；同时还同意从列宁格勒前线把莱因哈特的坦克军调过来。可是装甲部队要一直等到10月初才能调回来，经过休整，投入战斗。10月2日，大规模进攻终于开始了。进攻的代号是“台风”。一股强风，一股旋风，要猛袭俄国人，要在莫斯科前沿歼灭俄国人的最后的作战部队，要把苏联打垮。

但是在这里，纳粹独裁者又一次犯了自大狂的毛病。在冬季到来之前拿下俄国首都，他还认为不够。又下令北路的陆军元帅冯·里布同时占领列宁格勒，在北面与芬兰军队会师，继续向前推进，切断摩尔曼斯克铁路。他又下令伦德施泰特同时清扫黑海沿岸，拿下罗斯托夫，夺取迈科普油田，向伏尔加河岸的斯大林格勒进军，以切断斯大林与高加索地区的最后联系。

1941年8月，德国虎II坦克开赴莫斯科。

伦德施泰特向希特勒解释，这样做意味着要越过第聂伯河作400多英里的大进军，队伍的左翼将危险地暴露在敌人面前，这时最高统帅对他说，南路的俄军现在已不可能进行什么了不起的抵抗了。伦德施泰特说他对于这个荒谬可笑的命令“纵声大笑”，他不久以后碰到的却是与希特勒的估计迥然相反的情况。

德军沿着拿破仑进军莫斯科的老路向前推进。一开始，来势汹汹，煞是像一股台风似的。10月上半月，德军打了一仗，布鲁门特里特后来称之为“教科书式的战役”。德军包围了在维亚济马和布良斯克之间的两支苏联部队，据称俘虏了65万人，还有5 000门大炮、1 200辆坦克。到了10月20
日，德国装甲部队的前锋部队已进抵离莫斯科40英里的地方，苏联中央各 859
部和外国使馆急忙撤退到伏尔加河上的古比雪夫。这时，就连头脑清醒的哈尔德（他从马背上摔了一跤，折了一根锁骨，暂时住在医院里治疗）也相信，凭着元首的大胆的领导和有利的天时，在俄国的严冬到来之前拿下莫斯科是不成问题的。

但是，秋雨连绵，道路泥泞的季节来临了。这一路乘车行进的大军越走越慢，有时还不得不停止前进。正在打仗的坦克也得撤下来，去拖曳陷在泥坑里的大炮和弹药车。由于缺乏拖曳车辆用的钢链、挽钩，只得派空军运输机空投一捆捆绳子，其实这时十分需要飞机运送别种军需品。开始下雨是在10月中旬，古德里安后来回忆说："以后几个星期就听烂泥的摆布了。"布鲁门特里特将军是在莫斯科战役中首当其冲的陆军元帅冯·克鲁格的第四军团的参谋长，他生动地描述了当时的狼狈情形。

> 步兵在泥泞中一步一滑，每门大炮得用许多马队来拉才能前进。所有车辆都陷在泥坑里，一直陷到车轴部分。甚至牵引机行动起来也十分困难。不上几天，很大一部分重炮就动弹不得了……这一切使得我们早已疲惫不堪的部队处于怎样的紧张状态，也许是不难想象的。[10]

在哈尔德的日记上，在古德里安、布鲁门特里特等德国将领的报告中，第一次出现了怀疑甚至绝望的迹象。这种情绪也传播到战地的下级军官和士兵中——也许可以说，这种情绪就是从他们中间产生出来的。布鲁门特里特回忆说："现在，当莫斯科似乎已经在望的时候，官兵的心情却开始起了变化。敌军的抵抗坚决起来，战斗越来越激烈……许多连队得不到增补，只剩下六七十人。"可供使用的大炮和坦克也不够。他说："冬天快到了，可是冬衣连影子还没有见到。……在遥远后方的广大的森林沼泽地带，开始出现游击队的活动。运输队常常遭到伏击……"

布鲁门特里特回忆道，从这时候起，曾经在这同一条路上走向莫斯科的拿破仑大军的鬼影和拿破仑全军覆没的事迹，就常常萦绕在纳粹征服者的睡梦中。德国将领们开始阅读或者重读科兰古侯爵所著的关于这个法国征服者1812年冬天在俄国惨败的可怕故事。

在遥远的南方，天气稍微和暖一些，但也是多雨，道路泥泞，战事同样进行得不顺利。克莱斯特的坦克已于11月21日开进顿河口的罗斯托夫。这时，戈培尔博士的宣传乐队大吹大擂地说，"通向高加索的大门"已经打开了，但是，这个大门并没有开上几天。克莱斯特和伦德施泰特都认识到，罗斯托夫是守不住的。五天以后，俄国军队收复了罗斯托夫。德国军队在南北两翼受到夹攻，狼狈后撤50英里到米乌斯河一线。克莱斯特和伦德施泰特当初就是计划在这里建立一条冬季防线的。

罗斯托夫的撤退是第三帝国历史上的另一个小转折点。在这里，纳粹军队头一回遭受重大的挫折。古德里安后来评论说："我们的灾难是在罗斯托夫开始的，那是危机迫近的预兆。"德国陆军的高级将领伦德施泰特陆军元帅因此丢了官职。在伦德施泰特撤退到米乌斯河的时候，

> ［他后来答复盟军提审时说道］元首突然给我下了一道命令："留驻原地，勿再后撤。"我立即复电："要想坚守，简直是发疯。首先，部队固守不住；其次，若不撤退，将被歼灭。我再次请求撤销这项命令，否则请另派别人接替。"当晚，元首的复电来了："同意所请，望即交出指挥权。"

"于是，"伦德施泰特说，"我便回家去了。"* 11

像这样命令在远方的部队冒险死守阵地的一意孤行，曾遭到许多将领的反对，虽然在以后一些令人惊心动魄的月份中也许曾把德国军队从全军覆没中挽救出来，但是这种做法还是导致了在斯大林格勒和其他地方的惨重失败，并促成了希特勒的覆亡。

那一年冬天，俄国很早就大雪纷飞，气温降到零下。据古德里安记载，初雪是在10月6日的夜间下的，正是对莫斯科重新发动进攻的日子。这样

---

* 哈尔德在11月30日的日记中记述了伦德施泰特撤至米乌斯河和希特勒免去这位陆军元帅的职务的情况。"元首大发雷霆，他把布劳希奇叫进来，把他辱骂了一顿。"哈尔德这天的日记一开始记载的是截至11月26日的德军伤亡数字。"东线共计损失（病员未算在内）官兵743 112人，相当于全部兵力320万人的23%。"

12月1日，哈尔德记载说，赖歇瑙陆军元帅接替了伦德施泰特，同时仍兼任他在法国时便担任的第六军团司令一职。第六军团在克莱斯特的装甲部队之北，由于克莱斯特的装甲部队正从罗斯托夫后撤，处境甚为险恶。

"赖歇瑙给元首打了电话，"哈尔德写道，"请求批准他今晚撤退到米乌斯河一线。结果获得同意。这样我们就恰好回到昨天所在的地方。但是时间和兵力白白浪费了，还丢了一个伦德施泰特。"

"布劳希奇由于接二连三受到刺激，"他又写道，"健康状况颇令人担心。"哈尔德在11月10日的日记上写道，这位陆军首脑发作了一次严重的心脏病。

德军在罗斯托夫陷入此前从未经历过的困境：在泥地中拖拽火炮，寸步难行。

的天气提醒他再一次要求大本营发来冬衣，尤其是厚靴和厚毛袜。10月12日，他记载说，雪还在下个不停。11月3日，第一次寒潮到来，气温降到了零度以下，而且还在继续下降。到11月7日，古德里安报告说，部队开
861 始发现“严重冻伤病员”。13日，气温降到零下22摄氏度，“越来越觉得”缺少冬衣了。枪炮和人一样受到了严寒的影响。

> ［古德里安写道］由于供坦克履带防滑用的尖铁没有运到，路上的冰引起了不少困难。天冷使得大炮上的瞄准镜失去了效用。发动坦克时，得先在底下点火烘烤一阵。燃料常常冻结，汽油也冻得黏糊糊的……［第一百一十二步兵师的］各团因冻伤都减少了500人左右。由于天气太冷，机枪打不响，我们的37毫米反坦克炮已证明对付不了［俄国的］T-34型坦克。[12]

古德里安后来说：“结果人心惶惶，甚至一直影响到后方的博戈罗茨克。自从俄国战役开始以来，还是第一次遇到这种情况。这是一个警告：我们

的步兵战斗力已经到了尽头。”

而且，还不止步兵如此。11月21日，哈尔德在日记上潦草地写道，古德里安打电话来说，他的装甲部队“已经无能为力了”。这位素来悍勇善战的坦克兵司令明白表示，他决定于该天去见中央集团军司令博克，请求收回发给他的命令，因为他“实在无法执行”。他情绪消沉达于极点，在那天写道：

> 冰天雪地，无处避寒，无衣御寒，人员装备受到严重损失，燃料供应也糟糕透顶——所有这一切使我难以履行司令官的职责，长此以往，我的重大责任要把我压垮了。[13]

古德里安在回溯这段往事时又说：

> 对此刻发生的事件真正能够做出评价的只有这样的人：在这悲惨的冬天，他曾目睹俄国的漫天大雪，他曾挨过那吹过俄国、把沿途一切都埋在雪中的凛冽寒风；他曾一小时又一小时地乘车走过荒无人烟

1941年，古德里安在东线指挥作战。

> 的地方，好不容易见到一间不像样的房屋，里面住的是无衣少吃、饥寒交迫的士兵；他也曾遇到对比之下吃得较饱、穿得较暖、冬季作战的装备一应俱全的生气虎虎的西伯利亚人……[14]

这些事现在不去细说了，但是有一点需要首先强调一下：尽管俄国的冬天这样可怕，同时，即使苏联军队的冬天准备工作必然比德国军队做得好一些，但是现在应该指出的是，起决定作用的主要因素不是气候，而是
862 红军的英勇战斗以及他们不屈不挠的顽强意志。哈尔德的日记和战地指挥官的报告都证实了这一点。他们经常对俄国军队进攻和反击的规模和声势感到惊讶，而对德军的挫折和损失则感到灰心。纳粹将领们不能理解，有着暴政制度，在德军初次打击下又受到惨重损失的俄国人，为什么没有像法国和其他情况比俄国好的国家那样土崩瓦解。

布鲁门特里特写道："我们在10月底11月初惊讶而又失望地发现，俄国人虽然遭到打击，但看来并不认为自己已不再是一支战斗力量。"古德里安谈到他在进军莫斯科途中，在奥廖尔遇到一个年老退休的沙皇时代的将军。

> 你们要是早来二十年［他对这位装甲兵将领说］，我们一定会伸开双手欢迎你们。但是现在太晚啦，我们刚刚开始站起来，现在你们来了，把我们推回到二十年前去，这么一来我们又得从头开始。现在我们在为俄罗斯打仗，在这个事业中，我们是团结一致的。[15]

到了风雪交加、气温持续在零下的11月底，在希特勒和他的大部分将领看来，莫斯科似乎已在股掌之中了。德军在首都北、南、西三面，已到达距离目标二三十英里的地方。希特勒远在后方东普鲁士的大本营里，反复地端详着地图。在他看来，到莫斯科的这最后一程，根本算不了什么。他的军队已前进了500英里；他们只要再走二三十英里便行了。他在11月中旬对约德尔说："我们最后再用点力，就要胜利啦。"陆军元帅冯·博克负责指挥中央集团军向莫斯科做最后攻击。他在11月22日打电话给哈尔德，以马恩河战役与现在的情况相比，他说："那次战斗中，投入最后一个

营就决定了战役的胜利。”尽管敌人加强抵抗，但博克对参谋总长说，他相信“一切都已不成问题”。到11月的最后一天，他果然投进了他的最后一个营。对苏联心脏的最后的总攻定在第二天，即1941年12月1日。

最后的总攻意外地遇到顽强抵抗。有史以来在一条战线上集中了最强大的坦克部队：在莫斯科正北，霍普纳将军的第四坦克集团军和霍特将军的第三坦克集团军向南进迫，在莫斯科正南的古德里安的第二装甲军团从图拉北上，克鲁格的庞大的第四军团居于中央，穿过市郊的森林向东杀开一条血路——希特勒的最大希望就寄托在这样声势浩大的军事部署上。到12月2日，第二百五十八步兵师的一个侦察营突入莫斯科城郊的希姆基，克里姆林宫的尖顶已经在望，但是第二天早晨就为几辆俄国坦克和从市内工厂紧急动员起来的工人队伍所击退。这是德国军队到达莫斯科最近的地方。这是他们第一次也是最后一次看到克里姆林宫。 863

12月1日晚上，正害着严重胃痉挛的博克已经打电话给哈尔德，说他的部队力量大为削弱，他再也不能用他们来“作战”了。参谋总长给他打气说：“应该不惜使出最后一把劲，打倒敌人。如果办不到，我们再另做决定。”第二天，哈尔德在日记上简短地写道：“敌军的抵抗已达到极点。”过了一天，12月3日，博克再打电话给参谋总长。哈尔德在日记上记下博克所谈的情况：

> 第四军团的先头部队又撤下来了，因为侧翼跟不上去……我军快要到山穷水尽的地步了。

博克第一次谈到要转攻为守时，哈尔德提醒他说：“最好的防守是坚持进攻。”

这话说来容易做来难，因为碰上的是俄国人和那样的天气。第二天，12月4日，古德里安的第二装甲军团从南面攻占莫斯科的企图已被制止，古德里安报告说气温已下降到零下35度。第二天，温度又下降了5度。他说，他的坦克“差不多动弹不得了”。同时，他的侧翼和在图拉北面的后卫都受到了威胁。

12月5日是关键性的一天。德军在环绕莫斯科周围200英里的半圆形阵地上，全线被制止住了。傍晚，古德里安通知博克，他不仅已经被止住，而且还得后撤。博克打电话给哈尔德说，“他已到了山穷水尽的地步了”。同时，布劳希奇也绝望地告诉他的参谋总长说，他要辞卸陆军总司令的职务。这一天是德国将领们黑暗、悲惨的一天。

> ［古德里安后来写道］这是我平生第一次必须做出这样一种决定，没有比这再困难的事了……我们对莫斯科的进攻已经失败。我们英勇的部队的一切牺牲和煎熬都已归于徒劳。我们遭到了可悲的失败。[16]

在克鲁格的第四军团司令部里，参谋长布鲁门特里特已看出形势到了转折点。他后来回忆道：“我们想在1941年打败俄国的希望，已在最后一分钟化为泡影了。”

第二天，12月6日，刚在六个星期以前继铁木辛哥元帅任中路战线司令的格奥尔基·朱可夫将军发动了攻势。在莫斯科前沿200英里长的战线上，他的七个军团和两个骑兵军——共计100个师——全线出击。这些部队中有新入伍的，也有久经沙场的，他们都得到很好的装备和训练，能适
864 应在严寒深雪中作战。这位不大闻名的将军有着由步兵、炮兵、坦克兵、骑兵、空军组成的这样一支强大兵力，是希特勒做梦也没有想到的。他们的突然而猛烈的攻击，使德国军队和第三帝国遭到永远不能完全恢复过来的损失。在严寒的12月和1月上旬的几个星期中，遭到打击、正在撤退的德军的防线遭到苏军的不断突破，正如130年前拿破仑的大军一样，看来就要瓦解和消灭在俄国的冰天雪地中了。在好几次严重关头，德军真的差一点儿就遭到这个命运。也许由于希特勒的顽强意志和决心，并且肯定由于德国士兵的坚忍不拔，才使第三帝国的军队免于完全的崩溃。

但是，失败还是惨重的。红军的力量虽然受了些损伤，但是并没有被摧毁。莫斯科没有被占领，列宁格勒、斯大林格勒、高加索的油田也没有失陷；苏联通往英、美，通往南面北面的生命线，仍然畅通无阻。希特勒的部队两年多来不断取得军事胜利，现在第一次在一个优势敌人面前大步后撤。

不仅如此，还有比这更大的失败。哈尔德至少在后来看到了这一点。

瓦西里·索科洛夫斯基、尼古拉·布尔加宁和格奥尔基·朱可夫在部署莫斯科保卫战。

他写道:“德国陆军常胜不败的神话已经破灭了。”第二年夏天，德国军队在俄国继续取得了较多的胜利，但是这种胜利再也不能恢复这个神话了。这样，1941年12月6日就成了第三帝国短暂历史的又一个转折点，而且是最致命的转折点之一。希特勒的力量已到了顶峰，从此以后要走下坡路了。遭到他的侵略战争的祸害的那些国家，正在日益增强抵抗，这也促成了他的力量的削弱。

现在，德国最高统帅部人员和前线指挥官进行了大调动。当陆军遭遇到苏军的反攻在冰天雪地中后撤时，德国的高级将领也开始被开刀了。我们已经看到，伦德施泰特由于被迫撤出罗斯托夫，已被解除南路部队司令官的职务。陆军元帅冯·博克自从在12月间遭到失败以后，胃病转重，已于12月18日由冯·克鲁格元帅接替他的工作。克鲁格那被打得落花流水的第四军团被逐出莫斯科近郊，而且永远不能再推进到那里了，甚至英勇善战、首先采用大规模装甲战而革新了现代战争的古德里安将军，也在圣诞节被解除职务，因为他未得上级批准，擅自下了撤退命令。同样显赫一时的坦克部队司令霍普纳将军，也以同样的罪名被希特勒突然撤职，被夺了军阶，还被禁止穿着军服。他的第四装甲集团军曾到达莫斯科北面望得见城区的地方，但随即被逐退。汉斯·冯·施波内克将军，一年前曾以指挥空运部队在海牙登陆而得到骑士十字勋章，现在受到更严厉的处分。因为他在12月29日当俄国军队在其背后从海上登陆时，把他在克里米亚的一个
865 军中撤出一个师。他不仅被立即褫夺军阶，还被拘禁，送交军事法庭审讯，在希特勒的坚持下被判以死刑。*

甚至善于逢迎拍马的凯特尔也和最高统帅闹起纠纷。甚至像他那样的人在12月初也清楚看到：为了避免奇灾大祸，必须从莫斯科全面撤退。但是当他鼓足勇气向希特勒陈述这个意见时，希特勒对着他狠狠地训斥了一顿，大声骂他是个“木头人”。过后不久，约德尔看到这位最高统帅部长官哭丧着脸，坐在桌子旁写辞呈，旁边搁着一支左轮手枪。约德尔悄悄地挪开手枪，劝凯特尔——显然并不太费事——不要辞职，要对元首的侮辱继续忍受下去。凯特尔照办了，他以无比的耐心一直忍受到最后一刻。[17]

陆军元帅冯·布劳希奇要统率一支不能像最高统帅所要求的那样常胜不败的军队，这项吃力的差使使他的心脏病一再复发。到朱可夫开始发动反攻时，他已决意要辞去陆军总司令的职务。12月15日，他到新转移的防线做了视察以后回到总司令部，哈尔德见他“疲惫不堪”。他在日记上写道：“布劳希奇再也看不到有使陆军摆脱绝境的办法。”这位陆军首脑已智穷力尽。他在12月7日曾请求希特勒免去他的职务，12月17日又提出一次，两天以后得到正式批准。三个月以后，元首跟戈培尔谈起他对这位由他亲自提名统率陆军的人的真正看法。

> 元首谈到他［布劳希奇］时，用的尽是些轻蔑的字眼［戈培尔在1942年3月20日的日记上写道］，说他是一个爱好虚荣、懦弱无能的可怜虫……笨蛋一个。[18]

* 直到1944年7月反希特勒密谋发生以后，他的死刑才被执行。但他根本没有参加那次密谋。

希特勒对他的亲信谈起布劳希奇：“他算不上是个军人。他是个稻草人。如果布劳希奇再留在他的职位上，哪怕是几个星期，就会酿成巨灾大祸。”[19]

由谁来接替布劳希奇，这个问题在陆军人士中曾引起种种猜测。但是这正如同当年由谁来接替兴登堡的猜测一样，都离谜底甚远。12月19日，希特勒召见哈尔德，对他说，他将亲自接任陆军总司令。哈尔德可以留任参谋总长，如果他愿意的话。哈尔德表示愿意。但是希特勒明白表示，从今以后，他将亲自掌管陆军事务，正如他掌管德国的几乎一切事务一样。

> ［希特勒对哈尔德说］担任作战指挥算不得什么，是谁都干得了
> 的。陆军总司令的任务是按照民族社会主义的方式训练陆军。我不知 866
> 道有哪一位将军能按照我所要求的做到这一点。因此，我决定亲自接
> 任统率陆军的任务。[20]

希特勒就这样取得了对普鲁士军官团的彻底胜利。这位曾在维也纳当过流浪汉的前下士现在成了国家元首、战争部长、武装部队最高统帅兼陆军总司令。哈尔德在日记中不满地说：将军们现在只不过是传送希特勒命令的信差，而他的这些命令是根据他的独特的战略思想制定出来的。

实际上，这个自大狂的独裁者不久又给自己带来更大的权力：通过法律使自己具有德国历史上任何人——不论帝王或总统——都没有得到过的权力。1942年4月26日，他让他的唯命是从的国会通过一条法律，赋予他对任何德国人有生杀予夺的绝对权力，同时明令废止与此相抵触的一切法律。为了让大家相信，有必要引一下这条法律的条文。

> ……在目前这场战争中，德国人民正面临着一场有关生死存亡的斗争，元首必须拥有他认为必要的一切权力，以便促进或赢得胜利。为此，元首作为国家领袖、武装部队最高统帅、政府首脑和最高行政首长、最高法官和党的领袖，得以——不受现行法律规定的约束——在必要的情况下，采取一切手段强使任何德国人履行自己的职责，不

> 论他是普通士兵还是军官，是下级文官、高级文官还是法官，是党的领导干部还是下级干部，是工人还是厂主。若有人违背自己的职责，元首经过缜密调查以后，有权不必按规定程序，给予应得的惩罚，撤销其职务、官阶和地位，而不考虑其所谓完全应该享有的权利。[21]

阿道夫·希特勒真的已不仅是德国的领袖，而且成了法律的化身。甚至在中世纪或更早的野蛮部落时代，也从没有任何德国人像他这样，在名义上、法律上和实际上都独揽暴君威权于一身。

话又说回来，希特勒即使没有增添这份权力，也已是陆军的绝对领导，现在不过是直接掌握了陆军指挥权罢了。那年寒冬，他断然采取行动，煞住了他的残兵败卒的退却，使他们免于拿破仑军队沿同一条冰天雪地的道路从莫斯科退却的命运。他禁止部队继续后撤。长期以来，德国将军们对他的死守方针是否正确一直有着争论：它到底是把部队从全军覆没中挽救出来了，还是加重了不可避免的重大损失。大多数司令官争辩说，他们当
867 初在阵地防守不住时如果有权退却，就可以挽救出许多人员和装备，并为进行休整甚至发动反攻提供有利的条件。事实是，整师整师的部队常常被追上、被包围和被打得四分五裂，如果及时退却的话，本来是可以把这些部队救出来的。

但是，后来也有一些将领不得不承认，希特勒坚持要部队稳住阵脚、继续战斗的坚强意志，是他在战争中的最大成就；也许正由于此，部队才没有在冰天雪地中完全土崩瓦解。布鲁门特里特将军对这种见解有过很好的概括：

> 希特勒执意下令部队不论在任何形势下，不论在多么困难的条件下，都必须坚守阵地，这无疑是正确的。他本能地意识到，在冰天雪地中做任何撤退，必将使前线在几天之内土崩瓦解。他也意识到，如果出现了这样的情况，德国部队一定要遭到拿破仑大军同样的命运……由于冰雪封途，撤退只有通过空旷的田野。这样，用不了几夜，部队就会支持不住，他们就会情愿在半道上躺倒等死。而且，后方也没有准备好可供他们撤退到那里的阵地，也没有他们可以守得住的任

何防线。[22]

一个军长冯·蒂佩尔斯基希将军同意这种看法。

> 这是希特勒的一个巨大成就。在那个危急的关头，部队都在回想拿破仑撤出莫斯科的故事，终日生活在这个阴影的笼罩之下。如果一经开始退却，就会仓皇四散，溃不成军。[23]

德国陆军，不论是前线部队还是远在后方的大本营，全都惶惶不可终日。哈尔德把这种情况生动地记在日记中。“非常困难的一天！”这是1941年圣诞节日记的开头一句话。一直到新年以后，他在日记中记述俄国军队的历次突破和德军所遇到的严重情况时，都用上了这一类词句。

> 12月29日。又是危急的一天！……元首和克鲁格在长途电话中做了紧张的谈话。元首禁止第四军团北翼继续后撤。第九军团情况岌岌可危，该军团的指挥官们显然已不知所措。中午，克鲁格慌慌张张地打来一个电话。第九军团请求撤退到勒热夫后面……
>
> 1942年1月2日。激战的一天！……第四军团和第九军团情况十分危急……俄国军队已突破小雅罗斯拉夫韦茨北面的阵地，把前线撕开一个大缺口，目前还看不出有重建防线的办法……由于这种情况，克鲁格要求批准撤出深陷在敌后的阵地。与元首展开激烈争辩，元首仍坚持他的意见：不论后果如何，必须保持现有阵地…… 868
>
> 1月3日。小雅罗斯拉夫韦茨和博罗夫斯克之间的防线已被突破，情况越发危险。屈布勒*和博克十分激动，要求批准撤出北路正在崩溃的阵地。元首怀疑手下的将领是否有勇气做出困难的决定，发了一顿脾气。但是部队在零下30摄氏度的严寒中明明是无法守住阵地的。元首下令：他会亲自来决定是否有必要继续撤退……

---

* 克鲁格任中央集团军司令以后，所遗第四军团司令一职由屈布勒将军于12月26日继任。屈布勒尽管是个强悍的军人，但也受不了这种紧张，在职只三个星期，便由海因里西将军接替了他的职务。

但是到了这个时候，这种事情的决定权，已不在元首而在俄国军队手中了。希特勒能勒令德国军队拼死守住阵地，但是他再也阻挡不了苏联军队的前进，正跟克努特王不能阻挡潮水涌来一样。* 有一次，在惊慌之中，陆军总司令部有些军官建议，使用毒气也许可能扭转局势。哈尔德在1月7日的日记上写道："奥赫斯纳上校劝我对俄国人开始进行毒气战。"也许由于天气太冷了，总之这项建议没有下文。

1月8日是哈尔德在日记上记载的"万分危急的一天"。"苏希尼奇［在莫斯科西南］的突破，使克鲁格的处境更困难了。因此他坚持要求撤出第四军团。"这位陆军元帅给希特勒和哈尔德打了一整天的电话，坚持要求撤退。到了晚上，元首才勉强同意了。他批准克鲁格"逐步地"后撤，"以便保护部队的联络"。

原定要在莫斯科庆祝圣诞节的德国军队，现在在这一整个可怕的冬天，却被俄军逐步地，有时是迅速地击退，此外，也因为恐怕遭到俄军的包围和突破而退却。到2月底，德军已退到离莫斯科75英里到200英里的地方。哈尔德在2月将尽时，在日记中记下了这次冒险进攻俄国失败的兵员损失数字。他写道，到2月28日为止，兵员损失共计1 005 636人，相当于他的全部兵力的31%。其中死亡202 251人，受伤725 642人，失踪46 511人（冻伤112 627人）。这还不包括匈牙利、罗马尼亚和意大利部队在俄国的重大损失。

春天到来，冰雪消融，漫长的战线上平静了一个短暂时期。希特勒和哈尔德开始忙于筹划向前方调派生力军，调派更多的坦克、大炮，以便重新发动攻势——至少在前线的一部分地区发动攻势。德国军队在广大的战线上再也没有发动全面进攻的力量了。严寒的冬天所造成的损失，特别是朱可夫的反攻，使全面进攻的希望破灭了。

869 但是我们现在知道，希特勒早就意识到，他要想征服俄国的这一场赌博已经失败了，不仅在六个月的时间内办不到，而且永远办不到了。哈尔

* 克努特王（约公元995—1035）是丹麦、英国和挪威的国王。据说有一次他坐在海边下令潮水不要向他涌来，这当然没有效果。于是他讽刺左右的佞臣说，他们虽口口声声称他大王，但他并不能阻挡住潮水。——译者

德在1941年11月19日的日记中记下了元首向最高统帅部几个军官所做的一次长篇“训话”。希特勒在德国军队离莫斯科只有几英里而且正在死命进攻这座城市时，便已经放弃了在年内打败俄国的希望，而在打第二年的主意了。哈尔德记下了元首的打算。

明年的目标。首先拿下高加索。目的：俄国南方边疆。时间：3到4月。北路方面，今年战事结束以后，沃洛格达或高尔基，* 时间只能在5月底。

明年还有什么目标，尚待决定。一切将看铁路运输的能力而定。关于将来要建立一堵“东壁”的问题也待以后决定。

如果苏联要被消灭的话，就用不着建立什么“东壁”。看来，哈尔德在听着最高统帅继续往下谈的时候，对这一点是动过脑筋的。

总的来说[他最后写道]，给人的印象是，希特勒现在已认识到任何一方都不能消灭对方，并认识到这种情况将导致和平谈判。

对这位纳粹征服者来说，这一点认识一定是起了当头棒喝的作用的。六个星期以前，他还在柏林发表过广播演说，“毫无保留地”宣布俄国已被“打垮，再也不能站起来了”。他的计划已经给打得粉碎，他的希望已经化为泡影。两个星期以后，12月6日，当德国军队在莫斯科郊外给击退回来的时候，他的计划和希望更进一步破碎了。

次日，1941年12月7日是星期日，在地球的另一边，发生了一件事，把希特勒轻率地挑起的欧洲战争变成为一场世界大战。这场世界大战将要决定他和第三帝国的命运，尽管希特勒自己这时还不能意识到这一点。日本轰炸机袭击了珍珠港。第二天，† 希特勒赶忙从他在“狼穴”的大本营乘火车回到柏林，他曾经对日本庄严地许下秘密的诺言，现在已到了履行这

---

* 沃洛格达在莫斯科东北300英里，为通往阿尔汉格尔铁路上的重镇。高尔基在莫斯科正东300英里。

† 希特勒的活动和行踪都记在他的记事日历上，这些记事日历也在缴获的文件中。

870 个诺言——或者是翻悔——的时候了。

注　释

1.《纳粹的阴谋与侵略》，第6卷，第905—906页（纽伦堡文件C-74）。德文全文，《主要战犯的审讯》，第34卷，第298—302页。

2. 哈尔德报告（油印稿，纽伦堡）。

3.《纳粹的阴谋与侵略》，第6卷，第929页（纽伦堡文件C-123）。

4. 同上，第931页（纽伦堡文件C-124）。

5. 布鲁门特里特将军在《致命的决定》一书中的文章，该书由西摩·弗赖丁和威廉·理查逊编辑，第57页。

6. 李德·哈特:《德国将领谈话录》，第147页。

7. 同上，第145页。

8. 哈尔德报告。

9. 海因茨·古德里安:《装甲部队的领导人》，第159—162页。本章和以后几章所提到的页数是白兰丁出版社平装本中的页数。

10. 布鲁门特里特文章，载《致命的决定》，第66页。

11. 伦德施泰特提审记录，1945年。由舒尔曼援引，见《西方的溃败》，第68—69页。

12. 古德里安:《装甲部队的领导人》，第189—190页。

13. 同上，第192页。

14. 同上，第194页。

15. 同上，第191页。

16. 同上，第199页。

17. 戈利茨:《德军总参谋部》，第403页。

18.《戈培尔日记》，第135—136页。

19.《希特勒秘密谈话录》，第153页。

20. 哈尔德:《统帅希特勒》，第45页。

21.《纳粹的阴谋与侵略》，第4卷，第600页（纽伦堡文件1961-PS）。

22. 布鲁门特里特文章，见《致命的决定》，第78—79页。

23. 李德·哈特:《德国将领谈话录》，第158页。

第二十五章

轮到了美国

阿道夫·希特勒对日本的轻率的诺言，是他在柏林与亲轴心的日本外相松冈洋右经过一系列会谈之后做出的。时间是在1941年春天，正是德国对俄国发动进攻前不久。我们从缴获的德日会谈记录中，可以追溯出希特勒又一个重大的估计错误的来龙去脉。这份记录和纳粹在这段时期的其他文件表明，元首是多么无知，戈林是多么狂妄，里宾特洛甫是多么愚蠢，以至于他们不能了解美国的潜在军事力量——这是第一次世界大战期间威廉二世、兴登堡和鲁登道夫曾经犯过的错误。

希特勒对美国的政策从一开始就存在着一个基本的矛盾。虽然他根本瞧不起美国的军事力量，但在战争的头两年中，却仍然尽力使美国不卷入战争。正如前文所述，使美国不卷入战争，是德国驻华盛顿大使馆的主要任务。他们用尽一切手段，包括贿赂国会议员、试图津贴作家和资助“美国第一委员会”，来支持美国孤立主义者，使美国在战争中不参加到德国的敌人方面。

希特勒十分懂得，只要美国由罗斯福总统领导一天，希特勒的征服世界、与意大利和日本瓜分地球的狂妄计划就一天不得实现。他在私下谈话时把这一点说得很清楚。他认为，早晚要对付美国，而且用他的说法，要“狠狠地”对付。但是一次只能对付一个国家，这是他的战略迄今得到成功的秘诀。对付美国的时候一定会到来，但只有在打败英国和苏联之后才能这么做。到那时候，他将在日本和意大利的帮助之下，对付暴发户美国人。胜利了的轴心国家将轻而易举地使孤立无援的美国人屈服在它们的淫威之下。

希特勒尽力想在对美国下手的准备工作就绪之前，使美国不卷入战争；
871 要做到这一点，日本是关键所在。1940年3月11日，里宾特洛甫曾对墨索里尼指出，日本拥有牵制美国的力量，它可以阻止美国像在第一次世界大战那样出兵欧洲对德国作战。[1]

在战争期间，希特勒和里宾特洛甫与日本人打交道时，最初特别强调不要惹得美国放弃中立的重要意义。到1941年初，他们特别急切地想把日本拖进战争，不是去打美国，更不是打他们马上就要进攻的俄国，而是去打显然快要战败，但仍不肯屈服的英国。1941年初，德国加紧对日本施加压力。2月23日，里宾特洛甫在萨尔茨堡附近的富施尔霸占来的宅邸里，接见了日本大使大岛浩将军。这位大使性情暴躁，常常使作者认为他是一个比纳粹党人还要地道的纳粹分子。里宾特洛甫对客人说，战争虽已取得胜利，但是日本“为了自身利益”，应该“尽快”参战，占领大英帝国在亚洲的领土。

> ［他继续说道］日本的突然出兵，一定可以阻止美国参战。美国目前还没有武装起来，它不会愿意它的海军在夏威夷以西遭到危险。在日本出兵的情况下，美国参战的可能性更小。日本只要在其他方面尊重美国的利益，罗斯福即使拿什么丧失威望的论据来说服美国人打仗，也是不可能的。如果美国在日本进占菲律宾时也不得不袖手旁观，那么它就很不可能宣战。

里宾特洛甫又说，美国即使真的参战，“也绝不会对三国条约的国家的最后胜利产生多大危险”。日本舰队一定会轻而易举地打败美国舰队，战争将以英国和美国的垮台而迅速结束。这样的话对这位性情暴躁的日本大使是十分动听的，所以里宾特洛甫大讲特讲。他劝日本在华盛顿正在举行的谈判中，态度要坚决，“说话要干脆”。

美国只有在认识到他们面对的是坚定不移的决心以后，才会后退。美国人民……不愿意牺牲自己的子弟，因此是反对参战的。美国人民本能地感到，罗斯福和幕后操纵的犹太人是在无缘无故地把他们拉进战争中去。因此，我们对美国的政策一定要干脆、坚定……

纳粹外交部长还提出一点警告。这个警告也曾对佛朗哥提过，但是可悲地没有产生作用。

德国一旦受到削弱，用不着多久，日本就将发现它自己处于全世界的围攻之中。我们坐的是一条船。现在是决定我们两国未来几世纪命运的时刻……德国的失败也就是日本帝国的理想的告终。[2] 872

1941年3月5日，希特勒发布了一项称作“关于与日本合作的第二十四号基本命令”的绝密指示，把他的对日新政策通知了军事将领和外交部的高级官员。[3]

在三国条约基础上的合作必须以尽早促使日本**在远东采取积极行动为目标**。若能做到这一步，英国的强大力量将受到牵制，美国利益的重心将转移到太平洋……

作战的**共同目标**主要在于迫使英国迅速屈服，从而使美国不能参战。

占领新加坡这个英国在远东的战略重镇，肯定地意味着我们三大强国取得了整个作战中一项决定性胜利。*

希特勒还敦促日本占领英国的其他海军基地，甚至在“一旦不能阻止美国参战时”，占领美国的基地。希特勒在指示的最后部分命令：“千万别让日本得知‘巴巴罗萨’计划的消息。”盟国日本与盟国意大利一样，不过是德国实现野心的工具，它们的政府都不能使元首推心置腹地把他的进攻俄

* 着重体是希特勒原来用的。

国的打算透露给它们。

两个星期以后，即3月18日，海军元帅雷德尔在同希特勒、凯特尔、约德尔开会时，强烈地要求迫使日本赶快进攻新加坡。雷德尔解释说，现在是千载难逢的大好时机，因为“整个英国舰队已受到牵制，美国对日本进行战争还没有准备好，美国舰队的力量也赶不上日本”。这位海军元帅说，攻下新加坡，就可以“解决涉及英美两国的其他一切亚洲问题”，同时，自然也可使日本得以避免与美国发生战争，如果日本希望避免的活。这位海军元帅认为，在这个问题上只有一个障碍，在他提起这一点时，希特勒一定是大皱眉头的。雷德尔警告说，根据海军情报，日本只有在“德国开始登陆英国以后”，才肯在东南亚对英国采取行动。在这次会议的海军方面的记录中，没有记载希特勒是如何回答这个问题的。雷德尔肯定知道最高统帅既没有在今年登陆英国的计划，也不存这种希望。雷德尔还提了另外一件事，元首未置可否。他“建议”“把对俄国的打算告诉”松冈洋右。[4]

日本外务相现在正在取道西伯利亚和莫斯科前往柏林途中。一路上，
873 如赫尔国务卿所说，* 他发表了好战的亲轴心的谈话。3月26日，他到达德国首都。当时正是希特勒感到十分狼狈的时候，因为那天夜间贝尔格莱德发生政变，南斯拉夫的亲德政府被推翻了，元首正忙于制订镇压这个难以驾驭的巴尔干国家的新计划。因此他要等到27日下午才能接见日本客人。

第二天上午，里宾特洛甫与松冈会谈，他的谈话不过像放了一阵留声机旧唱片，这种唱片是专门用在这种场合，放给这类客人听的。只不过话说得比往常更愚蠢，而且还不让短小精悍的松冈插嘴。这在施密特博士记录的长篇会谈秘密记录中可以看得清清楚楚（这份记录现在是缴获的外交部文件之一）。[5]“这场战争，轴心国家是赢定了，”里宾特洛甫宣称，“英国认输只不过是时间问题。”接着他就催促日本“赶快进攻新加坡”，因为这将是“早日打倒英国的一个具有极大决定意义的因素”。面对着这样一个自相矛盾的说法，这位矮小的日本客人眼睛眨也没有眨一下。施密特回忆

---

* 这句话是赫尔在3月14日对日本新任驻华盛顿大使野村海军上将说的。当时罗斯福先生也在场。野村回答说，松冈的“大声谈论是说给国内听的，因为他有政治野心”（《科德尔·赫尔回忆录》，第2卷，第900—901页）。

说：“他不动声色地坐着，对这种奇怪的谈话究竟有什么印象，丝毫也没有透露。”[6]

谈到美国的问题，里宾特洛甫说道：

> 毫无疑问，若不是罗斯福总是给丘吉尔打气，英国早就不会打下去了……三国条约的一个首要目标就是威吓美国……阻止它参战……我们必须用尽一切办法，阻止美国积极参加到战争中来，并且阻止它过于有效地援助英国……一旦拿下新加坡，阻止美国参战也许就大有希望，因为美国是不能冒险把舰队派到日本海面去的……这样一来，罗斯福的处境就十分困难了……

尽管希特勒有过规定，不要把德国即将进攻俄国的事告诉松冈——为了防止泄露消息，这样做是必要的，但是我们就要看到，这给德国带来了灾难性的后果——里宾特洛甫还是做了若干泛泛的暗示。他告诉客人，德国和苏联的关系是没有毛病的，但是不大友好。而且，如果俄国威胁德国的话，“元首就要消灭俄国”。他又说，元首深信，如果打起来的话，“几个

1941年，日本外务相松冈洋右访问德国。

月之内，俄国就不存在了”。

施密特说，松冈听了这番话，眨一眨眼睛，满脸显出惊讶神情。里宾特洛甫这才赶忙叫他放心，说他不相信“斯大林会采取不明智的政策”。施密特说，在这当儿，里宾特洛甫被希特勒叫去讨论南斯拉夫危机问题，按说他应该举行正式午宴招待贵宾的，竟也忙得顾不上了。

874 下午，希特勒在下定了消灭另一个国家（南斯拉夫）的决心以后，对日本外务相做工作了。他开始说道："英国已经输掉了战争，问题只在于英国能不能明智地输。”现在，英国还抓着两根救命草：俄国和美国。希特勒在谈到苏联问题时，比里宾特洛甫谨慎一些。他说，他不相信会发生与俄国打仗的危险。归根到底，德国有着大约160个师到170个师的兵力“可用于防备俄国”。至于美国，他说：

> 美国的面前摆着三条路：它可以武装自己，它可以支援英国，它也可以在另一条战线上作战。如果它援助英国，就不能武装自己。如果它抛开英国不管，英国就要被打垮，那时美国就会发现自己处于单独同三国条约国家作战的境地。但是，美国要想在另一条战线上作战，是绝对不可能的。

因此，元首最后说道，“任何人都不能想象得出”日本在太平洋动手有比现在更好的机会了。他竭力夸张地说："这样的时机，一去难得再来。这是历史上千载难逢的机会。”松冈表示同意，但是提醒希特勒说，可惜他“做不了主。此刻他不能代表日本帝国做出肯定采取行动的保证”。

但是希特勒这个绝对的独裁者却能够做出保证，并真的在4月4日对日本做出了保证，这是在十分随便而且谁也没有要求他这么做的情况下做出的，是在松冈拜访了墨索里尼回到柏林以后。* 这第二次会谈，是在纳粹进攻另两个无辜的国家南斯拉夫和希腊的前夕举行的。这天，元首沉浸在一片好战的心情中，他急切地希望取得新的轻易的胜利，急切地希望对贝尔格莱德报仇。他说，虽然他认为与美国开战是“不合宜的”，但他已经

* 松冈告诉希特勒，墨索里尼曾对他说，“美国是头号敌人，苏联只能算作二号敌人”。

把“它包括在他的估计之内”。不过他并不认为美国的军事力量有什么了不起。*

> 德国为了阻止美国人在欧洲登陆，已做了种种准备工作。它将用潜艇、飞机对美国进行一场激战，德国有丰富的战争经验……美国绝不是它的对手，且完全不说德国士兵显然远远胜过美国人这一事实。 875

这样的吹牛使他无法不做出致命的保证。施密特在会谈记录中记了下来：

> **如果日本与美国发生冲突，德国方面将立即采取必要的步骤。**

从施密特的记录中可以清楚看到，松冈并没有充分体会到元首所做保证的重要意义，因此希特勒又说了一遍。

> **正如他已经说过的，一旦日美两国发生冲突，德国将立即参加。**†

希特勒不仅对这个随便做出的保证付出了昂贵的代价，而且，还因为没有把他在占领巴尔干以后立即要进攻俄国的意图告诉日本而付出了昂贵的代价。松冈在3月28日的一次谈话中，转弯抹角地问里宾特洛甫，在他回国途中，要不要“在莫斯科停留，以便与俄国人就签订互不侵犯条约或中立条约的问题进行谈判”。呆头笨脑的纳粹外交部长满不在意地回答说，松冈“在莫斯科如果可能就不必提这个问题，因为这个问题也许和当前形

---

* 他对美国的奇怪想法——希特勒到了这个时候对他自己的纳粹宣传也相信起来了——在1941年8月末他与墨索里尼在俄国前线的一次谈话中再次暴露出来。意大利方面的记录间接援引他的话道：“元首详细地叙述了那个包围罗斯福的剥削美国人民的犹太集团的情况。他说，在美国那样的国家，他无论如何一天也生活不下去。美国的生活概念浸透了最贪得无厌的商业主义，美国根本不喜欢像音乐之类表现人类最高尚情操的东西。”（《齐亚诺外交文件集》，第449—452页）

† 着重体是作者用的。

势不完全适应”。他并没有十分了解未来事件的意义。可是在第二天，他的木头脑袋想明白了这一点，在这天的谈话中他一开头就谈起这个问题。跟希特勒即将于4月4日随便地做出保证一模一样，他在谈话开始时先提出了保证：一旦俄国进攻日本，“德国将立即投入战斗”。他说，他之所以做出这项保证，“为的是让日本放心地向南进攻新加坡，而不必担心俄国的牵制”。松冈最后谈到他前来柏林路过莫斯科时，曾向苏联建议签订一个互不侵犯条约，并暗示说俄国人颇有赞同的意思。里宾特洛甫听了，又毫不在意，只是劝松冈对这个问题“表面上敷衍一下”。

但是日本外务相在返国途中一到莫斯科，就和斯大林签订了一个中立条约。预见到这个条约后果的德国驻苏大使冯·德·舒伦堡，曾把条约的内容用电报通知柏林。它规定如一方卷入战争，另一方将保持中立。这个条约是在4月13日签字的。这是日本一直信守到底的唯一条约，虽然后来德国方面劝告日本不要遵守这个条约。因为到了1941年夏末，纳粹就要央求日本进攻符拉迪沃斯托克，而不是进攻新加坡或马尼拉了！

876 尽管如此，希特勒最初并没有了解到《苏日中立条约》的意义。4月20日，当雷德尔向希特勒问起这件事时，希特勒说，这项条约是“在德国默许之下”订立的，并说他欢迎这个条约，“因为这么一来日本就不能随意对符拉迪沃斯托克采取行动了，应该引它去进攻新加坡”。* [7]希特勒这时深信德国能在当年夏天消灭俄国。他不想让日本在这项盖世武功中与他平分秋色，正如他过去不愿意与意大利分享征服法国的果实一样。他也有绝对的自信，可以用不着日本的帮助就能打败苏联。里宾特洛甫道出了他的主子的这种思想。他在3月29日对松冈说，一旦俄国逼得德国“动手打起来”，“如果日本军队无法进攻俄国，他认为是恰当的”。

---

* 苏日两国在莫斯科签订中立条约的消息使华盛顿人士甚为震惊。罗斯福和赫尔的看法与希特勒的看法相似——他们也认为，这个条约签订以后，将使日本把原来准备用于对付俄国的部队调出来，到南方进攻英国的属地，说不定还要进攻美国的属地。舍伍德透露说，4月13日，当签订这项条约的消息传到华盛顿时，罗斯福总统放弃了原定在西大西洋用美国海军舰只进攻德国潜艇的计划。后来他发布的一项新的命令，只是要求美国军舰报告德国海军舰只在冰岛以西的动向，而不要进行攻击。这是由于考虑到日苏新签订的中立协定已使太平洋形势十分严重，而不能在大西洋上冒太多的风险（罗伯特·E. 舍伍德：《罗斯福与霍普金斯》[*Roosevelt and Hopkins*]，第291页）。

松冈洋右在结束与德国的会谈返日途中于莫斯科签订《苏日中立条约》。

但是，不到三个月，希特勒和里宾特洛甫对这个问题的看法却有了意想不到的、极大的转变。1941年6月28日，即纳粹军队大举进犯俄国之后的第六天，里宾特洛甫打电报给德国驻东京大使欧根·奥特将军，要他尽一切力量促使日本从背后迅速袭击俄国。电报指示奥特要利用日本人抢夺领土和财富的贪欲，同时力陈这是使美国保持中立的最好办法。

> [里宾特洛甫解释说] 我们可以希望，迅速打败苏俄——特别是如果日本在东方采取行动的话——最足以说服美国使其相信，跟完全孤立的英国站在一边、与世界上最强大的联盟相对抗，是徒劳无益的。[8]

松冈是赞成立即进攻俄国的，但是东京政府并不接受他的看法。政府的态度似乎是这样：如果德国果真像他们自己所说的那样能迅速打败俄国，他们就不会需要日本的帮助。可是，东京方面对纳粹能否取得闪电式的胜利尚难肯定，这就是他们所以采取上述态度的真正原因。

但是里宾特洛甫仍不死心。7月10日，正是德国对俄国的进攻势如破竹的时候（我们在前边谈过，甚至连哈尔德也认为胜利已经到手了），纳粹 877

外交部长在东线所乘的专车上给德国驻东京大使发去一份电报，重新提出更强烈的要求。

> 既然像日本驻莫斯科大使所报告的那样，俄国实际上已处于崩溃边缘……日本就绝不可能在完成军事准备工作之后不解决符拉迪沃斯托克和西伯利亚地区的问题……
>
> 我要求你用一切办法继续要求日本尽早参加对俄国的战争……日本参战越早越好，德日两国的目标当然仍是在冬季到来之前，在西伯利亚大铁路上会师。[9]

这样一个令人头晕目眩的大好前景，并没有能打动军国主义的日本政府。四天以后，奥特大使回答说，他仍在尽一切力量说服日本方面尽早进攻俄国。他说松冈是完全赞同的，但是东京的内阁中“障碍很大”，[10]奥特必须对之进行斗争。事实上，性情暴躁的松冈不久就给排挤出内阁。他的去职，使德国暂时失去了一个最好的友人。尽管我们不久将要看到，柏林和东京后来又恢复了比较密切的关系，但是无论如何也没有能密切到使日本人相信，帮助德国进攻俄国是明智的。希特勒又一次在自己擅长的惯技上，输给了一个狡猾的盟友。*

“避免与美国发生事件！”

由于日本自己也有烤着的栗子取不出来，它坚决不肯为希特勒从俄国

---

* 这年整个秋天（以后两年中还有好几次），里宾特洛甫一直努力劝诱日本夹攻俄国，但是东京政府都拒绝了，答复很彬彬有礼，实际上就是说：“实在对不起，请原谅。”

这年整个夏天，希特勒一直没有死心。8月26日，他对雷德尔说，他“相信日本在兵力一经集中以后，便将立即进攻符拉迪沃斯托克。日本人现在之所以不动声色，我看是为了便于顺利地集结兵力和突如其来地发起进攻”。[11]

日本档案文件透露了东京在这个令人为难的问题上是如何对德国虚与委蛇的。例如8月19日，当奥特大使向日本外务次官问起日本出兵俄国的问题时，外务次官回答说：“进攻俄国这类问题对日本来说是一个极端严重的问题，得三思而行。”8月30日，越来越不耐烦的奥特大使向外相丰田副武海军上将提出一个问题：“请问日本有没有参加苏德战争的可能性？”丰田回答说：“日本现在正做准备，完成准备工作还需一些时间。”[12]

的火中取栗，因此对德国来说，在征服苏联以前，不让美国卷入战争，就成为更加重要的事情了。在1941年夏天，元首深信德国可以在冬季到来以前把苏联征服。 878

很久以来，德国海军一直不满意希特勒限制他们的活动，不许他们破坏美国对英国的货运，对抗美国海军舰只在大西洋上对德国潜艇和海面舰只越来越厉害的敌对行动。纳粹的海军将领比心思局限在陆地上的希特勒看问题看得远。他们几乎从一开始便看到美国参战必不可免，并力劝最高统帅对此要早做准备。1940年6月法国战败以后，雷德尔在戈林的支持下，便立即敦促希特勒夺取法属西非，更重要的是占领大西洋上的冰岛、亚速尔群岛、加那利群岛等岛屿，以防止美国占领这些岛屿。希特勒表示颇有兴趣，但是他要先进攻英国和征服俄国，然后再对付已处于绝望境地的暴发户——美国人。参谋总部的男爵冯·法尔肯施坦因少校，在一份绝密的备忘录中透露了希特勒在1940年夏末的观点。

> 元首现在正在忙于考虑占领大西洋诸岛的问题，其目的在于日后对美国进行战争，此间也已开始考虑这个问题。[13]

由此可见，问题已不在于希特勒想不想对美国进行战争，而在于选定什么时候发动战争。第二年春天，发动战争的日期在元首心里已经有点谱儿了。1941年5月22日，雷德尔海军元帅与最高统帅会商，悲哀地报告说，海军“不得不打消占领亚速尔群岛的计划”，原因很简单：力量不够。但是到了此刻，希特勒对这项计划的兴趣却大起来了。据雷德尔的秘密札记所载，[14] 希特勒的回答是这样的：

> 元首仍然赞成占领亚速尔群岛，以便远程轰炸机可以从那里起飞去轰炸美国，可能在秋天就会有这样的需要。*

---

* 其实德国并没有远程轰炸机能从亚速尔群岛飞到美国海岸，更不用说能飞回来。从这点可以看出此时希特勒的反常心理：他幻想有并不存在的“远程轰炸机”。

这就是说，在击溃苏联以后，然后就轮到美国了。两个月以后，7月25日，正当对苏攻势进入高潮之时，希特勒对晋见他的雷德尔更明确地谈了这个问题。据雷德尔的笔记：希特勒对他说，“东方战事结束以后，他将保留对美国采取严厉行动的权利”。[15] 希特勒对这位海军首领又强调说，但是在此以前，他仍然希望“避免美国宣战……这是因为考虑到陆军正在进行紧张的战斗”。

雷德尔不满意这种主张，事实上，他的日记中（现在可以从缴获的文
879 件中看到）关于同希特勒会见的记载，都流露出他对元首抑制德国海军的做法的日益不耐烦的情绪。每一次会见时，他都想改变希特勒的看法。

这年年初，2月4日，雷德尔向希特勒呈送了一份备忘录。在这份备忘录中，海军方面表示十分怀疑让美国继续像现在这样中立下去对德国的价值。实际上，海军将领们都认为，美国参战如能促使日本成为轴心方面的一个交战国，反而“对于德国的战争努力是有利的”。[16] 但是纳粹独裁者并没有为这种论点所打动。

雷德尔泄气极了。这时“大西洋战役”正酣，德国没有占上风。美国根据《租借法案》提供的大批物资源源运到英国。“泛美中立巡逻”使德国潜艇越来越难以进行有效的活动。雷德尔把这些情况都向希特勒一一指出，但是没有收到多大效果。3月18日，他又晋见希特勒，报告说，开向英国的美国货船得到美国军舰护航，一直到冰岛。他请求授权让他不经警告而攻击美国军舰。他要求采取一定措施，以防止美国在法属西非获得立足点。他说，美国如果获得立足点，“是十分危险的”。希特勒听了回答说，他将与外交部（不是任何其他单位而是外交部！）磋商这些问题。这不过是搪塞推托海军将领们的一个办法。[17]

这年整个春天和初夏，他一直搪塞推托。4月20日，雷德尔又向他请求准予“按照海上截夺惯例，对美国商船开火”，[18] 希特勒也拒绝了。美德军舰的第一次正式有记录的冲突，是在4月10日发生的。这天美国驱逐舰“涅布拉克号”对一艘有进攻迹象的德国潜艇发射了深水炸弹。5月22日，雷德尔带着一份长篇备忘录回到了伯格霍夫，他建议对罗斯福总统的不友好行动采取反措施，但是没有能打动他的最高统帅。

> 元首认为［海军元帅写道］，美国总统的态度仍在未定之中。在任

何情况下他都不希望发生会导致美国参战的事件。[19]

俄国战役爆发以后，避免与美国发生事件的理由就更多了。6月21日，对苏发动进攻前夕，希特勒又对雷德尔着重地谈了这个问题。这位海军元帅曾兴高采烈地对他报告，U-253号潜艇在北大西洋德国宣布的封锁区内发现了美国战斗舰“得克萨斯号”和随行的一艘驱逐舰之后，如何“跟踪前进，准备进攻”。他又说：“凡是涉及美国的事情，坚定的行动往往比明显的让步更为有效。”元首同意他所说的原则，但是不同意这一具体行动，并 880
且再次对海军提出告诫。

元首详细说明，他希望在“巴巴罗萨”计划有相当进展之前，避免与美国发生任何事件。几个星期以后，局势就会更加明朗起来，并且可望对美国和日本产生有利于我的影响。到那个时候，美国由于受到日本的威胁的增加，便会不那么想参战。因此，如果可能的话，今后几个星期内，必须停止在封锁区内对海军船只进行任何攻击。

雷德尔试图争辩说，在夜间是很难辨别出是敌舰还是中立国家的舰只的。希特勒没让他把话说完，便责成他发布避免与美国发生事件的新命令。于是，这位海军首领当晚便发布命令，停止对“封锁区内外”**任何**军舰进行攻击，除非确定是英国军舰。对空军也下达了同样的命令。[20]

7月9日，罗斯福总统宣布美国军队将接替英国对冰岛的占领。柏林方面迅速做出强烈的反应。里宾特洛甫致电东京指出：“美国军队帮助英国，侵入了我们已正式宣布为战区的地方，这本身就是对德国和欧洲的侵略行为。”[21]

雷德尔急忙赶到“狼穴”，元首正在那里指挥着他在俄国的部队。雷德尔要求希特勒对这样一个问题做出决定：“应该把美国占领冰岛看作参战，还是看作一种应该不予理睬的挑衅行为。”在德国海军看来，美国登陆冰岛是一种战争行为。海军在一份长达两页的备忘录中，请元首注意罗斯福政府对德国犯下的其他各种“侵略”行为。海军还要求有权在必要时可以在护航区内击沉美国货船和进攻美国军舰。* 希特勒没有同意。

> [雷德尔在关于这次会见所写的报告中说道]元首详细解释说，他迫切希望美国的参战能再推迟一两个月。一方面因为东线战事需要投入空军的全部力量……他不希望分散空军力量，哪怕只是一部分；另一方面，在东线作战如能获胜，将对整个局势起巨大的影响，说不定还能对美国的态度起巨大的影响。因此，他暂时不希望改变现行命令，而是希望切实避免发生事件。

雷德尔又争辩说，他手下的海军指挥官们如果出于“误会”而袭击美国船只，不能要他们负责。希特勒反驳说，至少在遇到军舰时，海军要先
881 “确实判明”是敌舰以后才能进行攻击。为了使海军将领们正确领会他的意思，元首于7月19日发布了一项特别命令，规定“在扩大的作战区域内的美国商船，不论是单独航行还是在英美护航队中航行，如果在使用武力以前即已判明为美国商船者，不得进行攻击”。在美国也已承认是不可入内的封锁区中，可以袭击美国商船。但是希特勒在他的命令中又特别规定：这个作战区“**不**包括美国到冰岛之间的航路”。“不”字下面有希特勒自己画的着重线。[22]

但是正如雷德尔所说，“误会”是不可避免的。5月2日，一艘潜艇击沉了开往南非的美国货船“罗宾·莫尔号”，击沉的地点在德国封锁区外很远的地方。临近夏末时，又有两艘美国商船遭到鱼雷袭击。9月4日，一艘德国潜艇向美国驱逐舰“格利尔号”发射了两颗鱼雷，都未命中。一个星期以后，9月11日，罗斯福在一次演说中对这次攻击作出反应，他宣布已下令海军“一发现就开火”，同时警告说，轴心国家的舰只如进入美国防区，那就是“自冒风险”。

这篇演说把柏林惹火了。纳粹报刊把罗斯福骂作“头号战争贩子”，里宾特洛甫在纽伦堡回忆说，当时希特勒“非常激动”。但是，等到9月17日

---

* 这里可以提一下：雷德尔海军元帅在纽伦堡法庭上坚持说，他当时是尽了一切办法避免刺激美国参战的。

下午，雷德尔海军元帅到达东线大本营“狼穴”，力劝希特勒对“一发现就开火”的命令断然采取报复措施时，元首的怒气已经平息了。海军元帅向他请求说，现在应该对德国海军解除不得进攻美国船只这一禁令了，但是最高统帅的回答仍然是斩钉截铁的一个“不”字。

> ［雷德尔在关于这次谈话的记录中写道］对俄国的战事看来到9月底可以定局了，因此元首要求谨慎从事，在10月中旬以前，在对商船航运的作战中，避免发生任何事件。

雷德尔忧伤地写道：“因此，海军总司令和潜艇舰队司令［邓尼茨海军上将］撤回了他们的建议。必须把暂时按照原先发布的命令行事的理由通知各潜艇。”[23]从当时形势来看，希特勒一定是用了非凡的克制能力才做到这一步的。但是，对于那些年轻的潜艇舰长来说，他们在北大西洋的惊涛骇浪中执行任务，不断遭到日益奏效的、美国海军舰艇也常常参加的英国反潜艇措施的骚扰，要他们这样进行自我克制显然是更加困难了。7月间，希特勒对雷德尔说，如果有一个潜艇舰长“出于误会”击沉了美国船只的话，他绝不会查究。11月9日，他在慕尼黑那个人所共知的啤酒馆里，对“纳粹党元老”做每年一次的讲话时，对罗斯福的演说做了回答。

> 罗斯福总统已经下令他的舰只，一经发现德国舰只立即开火。我已命令德国舰只在遇到美国舰只时**不要**开火，但在遭到攻击时进行自 882
> 卫。任何德国军官如果没有采取自卫行动，我将把他送交军事法庭审判。

11月13日，他又发布一项新的指令，命令德国潜艇在尽力避免与美国海军交战的同时，在受到攻击时必须进行自卫。[24]

潜艇当然早已这样做了。10月16日夜间，美国驱逐舰“克尔纳号”在援助遭受德国潜艇袭击的护航队时发射了深水炸弹，德国潜艇对它发射鱼雷作为报复。船员11名死亡。这是美国在对德国的不宣而战的战争中的第一批伤亡。* 紧接着就有了更多的伤亡。10月31日，美国驱逐舰“卢本·詹姆斯号”在执行护航任务中被鱼雷击沉，全舰145名人员中牺牲了100名，包括全部7名军官。这样，在最后正式宣战以前很久，一场真枪实弹的战争就已开始了。

日本自有打算

前边已经说过，希特勒给日本派定的任务，不是让美国参加到战争中来，而是使它置身于战争之外，至少要暂时做到这一点。他知道，如果日本拿下新加坡，威胁印度，这就不仅对英国是一个严重打击，而且也会把美国的注意力——以及一部分力量——从大西洋转移到太平洋去。甚至在他请求日本进攻符拉迪沃斯托克之后，他仍然认为日本这样做不仅可以帮助他打垮俄国，而且是可以进一步压迫美国继续保持中立的一种手段。说来奇怪得很，不论希特勒本人还是其他任何德国人，似乎从来没有想到过，日本另有它自己的一套打算。他们一直到很久以后才明白，日本在没有摧毁美国太平洋舰队、消除后顾之忧之前，是不敢在东南亚对英国、荷兰发动大规模进攻的，更不用说从背后进攻俄国了。不错，纳粹征服者对松冈做过保证，说一旦日本与美国交战，德国一定跟着参加，可是现在松冈已经下野了。此外，希特勒也曾经常不断地要求日本避免与美国发生直接冲突，集中力量对付英国和苏联，因为英国和苏联的抵抗使希特勒无法赢得这场战争。这些纳粹统治者不明白，日本可能首先考虑的是对美国进行直
883 接的挑战。

这并不是说，柏林方面希望日美达成谅解。那将使三国条约的主要目的——恐吓美国，使它不敢参加战争——遭到破坏。里宾特洛甫在纽伦堡回答提审人员时，把元首对这个问题的想法做了一个大概是诚实而确切的

---

* 10月27日罗斯福在海军节的演说中谈到这次事件时说道：“历史已经记录了到底是谁开的第一枪。”平心而论，从发射深水炸弹这一点说，似乎是美国首先开火的。据德国海军机密记录记载，这次事件还不算第一次。美国官方的海军历史学家证实，早在4月10日，“涅布拉克号”（见本书原文第880页）就以深水炸弹攻击了一艘德国潜艇（塞缪尔·E. 莫里森：《第二次世界大战中的美国海军作战史》[*History of the United States Operations in World War II*]，第1卷，第57页）。

估计，不过也就是这一遭，

> 他［希特勒］害怕，美国和日本一旦达成某种协议，就意味着使美国免除了后顾之忧，美国将会更快地发动突然进攻或参战……他担心他们会达成协议，因为日本有某些集团是希望与美国取得和解的。[25]

野村吉三郎海军上将就是这样一个集团中的一员。他于1941年2月到华盛顿任日本驻美国大使，从3月份开始直到最后一刻，与科德尔·赫尔进行了一系列目的在于和平解决两国分歧的秘密会谈。这些会谈使柏林方面感到极为不安。*

老实说，德国为破坏华盛顿会谈做了最大努力。早在1941年5月15日，魏茨泽克就向里宾特洛甫提交了一份备忘录，指出“目前日美之间达成任何政治协议都是不可取的”。他力陈，除非能防止产生这样一种协议，否则日本将会脱离轴心。[26]纳粹德国驻东京大使奥特将军经常访问外务省，对赫尔-野村谈判提出过警告。当美日双方不顾这种警告继续进行谈判时，德国方面又改用一种新策略，竭力诱使日本把美国放弃对英国的援助和敌视德国的政策作为日美继续谈判的条件。[27]

那是5月间的事情。到了夏天，情况发生了变化。7月间，希特勒最关心的是唆使日本对苏联进攻，而在这同一个月中，由于日本侵入法属印度支那，赫尔国务卿中断了与野村的谈判。到8月中旬，日本政府建议近卫文麿首相与罗斯福总统亲自举行会谈，以便和平解决两国的争端，这才恢复了赫尔 野村的谈判。柏林方面对日美恢复谈判十分不快，不知疲倦的奥特不久以后又到东京外务省表达了纳粹方面对这一发展的不快情绪。外务相丰田副武海军上将和外务次官天羽甜言蜜语地告诉他，计划中的近卫-罗斯福会谈，只会有助于实现三国条约的目标。他们提醒他说，三国条约的目标就在于“防止美国参战”。[28]

到秋天，正当赫尔-野村谈判继续进行时，威廉街又恢复了春天用过的 884

* 赫尔后来在他的回忆录中说：“我相信野村是真心诚意地企图避免日本与我国发生战争的。”（《科德尔·赫尔回忆录》，第2卷，第987页）

老策略。它在东京坚决要求日本方面指示野村向美国提出警告：如果美国对欧洲轴心国家继续采取不友好行为，德意两国可能要宣战，在这种情况下，日本将要按照三国条约的规定站在德意一边。这时希特勒仍然不希望美国参战；他采取这种手段的用意实际上是为了恫吓华盛顿，使它不敢参战，同时缓和一下大西洋上的美国的敌意。

赫尔国务卿立即获悉德国施加的这种新压力。这是由于当时人们所称的“魔术”而获悉的。原来美国政府从1940年底开始，依靠这种“魔术”，把日本用绝密电码拍发的电报和无线电报都抄收下来和翻译出来了——不仅是来往于东京与华盛顿之间的电报，而且还有来往于东京与柏林以及其他各国首都之间的电报。德国的要求在1941年10月16日由丰田打电报告诉野村，还附有指示，要野村把德国的要求用一种大为缓和的口气转达给赫尔。[29]

这一天，近卫政府倒台，换上来的是以狂热好战的东条英机将军为首的军人内阁。在柏林，与东条一样好战成性的大岛将军，连忙跑到威廉街，向德国政府说明这个好消息的意义。大岛大使说，东条担任首相意味着日本将更加靠拢轴心伙伴，华盛顿的谈判将要告终。不知是否故意，他并没有向他的纳粹朋友们道出停止谈判将必然会导致怎样的结果，也没有谈到东条接任首相因而将有着比他们所设想的还要多得多的意义，那就是：除非华盛顿会谈以罗斯福总统接受日本得以自由行动——不是进攻俄国而是占领东南亚——的条件而迅速结束，否则日本新政府将决意与美国进行战争。这样一种可能性从来没有在里宾特洛甫和希特勒的头脑中出现过，他们仍然认为，日本只有进攻西伯利亚和新加坡并使美国担心太平洋的局势而不敢参战，才对德国有利。元首一直没有懂得，他的糊涂的外交部长更不用说了，他们所渴望的赫尔-野村的华盛顿会谈的失败，恰恰会带来他们力图在时机成熟以前要避免的结果：美国卷进世界冲突中来。*

现在，时间越来越紧了。

11月15日，来栖吉三郎作为帮助野村进行会谈的特使抵达华盛顿。来

---

* 近卫文麿的战后回忆录透露，早在8月4日，他被迫同意军方一项要求：如果在计划中的与罗斯福的会谈中，美国总统不接受日本的条件，他必须退出会谈，“决心对美国进行战争”（赫尔：《回忆录》，第1025—1026页）。

栖此人曾出使柏林，签订过三国条约，多少有些亲德倾向。赫尔国务卿不 885
久便发现这位日本外交使节没有带来什么新建议。赫尔认为，他此行的目的在于力图说服华盛顿立即接受日本的条件，如果不成，则以谈判来麻痹美国政府，等日本准备就绪，便发动一场迅雷不及掩耳的袭击。[30] 11月19日，东京给野村发来不祥的“风向”暗号，赫尔的密码译电员立即翻译了出来。在日本大使馆每天收听的东京短波广播中，如果日本新闻广播员插进“东风，有雨”的字眼，那就意味着日本政府决定与美国作战。东京方面还通知野村，在收到“风向”的警报时，立即销毁所有密码和机密文件。

现在柏林方面才意识到要发生什么事了。在发出“风向”电报的前一天，11月18日，里宾特洛甫突然接到东京一项请求，希望德国与日本签订一项规定两国不与共同敌人单独媾和的条约。这使他颇为惊异。日本方面所指的共同敌人是哪些，并没有说清楚，但是很明显，纳粹外交部长是希望以俄国为第一号敌人的。他“原则上”同意了这项建议，显然是放心地认为日本这下子终于要履行它将在西伯利亚攻打苏联的含混诺言了。这是十分可喜而及时的，因为红军在辽阔的战线上的抵抗正日益猛烈，俄国的冬天又已到来，它比原先预计的要早得多。日本对符拉迪沃斯托克和太平洋滨海各省的进攻，可能会增添额外压力，促使苏联迅速崩溃。

但是里宾特洛甫的迷梦很快就破灭了。11月23日，奥特大使从东京发来电报，向他报告说，种种情况表明，日本将要南进，目的在于占领泰国和荷属婆罗洲的油田，并说日本政府希望知道，一旦日本发动战争，德国是否将与日本患难与共。这项情报清楚地意味着，日本不是要进攻俄国，而是打算在南太平洋对荷兰与英国“开战”，而这场战争很可能使日本卷进与美国的武装冲突中。但是里宾特洛甫和奥特并没有领会到最后这一点。他们在这段时间中来往的电报表明，尽管他们现在失望地了解到日本不愿意进攻俄国，但是却仍然相信，日本的南进将是进攻荷兰与英国的属地，而不会是美国的属地。像希特勒所希望的那样，山姆大叔将继续被放在一旁，等轮到它的时候再说。[31]

纳粹德国在这个问题上之所以产生种种误解，主要是由于在这个关键时刻，日本没有对德国推心置腹，把它有关美国的重大决定通知德国。赫尔国务卿由于得到密码译电“魔术”的帮助，消息灵通多了。早在11月5日，他便得悉新任外务相东乡茂德已打电报指示野村，以11月25日为根据日本方面的条件同美国政府签订协定的限期。日本方面于11月20日向华盛顿提
886 出了最后建议。赫尔和罗斯福之所以知道这些建议是最后建议，是因为两天以后“魔术”给他们译出的东乡发给野村和来栖的一份电报就是这样说的，只是限期延长至11月29日。

> ［东乡打电报给大使和特使说］我们之所以要求在25日以前解决日美关系，有种种为你们所猜测不到的理由。但假使能于29日签字……我们决定等到那一天。这次我们已下定决心，限期绝对不再改变。到限期以后，事情就会发生。[32]

1941年11月25日是一个关系重大的日子。

这一天，日本航空母舰特遣舰队驶向珍珠港。在华盛顿方面，赫尔在这一天到白宫去，向国防会议提出警告说，国家面临着来自日本的危险，并向美国陆海军首脑着重指出日本进行突袭的可能性。同一天，柏林举行了一个有点奇特的仪式。在这个仪式上，三个轴心国以非常盛大而铺张的典礼延长了1936年签订的反共公约。正如有些德国人所说，这是个空洞的姿态，对于把日本拉进对俄战争没有起丝毫作用，只不过是给专门说大话的里宾特洛甫一个机会，攻击罗斯福是“头号战犯”，并为被这样一个不负责任的国家领导人出卖了的“忠实、虔诚……的美国人民”洒几滴鳄鱼之泪。

看来，纳粹外交部长已被他自己的话弄得飘飘然了。11月28日，里宾特洛甫参加了由希特勒主持的一次军事会议，会开得很久。当晚他召见大岛。这次会谈给日本大使的印象是：德国对美国的态度（用大岛随后拍给东京的电报所说的话）已经“大大强硬起来了”。希特勒原定在对付美国的准备工作没有完成以前尽一切力量使美国不卷入战争的政策，看来要放弃了。里宾特洛甫突然怂恿日本同时对英美进行战争，并且保证第三帝国给予支持。里宾特洛甫警告大岛说：“如果日本犹疑不定……英美的全部军事力量将集中起来对付日本。”——在欧洲战争还在进行的情况下，这是颇为愚蠢的论点。他接着说：

希特勒今天说过，在德国、日本同美国之间，在生存权利问题上有着根本的分歧。我们接到报告，日美谈判由于美国方面采取了强硬态度，实际上已无取得圆满结果的希望。

如果情况属实，如果日本决定要与英国和美国交战，我深信这不仅有利于德日双方的共同利益，而且必将为日本自身带来有利的结果。 887

这位短小精悍的日本大使听了又惊又喜，但是他还想核实一下自己是不是理解得不错。

他问道:"阁下的意思是不是说，德国与美国之间即将进入实际战争状态?"

里宾特洛甫迟疑了一下。也许他说得太过头了。"罗斯福是个狂人，"他回答说，"因此谁也说不上他会干出什么来。"

从这位外交部长刚刚说过的话来看，大岛觉得这个回答是奇怪而不能令人满意的，因此在谈话快要结束时，他坚持再回到主要问题上来。他问道：假如战争果真扩大到"一直在援助英国的那些国家身上"，德国将采取什么行动?

[里宾特洛甫回答道]一旦日本与美国交战，德国自然立即参战。在这种情况下，德国绝无可能单独与美国媾和。元首在这个问题上是下了决心的。[33]

这样干脆的保证正是日本政府一直在期待的。不错，这年春天希特勒曾对松冈做出过同样的保证。但是自从那时以来，希特勒为日本拒绝参加侵俄战争很不高兴，似乎早把这事忘得一干二净了。现在从日本方面说，剩下的唯一问题是让德国把它的保证写成书面文件。11月29日，大岛将军兴冲冲地给东京打了报告。第二天，发来了新的指示，通知他说，华盛顿谈判"现已破裂"。

[来电指示说]因此，请阁下立即会晤希特勒总理与里宾特洛甫外长，将事态发展的概况秘密地通知他们。告诉他们：英美两国最近都

采取了挑衅态度。告诉他们：英美正计划向东亚各地调集军事力量，我方必然也将调兵进行对抗。极端秘密地告诉他们：日本与盎格鲁-撒克逊国家之间存在着由某种武装冲突而突然爆发战争的极大危险。还要告诉他们：这场战争爆发的时间可能比任何人想象的还要来得快。[*][34]

日本的航空母舰舰队现在正在驶往珍珠港的途中。东京迫不及待地希
888 望德国签字。在大岛接到新指示的同一天，即11月30日，日本外务相与德国大使在东京举行会谈。他对德国大使着重说明，由于日本拒绝对美国要它退出三国条约的要求让步，华盛顿谈判已告破裂。日本希望德国正确估计它为共同事业做出的这一牺牲。

“现在已到了做出严重决定的最后关头，”东乡对奥特将军说，“美国正在认真地准备战争……日本并不怕谈判破裂，它希望一旦发生那种情况，德国和意大利能按照三国条约站在它这一边。”

［奥特在向柏林拍发的电报中说］我回答他，德国未来的立场是毋庸置疑的。日本外务相于是说道，他从我的话中了解到，德国在这种情况下将会认为自己与日本的关系是共命运的关系。我回答说，照我的看法，德国当然愿意两国在这种形势下有共同的协议。[35]

珍珠港事件前夕

大岛将军是德奥古典音乐的热烈爱好者。尽管局势如此严重紧张，他还是乘飞机到奥地利去参加了莫扎特音乐节。但是这位奥地利伟大作曲家的美妙音乐，他并没能欣赏多久。12月1日，他接到紧急通知，赶忙回到柏林。一到大使馆，便看到新发来的指示，要他加紧行动起来使德国在协定上签字。一点时间都不能耽误。

而现在，里宾特洛甫被逼到墙角里，却迟疑起来。这位纳粹外交部长

---

* 赫尔说他通过“魔术”得到了这个电报的副本。因此，华盛顿和柏林一样，在11月的最后一天就已得知日本可能对美国发动“比任何人想象的还要来得快”的进攻（赫尔：《回忆录》，第1092页）。

显然开始充分意识到他对日本的轻率许诺所引起的后果了，因此态度变得十分冷淡，谈话也是闪烁其词。12月1日深夜，他对大岛说，他必须请示元首后才能做出任何明确的诺言。12月3日，星期三，日本大使再到威廉街催问，但是里宾特洛甫仍然借词推脱。尽管大岛告诉他情况万分紧急，外交部长的回答仍然是，他本人是赞成签订书面协定的，但必须等本星期晚些时候元首从大本营回来以后才成。正如齐亚诺在日记中颇为得意地写道的，希特勒实际上已飞往俄国南方前线去见冯·克莱斯特将军，因为“他的部队由于遭到一次意外的攻势，正在继续后撤中”。

这时日本方面也求助于墨索里尼，他并未到前线去。12月3日，日本驻罗马大使拜访墨索里尼，正式要求意大利根据三国条约的规定，在日本与美国的冲突开始时，立即对美国宣战。大使还希望签订一个规定不单独 889
媾和的条约。齐亚诺在日记中写道，那个日本译员“像片树叶似的发抖”，墨索里尼则声称，他是“乐于”同意的，不过要等与柏林方面磋商以后。

第二天，齐亚诺发现德国首都方面的态度极为审慎。

> 也许他们会同意的［他在12月4日的日记开头写道］，因为除此而外，也没有别的办法。但是德国人越来越不喜欢惹得美国出兵的主张。与此相反，墨索里尼倒是乐意的。

不论里宾特洛甫有怎样的意见——说来奇怪，希特勒仍有几分重视他的意见——只有纳粹统帅自己，才能决定德国要不要向日本做出正式保证的问题。12月4日夜间，外交部长显然已得到元首同意签订条约的命令，在凌晨3点的时候，他给大岛将军送去一份条约草案。条约载明德国将与日本一同对美国作战，并同意不单独媾和。里宾特洛甫在毅然孤注一掷，跟着元首改变了两年来一直顽固坚持的政策之后，不由得希望他的盟国意大利也能迅速仿效行事。

> 昨晚被里宾特洛甫闹得通宵不安［齐亚诺在12月5日日记的开头写道］。他两天以来迟迟未给日本答复，现在却一分钟也不能等待了。凌晨3点钟，他派马肯森［大使］来访，送来一份关于日本参战和同

意不单独媾和的三国条约的草案。他们要我叫醒领袖，但我没有照办。领袖很高兴。

日本人现在已得到一个希特勒和墨索里尼都已赞同的条约草案，但是两人都还没有签字，这使他们还是放心不下。日本人怀疑元首之所以拖延，是因为要求得到交换条件：若要德国参加日本对美国的战争，日本就必须参加德国对俄国的战争。日本外相在11月30日发给大岛的电报指示中，就一旦德国人和意大利人提出这个棘手的问题时该如何应付，发出了几点指示。

如果［他们］问起我们对苏联的态度，告诉他们：我国政府已在7月间发表的声明中澄清了我国对俄国的态度。告诉他们：我国现时的南进行动，并不意味着放松对苏联的压力；如果俄国与英美进一步携手合作，对我国采取敌对行动，我们准备倾全力对付。但在目前，
890 集中力量用于南方对我有利，我们暂时不对北方采取任何直接行动。[36]

12月6日到了。这一天，朱可夫在莫斯科前线发动反攻。德军在风雪严寒中踉跄后退，这使希特勒有更多的理由要求接受他的交换条件。东京的外务省为这个问题感到十分不安。海军特遣舰队现在离珍珠港已不远，珍珠港已在航空母舰上的飞机的航距之内。迄今为止，美国军舰或飞机一直没有发现这支特遣舰队，这真是个奇迹。但是，它还是随时有被发现的可能。东京给在华盛顿的野村和来栖发去一份很长的电报，指示他们于第二天，即12月7日星期日午后1时整拜访赫尔国务卿，告诉他日本拒绝美国的最新建议，并着重说明，谈判“实际上已经破裂”。东京现在拼命要求柏林提供书面的支援保证。但是日本军阀对德国仍然没有推心置腹，没有把第二天即将对美国进行攻击的消息告诉他们。但是他们越来越担心，除非日本同意不仅对美国和英国作战而且也对苏联作战，否则希特勒可能不肯做出保证。东乡无计可施，只得再给大岛大使发出一份很长的电报，要求他尽力在俄国问题上拖延一下德国人，除非万不得已不要让步。日本的陆海军将领们尽管自欺欺人地认为自己有能力对付得了美国和英国，但总

还算清醒地认识到，即使有德国的帮助，日本也不能同时再与俄国交战。东乡在那个决定命运的星期六（12月6日）发给大岛的指示和其他被截获的电报一样，被赫尔国务卿的译电专家翻译出来，使我们能够窥见在这最后关头日本对第三帝国所玩弄的外交手腕。

> 我们希望在战略上的条件成熟以前，避免……与俄国发生武装冲突；因此，要使德国政府了解我们的这种处境，并与他们进行商谈，使他们至少在目前不要坚持在这方面交换外交照会。
>
> 向他们详细解释：虽然美国在向苏联运送物资……这些物资的质量不好，数量也不大。一旦我们对美国发动战争，我们将截获美国开往苏联的一切船只。此点务望尽力取得谅解。
>
> 但是，如果里宾特洛甫仍坚持要求我方在这个问题上做出保证，由于在这种情况下我们别无他法，只有发表一项……声明，大意为：我们在原则上将阻止美国通过日本海面向苏联运送作战物资；同时也使他们同意，允许发表补充声明，大意为：如果从战略上考虑，我们仍有必要避免苏联对日本作战（我的意思是，我们不能截夺苏联的船只），就不能彻底执行这项保证。 891
>
> 如果德国政府拒不同意［上述办法］，并以我国参战并缔结一项不得单独媾和的条约为他们同意的绝对条件，那我们别无他法，只有暂缓签订这项条约。[37]

日本人其实无须这么担心。希特勒并不坚持要求日本在对美英两国作战的同时也对俄国作战。原因是为什么，不仅东京的军国主义者或其他任何人不明白，也是违反逻辑和难以理解的。虽然，如果希特勒坚持的话，可以想象，战争的进程也许就会不一样了。

不管怎样，日本方面在1941年12月6日（星期六）晚上，已下定决心要在太平洋上给美国一个沉重的打击。但华盛顿或柏林方面却没有人知道这次打击的确切的地点和时间。这天早晨，英国海军部告诉美国政府一个消息：发现一支庞大的日本入侵舰队正在穿过暹罗湾向克拉地峡方向驶去，这表明日本方面将首先进攻泰国或马来亚。晚上9点，罗斯福总统以个人名义给日本天皇发去一封电报，请他一同寻求“驱散乌云的办法”，同时警告说，日本军队侵入东南亚将会造成“难以想象的”局势。美国海军部的情报人员已就日本海军主要舰只的位置起草了最新报告。报告说，绝大部分军舰都在日本国内港口，其中包括此刻已开到离珍珠港不到300英里，正在把轰炸机发动起来，准备于黎明时起飞的特遣舰队的全部航空母舰和其他舰只。

也是在那一个星期六的夜间，海军部向罗斯福总统和赫尔先生报告说，日本大使馆正在销毁电报密码。海军方面首先要译出东乡的长篇电报，这份电报共有14个部分，陆陆续续拍发了整整一下午。海军译电员尽可能快地边收边译，到晚上9点30分，一位海军军官已把前13个部分的译文送到白宫。罗斯福先生正和哈里·霍普金斯在书房里，罗斯福读了电报后说道：“这是说要爆发战争了。”但是究竟在什么时候，什么地方，电报上没有说，总统也不知道，就连野村海军上将也不知道。远在东欧的阿道夫·希特勒也不知道，而且比罗斯福知道得更少。

希特勒宣战

1941年12月7日（星期日）上午7点半（当地时间），日本对美国驻扎在珍珠港的太平洋舰队发动了突然袭击，使柏林和华盛顿方面都猝不及防。尽管希特勒曾对松冈许下口头诺言，德国将参加日本对美国的战争，里宾特
892 洛甫也曾对大岛大使做过保证；但是这种保证一直没有签字，日本方面也丝毫没有向德国人透露过一点关于袭击珍珠港的风声。* 而希特勒此刻又正为了重行整顿在俄国战场上丧魂落魄的将领和狼狈后撤的部队，忙得不可开交。

当外国广播收听台首先收到偷袭珍珠港的消息时，柏林已入夜了。外交部新闻司一个官员打电话给里宾特洛甫，把这个震撼世界的新闻告诉他，里宾特洛甫起初还不相信，并且责怪这个官员打扰了他，大发了一通脾气。他说，这个报告“很可能是敌人耍的宣传花招”，下令天亮以前不许吵醒他。[38] 因此，里宾特洛甫在纽伦堡作证时也许说的是真话，不过也就是这一

---

* 不少人一直认为希特勒事前知道袭击珍珠港的确切时间，但我从德国的秘密文件中没有找到片言只字足以证实这种说法。

1941年12月7日，日军拍下的轰炸珍珠港内停泊美军舰只的照片。

遭:“这次袭击使我们完全感到意外。我们过去认为日本可能要进攻新加坡或香港，但我们从不认为，进攻美国会对我们有利。”[39] 可是，同在法庭上所说的正好相反，他对日本进攻美国实际上是极为高兴的。或者说，他给齐亚诺的印象是这样的。

> 晚上，里宾特洛甫打电话来［齐亚诺在12月8日的日记这样开头］。他为日本进攻美国感到高兴。他既然这样高兴，我就不得不向他道贺，虽然我对这件事是否有利并不是很有把握……墨索里尼［也］很高兴。很久以来他就赞成澄清美国和轴心国家之间的关系了。

12月8日（星期一）下午1点，大岛将军到威廉街，请里宾特洛甫澄清德国的态度。他要求德国“立即”对美国正式宣战。

> ［大岛给东京发去的电报称］里宾特洛甫回答说，希特勒当时正在大本营开会，讨论宣战该采用怎样的形式才能使德国人民有个好印象。

他将把你的要求立即转达给希特勒，并尽一切力量促其迅速实现。

日本大使在给东京的电报中说，这位纳粹外交部长还告诉他，就在8日清早，“希特勒已下令德国海军，不论在何时何地与美国船只遭遇，即行攻击”。[40]但是这个独裁者在宣战问题上仍拖延不决。*

据元首的记事日历所载，他于12月8日夜间赶回柏林，第二天上午
893 11点钟到达。里宾特洛甫在纽伦堡国际法庭上声称，他曾向领袖指出：按照三国条约的条款，德国并不一定要对美国宣战，因为日本显然是侵略者。

三国条约的条文规定我们只有在日本自身受到进攻时，才给予援助。我晋见元首，将当前局势中有关的法律问题做了解释。我对他说，我们固然欢迎在对英国的战争中得到一个新盟友，但是如果对美国宣战……则又意味着增加一个必须对付的新敌手。

我对他说，根据三国条约的规定，既然发动进攻的是日本，我们就没有必要正式宣战。元首考虑了好一阵，然后给了我一个明确的决定。“如果我们不站在日本方面，”他说，“从政治上说，条约就不存在了。但这还不是主要的理由。主要的理由是，美国已经在向我们的舰只开火。他们在这场战争中一直是一个有力的因素。由于他们的行动，他们早已造成战争的局面了。”

元首当时认为，美国现在要对德国进行战争是明摆着的事情。因此他命令我把护照发给美国外交代表。[42]

罗斯福和赫尔在华盛顿一直在充满信心地等待着希特勒做出这个决定。他们在12月8日对日本宣战以后，就受到相当大的压力，要他们让国会通过对德国和意大利宣战的决议。但是他们决定等等再说。珍珠港的轰炸已解除了他们进行宣战的一个束缚，现在，手头掌握的若干情报更使他们相信，一意

---

* 与此同时，在东京，东乡外务相告诉奥特大使：“日本政府希望德国政府现在也迅速对美国宣战。”[41]

孤行的纳粹独裁者将会解除他们的另一个束缚。* 他们曾经仔细研究了11月29日大岛大使从柏林发往东京而被美国截抄的电报，† 其中谈到里宾特洛甫曾经对日本方面做出保证：一旦日本与美国“交战”，德国一定与日本站在一边。在这项保证中，并没有说明德国只有在确定了谁是侵略者之后才给予援助。这是一张空白支票。美国肯定认为，日本人此刻一定正在柏林嚷着要求兑现。 894

这张支票终于兑现了，但那是在希特勒再度犹豫之后才兑现的。12月9日，他回到柏林的当天，便下令召集国会开会，但是后来又把会议拖延了两天，一直到11日才开会。显然，正如里宾特洛甫后来所说，他已下定了决心。他受够了罗斯福对他本人和纳粹主义的种种攻击；他不能再忍受美国海军在大西洋对德国潜艇的战争行动，雷德尔曾为此跟他唠叨了差不多一年。他日益仇恨美国和美国人，而且有一种日益增长的倾向——后患无穷地低估了美国的潜在力量，从长远来说，这一点对他更有不利的后果。‡

---

* 据我当时在华盛顿得到的印象，罗斯福总统要使国会通过对德宣战的决议，看来并不容易。在参众两院，同在陆军和海军方面一样，好像有着强烈的情绪，认为美国应该集中全力战败日本，而不要同时再承担对德作战的重任。

德国驻华盛顿代办汉斯·汤姆森把美国人的这种情绪向柏林做了报告。汤姆森和纳粹所有驻外使节一样，对希特勒和里宾特洛甫的种种阴谋诡计常常是蒙在鼓里的。12月8日上午，总统在国会作了要求对日本宣战的演说以后，汤姆森立即打电报给柏林：“他［罗斯福］在讲演中没有同时提到德国和意大利，这表明他想尽可能避免大西洋局势的尖锐化。”当晚，汤姆森又发去一封电报，谈的还是同一个问题。电报说：“罗斯福是否会要求对德宣战，尚在未定之天。从美国军事领导人的立场来看，避免发生任何足以导致两线作战的事情是合乎逻辑的。”德国代办在珍珠港事变前不久发回的几封电报也曾强调，美国完全没有进行两线作战的准备。12月4日，他曾把芝加哥《论坛报》上披露的“美国最高统帅部关于击败德国及其盟国的准备和前景的各项作战计划”用电报发到柏林。

> ［他说］报道证实，1943年7月以前，美国不可能全面参战。美国用以对付日本的军事措施是防御性的。

汤姆森12月8日夜间给柏林发去的电报中强调说，珍珠港事件肯定会减轻德国在大西洋所受到的美国战争活动的压力。

> ［他报告说］对日本作战，意味着美国的全部力量转移到自身的加强军备方面，美国依照《租借法案》给予外国的援助将相应地减少，而其全部活动将会转移到太平洋方面去。

承蒙美国国务院慨允本书作者阅读德国外交部与德国驻华盛顿大使馆之间在这期间交换的电报，特此表示谢意。这些文件将来要发表在《德国外交政策文件汇编》丛书中。

† 见本书原文第888页。

‡ 一个月以后，1942年1月7日，他在大本营对他的亲信发表的一次独白中说：“我看不出美国人会有什么前途。那是一个腐朽的国家。他们有他们的种族问题，有社会不平等的问题……我对美国主义的反感情绪已到达深恶痛绝的程度……美国社会的一切行为莫不表明，那是一个半犹太化、半黑人化了的社会。人们怎么能期望，这样一个国家——一个一切都建立在美元之上的国家，会不分崩离析。”（《希特勒秘密谈话录》，第155页）

与此同时，他又大大过高估计了日本的军事力量。看来他真的相信一旦有世界上最强海军的日本在太平洋上收拾了英美之后，便会掉过头来进攻俄国，帮助他完成征服东方的大业。几个月之后，他对一些部下确实说过这样的话：他认为日本的参战，“对我们有着非凡的价值，即使光是从它所选择的时间来看”。

> 日本人选择的时间事实上正是俄国寒冬的意外困难使我军士气遭到严重压力的时候，也正是德国人都十分担心美国早晚要参加冲突的时候。
> 895 因此从我们的立场看，日本的参战再及时也没有了。[43]

日本对美国在珍珠港的舰队发动突然而猛烈的袭击，无疑也受到希特勒的赞赏——他之所以赞赏，更由于这种“突袭”正是他自己最得意的拿手好戏。12月14日，他在给大岛大使颁发德国雄鹰大十字金质勋章时，表示了这种看法：

> 你们用这种办法宣战，做得对！这种办法是唯一正确的办法。

他说，这与他“自己的做法”是一致的。

> 这种做法就是谈判尽可以谈下去。但如一方发现另一方只是为了进行拖延，为了欺骗和侮辱对方，而不愿意达成协议，一方则必须进行打击——自然越重越好——不必为宣战手续浪费时间。他听到日本头一批战役的消息时感到十分宽慰。他自己就常常以极大耐心进行谈判，例如与波兰和与俄国的谈判。但是当他看出对方不愿意达成协议时，便不通过任何手续，发动突然的进攻。他将来还要这样做。[44]

希特勒之所以这样仓促决定把美国列进他的死敌名单中，另外还有一个理由。在那一个星期中曾出入总理府和外交部的施密特博士明白地指出了这一点。他后来写道：“我得到的印象是，希特勒虽然也估计到美国会宣战，但他有一种根深蒂固的威望欲，要由自己首先宣战。”[45]希特勒在12月

11日向国会所做的演说也证实了这一点。

“我们将总是先动手，”他对那些欢呼的议员们说，“我们将总是先下手！”

真的，柏林在12月10日生怕美国先宣战，里宾特洛甫严令德国驻华盛顿代办汤姆森，丝毫不得有什么疏忽大意以致将希特勒第二天的行动计划泄露给美国国务院。12月10日纳粹外交部长通过一份长电给汤姆森发去了宣战声明全文。他自己一定要在12月11日下午2点半在柏林把这个声明交给美国代办。汤姆森奉令在一小时以后，即柏林时间3点半准时把宣战声明送交赫尔国务卿，要求发给他护照，并把德国的外交代表事务委托瑞士代理。里宾特洛甫在电报的末尾警告汤姆森，在递交这一照会以前，切勿与美国国务院进行任何接触。他说：“我们希望在任何情况下不要让美国政府抢先这一步。”

不论希特勒为何犹豫不决，使国会会议延期了两天，但从缴获到的德国外交部与驻华盛顿大使馆之间的来往电文中以及外交部其他文件中可以清楚看出，元首实际上在12月9日，即他从俄国前线的大本营回到首都的当天，即已做出要对美国宣战的重大决定。看来这个纳粹独裁者之所以要 896
延迟两天，并不是为了作进一步的考虑，而是为了反复推敲他的国会演说，以便使向美国宣战一事能对德国人民产生应有的效果。希特勒深深了解，德国人民对第一次世界大战中美国所起的决定性作用是记忆犹新的。

12月9日，汉斯·迪克霍夫奉命起草一份关于罗斯福反德活动的长篇清单，以便元首的国会演说之用。* 迪克霍夫当时在名义上仍然是德国驻美大使，但自从1938年秋两国撤回主要外交使节以来，他一直在外交部无所事事。

也是在12月9日，汤姆森在华盛顿接到指示，要他焚毁电报密码和机

---

* 迪克霍夫（哈塞尔认为他“性格驯顺”）刚在一个星期以前奉里宾特洛甫之命起草了一份长篇备忘录，题目叫作《影响美国舆论的若干原则》。在11条原则中有：“美国的真正危险是罗斯福本人……犹太人对罗斯福的影响（法兰克福特、巴鲁克、本杰明·科恩、塞缪尔·罗森曼、小亨利·摩根索等人）……每一个美国母亲的口号应该是：‘我把孩子养大不是为了去给英国送命！’”（引自尚未出版的德国外交部文件）美国国务院某些人士以及我国驻柏林某些外交官员对迪克霍夫估价颇高，认为他是反纳粹分子。我个人的感觉是，他没有那股勇气成为反纳粹分子。他为希特勒一直服务到底——从1943年到1945年任纳粹驻佛朗哥西班牙的大使。

密文件。这天午前11点30分他急电柏林："一切均已按指示采取了措施。"现在他才开始意识到柏林在搞什么鬼了。当夜，他密告德国外交部：美国政府显然也知道了。他说："此间相信，德国将于24小时以内对美国宣战，至少是断绝外交关系。" *

希特勒在国会里：12月11日

12月11日，希特勒在国会中对那些机器人似的议员们发表演说，为他的对美宣战进行辩护。这篇演说的主要内容是对富兰克林·D. 罗斯福进行人身攻击，指责这位美国总统为了掩盖"新政"的失败而挑起战争。他大声咆哮道，"只有"受到百万富翁和犹太人支持的"这个人""应对第二次世界大战负责"。长期以来，他对这个人积累下来的满腔郁愤，如今一下子
897 迸发成冲天怒火。这个人自始至终阻挡着他独霸世界的道路；这个人曾三番五次痛斥他；正当英伦三岛遭到沉重打击而岌岌可危的时候，这个人却对它进行有力的援助；这个人的海军又在大西洋中使他屡遭挫折。

> 现在请允许我对那以这个人为代表的另一半世界明确表示我的态度。正当我国军队在冰天雪地中奋战的时候，这个人却狡猾地喜欢发表炉边谈话，这个人是这次战争中的头号罪犯……
>
> 这个称作总统的人对我进行的侮辱性攻击，我是不屑理会的。他把我叫作匪徒，实在是无聊透顶。归根到底，这个字眼，无疑不是在欧洲而是在美洲创造出来的，因为在欧洲这里没有这种匪徒。再说，我也不是罗斯福所能侮辱得了的，因为我认为他是狂人，和威尔逊一样的狂人……他始而煽动战争，继而颠倒是非，再用基督教的伪善外衣把自己可耻地掩盖起来，然后慢慢地、肯定地把人类引向战争，还

---

* 汤姆森还建议柏林逮捕美国驻德国的新闻记者，作为对美国逮捕几名德国新闻记者的报复。12月10日由外交部副国务秘书恩斯特·韦尔曼签署的一项外交部备忘录宣布：已下令逮捕所有美国驻德新闻记者，以示"报复"。但《纽约时报》驻柏林首席记者吉多·昂德里斯则不在此列。韦尔曼写道："因为证实他对德国是友好的。"这种说法对已故的昂德里斯也许是不公平的，他当时正在卧病，可能主要是为了这个缘故才未被捕。

赌咒发誓请上帝来证明他进攻别人是多么正当。——简直跟从前共济会会员惯用的那一套手法一模一样……

罗斯福犯下了一系列违反国际法的严重罪行。德国人和意大利人的船只及其他财产受到非法侵夺，被拘留而失去自由的人受到威胁和掠夺。罗斯福日益嚣张的挑衅最后竟发展到这般地步：他命令美国海军在任何地点袭击并击沉悬挂德国和意大利旗帜的船只，这是对国际法的粗暴违反。美国部长们对于用这种犯罪手段击沉德国潜艇竟还大肆吹嘘。德国、意大利的商船遭到美国巡洋舰的袭击和劫夺，船员遭到监禁。

多年以来，德国和意大利虽然受到罗斯福总统的令人无法忍受的挑衅，却仍一直进行真诚努力，以防止战争的扩大并保持与美国的关系，这种努力现在已因此归于失败了。

罗斯福要把“反德情绪煽到战争的高峰”的动机是什么？——希特勒问道。他解释有两个原因。

我深深了解，罗斯福的思想与我的思想有着天壤之别。罗斯福出身富家，他所属的那个阶级在民主国家中有一帆风顺的坦途。我只是一个穷人家的孩子，得靠勤勉工作才能打开一条出路。第一次世界大战爆发时，罗斯福的地位使他只知道战争的好处，这种好处是那些在别人流血时大做生意的人所享受的。我只是一个执行命令的普通士兵，战后复员归来，自然仍和1914年秋天一样穷困潦倒。我和千百万人共命运，而富兰克林·罗斯福则是和所谓“上层的一万家”的人共命运。

战后，罗斯福做起金融投机的买卖来。他从通货膨胀中，从别人的不幸中谋利，而我呢……躺在病院里…… 898

希特勒又花了一些篇幅继续做这种不伦不类的对比，然后才谈到他的第二点：罗斯福想利用战争来逃避他做总统失败的后果。

民族社会主义党开始在德国执政与罗斯福当选总统是在同一年……他接手的国家在经济上凋敝不堪，我接管的国家则由于民主制度而面临着全面崩溃……

当德国在民族社会主义党人的领导下，出现了史无前例的经济恢复和文化艺术的复兴时，罗斯福总统却没有使他的国家得到丝毫的进步……这是不足为奇的，只要我们记住，他所号召支持他的那些人，或者不如说，把他叫来的那些人，都属于犹太分子，他们的利益只在瓦解而不在建立秩序……

罗斯福的“新政”立法是完全错误的。毫无疑问，继续执行这样的经济政策，即使是在和平年代，也会把这位总统搞得焦头烂额，尽管他有如簧之舌也是枉然。他如果是在一个欧洲国家搞这一套，迟早要被控犯有故意浪费国家财富的罪名，给送上国家法庭；恐怕还难免被控犯有非法牟利罪而被送上民事法庭。

希特勒以为美国孤立主义者和一大部分实业界人士对罗斯福的“新政”也有这样的评价，至少是也有一部分这样的评价。他竭力想利用这一点。他哪里知道自从珍珠港事变以后，这些集团的人士和全体美国人民一样，都已一致支持他们的国家了。

美国有许多人，其中还包括身份很高的人［他继续说，暗指上面谈到的那些集团的人士］，已经看出并完全认识到这个事实了。罗斯福已有渐成众矢之的之势。他设想解救的办法唯有一条，就是把公众的注意力从国内转移到对外政策方面……在这一点上，他周围的犹太人支持了他……犹太人的一切穷凶极恶的卑鄙手段都汇集到此人周围，他则伸出手来。

于是美国总统越来越致力于制造冲突……多少年来这个人只有一个希望：在世界上的某一个地方爆发一场冲突。

希特勒接着又历数了罗斯福在这方面的活动。他从1937年罗斯福在芝加哥发表“隔离演说”*说起。“现在他［罗斯福］害怕，”希特勒大声叫道，

* 针对德意两国侵略所发表的演说。——译者

“如果欧洲实现和平，他在扩军方面浪费的千百万美元就要被看作明显的欺骗，因为事实上并没有人想进攻美国——因此他一定要挑惹别人进攻他的国家。”

这个纳粹独裁者由于德美关系终于破裂似乎感到欣慰，他还要让德国人民也同他一样感到欣慰。 899

> 我认为大家一定感到欣慰，现在总算有一个国家，为真理和正义遭到史无前例的无耻糟蹋而首先提出了抗议……日本政府在与这个人进行了多年的谈判以后，也终于再也不能容忍他的无耻欺骗了。这个事实使我们全体德国人民，我想还有全世界一切正直的人民，都深深感到满意……美国总统最后总该懂得——我这样说只是因为他智力有限——我们已看透了他孜孜以求的目标是一个接一个地摧毁别的国家……
>
> 至于德国，它不需要罗斯福先生或丘吉尔先生，更不用说艾登先生，大发慈悲。它只要求它自己的权利！它将为自己赢得这种生存的权利，哪怕有一千个，一万个丘吉尔和罗斯福合谋反对它……
>
> 因此我已安排好在今天把护照发给美国代办，以及下列……[46]

讲到这里，国会议员们一跃而起，大声欢呼，元首的话淹没在一片疯狂的喧闹声中。

没有多久，下午2点半，里宾特洛甫以极其冷淡的态度接见了美国驻柏林代办利兰·莫里斯。他让莫里斯站着，听他宣读德国的宣战声明，随后给他一份抄件，就打发他走了。

> [声明说]尽管从这次战争爆发以来，德国方面在与美国的来往中一直严格遵守国际法的规定，美国政府还是对德国终于采取了明显的战争行为。这就在实际上造成了战争状态。
>
> 为此，德国政府决定与美国断绝一切外交关系，并且宣布，在罗斯福总统造成的这种情况下，德国也同样认为自即日起已与美国处在战争状态。[47]

这天上演的这出戏的最后一幕是签订德、意、日三国协定，协定宣布三国“在对美英联合作战取得胜利以前，绝不放下武器”，也不单独媾和的“不可动摇的决心”。

仅仅六个月以前，阿道夫·希特勒在一场在他看来胜利已经在握的战争中，面对的只是一个在围困之中的英国。可是现在，他出于有意的选择，使自己处于与世界上三个最大工业强国相对抗的斗争中。在这一场斗争中，归根到底，军事力量在很大程度上取决于经济力量。这三个敌国的人力合在一起，也大大超过了三个轴心国家。在1941年岁末12月这多事的一天，希特勒和他的陆海军将领们看来都没有头脑清醒地好好权衡一下这些
900 事实。

聪明的德国参谋总长哈尔德将军在12月11日的日记中，竟没有把德国已对美国宣战的事情记载下来。他只提到那天晚上他听了一个海军上校所做的关于“日美海战的背景”的讲演。日记其余部分写的全是从俄国前线许多情况紧急的地方陆续传来的坏消息。这也许是可以理解的。因为他已无暇设想将来会有这么一天，他的力量日衰的部队可能还得和来自新世界的生力军交手。

雷德尔海军元帅对希特勒的这一行动确实是欢迎的。第二天，12月12日，他和元首谈话，宽慰后者说：“由于日本的有效干预，大西洋的局势将会有所缓和。”他谈到兴高采烈时说道：

> 已经得到情报：有些［美国］军舰正从大西洋调往太平洋。太平洋方面肯定需要更多的轻型军舰，特别是驱逐舰。运输船只会有大量需要，因此可以预料美国会从大西洋撤出商船。英国的航运任务将趋紧张。

希特勒在这样不顾前后做出孤注一掷的决定以后，现在却突然满腹狐疑起来，他有几个问题要向海军元帅提出。元帅“是否认为敌人在最近的将来会采取步骤，占领亚速尔群岛、佛得角，甚至进攻达喀尔，以挽回在太平洋遭到挫折而丧失的威信”？雷德尔认为不会。

> ［他回答道］在未来几个月中，美国将把它的全部力量集中到太平

洋。英国由于巨型军舰已遭到惨重损失，也不愿再做任何冒险。* 他们看来也没有运输能力执行这种占领任务或提供补给。

希特勒要问的还有一个更重要的问题：“美国和英国有无可能暂时放弃东亚，以便首先击败德国和意大利？”海军元帅也请他不必担心。

> [他回答道] 敌人不可能放弃东亚，即使是暂时放弃也不可能；英国如果这样做，将严重危及印度，同时，只要日本舰队占上风，美国也不可能从太平洋撤出舰队。 901

雷德尔为了鼓舞元首情绪起见，又报告说：六艘“巨大的”潜艇将“尽速”开往美国东海岸。[48] 德国侵俄的战局既已弄到那种地步，隆美尔的部队又在北非后撤，德国最高统帅和他的军事首脑的注意力很快便从新的敌人方面移开。他们肯定地认为，这个新的敌人在遥远的太平洋上已忙得无暇西顾了。直到过了一年之后，他们才回过来再去考虑这个新敌人的问题。而这一年，将是战争期间最关紧要的一年，是出现伟大转折点的一年，它不仅将无可更改地决定这场冲突的结局（在整个1941年中，德国人都认为战事差不多已经结束，德国差不多已经胜利了），而且要决定第三帝国的命运。第三帝国由于初期获得了惊人胜利，地位扶摇直上，迅速地升到令人头晕目眩的高度，希特勒当真相信，而且宣称，他的这个帝国将会昌盛千秋。

随着1942年新年的临近，哈尔德日记中的记载也越来越有不祥的兆头了。

“又一个黑暗的日子！”他在1941年12月30日用这句话开始他的日记，这一年最后那天的日记也以此开头。这位德国参谋总长对就要发生的可怕的事情有了预感。 902

---

* 两天前，12月10日，日本飞机在马来亚附近海面炸沉了两艘英国战列舰“威尔士亲王号”和“击退号”。这一打击，加上美国舰队于12月7日在珍珠港中被打得溃不成军，使日本舰队在太平洋、中国海和印度洋上占了绝对优势。丘吉尔后来写到这两艘巨型军舰的损失时说：“在整个战争期间我从来没有受到比这更直接的打击。”

注　释

1.《德国外交政策文件汇编》，第8卷，第905—906页。

2.《纳粹的阴谋与侵略》，第4卷，第469—475页（纽伦堡文件1834-PS）。

3. 全文，《纳粹的阴谋与侵略》，第6卷，第906—908页（纽伦堡文件C-75）。

4. 雷德尔关于会议的报告，《海军事务元首会议记录》，1941年，第37页。另载《纳粹的阴谋与侵略》，第6卷，第966—967页中（纽伦堡文件C-152）。

5. 这些文件与后来的谈话，包括与希特勒的两次谈话，一起发表于《纳粹-苏联关系》中第281—316页。

6. 施密特：《希特勒的译员》，第224页。

7.《海军事务元首会议记录》，1941年，第47—48页。

8. 纽伦堡文件NG-3437，文件集第8卷B，《魏茨泽克案件》。H. L. 特莱福斯援引，见《德国与美国的中立（1939—1941）》，第124页及注。

9. 电报全文，《纳粹的阴谋与侵略》，第6卷，第564—565页（纽伦堡文件2896-PS）。

10. 同上，第566页（纽伦堡文件2897-PS）。

11.《海军事务元首会议记录》，1941年，第104页。

12.《纳粹的阴谋与侵略》，第6卷，第545—546页（纽伦堡文件3733-PS）。

13. 1940年10月29日法尔肯施坦因备忘录，《纳粹的阴谋与侵略》，第3卷，第289页（纽伦堡文件376-PS）。

14.《海军事务元首会议记录》，1941年，第57页。

15. 同上，第94页。

16. 同上，附录Ⅰ（雷德尔致元首报告，1941年2月4日）。

17. 同上，第32页（1941年3月18日）。

18. 同上，第47页（1941年4月20日）。

19. 同上，1941年5月22日。

20. 同上，第88—90页（1941年6月21日）。

21.《纳粹的阴谋与侵略》，第5卷，第565页（纽伦堡文件2896-PS）。

22. 德国海军作战日志，《主要战犯的审讯》，纽伦堡文件第34卷，第364页（纽伦堡文件C-118）。部分英文译本有许多地方译错，见《纳粹的阴谋与侵略》，第6卷，第916页。

23.《海军事务元首会议记录》，1941年9月17日，第108—110页。

24. 同上，1941年11月13日。

25.《纳粹的阴谋与侵略》，附件B，第1200页（在纽伦堡提审里宾特洛甫记录，1945年9月10日）。

26. 纽伦堡文件NG-4422E，文件集第9卷，《魏茨泽克案件》，特莱福斯援引，见《德国与美国的中立（1939—1941）》，第102页。

27. 同上，1941年5月间里宾特洛甫和奥特之间的许多电报，以及东京《远东审判》中奥特的口供，特莱福斯援引，见《德国与美国的中立（1939—1941）》，第103页。

28. 外务省次官天羽是8月29日告诉他的，外相丰田海军上将是8月30日告诉他的。日本方面关于这两次会议的记录载《纳粹的阴谋与侵略》，第6卷，第546—551页（纽伦堡文件3733-PS）。

29. 赫尔：《回忆录》，第1034页。1941年10月16日丰田致野村的电报文稿载《珍珠港袭击：珍珠港袭击事件联合调查委员会的审问录》，第12卷，第71—72页。

30. 赫尔：《回忆录》，第1062—1063页。

31.《远东审判》，文件4070和4070B。特莱福斯援引，见《德国与美国的中立（1939—1941）》，第140—141页。

32. 赫尔：《回忆录》，第1056，1074页。

33. 截获到的大岛发往东京的电报，1941年11月29日，《纳粹的阴谋与侵略》，第7卷，第160—163页（纽伦堡文件D-656）。

34.《珍珠港袭击》，第12卷，第204页。截获到的东京电报载《纳粹的阴谋与侵略》，第6卷，第308—310页（纽伦堡文件3598-PS）。

35.《纳粹的阴谋与侵略》，第5卷，第556—557页（纽伦堡文件2898-PS）。

36. 同上，第309页（纽伦堡文件3598-PS）。

37. 电报全文，同上，第312—313页（纽伦堡文 件3600-PS）。

38. 施密特：《希特勒的译员》，第236—237页。

39.《主要战犯的审讯》，第10卷，第297页。

40. 截获到的大岛发往东京的电报，1941年12月8日，《纳粹的阴谋与侵略》，第7卷，第163页（纽伦堡文件D-167）。

41. 纽伦堡文件NG-4424，1941年12月9日，文件集第9卷，《魏茨泽克案件》。

42. 这里我合并了在纽伦堡法庭上对质时里宾特洛甫的供词（载《主要战犯的审讯》，第10卷，第297—298页）和他在审判前提审时的声明（载《纳粹的阴谋与侵略》，附件B，第1199—1200页）。

43.《希特勒秘密谈话录》，第396页。

44.《纳粹的阴谋与侵略》，第5卷，第603页（纽伦堡文件2932-PS）。

45. 施密特：《希特勒的译员》，第237页。

46. 希特勒讲话的部分译文载戈登·W. 普伦吉（所编）的《希特勒言论集》，第97，367—377页。

47. 英文译本载《纳粹的阴谋与侵略》，第8卷，第432—433页（纽伦堡文件TC-62）。

48.《海军事务元首会议记录》，1941年，第128—130页（12月12日）。

第二十六章

伟大的转折点：1942年——斯大林格勒和阿拉曼

密谋分子恢复了活动

希特勒的侵俄大军在1941年冬天受到严重的挫折，一批陆军元帅和高级将领受到撤职处分，这两件事重新燃起反纳粹密谋分子心头的希望。

只要军队以破竹之势取得节节胜利，只要德军和德国的荣耀直上云霄，密谋分子是无法使高级将领们对反叛产生兴趣的。但是现在，至今天下无敌、不可一世的德国军队碰上了堪与匹敌的强手，在风雪严寒中败退；半年以来死伤兵员已过百万大关；大批最著名的将领被不容分说地撤职，其中有些人，例如霍普纳和施波内克，当众受到凌辱，而大多数人也受到了侮辱并成为这个残暴独裁者的替罪羔羊。*

---

* 我们应当还记得，在已经退休的人中有陆军总司令冯·布劳希奇陆军元帅，有分别率领南方和中央集团军的冯·伦德施泰特陆军元帅和冯·博克陆军元帅，还有装甲军天才将领古德里安将军。不久以后，在1942年1月18日，北方集团军司令冯·里布陆军元帅也被解职。一天前，1月17日，接任伦德施泰特职务的冯·赖歇瑙陆军元帅中风身亡。空军的乌德特将军于1941年11月17日自杀。此外，在冬天撤退时，大约有35个军、师级指挥官被解除了职务。

这当然只不过是开始。冯·曼施坦因陆军元帅在纽伦堡国际法庭上概述了那些开始吃败仗或是终于鼓足勇气反对希特勒的将领们以后的遭遇。“在17名陆军元帅中，”他对法庭供称，“有10名在战时被遣送回籍，3名因1944年7月20日事件［密谋反对希特勒的事件——作者］送命。只有1名陆军元帅得以设法度过战争并保住职位。在36名陆军上将中，有18名被遣送回籍，5名因7月20日事件丧生或被不名誉地革除军籍。只有3名陆军上将得以在整个战争时期保住职位。”[1]

“时机看来差不多成熟了，”哈塞尔在1941年12月21日的日记中满怀希望地说。他和他的同谋分子确信，普鲁士军官团不仅由于他们身受不体面的待遇，而且由于最高统帅在俄国严寒时节疯狂地把他们和他们的军队带到灾难边缘，一定会感到不满。前面已经谈过，密谋分子一直相信只有兵权在握的将军们才有推翻纳粹暴君的实际力量。现在正是他们还来得及动手的最后机会。最重要的是要抓紧时机。他们看到，在进攻俄国遭到失利、美国又已参战以后，战争已不再有胜利的希望了。但是也还不能说战争已经失败。他们认为，如果在柏林建立起一个反纳粹的政府并且讲和的话，还有可能得到有利的和平条款，使德国仍然成为一个主要强国，也许至少还可以保全希特勒获得的若干利益，例如奥地利、苏台德和波兰西部。 903

在1941年夏末击败苏联仍然大有希望的时候，他们就在反复盘算着这些念头了。8月19日，丘吉尔和罗斯福起草了《大西洋宪章》，这个宪章的内容给他们当头狠狠一棒，特别是其中第八条规定：在战后普遍裁军协定签订以前，德国必须解除武装。对哈塞尔、格德勒、贝克等反对派成员来说，这意味着盟国并不想将德国纳粹分子和非纳粹分子区别对待，并且，如哈塞尔所说，“证实了英美两国不仅是在对希特勒作战，而且要摧毁德国，使它失去防卫能力”。的确，对于这位现在正专心致力于反叛希特勒，却决心要为一个没有希特勒的德国获得尽量多的东西的贵族出身的前任大使来说，《大西洋宪章》的第八条，“破坏了取得和平的一切合理的机会”。[2] 他在日记中就是这么说的。

尽管《大西洋宪章》的条文使密谋分子大失所望，但是《大西洋宪章》的公布，看来又促使他们行动起来，哪怕只是因为它使他们感到，必须在还来得及的时候干掉希特勒，以便使反纳粹的政权能为仍然占有大半个欧洲的德国在讲和中有力地进行讨价还价。他们并不反对利用希特勒的战果来为德国争取最为有利的条款。8月底，哈塞尔、波比茨、奥斯特、多赫南伊和国内驻防军参谋长弗里德里希·奥尔布里希特将军在柏林举行了一系列会谈。用哈塞尔的话来说，会谈的结果是，“德国爱国者”（他们这么自称）要向盟国提出“十分温和的要求”，但是“有一些权益则不能放弃”。这些要求和权益是什么，哈塞尔没有说；但我们从他的日记的其他部分可以看出：这等于是坚持德国1914年的东部边界，加上奥地利和苏台德区。

但是时间日益紧迫了。8月底，哈塞尔在与其同党开完最后一次会议之后在日记中写道："他们一致认为，再拖下去就太晚了。等到我们获胜的机会显然已不复存在，或者说微不足道的时候，就没有办法了。"[3]

他们曾经做过一些努力，劝诱东线战场上的重要将领，在进攻俄国的
904 夏季战役中把希特勒逮捕起来。这种做法肯定是得不到什么效果的。因为这些将领们在战争初期获得惊人胜利的情况下，根本不会想到要推翻这个使他们能获得这样胜利的机会的人。不过这些努力在军方人士的心中也确实播下了一些种子，它们以后会萌芽成长起来。

这年夏天在陆军中策划密谋的核心是在冯·博克陆军元帅的司令部里，他的中央集团军正向莫斯科挺进。博克参谋部中的海宁·冯·特雷斯科少将是密谋集团的首脑人物，他早年对民族社会主义的一股热情已完全消失，使他终于成为密谋者队伍中的一员。协助他的有他的副官法比安·冯·施拉布伦多夫，还有他们安置在博克那里当副官的两个同党汉斯·冯·哈登贝格伯爵和海因里希·冯·伦多夫伯爵，这两人都是德国著名世家的子弟。* 他们为自己规定的任务之一是对陆军元帅博克进行工作，劝他在希特勒访问集团军司令部时把他逮捕起来。但是对博克做工作可不是一桩容易的事情。博克虽然口口声声说厌恶纳粹主义，但是他依靠它的庇荫官运亨通，而且他为人爱好虚荣，野心勃勃，根本不会在这场赌局的这个阶段干冒险的事情。有一次特雷斯科试图向他指出，元首正在把国家引向灾难，博克听了大声说道："我不许攻击元首！"[4]

特雷斯科和他的年轻副官给浇了一盆冷水，但是并没有气馁，他们决定自己动手干。1941年8月4日，元首巡视设在鲍里索夫的集团军司令部。他们计划当他从飞机场驱车到博克的住处时，把他逮捕起来。但是这些策划反叛的人这时还不是行家，他们没有考虑到元首的保安措施。希特勒左右前后密布着党卫军的警卫，而且他拒绝乘坐集团军方面派来的汽车，他预先调来了自己的车队，供从机场到市区之用。这就使那两名军官根本无法接近他。这次失败——类似这样的失败显然还有过几次——给了陆军中那些密谋分子不少教训。第一点教训是，要想抓到希特勒并不容易；他总

* 伦多夫于1944年9月4日被纳粹分子处决。

海宁·冯·特雷斯科（右四）将军官团中反希特勒密谋者召集在身边，他的左手边是海因里希·冯·克莱斯特，图片最右是法比安·冯·施拉布伦多夫。

是戒备森严的。另一点是，即使抓住他或逮捕了他也并不解决问题，因为重要将领一个个不是胆小怕事，就是由于做过忠诚宣誓，麻醉过深，不会帮助反对分子接着干下去。大概到了这个时候，即1941年秋天，陆军中有些年轻军官，其中大部分如施拉布伦多夫等都是部队的文职人员，不得不得出这样的结论：杀死希特勒是最干脆的，也许是唯一的解决办法。因为这样一来，那些胆小怕事的将军们就可以从他们对元首的忠诚宣誓中解放出来，拥护新政权并使陆军支持它。

但是在柏林的策划反叛的首脑仍然不打算把事情闹大到这样的地步。他们正在策划一个叫作“隔离行动”的愚蠢计划。由十某种埋由，他们认为这个计划一方面可以使那些将军们不至于背弃自己效忠元首的誓言而在良心上得到安慰，同时又可以帮助他们为德国除掉希特勒。他们的想法一 905
直到今天还令人难以理解。不过他们的计划是这样：东线和西线的高级司令官按照预先约好的暗号，一齐拒绝服从作为总司令的希特勒的命令。这当然会使将领们破坏服从希特勒的誓言，但是柏林的诡辩家们却装作看不到这一点。他们解释说，不管怎么样，这个计划的真正目的在于制造混乱局势，这种局势一出现，贝克依靠国内驻防军在柏林的部队的帮助，就夺取政权，解除希特勒的职务，并宣布民族社会主义为非法。

但是国内驻防军并不成其为一支军事力量。它只不过是一批乌合之众组成的新兵，在作为补充兵员调往前线之前受一点基本的军事训练。这次冒险要想真正获得成功，必须把在俄国前线或占领区统率着老兵的若干高级将领争取过来才成。其中一位似乎是当然人选，他就是曾参加过哈尔德想在慕尼黑时代逮捕希特勒的密谋、现任西线总司令的冯·维茨勒本陆军元帅。1942年1月中旬，密谋分子派遣哈塞尔去与维茨勒本和驻比利时军事司令官亚历山大·冯·法尔肯豪森将军会谈，策动他们参加新的密谋计划。曾任大使的哈塞尔因已受秘密警察的监视，只得打着巡回讲学的幌子到处向德国军官和占领区的文官讲演，题目是《生存空间和帝国主义》。讲演期间，他先后在布鲁塞尔与法尔肯豪森、在巴黎与维茨勒本进行过秘密会谈。他对这两个人，特别是后者，获得了良好的印象。

当许多其他的陆军元帅在俄国大显身手的时候，维茨勒本被搁在法国这条次要的战线上，感到手痒难耐。他对哈塞尔说，“隔离行动”是不切实际的想法，只有采取直接行动推翻希特勒才是唯一的解决办法，他愿意担当领导的任务。他认为，1942年夏季德国军队重新在俄国发动进攻的时候，也许是采取行动的最好时机。为了准备这一天，他希望动点小手术，先把身体弄好。不幸得很，这项决定却给这位陆军元帅和那些同谋者带来了严重后果。维茨勒本和腓特烈大王等人一样患有痔疮。* 为了解除痔疮的病痛，动手术本来是平常的事。但是当这年春天维茨勒本请短期病假去动手术时，希特勒却乘机免去了他的现役职务，派伦德施泰特接替他的工作。而伦德施泰特尽管最近还遭到过元首的不客气的对待，却并不想参加反对希特勒的密谋。这么一来，密谋分子发现他们在陆军中寄予最大希望的人，
906 成了一个没有一兵一卒的陆军元帅。没有兵力是无论如何也建立不了新政权的。

密谋的领导人大失所望。他们接连举行秘密会议，筹划对策，但不能克服他们的沮丧情绪。哈塞尔于1942年2月底的一次会议之后写道：“看来

---

* 普鲁士国王腓特烈大王因患痔疮，心神不宁，行动不便，常常为此叫苦连天。

目前对希特勒是没有什么办法可想了。”[5]

但是在下列两个方面要做的事情并不少：一是解决关于他们在废黜希特勒之后究竟要建立一个什么样的德国政府的问题；一是加强他们那临时拼凑、至今效率极低的组织，以便一旦时机到来时能够接管政府。

在抵抗运动的领导人中，绝大多数都是上了年纪的保守分子，他们的要求之一是恢复霍亨索伦皇朝的君主政体。但是在霍亨索伦皇室中由哪个亲王登上宝座，却一直未能取得一致意见。密谋分子中的一名文职领导人员波比茨希望由皇太子登位，但在其他人中，大多数都对皇太子深恶痛绝。沙赫特赞成皇太子的长子威廉亲王，格德勒赞成威廉二世的幼子普鲁士的奥斯卡亲王。大家一致的是：都不考虑德皇的四子、绰号叫作“奥威”的奥古斯特·威廉亲王，因为他是狂热的纳粹分子，党卫军的分队长。

到了1941年夏天，大家大致同意帝位的最适当人选是皇太子的次子，也是当时在世的年龄最大的儿子路易–斐迪南亲王。* 当时他刚33岁，在迪尔伯恩的福特汽车工厂工作过五年，现在在汉莎航空公司当雇员，接近并同情密谋分子。这个风度翩翩的年轻人终于成了霍亨索伦皇室中最孚众望的人选。他跟得上20世纪的潮流，是个讲民主、有脑筋的人。而且他有一个美丽、聪慧而勇敢的夫人，即以前的俄国女大公基拉公主。还有，对密谋分子来说当时最为重要的一点，他还是罗斯福总统的私人朋友。1938年他们夫妇在美国度蜜月时，罗斯福曾邀请他们到白宫做过客。

哈塞尔和他的几个朋友并不完全认为路易–斐迪南是理想的人选。1941年圣诞节前后，哈塞尔在日记中无可奈何地写道：“他缺少许多非有不可的品质。”但他还是同意了别人的意见。

哈塞尔最感兴趣的是德国政府未来的政体和性质。早在上一年年初，他在与贝克将军、格德勒和波比茨商量以后，制定了一个过渡时期纲领，1941年末又做了进一步修改。[6] 这个纲领规定：恢复个人自由；在正式宪法通过以前，由一位摄政执掌国家最高权力；这个摄政作为国家元首，可以任命政府和国务委员会。格德勒和密谋分子中的几个工会方面的代表 907
不赞成这样使权力过于集中在一个人身上的做法，建议立即举行公民投

* 长子威廉亲王已于1940年5月26日在法国的一次战役中负伤后死亡。

票，使临时政权得到群众支持，而表明其民主性质。但是由于缺少更好的办法，大家这才把哈塞尔的方案作为一个原则性的声明接受下来。后来这个方案为1943年制定的一个自由而开明的纲领所代替，后者是在赫尔穆特·冯·毛奇伯爵所领导的克莱绍集团的压力下制定出来的。

1942年春，密谋分子终于正式选定了一个领袖。他们一致承认贝克将军为领导，不仅因为他的才智和品德，而且因为他在将领中的威信和在国内外的声望。但是由于他们没有加紧组织起来，因此实际上也就没有让他担当起领导的责任。哈塞尔等少数人尽管对这位前参谋总长十分敬佩，却并不完全信任。

1941年圣诞节前不久，哈塞尔在日记中写道："贝克的最大缺点在于空论太多，正如波比茨所说，他是一个战术家，却缺少意志力。"后来事实证明，这个评价并非毫无根据，将军的这种优柔寡断的性格和行动意志的严重缺乏，日后证明是极其不幸的。

虽然如此，到了1942年3月，密谋分子经过多次秘密会议以后还是决定"必须由贝克主持一切"（哈塞尔语）。到了月底，这位大使又写道："贝克已正式被接受为我们集团的领袖。"[7]

但是人们从他们遗留下来的记载可以看到，在这段时间，他们的密谋活动仍然茫无头绪。在他们的无休无止的会议上，甚至最积极的成员也一直笼罩在一种很不现实的气氛之中。到这年春天，他们知道希特勒正在计划，等俄国的地面干燥以后，立即重新发动进攻。他们认为，这只会使德国在无底洞中越陷越深。但是，尽管他们谈得很多，却未见有所动作。1942年3月28日，哈塞尔坐在他的埃本豪森乡村别墅中写下这样的日记：

> 临离开柏林的前几天，与耶森*、贝克和格德勒做了详谈。前景不甚美妙。[8]

---

* 延斯·彼得·耶森，柏林大学经济系教授，是这个集团的一个智囊人物。1931—1933年间，他曾是纳粹党的积极分子，并且是党内为数不多的真正的知识分子之一。从1933年开始，他很快对纳粹主义感到幻灭，一变而为狂热的反纳粹人物。他于1944年7月20日反希特勒密谋事败时被捕，同年11月在柏林的普洛岑湖监狱被处决。

前景怎能美妙得起来呢？连个行动计划都没有。得马上行动起来，趁现在还有时间。

在战争的第三个春天到来的时候，阿道夫·希特勒却有他的计划——而且他有实现这些计划的坚强意志。908

德军在战争中的最后一次大攻势

由于希特勒愚蠢地不让德军在俄国及时撤退，造成了重大的伤亡和武器损失，使得许多指挥人员锐气大伤，也使1942年1月、2月间几个星期中的局面有几乎无法收拾的危险。尽管如此，希特勒死守活拼的疯狂决心却也无疑有助于抵挡来势汹涌的苏军。德国军人的勇敢和坚韧的传统精神也起了作用。

俄国军队在北起波罗的海、南至黑海的战线上发动的进攻，到了2月20日劲头已经过去了。3月底，又到了泥泞季节，血流成河的漫长战线相对地沉寂下来。双方都已筋疲力尽了。1942年3月30日德国陆军的一份报告透露了这一回冬季战役中遭到了多么惨重的损失。东线全部162个作战师中，只有8个师还有进攻的能力。16个装甲师中，只剩下140辆坦克可供使用——比1个师的正常数字还要少。[9]

当部队休整时，现在身兼武装部队最高统帅和陆军总司令的希特勒，就已在忙于制订夏季攻势的计划了。其实还要早得多，早在隆冬时期部队仍在冒着风雪后撤时，他就在这么做了。这些计划不如去年那样野心勃勃。现在他才开始明白，要经过一次战役就摧毁红军的全部力量是不可能的。这年夏天，他将把大部分力量集中在南线，征服高加索油田、顿涅茨克盆地工业区、库班的小麦产区，并拿下伏尔加河上的斯大林格勒。拿下这些地方，可以达到几个重要目标：使苏联失去为继续进行战争所迫切需要的石油、大量粮食和工业，另一方面却可使德国得到几乎同样急需的石油和粮食的来源。

希特勒在即将发动夏季攻势时，对倒霉的第六军团司令保卢斯将军说："如果我拿不到迈科普和格罗兹尼的石油，那么我就必须结束这场战争。"[10]

斯大林很可能也说过差不多同样的话。为了把战争坚持下去，他也必须保住高加索的油田。斯大林格勒之所以变得如此重要，原因就在于此。德国占领斯大林格勒，就可以封锁住通过黑海和伏尔加河向俄国中部运送石油的最后的主要路线，如果高加索油田还保持在俄国人手中的话。

希特勒不仅需要石油发动飞机、坦克、卡车，还需要人来补充他的兵员日减的部队。冬季作战结束时伤亡总数是1 167 835人，病员还不包括在内，后备兵员不足以弥补这样的损失。最高统帅部向德国的盟国——还不如说是仆从国家——要求提供更多的部队。早在冬天，凯特尔元帅匆忙赶到布达佩斯和布加勒斯特，为夏季攻势征募匈牙利和罗马尼亚的军队，整师整师地征募。戈林，最后甚至希特勒也亲自出马，请求墨索里尼提供意
909 大利军队。

1942年1月底，戈林到达罗马，点收意大利向俄国战线增援的部队。他向墨索里尼保证1942年可以打败苏联，1943年可以使英国放下武器。齐亚诺发现这位脑满肠肥、胸前挂满勋章的帝国元帅简直不堪忍受。

他在2月2日的日记上写道："此人还是那样趾高气扬，架子十足。"两天以后又写道：

戈林今天离开罗马。我们在艾克赛尔西奥饭店吃饭，吃饭的时候戈林别的话不说，只谈他的珠宝。他手上真的戴着几只漂亮戒指……在去火车站的路上，他穿着一件宽大的黑貂皮大衣，既像1906年汽车夫的穿着，又像一个高等妓女去看歌剧时的打扮。[11]

第三帝国的第二号人物的腐化堕落已日甚一日了。

墨索里尼向戈林表示，只要德国给大炮，就在3月份派两师意大利部队到俄国去。但是他对他的盟邦在东线的失败是如此忧心忡忡，以至于使希特勒认为有必要在这个时候举行一次会谈，以便说明德国仍然拥有多么强大的军事力量。

这次会谈于4月29日和30日在萨尔茨堡举行。墨索里尼、齐亚诺和随从人员被安顿在一座巴洛克式的克莱斯汉姆宫里，这座宫殿曾经是历代王公主教的故宫，现在又经过一番装饰，布置了从法国运来的帷帘、家具和地毯。意大利外交大臣猜想德国人得到这些东西大概"所费无几"。齐亚诺

看到元首倦容满面。他在日记中写道："去年冬天那几个月在俄国的生活在他身上留下了明显的痕迹，我第一次发现他添了许多白发。" *

会谈中，德国方面照例说了一通对总的形势的估计。里宾特洛甫和希特勒请两位意大利客人放心：在俄国、北非、西线和公海上，一切都很顺利。他们透露，东线即将发动的攻势，矛头所指是高加索油田。

一旦俄国石油来源告罄［里宾特洛甫说］，俄国便要屈膝投降了。然后英国……也将屈服，以求保全被打得支离破碎的英帝国的剩水残山……

美国完全是吹牛……

齐亚诺带着几分耐心听着他的对手的话。但他得到的印象是：不论美国最后采取什么行动，真正吹牛的却是德国。实际上，只要他们一想到这 910
里，"他们就觉得凉了半截身子"。

像往常一样，话说得最多的是德国元首。

希特勒没完没了地说呀，说呀，说呀［齐亚诺在日记中写道］。墨索里尼在受罪——他也是惯于只管自己发言的，现在却不得不憋着不说话。第二天吃过午饭，在一切都谈过以后，希特勒又不住嘴地讲了1小时又40分钟。战争与和平，宗教和哲学，以至艺术和历史，什么问题都谈了，真是一项不漏。墨索里尼不由得看看手表……德国人，可怜的德国人，天天得耐着性子听希特勒讲话。我敢担保，他讲话时的每一种姿势，每一个字眼，每一处停顿，他们莫不记得烂熟。约德尔将军经过一番了不起的克制，最后在一张长沙发上睡着了。凯特尔也直打瞌睡，但他总算没让脑袋耷拉下来。他离希特勒太近，不能由着自己……[12]

---

* 一个月前，戈培尔到大本营去看希特勒，他在日记中对元首的衰老表示十分惊讶。"我注意到，他的头发已经花白……他告诉我，他曾经很厉害地晕过好几次……元首此刻的情况真使我担心。" 戈培尔又说："他对霜雪有一种生理上的反感……但是最使元首苦恼和痛苦的是，大地仍然为大雪所覆盖……"（《戈培尔日记》［*The Goebbels Diaries*］，第131—137页）

虽然希特勒费了很多口舌，或者也可以说正是由于他费了这些口舌，总算使墨索里尼答应向俄国前线提供更多的意大利炮灰。希特勒和凯特尔从各个仆从国家得到了很大收获。据德国最高统帅部统计，“盟邦”将有52个师可供夏季作战之用——罗马尼亚27个师，匈牙利13个师，意大利9个师，斯洛伐克2个师，还有西班牙1个师。这52个师约占东线的轴心国家全部兵力的四分之一。在德军进攻重点所在的战线南部，将要增援41个师的生力军。其中一半，即21个师是匈牙利部队（10个师）、意大利部队（6个师）和罗马尼亚部队（5个师）。哈尔德等绝大多数将领并不赞成把太多的希望寄托在这么多的“外国”师上。他们认为，这些部队的作战素质往轻里说也是靠不住的。但是由于他们自己人力不足，也只得接受这些援兵。这一决定很快就对即将到来的灾难起了促成作用。

最初，在1942年夏天，轴心国方面还在大走红运。在进攻高加索和斯大林格勒的战役开始以前，北非战场上便已取得了轰动一时的胜利。1942年5月27日，隆美尔将军在沙漠地区重新展开攻势。*他率领有名的非洲军（有2个装甲师和1个摩托化步兵师）和8个意大利师（其中1个师是装甲部队），以迅雷不及掩耳的攻势把英国沙漠部队打得狼狈逃回离埃及边境不远的地方。6月21日，他攻陷英军防线上的重镇图卜鲁格，1941年英军曾在这里坚守九个月，直到德国撤围。两天以后，他进入埃及。6月底，到达离亚历山大港和尼罗河三角洲65英里的阿拉曼。盟国许多政界人士大为震惊，他们反复端详着地图，认为现在几乎已无法阻挡隆美尔给予英国一次
911 致命打击：征服埃及，然后在得到增援的条件下，向东北推进，席卷中东的大油田，再与俄国境内的德军会师于高加索。俄国境内的德军这时已经开始从北面向高加索前进了。

这是盟国在战争中最黑暗的时刻之一，相对来说，也是轴心国方面最光明的时刻之一。但是正如前面所说，希特勒对全球战略是一窍不通的。他不知道如何利用隆美尔在非洲获得的惊人成就。他奖给这位非洲军的英

* 1941年11月和12月，在与英国军队经过一系列恶战之后，隆美尔的部队被完全逐出昔兰尼加省，一直退到该省西部边境的阿格拉一线。但是到了1942年1月，隆美尔以其惯有的弹性卷土重来，经过17天的快速战斗，收复了一半失地，回到加查拉，并于1942年5月末从加查拉发动了一场新的攻势。

勇领导人一根陆军元帅的节杖，却没有给他送去供应和援兵。[*] 由于雷德尔海军元帅和隆美尔的一再催促，希特勒才勉强同意首先派非洲军和一小批空军到利比亚。他这样做只是为了防止北非意大利军队的溃散，而不是由于预见到征服埃及的重要性。

德国要征服埃及，关键实际上在于马耳他岛。这个小岛位于地中海中间，在西西里和利比亚的轴心基地之间。英国的轰炸机、潜艇和海面舰只就是从这个英国军事要塞出发，袭击德国和意大利向北非运送给养和兵员的船只的。1941年8月，准备运给隆美尔的给养和增援部队，大约有35%葬于海底；10月，这个数字达到63%。11月9日，齐亚诺在日记中悲哀地写道：

> 从9月19日以来，我们已放弃了向利比亚运送物资和人员的打算；每一次尝试都付出了很高的代价……今晚我们再作尝试，七艘轮船出发了，护航的有两艘万吨巡洋舰和十艘驱逐舰……我们的船只全部——我说的是**全部**——被击沉了……英国人在葬送我们的船只之后，返回他们［在马耳他］的港口。[13]

德国人过迟地从大西洋战场腾出几艘潜艇到地中海来，并给凯塞林元帅增加了若干中队的飞机，供西西里基地使用。德国决定要使马耳他岛失去作用；如果可能的话，还要摧毁英国在地中海东部的舰队。这个决定立即收到了效果。1941年底，英国损失了三艘战舰、一艘航空母舰、两艘巡洋舰以及几艘驱逐舰和潜艇，余下的舰只被逐回埃及基地。几个星期之中， 912

---

* 希特勒在德军攻占图卜鲁格的第二天提升隆美尔为陆军元帅，这件事使墨索里尼感到“非常不快”。按齐亚诺的说法，因为这使“这次战役的德国色彩”更浓厚了。墨索里尼立即赶到利比亚，想为他自己挣些面子。据齐亚诺说，墨索里尼自信能在“15天内”进驻亚历山大港。7月2日，他打电报给希特勒，要求就“埃及将来的政治管理问题”进行磋商，并建议由隆美尔担任军事司令，由一个意大利人担任“民政代表”。希特勒回答说，他认为这个问题还不是“当务之急”（《齐亚诺日记》，第502—504页）。

隆美尔的参谋长弗里茨·拜尔莱因将军后来回忆道：“墨索里尼在德尔纳［在前线的后方］焦急不安地等待着这一天的到来：到时他可以向在金字塔下游行的轴心国坦克队伍答礼。”（弗赖丁和理查逊编：《致命的决定》，第103页）。

1942年，隆美尔指挥利比亚战役。

马耳他日夜遭到德国飞机的狂轰滥炸。这就使轴心国的供应顺利运出——1月间没有损失任何船只——使隆美尔得以重整旗鼓，大举进军埃及。

3月间，雷德尔海军元帅说服希特勒批准了隆美尔进攻尼罗河的计划（“阿伊达计划”），同时批准了用伞兵占领马耳他的计划（“大力神计划”）。从利比亚发动的进攻将于5月底开始，袭击马耳他预定在7月中。但是到了6月15日，正当隆美尔得到初步成功时，希特勒却推迟了进攻马耳他的计划。他向雷德尔解释说，这是因为无法从俄国前线抽调出部队和飞机。一两个星期以后，他又一次推迟“大力神计划”，说不妨等到东线夏季攻势结束、隆美尔征服埃及之后。[14] 他指示在此期间可用继续轰炸的办法使马耳他不能动弹。

但是马耳他并没有被制伏得不能动弹。由于没有能使马耳他失去作用，也没有能把它拿下来，德国即将付出昂贵的代价。6月16日，英国的一个大护航舰队开到这个被围困的海岛。尽管损失了几艘军舰和运输船，这次行动却使马耳他又恢复了基地的作用。美国航空母舰“黄蜂号”上的喷火式战斗机飞到马耳他，不久以后就使德国轰炸机再也不能轰炸这个岛屿了。隆美尔尝到了苦头。他的补给舰被击沉了四分之三。

隆美尔进驻阿拉曼时，只有13辆作战坦克。* 他在7月3日的日记中写道：“我军力量已日渐衰竭。”而这时金字塔已几乎在望，再往远处看，便是埃及和苏伊士运河这个大战利品！希特勒又失去了一个大好机会，又失去了一个由战运给他带来的最后的天赐良机。

德军在俄国的夏季攻势：1942年

到了1942年夏末，阿道夫·希特勒似乎又显得不可一世了。每个月，德国潜艇在大西洋击沉70万吨英美船只。美国、加拿大和苏格兰的造船厂虽在热火朝天地加紧生产，但也补不上这个损失。尽管元首为了早日结束俄国的战事，大大削减了西线的兵力，调出了大部分部队、坦克和飞机，但是这年夏天丝毫没有迹象表明，英美部队已强大得足以在英吉利海峡对岸进行哪怕是小规模的登陆。英美部队甚至也不敢冒险占领法属西北非，其实它们如果登陆的话，软弱的法国由于派别分歧，即使企图抵抗，也是难以阻挡的，而德国在意大利和的黎波里除了有很少几艘潜艇和几架飞机 913
以外，别无任何武装力量。

英国海空军也未能阻止从法国西部港口布列斯特开出的德国两艘巡洋战舰“沙恩霍斯特号”、“格奈泽瑙号”和重巡洋舰“欧根亲王号”在光天

---

* 拜尔莱因将军的战后证词如是说。这也许是言过其词。据盟国情报，隆美尔尚有125辆坦克。

化日之下闯过英吉利海峡安全地驶回德国。[*]希特勒曾经担心英美一定会占领挪威北部，因此他坚决主张这三艘重型军舰从布列斯特闯过英吉利海峡，以便到那里去防卫挪威海面。他在1942年1月底对雷德尔说："挪威是决定胜负的地区。"他认为必须不惜一切代价守住挪威。但事实表明这样做是多余的。英美在西线兵力有限，对于如何使用这些兵力另有它们的计划。

从地图上看，希特勒到1942年9月所占领的地区，是相当惊人的。地中海实际上已成为轴心国的内湖，德国和意大利在北岸拥有从西班牙直到土耳其的大部分地区，在南岸拥有从突尼斯到离尼罗河60英里的广大地区。事实上，德国部队现在守卫着北起北冰洋上的挪威的北角、南到埃及、西自大西洋上的布列斯特、东至中亚细亚边缘的伏尔加河南岸这一片广大地区。

8月23日，德国第六军团已抵达斯大林格勒正北的伏尔加河一带。两天以前，"卐"字旗已插上厄尔布鲁士山，这是高加索山脉最高的一座山峰（5 642米）。8月8日，德军占领了年产石油250万吨的迈科普油田，虽然德国人发现油田已几乎全部遭到破坏。8月25日，克莱斯特的坦克部队已进驻莫兹多克，距格罗兹尼四周的苏联最大产油中心只有50英里，距里海也只有100英里。31日，希特勒催促高加索方面的司令利斯特陆军元帅纠集所有可以调集的力量向格罗兹尼做最后进攻，以便他"能够拿到油田"。同一天，隆美尔也向阿拉曼发动进攻，力图向尼罗河突破。

希特勒对他的将领们的战绩从来没有满意的时候，他于7月13日撤去了指挥整个南线攻势的冯·博克陆军元帅的职务；又据哈尔德的日记透露，他还不断责骂大部分司令官和参谋总部进展迟缓。尽管如此，他现在仍然相信，决定性的胜利已经在握。他命令第六军团和第四装甲军团在攻占斯
914 大林格勒以后，沿伏尔加河北进，形成一个大规模的包围行动，从东西两面进逼俄罗斯中部和莫斯科。他认为俄国人已经完了；据哈尔德说，他当时曾谈到分兵越过伊朗进驻波斯湾的问题。[15]他眼看便可以与日本在印度洋会师了。德国情报部门9月9日的一份报告说：俄国在整个前线的后备力量

---

* 此事发生于1942年2月11日至12日，使英国猝不及防。英国海空军来得及拼凑起来攻击德国舰队的只是一支很单薄的力量。德方几乎未受损失。伦敦《泰晤士报》评论说："西里亚克斯海军上将［他领导这次闯封锁线的行动］做成功了梅迪纳·西多尼亚公爵所没有做成功的事情……从17世纪以来，这个海军强国在自己的领海之内从来没有蒙受过如此的奇耻大辱。"

都已消耗殆尽。希特勒对这份报告的正确性竟深信不疑。在8月底与雷德尔海军元帅举行会谈时，他的心思已从俄国转移到英美方面。他说，俄国现在在他的眼中已是一个“不怕封锁的生存空间”。他确信，不用多久便可迫使英美达到“可以谈和的程度了”。[16]

但是当年情况正如库尔特·蔡茨勒将军后来回忆时所说，尽管大可乐观，却如镜中幻影。差不多所有战地的将领都和参谋总部的将领们一样，看出了这幅美丽图画上的破绽。概括说来就是：德国根本缺乏人力、枪炮、坦克、飞机和运输手段等种种资源，来实现希特勒执意要达到的目的。当隆美尔试图就埃及情况向希特勒指出这一点时，希特勒命令他到塞默灵山中去养病。当哈尔德和利斯特陆军元帅也想就俄国前线情况指出这一点时，他们被撤了职。

苏军在高加索和斯大林格勒的抵抗日益顽强，秋雨季节又日益临近，这时就连最外行的战略家也会看出德国军队在俄国南部面临着日益严重的危险。第六军团的北翼战线极长，从斯大林格勒沿顿河上溯到沃罗涅日共长350英里，毫无掩护。希特勒在这一线部署了仆从国家的三个军团：匈牙利的第二军团在沃罗涅日的南面，意大利的第八军团在东南面更远一些位置，罗马尼亚的第三军团在斯大林格勒正西、顿河河曲的右侧。由于罗马尼亚人和匈牙利人有着很深的敌对情绪，因此得用意大利人把他们隔开。

在斯大林格勒南面的草原地带，还有第四支仆从军队，罗马尼亚的第四军团。这些军团的战斗力都不可靠自不用说，他们的装备也不充足，缺乏装甲、重炮和机动能力。还有，他们的兵力十分分散，罗马尼亚的第三军团只有69个营，却守卫着一条105英里长的战线。但这些“盟邦”的部队是希特勒所拥有的全部人马了。德国自己腾不出足够的兵力来填补这个缺口。同时，正如希特勒对哈尔德所说，由于他认为俄国人已经“完了”，因此他并不为顿河侧翼这条暴露在敌人面前的漫长战线过分操心。

但是这条战线却正是掩护斯大林格勒的第六军团和第四装甲军团以及高加索战线上的A集团军的关键。如果顿河侧翼垮下来，不仅斯大林格勒方面的德军要受到被包围的危险，而且高加索方面的德军也将被切断。这个纳粹统帅又进行了一次赌博。他在这年夏季战役中进行这样的赌博已不是第一次了。

7月23日，正当攻势进入高潮时，希特勒又在进行另一次赌博。当时 915

俄国军队正在顿涅茨克盆地和顿河上游之间全线后撤，一路迅速向东撤到斯大林格勒，一路向南退守顿河下游。德国必须当机立断：是集中力量拿下斯大林格勒、封锁伏尔加河，还是把主要矛头指向高加索，以夺取俄国的石油。早在月初，希特勒便已反复考虑了这个决定大局的问题，但他拿不定主意。最初，石油气味的引诱力很大。B集团军所属的第四装甲军团本来已经推进到顿河河曲一带，离斯大林格勒已经不远，但是希特勒却于7月13日把它从B集团军中抽调出来，派到南方去帮助克莱斯特的第一装甲军团越过罗斯托夫附近的顿河下游，继续向高加索油田推进。这时，第四装甲军团本来也许可以奔袭轻取几乎没有防卫的斯大林格勒。但是等到希特勒发觉自己犯了错误，为时已经太晚了。接着他一错再错。两个星期以后，当第四装甲军团回师北上，向斯大林格勒进发时，俄国人已经充分恢复过来，足以抵挡德军了；第四装甲军团撤离高加索前线，又使克莱斯特的力量大受削弱，无法完成向格罗兹尼油田进军的任务。*

这一支强大的装甲部队回师向斯大林格勒推进，是希特勒在7月23日所做的致命决定的结果之一。他不顾哈尔德和前线指挥官的劝告而做出的要求同时拿下斯大林格勒和高加索的狂妄决定，具体规定在德国陆军历史上著名的第四十五号指令中。这是希特勒在战争时期所做的最有决定命运意义的一项决定。因为要不了几天，这项决定便得到了两头落空的结果，从而导致德国军队有史以来最为丢脸的失败，它决定了希特勒永远不能赢得战争的胜利，千秋万代的第三帝国的日子已经屈指可数了。

哈尔德将军惊惶之至。在乌克兰文尼察附近的“狼人”大本营（7月16日，希特勒搬到这里，为的是离前线更近一些）出现了一场激烈的争吵。参谋总长哈尔德极力主张集中主要力量打下斯大林格勒，并试图解释，德国陆军根本没有力量能在两个不同方向同时进行两场强大的攻势。希特勒反驳说，俄国人已经“完了”。哈尔德便竭力使他相信：根据陆军的情报，

---

* 克莱斯特对李德·哈特证实了这一点：“第四装甲军团……本来可以在7月兵不血刃拿下斯大林格勒，但却被调到南边来帮助我渡顿河。我并不需要它的支援，它来了反而使我正在使用的道路拥挤不堪。等过了两个星期，第四装甲军团回师北上，俄国人已经在斯大林格勒集结足够部队遏制它了。”而在这个时候，克莱斯特又需要增添坦克部队。他说：“如果我的部队没有被调走……去配合进攻斯大林格勒的话，我们早已拿下目标［格罗兹尼油田］了。”（李德·哈特：《德国将领谈话录》，第169—171页）

情况远非如此。 916

［这天晚上哈尔德在日记中忧郁地写道］对敌人的力量一直做过低的估计，达到了可笑的程度，并且越来越具有危险性。在这里要想认真地进行工作已经不可能了。凭着浮光掠影的印象作出病态的反应，对形势及其发展前景毫无估计的能力——这些使这个所谓的“领导”具有一种极其特别的性质。

哈尔德担任参谋总长职务的日子也已屈指可数了。后来他在回想当年的情况时写道：

希特勒的决定与自古以来公认的战略、战术原则不再有共同之处。他的决定是一种狂暴的天性在一时冲动下的产物，这种天性不承认可能性是有限度的，而只凭愿望和梦想行事……[17]

关于哈尔德所说的最高统帅“对自己的力量病态地估计过高，对敌人的力量有害地估计过低”的情况，他后来谈过这样一桩事情：

有一次，有人把一份非常客观的报告念给他听。报告上说，斯大林于1942年在斯大林格勒以北、伏尔加河以西地区仍能集结100万到125万生力军，在高加索的50万人还不包括在内。这份报告还证实了俄国为前线生产的坦克每月至少达1 200辆。希特勒未等听完，便攥着拳头、嘴角挂着白沫，把念报告的人大骂了一顿，不许他今后再念这种愚蠢的废话。[18]

哈尔德说：“用不着有未卜先知的天才，也能预见到一旦斯大林把这150万大军用于斯大林格勒和顿河侧翼，将会出现怎样的局面。* 我十分清

* 哈尔德曾谈起，大约在这个时候他在乌克兰“十分偶然地”看到一本书，书上写的是俄国内战时期斯大林在顿河河曲与斯大林格勒之间的地区击败邓尼金将军的事情。他说，当年的局面与1942年的局面颇为相似，斯大林“巧妙地”利用了邓尼金在顿河沿岸地区的防御弱点。“‘察里津’城的名字由此改成了‘斯大林格勒’。”

楚地向希特勒指出这一点。但结果却是解除了我陆军参谋总长的职务。”

这事发生于9月24日，早在9月9日，哈尔德听凯特尔说，握有高加索方面军队最高指挥权的利斯特陆军元帅已被革职，他便料到下一个该轮到他下台了。凯特尔还告诉他，元首认为他“在精神上已不能胜任他所担任职务的要求”。关于这个问题，希特勒在哈尔德24日向他辞行时向他做了详细的解释。

“你我的神经都太紧张了。我有一半是为了你的缘故。我看不值得再这
917 样拖下去了。我们现在需要的是民族社会主义的热情，而不是专业的能力。在你这样的旧式军官身上，我是得不到这种热情的。”

哈尔德事后评论道：“这种话简直不像是一个负责的统帅说的，而像是一个政治狂人说的。”[19]

弗朗茨·哈尔德就这样下了台。他并不是没有缺点的。和前任参谋总长贝克将军一样，他的思想常常混乱，缺乏行动的毅力。虽然他有时也反对希特勒的做法，尽管不起作用，但是仍然和第二次世界大战时德国其他的陆军高级将领一样，还是同希特勒合作，并且在一个长时期内助长了他的疯狂侵略和征服。不过他总算还保持着某些文明时代的德性。他是第三帝国陆军的最后一个旧派的参谋总长。* 继他之后任参谋总长的是库尔特·蔡茨勒将军。他比哈尔德年轻，是属于另一类的军官，曾在西线的伦德施泰特手下当过参谋长。陆军参谋总长一职曾有一度，特别在第一次世界大战期间，在德国陆军中职位最高、权力最大。现在库尔特·蔡茨勒在任这个职务时，却比元首的一个听差好不了多少。他一直做到1944年7月发生谋刺希特勒的事件为止。†

---

* 哈尔德的去职不仅对陆军方面，而且对研究第三帝国的历史学家来说也是一个损失，因为他的宝贵的日记到1942年9月24日就终止了。他后来遭到逮捕，与著名的人物许士尼格、沙赫特等一同被关在达豪集中营里。1945年4月28日，他在南蒂罗尔的下多夫为美国军队救出。从那时起至作者写作本书时为止，他与美国陆军合作，从事第二次世界大战军事历史的多项研究工作。前文已说过，他曾慷慨地回答本书作者所提出的问题并提供了一些线索。

† 最高统帅部的作战局局长、忠实而狂热地忠于元首的约德尔将军，这时也失去了希特勒的宠爱。他曾反对撤销利斯特陆军元帅和哈尔德将军的职务。他对这两个人的维护，使希特勒气得有好几个月不愿同约德尔握手，或者同他或其他参谋人员一同进餐。1943年1月底，希特勒正想撤销约德尔的职务，由保卢斯将军接任，但是为时已经太晚。我们下面即将看到，这时保卢斯已不再能为他效劳了。

调换一个参谋总长并不能改变德国陆军的处境。这时兵分两路进攻斯大林格勒和高加索的德军，受到苏军的顽强抵抗，阻滞不前。10月份一个月中，斯大林格勒一直进行着激烈的巷战。德军逐屋战斗，虽获得一些进展，但损失十分惊人。因为正如经历过现代战争的人都知道的，大城市中的断垣残壁，十分有利于顽强而持久的防守。俄国人充分利用这些障碍物，拼命争夺每一寸焦土废墟。尽管哈尔德及其继任者对希特勒做过警告：德国进攻斯大林格勒的部队已疲惫不堪，但是最高统帅仍然硬要他们继续前进。一批又一批新的师投入战斗，但转眼间就在这人间地狱中化为齑粉。

进攻斯大林格勒本来只是达到目的的一个手段，但是现在却成为目的本身了。当德国部队已到达斯大林格勒城郊的南北两面的伏尔加河西岸，切断了伏尔加河的交通时，这个目的实际上已经达到了。但现在对希特勒
来说，能否占领斯大林格勒已成了一个关系到个人威信的问题。有一次，918
蔡茨勒居然鼓足勇气向元首提出一个建议：由于沿顿河一带漫长的北翼战线情况危险，应将第六军团从斯大林格勒撤退到顿河河曲一带。希特勒听

1942年，斯大林格勒战役中的苏军传奇狙击手瓦西里·扎伊采夫（左一）向新兵传达任务。

了勃然大怒，厉声说道：“德国士兵到了哪里，就要守在哪里！”

虽然情况困难，损失惨重，第六军团司令保卢斯将军却于10月25日打电报向希特勒报告：他估计至迟可于11月10日完全占领斯大林格勒。希特勒听到这项保证兴奋极了，第二天便发下命令：第六军团和正在斯大林格勒南面作战的第四装甲军团应准备于斯大林格勒攻陷之后，立即沿伏尔加河向南北两面继续向前挺进。

希特勒并不是不知道顿河侧翼战线所受到的威胁。最高统帅部大事日记的记载表明，这种威胁曾引起过希特勒的相当不安。但是问题在于：他没有充分意识到这种威胁的严重性，结果是没有设法去应付这种威胁。他深信局势已在他掌握之中，于是在10月的最后一天，他和最高统帅部人员及陆军参谋总部撤出了在乌克兰文尼察的大本营，回到拉斯滕堡的“狼穴”。他确实相信，如果苏联果真会发动什么冬季攻势的话，也只能在中路和北路战线发动。那样他在东普鲁士的大本营可以更好地进行指挥。

他一回到拉斯滕堡，坏消息便从另一条战线也是更遥远的战线传来了。隆美尔陆军元帅的非洲军遇到了困难。

第一个打击：阿拉曼之役和英美军队的登陆

8月31日，被交战双方都称之为“沙漠之狐”的隆美尔，在阿拉曼重新发动进攻，企图包围英国第八军团，进逼亚历山大港和尼罗河。从地中海边到盖塔拉低地之间约40英里长的沙漠战线上，在酷热天气中进行了一场恶战。但是隆美尔没有达到目的，9月3日，他中止战斗，转攻为守。在埃及的英军好不容易得到了人员、枪炮、坦克、飞机的有力增援（坦克和飞机主要来自美国）。8月15日，还调来了两位新司令官：一位是脾气古怪却颇有天才的将军伯纳德·劳·蒙哥马利爵士，接任了第八军团司令；另一位是将军哈罗德·亚历山大爵士，后来证明他是一位出色的战略家和有才干的行政官，他担任了中东总司令的职务。

隆美尔在这次挫折后不久，请病假到维也纳南面山区的塞默灵医治鼻
919 疾和肝肿病。10月24日下午，他在那里接到希特勒打来的电话。“隆美尔，非洲的消息很不妙。情况一时好像还弄不清。看来没有人知道施图姆将军

的下落。* 你觉得能回到非洲，重新接管那边的工作吗？”[20]隆美尔病虽未好，却同意立即回到非洲。

蒙哥马利于10月23日晚9点40分发动进攻。10月25日晚，隆美尔回到阿拉曼西面的司令部时，德军已被打败了。第八军团的大炮、坦克和飞机太多了，尽管意、德军战线仍在固守，尽管隆美尔仍在拼命调动他那些备受打击的师，以抵挡来自各方的进攻，或甚至还展开反攻，但是他已意识到形势毫无希望了。他没有人员、坦克、汽油的后备力量。英国皇家空军这时终于完全掌握了制空权，对德军的人员、装甲车辆和剩下来的军需物资进行了无情的轰炸。

11月2日，蒙哥马利的步兵和装甲部队突破了战线的南部，开始压倒守卫这一防线的意大利师。这天晚上，隆美尔向设在2 000英里以外的东普鲁士的希特勒大本营发去一封无线电报，报告说他再也守不住了，打算趁目前为时尚不算晚，向西撤退到40英里之外的富卡阵地。

第二天，当他已开始这样行动时，最高统帅打来了一份很长的无线电报。

> 致隆美尔陆军元帅：
>
> 我与德国人民怀着对你的领导能力和在你领导之下的德意部队的英勇精神的忠实信心，注视着在埃及进行的英勇防御战。在你现在所处的形势下，只有坚守阵地，绝不后退一步，把每一条步枪、每一个士兵投入战斗，舍此别无考虑……你可向你的部下指明，不是胜利就是死亡，别无其他道路。
>
> 阿道夫·希特勒[21]

如果服从这项愚蠢的命令，德意军队将立即遭到歼灭。拜尔莱因将军说，隆美尔接到这项命令时，头一遭在非洲感到不知怎么办才好。经过一番内心斗争，他决定服从最高统帅的决定，而不理会实际指挥德国非洲军

* 隆美尔请假离职时由施图姆代理总司令。英军发动进攻的第一天晚上，一队英国侦察兵差一点俘虏了他。他徒步逃过沙漠，途中心脏病突发，当晚便去世了。

920 的冯·托马将军的反对。托马将军曾经表示，不管怎么样，他也要撤退。[*]隆美尔后来在日记中写道："我终于强迫自己接受这个决定，因为我经常要求部下无条件服从，所以我希望自己也能接受这个原则。"后来，他才明白这是不对的。他后来的日记表明了这一点。

隆美尔一面勉强地下了一道停止退却的命令，一面派专人乘飞机回国向希特勒说明：除非同意他立即撤退，否则全军将要覆没。但是事态的发展已使得这次旅行成为多余的了。11月4日晚，隆美尔冒着因违抗命令而被送上军事法庭的危险，决定保全他的残兵败卒，撤退到富卡。但是能撤出来的也只是装甲部队和摩托化部队的残部。步兵（其中大部分是意大利部队）只得抛在后头听任他们投降，事实上多半已经投降了。[†] 11月5日，元首来了一份简略的回电："我同意将部队撤到富卡阵地。"但是富卡阵地早已被蒙哥马利的坦克越过了。隆美尔率领他的非洲军残部在15天中一气溃退了700英里，一直撤到班加西以西，但是到了那里还是没有驻足喘息的机会。残部中有意大利部队25 000人，德国部队10 000人，60辆坦克。

这是阿道夫·希特勒末日的开始，也是他的敌人迄今为止赢得的最有决定性的一场战役。虽然下面还有一场比这更具有决定性的战役即将在俄国南部冰雪覆盖的草原上开始，但是在它爆发以前，希特勒还将从北非听到更坏的消息，这个消息决定了轴心力量在世界这一地区的命运。

早在11月3日，元首大本营在接到隆美尔惨败的初步报告时，便得悉发现有盟军舰队在直布罗陀集结的消息。最高统帅部中谁也猜不透这批舰队的动向如何。希特勒认为只不过是驶往马耳他的又一批由众多舰只护送的船队而已。这是很有趣味的事情，因为半个多月以前，即10月15日，最高统帅部的参谋人员就曾讨论过几份关于"盎格鲁–撒克逊"即将在西非登陆的报告。情报显然来自罗马。因为在一个星期之前，即10月9日，齐亚诺在与军事情报机关的领导人会谈以后，在日记中就写道："'盎格鲁–撒克

* 第二天即11月4日，冯·托马将军对拜尔莱因说："希特勒的这项命令是空前荒谬的，我再也不能执行这种命令了。"说过这话之后，他穿起一身干净的制服，挂上勋章和军阶领章，站在他那辆正在燃烧着的坦克旁边，直到一队英国军队前来接受他的投降。当天晚上，蒙哥马利在他的司令部餐厅里与托马共进晚餐。

† 阿拉曼一役，隆美尔全军96 000人中，伤亡和被俘者达59 000人，其中德军34 000人。

逊’正准备在北非大举登陆。”这个消息使齐亚诺大为沮丧，他预见到这次登陆将不可避免地导致盟军对意大利本土进行直接的进攻。事实证明这个预见是正确的。

希特勒最初听到这个情报，并没有予以十分重视，因为这时他正为俄国人并未停止他们的拼死抵抗而操心，根本没有心思考虑别的问题。10月15日在最高统帅部的一次会议上，约德尔建议准许维希法国增援北非，以便使法国人能够击退英美的登陆部队。据最高统帅部的大事日记所载，元首没有同意这个建议，认为这可能引起意大利人的不满，意大利人对增强法国力量的任何措施都是嫉妒的。直到11月3日为止，德国最高统帅部中似乎再没有人提起这件事。但是在那一天，尽管在直布罗陀的西班牙一边的德国情报人员已经报告说有大批英美舰队集结，但希特勒由于正在忙着为在阿拉曼的隆美尔打气，对于在他看来只是又一批开往马耳他的护航队的小事并没有关心。 921

11月5日，最高统帅部接到报告：一支英国海军部队正从直布罗陀向东开出。但是一直到11月7日早晨，美英部队在北非开始登陆的12个小时之前，希特勒才对来自直布罗陀的最新情报稍做了考虑。这天上午他在东普鲁士的大本营又接到报告：英国驻在直布罗陀的海军部队正与从大西洋调来的大批运输船只和军舰会合，向东驶往地中海。参谋人员和元首进行了长时间的讨论。这一切意味着什么？这一大批海军舰只的目标何在？希特勒说，他现在倾向于这样的看法，即西方盟国可能试图用四五个师的兵力在的黎波里或班加西做大规模登陆，以便从后方打击隆美尔。最高统帅部的海军联络官特奥多尔·克朗克海军上将宣布说，敌军部队最多不过两师人，就算两师人吧，也必须采取行动对付。希特勒要求地中海方面的空军立即加强力量，但得到的回答却是：“目前”不可能办到。根据最高统帅部大事日记来判断，这天早晨希特勒只办了一件事情，那就是通知西线总司令伦德施泰特准备执行“安东计划”。这个计划是占领法国至今尚未被德国控制的地区的代号。

希特勒没有把这个预兆不妙的消息或隆美尔的困难处境放在心上——如果英美在他的后方登陆的话，隆美尔将成为瓮中之鳖。希特勒也没有把最近从俄国前线传来的一个情报放在心上，这个情报警告说，俄军即将在斯大林格勒的德国第六军团的背后顿河沿岸发动反攻。11月7日午饭以后，希特勒乘车到慕尼黑去了，因为第二天早晨，纳粹党的老党员将要在慕尼黑举行一年一度的庆祝“啤酒馆政变”的纪念集会，希特勒预定要在会上发表演说！*

正如哈尔德所说，在战争期间这一危急的关头，希特勒作为政客的本性压倒了他作为军人的本性。他把在东普鲁士的最高统帅部临时交由一个名叫冯·布特拉–勃兰登菲尔斯的上校负责。最高统帅部的负责军官凯特尔元帅和约德尔将军与希特勒一同去参加啤酒馆庆祝活动了。希特勒曾经坚持要亲自过问在辽阔的战线上的师、团以至营的行动，以指挥战事。但正当希特勒的纳粹大厦开始倾陷的关头，他却为了一桩并不重要的政治事务，
922 到远离战线数千英里的地方做这一次旅行，这种做法实在是奇特和疯狂的行动。希特勒开始变了，他开始腐朽衰退了。正如戈林早已如此一样。戈林的一度强大的空军在日趋衰微，但是他却日益迷恋他的珠宝和玩具火车，根本没有时间来考虑这一场旷日持久、日趋艰苦的战争的种种不愉快的现实问题。

艾森豪威尔将军统率的英美部队于1942年11月8日午夜1点30分在摩洛哥和阿尔及利亚的海滩登陆。凌晨5点30分，里宾特洛甫从慕尼黑打长途电话到罗马，把这个消息告诉了齐亚诺。

> ［齐亚诺在日记中写道］他颇为紧张不安，问我们准备如何应付。说老实话，我冷不防被他的电话叫醒，困得没法给他一个十分满意的回答。

这位意大利外交大臣从德国大使馆打听到，使馆人员都“给这个意外的消息真的吓坏了”。

希特勒从东普鲁士开出的专车直到下午3点40分才抵达慕尼黑。他接

---

* 我从缴获到的希特勒记事日历中获悉，庆祝会已从当初举行政变的老酒馆贝格勃劳凯勒迁移到慕尼黑一家更为富丽堂皇的啤酒馆罗文勃劳凯勒。读者想必记得，1939年11月8日晚上，一颗定时炸弹把贝格勃劳凯勒啤酒馆炸毁了，但恰巧没有炸死元首。

到的关于盟军在西北非洲登陆的最初报告是颇为乐观的。[22]报告说，法军在各地奋勇顽抗，并在阿尔及尔和奥兰击退了试图登陆的敌军。在阿尔及利亚，亲德的达尔朗海军上将得到维希政权的批准，正在组织抵抗。希特勒做出的最初反应是很混乱的。他下令立即加强克里特的守军——克里特离新的战场十分遥远——他解释说，采取这项措施的重要性并不亚于向非洲运送增援部队。他命令秘密警察把魏刚将军和吉罗将军*带到维希那里监视起来。他要求冯·伦德施泰特元帅准备执行“安东计划”，但在他给予新的指示之前，不要越过在法国的分界线。他要求齐亚诺†和现任维希法国总理皮埃尔·赖伐尔第二天来慕尼黑见他。

希特勒在这24小时之中一直沉湎于这种想法：力求与法国结成联盟，使它参加对英美的战争，同时在眼前，尽力加强贝当政府反对盟军在北非登陆的决心。11月8日星期日早晨，贝当与美国断绝了外交关系；这位高龄的法国元帅还对美国代办发表声明，表示法国部队将抵抗英美的入侵。 923
贝当的这些行动，大概助长了希特勒的上述想法。最高统帅部在那个星期日的大事日记强调说，希特勒一心想达成“与法国的全面合作”。这天晚上，德国驻维希代表克鲁格·冯·尼达向贝当提出一项建议，要求德法结成紧密的联盟。[23]

但是第二天，元首在向老党员做了讲话（他在这次讲话中宣称斯大林格勒“牢牢掌握在德国手中”）以后，又改变了主意。他告诉齐亚诺，他毫不幻想法国会有什么作战的愿望，他已决定“全面占领法国，登陆科西嘉岛，在突尼斯建立一个桥头堡”。这一决定在赖伐尔乘汽车于11月10日抵达慕尼黑后就通知了他，虽然没有告诉他执行的时间。这个法国卖国贼连忙答应说服贝当接受元首的要求，但建议德国方面可先按计划行事，无须等待那位衰老昏聩的元帅的同意。这当然正中希特勒的下怀。齐亚诺在日记中对这个在战后以叛国罪被处决的维希总理有一段描写。

---

* 这时吉罗将军正到达阿尔及尔。他曾被关在德国战俘营里，后来逃出，定居于法国南方。11月5日，他由一艘英国潜艇带到直布罗陀，赶在英美军队登陆北非前不久与艾森豪威尔举行了会谈。

† 齐亚诺在11月9日的日记中写道：“夜间，里宾特洛甫打电话来，要墨索里尼或我尽速去慕尼黑。赖伐尔也要到那儿去。我叫醒墨索里尼，他不怎么想走，特别是因为他身体不大舒服，这才决定由我去的。”

赖伐尔打着白领结，穿着法国农村中产阶级服装，在大厅中许许多多身着制服的人中间特别显眼。他极力用亲切的语调谈他这次旅行的情况，说他在车上睡了很久。但没有人理睬他这些话。希特勒对他保持了冷淡的有礼态度……

这个可怜虫想也没有想到德国人将把怎样的既成事实摆到他的面前。当赖伐尔在隔壁房间里抽着香烟和各式各样的人交谈时，德国方面正在发出占领法国的命令——关于即将采取的行动，一句话也没有对他讲。冯·里宾特洛甫告诉我，要到第二天早晨8点钟才会这样通知赖伐尔：由于夜间接到的情报，希特勒迫不得已着手全部占领法国。[24]

希特勒完全违反停战协定占领法国非占领区的命令，是在11月10日晚8点半钟发下的，于第二天早晨执行。除了贝当表示无效的抗议以外，未发生任何事件。意大利人占领了科西嘉岛。在艾森豪威尔的部队来得及赶到之前，德国飞机开始空运部队，占领法属突尼斯。

这种希特勒式的欺骗行为还有一桩，而且是更典型的一桩。11月13日，元首向贝当保证，德国和意大利都不会占领土伦的海军基地。停战以后，法国舰队便被冻结在那里。11月25日，最高统帅部的大事日记记载

924 说，希特勒已经决定尽速执行“利拉计划”，* 这是占领土伦并夺取法国舰队的代号。27日早晨，德军进攻土伦军港，但法国水兵进行了抵抗，使得舰上人员能够按照德·拉波德海军上将的命令把这些舰只凿沉。法国的舰队因此没有落到在地中海迫切需要它的轴心国手中。但盟国也没有得到这批舰队，它们对盟国来说也是极有价值的。

---

* 这里必须公平地指出，希特勒十分怀疑法国舰队可能驶往阿尔及利亚参加盟军，这也不是没有道理的。虽然达尔朗海军上将叛国投敌，并且极端仇恨英国，但艾森豪威尔在他到阿尔及尔探望生病的儿子的时候，迫使他担任北非法军总司令。这不仅是因为达尔朗是唯一能够促使法国陆海军停止抵抗英美登陆的法国军官；而且还因为希望他能够使突尼斯驻军司令阻止德国在那里登陆，并劝诱停泊在土伦的法国舰队冲到北非来。尽管达尔朗做了努力，艾森豪威尔的希望却并未能实现。达尔朗曾命令德·拉波德海军上将把舰队从土伦开到北非来，但得到的答复却是很说明问题——尽管粗俗不堪——的一句话：“放屁！”（见《贝当审判录》[*Procesdu M. Petain*]）

阿拉曼战役中的蒙哥马利。

希特勒赶在艾森豪威尔之前拿下了突尼斯，但这却是一个值得怀疑的胜利。在他的坚持之下，为了守住这个桥头堡，共投入了约25万德国和意大利军队。如果在几个月前，元首把这批部队和坦克的五分之一用于增援隆美尔，这头“沙漠之狐”现在很可能已越过尼罗河，英美在西北非的登陆就不可能发生，地中海也不会无可挽回地落到盟国手中，从而使轴心国的腹部还能得到保护。但如今的事实却是：希特勒在这年冬天迫不及待地送到突尼斯来的每一个士兵、每一辆坦克、每一门大炮以及北洲军的残部，到春末就要完全损失，德国部队被押进战俘营的人数，比在斯大林格勒被俘的还要多。* 现在我们必须回过头来谈谈斯大林格勒战役了。

---

* 据艾森豪威尔将军说，轴心国部队被俘人数总共为24万人，其中德军12.5万人，余为意大利部队。这还只是从1943年5月5日到12日战役最后一周中投降的人数（见《欧洲十字军》[*Crusade in Europe*]，第156页）。

在斯大林格勒的惨败

11月19日黎明，俄国军队在大风雪中向顿河展开了猛烈反攻。几小时以后，消息传到贝希特斯加登，这时希特勒和最高统帅部的主要将领们正在阿尔卑斯山上的胜地流连忘返。最高统帅部虽然也曾料到苏军可能在顿河地区发动进攻，但并不认为有什么了不起，非得要希特勒于11月8日晚在慕尼黑向他的老党员同志发表了他的著名的啤酒馆演说之后，同他的主要军事顾问凯特尔和约德尔赶回东普鲁士大本营不可。因此，他们仍然在上萨尔茨山享受山间的清新空气。

留在拉斯滕堡的新任陆军参谋总长蔡茨勒将军打来的加急电话突然打
925 断了他们的宁静生活。蔡茨勒得到了最高统帅部的大事日记中所称的“紧急消息”。进攻开始的最初几小时中，占压倒优势的一支俄国装甲部队，在斯大林格勒西北的顿河沿岸，在绥拉菲莫维奇和克列茨卡亚之间，全面突破罗马尼亚第三军团的阵线。在被围城市斯大林格勒的南面，另一支强大的苏联部队正在猛攻德国第四装甲军团和罗马尼亚第四军团，眼看就要突破他们的阵线了。

只要看一看地图，便可明显看出俄国的目标所在。蔡茨勒对此更是一清二楚，因为他从陆军情报部门获悉，敌人为了达到这个目标，在斯大林格勒南面集中了13个军团，几千辆坦克。俄国人显然正以大量兵力从南北两面夹击，企图切断斯大林格勒德军的退路，逼迫德国第六军团不是仓皇向西退却，就是束手就擒。蔡茨勒后来争辩说，他一看到这种形势，便建议希特勒同意第六军团从斯大林格勒撤退到顿河河曲一带，恢复被突破了的阵线。这么一个建议竟惹得元首大发了一顿脾气。

“我绝不离开伏尔加！我绝不从伏尔加后退！”他大声叫喊。事情就这样定了。他一时发疯做出的这个决定，很快就带来了灾难。他亲自下令第六军团坚守斯大林格勒周围阵地。[25]

希特勒及其随行人员于11月22日回到大本营，这天已是苏军发动进攻的第四天，前方传来的消息很坏。南北两面的苏军已在斯大林格勒西面40英里顿河河曲上的卡拉赫会师。当晚，第六军团司令保卢斯将军发来一份无线电报，证实他的部队已被包围。希特勒立即回电，指示保卢斯把他的司令部迁入城内，布置困守，部队解围前的给养将由空运解决。

但是这话等于白说。现在在斯大林格勒被切断了退路的德军共达20个师，还有罗马尼亚的两个师。按照保卢斯来电要求，每天空运的军需物资至少要750吨。德国空军缺少足够的运输机，远不能满足这种要求。即使有足够的运输机，在这样风雪交加的天气中，在苏联战斗机已占空中优势的地区，也并不是全都能完成任务的。虽然如此，戈林仍对希特勒保证，空军可以担负这项工作。可是始终没有开始这样做。

为第六军团解围是比空投更为切实可行和有希望的办法。11月25日，希特勒把最有天才的战地指挥官冯·曼施坦因元帅从列宁格勒前线调回来，委派他担任新建的顿河集团军司令。他的任务是从斯大林格勒西南向前推进，为第六军团解围。

但是元首现在对这位新任司令官的要求简直是办不到的。曼施坦因竭
力向他解释，唯一的成功机会在于第六军团从斯大林格勒向西突围，另一 926
方面曼施坦因自己的部队以第四装甲军团为前锋，向东北进攻，夹击处于这两支德军之间的俄军。但是希特勒仍然不同意从伏尔加撤退。第六军团必须留在斯大林格勒，而曼施坦因必须杀开一条血路，打到斯大林格勒。

正如曼施坦因跟最高统帅争辩时所说，这种做法是行不通的。俄国人的力量太强了。尽管如此，曼施坦因还是不得不怀着沉重的心情，于12月12日发动了进攻。这次进攻称作“冬风计划”，倒是名副其实，因为这时俄国的严冬的寒风已猛袭南部草原，积雪成堆，气温降到零下。反攻起初颇为得手。霍特将军所率的第四装甲军团，沿科切耳尼科夫斯基到斯大林格勒的铁路线两旁，向东北推进到离斯大林格勒约有75英里的地方。到12月19日，该军离斯大林格勒南郊已不到40英里。21日，离城已不到30英里。夜晚时分，被围的第六军团部队已能看到在大雪覆盖的草原的那一边来救他们的援兵所发的信号弹了。

据德国将领们后来所作的证词，第六军团这时如果从斯大林格勒向第四装甲军团的前进阵地突围，可以说肯定会获得成功。可是希特勒又一次禁止第六军团突围。12月21日，由于蔡茨勒的坚持，领袖总算同意保卢斯的部队突围，但以他们也能同时守住斯大林格勒**为条件**。参谋总长说，这

种愚蠢的想法差不多把他气疯了。

“第二天晚上，”蔡茨勒后来说，“我请求希特勒批准突围。我指出，这肯定是我们解救保卢斯20万大军的最后机会了。”

> 希特勒一点也不肯让步。我把我们这个所谓堡垒的内部情况告诉他。士兵们饥饿沮丧，对最高统帅部失去信心，伤员得不到适当照顾而奄奄一息，还有成千人在冻死。但这也没有效果。对我所说的这些话，同对我过去所提的其他论点一样，他仍然无动于衷。

霍特将军在正面和两翼遭到俄国人日益坚强的抵抗，再也无力越过这最后的30英里，打到斯大林格勒。他认为，如果第六军团突围，他还是能够同它会师，然后两支部队便可以一起撤退到科切耳尼科夫斯基。这至少能挽救20万德军的生命。* 这在一两天内——12月21日至23日——进行，
927 也许能获得成功，但如果再晚的话，便无济于事了。因为红军这时已在更北面的地方开始进攻，威胁着曼施坦因的整个顿河集团军的左翼，这是霍特所不知道的。12月22日夜间，曼施坦因打电话给霍特，要他准备按照即将颁发的完全不同的新命令行事。第二天，新命令发下来了。命令要求霍特应立即停止向斯大林格勒推进，派遣他所率的三个装甲师中的一个师到北面的顿河前线，他自己则率其余部队就地死守。

为斯大林格勒解围的努力失败了。

曼施坦因之所以给霍特发来这项新命令，是因为他在12月17日得到一个紧急的消息。这天早晨，一支苏联军队在顿河上游地区的博古恰尔突破了意大利第八军团的防线，入夜，已打开一道27英里宽的缺口。三天以后，缺口扩大到90英里，意大利部队仓皇溃逃。南边的罗马尼亚第三军团，在11月19日苏军发动攻势的第一天就已挨了严重的打击，现在正在瓦

---

* 冯·曼施坦因陆军元帅在他的战后回忆录中写道，12月19日，他违背希特勒的命令，确曾指令第六军团开始从斯大林格勒向西南突围，与第四装甲军团会师。他现在已把这个指令的全文公之于世。但是指令中有些保留。当时仍然在希特勒的不得突围的命令支配之下的保卢斯，看到这样的指令，一定被弄得不知所从。曼施坦因说：“这是我们解救第六军团的唯一机会。”（曼施坦因：《失去的胜利》[*Lost Victories*]，第336—341，562—563页）

解。因此无怪乎曼施坦因必须调出霍特的一部分装甲部队来协助堵住这个缺口。于是一连串的连锁反应发生了。

不仅顿河方面的部队向后撤退，已经进到离斯大林格勒这样近的霍特的部队也后撤了。这些撤退又转过来使高加索方面的德军受到威胁。一旦俄国人打到亚速海附近的罗斯托夫，高加索方面的德军就将被切断。圣诞节后一两天，蔡茨勒向希特勒指出："如果你再不下令立即撤出高加索，我们就要碰到第二个斯大林格勒了。"最高统帅这才勉强于12月29日给克莱斯特的A集团军下了必要的指示。A集团军系由第一装甲军团和第十七军团组成，它们没有完成夺取盛产石油的格罗兹尼油田的任务。现在这支部队也在目标在望时开始大踏步后撤了。

德军在俄国受到的挫折和德意军队在北非受到的挫折，促使墨索里尼转起念头来。希特勒曾经邀请他于12月中旬到萨尔茨堡会谈。当时墨索里尼正患胃病，饮食受到严格限制。他接受了邀请，但对齐亚诺说，要去的话得有一个条件，即让他单独进餐，"因为他不愿意让一帮狼吞虎咽的德国人看到他不得不只吃大米和牛奶"。

墨索里尼认为，现在已经到了这样的时候：可以劝说希特勒为了避免在东线继续受到损失，与斯大林达成某种妥协，集中轴心国的力量用于防卫北非残余地区、巴尔干和西欧。他对齐亚诺说："1943年将是英美做出努力的一年。"希特勒由于离不开东线的大本营，不能同墨索里尼会晤，因此齐亚诺便代表墨索里尼经过长途跋涉，于12月18日到达拉斯滕堡，把墨索里尼的建议转达给希特勒。希特勒对这些建议嗤之以鼻。他向意大利外交
大臣保证，他可以向北非派出增援部队而毫不削弱俄国前线的力量，他说 928
北非是一定要守住的。尽管希特勒做出这些信心十足的保证，齐亚诺却发现德国大本营中的士气十分低沉。

> 气氛是沉重的。除了消息不妙，也许还要加上潮湿不堪的森林中的凄凉景象和集体住在兵营中的沉闷生活……俄国前线被突破的消息给人们带来满腹忧愁，谁也不想对我隐瞒这种情绪。有人公然企图把失败归罪于我们。

这时，顿河一带的意大利第八军团残部正在四散逃命。齐亚诺的一个随员向最高统帅部一名军官问道，意大利部队是否遭到了重大损失。回答是："根本没有损失，他们都拔腿溜了。"[26]

高加索和顿河地区的德国部队，如果不说是在拔腿溜的话，也可以说是在尽快脱身以免被切断。1943年新年以后，他们天天后撤，越撤离斯大林格勒越远。现在是俄军消灭斯大林格勒的德军的时候了。但是他们首先给了第六军团已处绝境的士兵一个保全生命的机会。

1943年1月8日早晨，三名红军青年军官带着一面白旗，进入斯大林格勒北部的德军防线，把苏军顿河前线司令罗科索夫斯基将军的一份最后通牒送交保卢斯将军。最后通牒提醒保卢斯，他的部队已被切断，解围无望，空中接济也不能保持了，然后说道：

> 你军已陷入绝境。你们饥寒交迫、疾病丛生，俄罗斯的寒冬还只刚刚开始。严霜、寒流、暴风雪还在后头。你的士兵缺少冬衣，卫生条件又差到极点……你们的处境已一无希望，继续抵抗下去实在毫无意义。
>
> 有鉴于此，并为了避免无谓的流血牺牲，兹建议你们接受下列投降条件……

这些条件是体面的。所有被俘人员一概发给"通常标准的口粮"。伤病员和冻伤人员将得到医治。所有被俘人员可以保留他们的军阶领章、勋章和个人财物。通牒要求保卢斯于24小时之内答复。

他立即将最后通牒的全文以电报发给希特勒，并要求准予便宜行事。最高统帅立即驳回了他的请求。要求投降的期满之后，又过了24小时，即1月10日早晨，俄国以5 000门大炮狂轰猛炸，展开了斯大林格勒战役的最后阶段。

929 这一仗打得激烈而残酷。在瓦砾成堆、遍地冰冻的城内废墟上，双方都以令人难以置信的英勇，不顾一切地进行战斗。但是战斗并没有持续多久。六天之中，德军的袋形阵地已缩小了一半，只剩下15英里长、9英里宽的一块地方。1月24日，阵地又给一劈为二，最后一条小型的临时跑道也失去了。过去，飞机还运来些供应品（特别是治疗伤病员的药品），并运走了29 000名伤病员，现在再也不能降落了。

俄国方面又给了他们这些勇敢的敌人一次投降的机会。1月24日，苏联的使者带着一份新的建议来到德军阵地。保卢斯又一次感到左右为难：是向疯狂的元首尽服从的天则，还是尽责挽救残部使之免于灭亡，实在拿不定主意。他又向希特勒请示。

> ［他于24日去电］部队弹尽粮绝……已无法进行有效的指挥……伤员18 000人，无衣无食也无药品绷带……继续抵抗下去已无意义。崩溃在所难免。部队请求立即允予投降，以挽救残部生命。

希特勒的答复至今还保存着。

> 不许投降。第六军团必须死守阵地，直至最后一兵一卒一枪一弹。他们的英勇坚持对建立一条防线和拯救西方世界将是永志难忘的贡献。

西方世界！不久以前，第六军团的官兵刚刚在法国和弗拉芒对这个世界动过干戈。这对他们来说，真是哑巴吃黄连。

继续抵抗不仅无意义、无用处，而且是办不到的事。1943年1月底，这场史诗性的战役已近尾声，像一支点完了的蜡烛，就要噼啪几声油干火灭了。1月28日，这一支曾经显赫一时的军队的残兵余卒被分割在三小块袋形阵地之中，保卢斯将军的司令部在南面的一块，设在当初生意鼎盛、如今已成一片废墟的“万有”百货公司的地下室里。据一个目击者说，总司令坐在黑暗角落里的行军床上，样子万分颓丧。

向他们祝贺的无线电报开始如雪片涌来，保卢斯和他的部下根本没有心情欣赏这些。戈林曾在阳光充足的意大利消磨了大半个冬天，手上摆弄着珠宝，身上穿着皮大衣，到处大摇大摆。现在，在1月28日，他也打了一个电报来：

> 第六军团的英勇奋战将名垂青史，后世子孙将会骄傲地谈起朗厄马克战役的大胆、阿尔卡萨尔战役的顽强、纳尔维克战役的勇敢和斯
> 930 大林格勒战役的自我牺牲精神。

1943年1月30日是纳粹党执政十周年，当晚，这位脑满肠肥的帝国元帅在无线电里大吹大擂。第六军团的将士们在这最后的一晚听了，也丝毫不感到欢欣鼓舞。

> 千年之后，德国人将怀着敬畏的心情谈起这次战役［斯大林格勒战役］。他们将会记得，德国之所以取得最后胜利虽有种种原因，但是起决定性作用的是这一仗……将来人们将会这样谈起伏尔加河上的英雄战役：你们到德国来的时候，别忘了说一声，你们已经看到我们长眠在斯大林格勒，为了德国的更大光荣，我们的荣誉和我们的领袖们要求我们必须这样做。

第六军团的光荣和可怕的痛苦现在都快要结束了。1月30日，保卢斯电告希特勒："最后崩溃不出24小时之内。"

最高统帅得到这个信息，赶忙对斯大林格勒的那些死在眼前的军官们封官晋爵，显然希望这种恩典能加强他们光荣殉职的决心。希特勒对约德尔说，"在德军历史上，从来没有一个陆军元帅是被生俘的"，随即给保卢斯发去一份电报，授予他令人羡慕的元帅节杖。117名军官也各升一级。这真是骷髅卖俏的把戏。

结局本身已经没有什么精彩场面了。1月31日晚，保卢斯向总部发出最后一封电报。

> 第六军团忠实于自己的誓言并认识到自己所负的极为重大的使命，为了元首和祖国，已坚守自己的岗位，打到最后一兵一卒、一枪一弹。

晚上7点45分，第六军团司令部的发报员自己决定发出了最后一封电报："俄国人已到了我们地下室的门口。他们正在捣毁器材。"最后写上

"CL"——这是国际无线电码，表示"本台停止发报"。

在第六军团司令部并没有发生最后一分钟的战斗。保卢斯和他的参谋部并没有坚持到最后的一兵一卒。总司令的地下室的黑黝黝的洞口，有一名俄国下级军官率领一班士兵来探头伸脑窥看。俄国人叫里面的人投降，第六军团的参谋长施密特将军接受了要求。保卢斯瘫软无力地坐在行军床上。施密特问他："请问陆军元帅，还有什么话要说吗？"——保卢斯连吭一声的力气都没有了。

北面的一个德军袋形阵地中是两个装甲师和四个步兵师的全部残兵余卒，坚守在一座拖拉机工厂的废墟中。2月1日夜间，部队接到希特勒总部发来的一封电报。

> 德国人民期望你们与守卫南面堡垒的部队一样，履行你们的职责，你们继续多坚持一天、多坚持一小时，都有利于建立一条新的战线。 931

2月2日快到中午时分，这支部队投降了。投降之前给最高统帅发去一封电报："……已对占压倒优势的敌人战到最后一人。德国万岁！"

冰雪满地、血肉模糊的屠场似的战地，终于沉寂下来了。2月2日下午2点46分，一架德国侦察机在城市高空飞过，发回电报说："斯大林格勒已无战斗迹象。"

这时，91 000名德军（其中包括24名将军），正在冰雪途中一步一拐地走向寒冷凄凉的西伯利亚战俘营。这批战俘都饥肠辘辘，身患冻伤，大部分还负了弹伤，人人迷茫颓丧。他们抓紧了裹在头上的满是血污的毛毯，以抵御零下30摄氏度的严寒。两个月以前，这一支远征部队共有285 000人，现在除了20 000名左右罗马尼亚士兵和29 000名伤员已空运回国外，残存的就尽在于此了。其余人员已全部战死。而在这年冬天正向战俘营做艰苦行军的这91 000人中，也只有5 000人有幸能回到祖国。[*]

这时，希特勒在东普鲁士的暖气烧得热乎乎的大本营里，正在责骂进

---

* 根据波恩政府1958年发表的数字。许多战俘由于次年春天伤寒流行而病死。

投降后的弗里德里希·保卢斯、阿图尔·施密特和威廉·亚当（从左到右）。

攻斯大林格勒的将领们不懂得如何和何时杀身成仁。其实，该对这次巨大灾难负责的正是希特勒自己的固执和愚蠢。

2月1日，希特勒和他的将领们在最高统帅部举行会议。会议的记录尚在，它有助于我们了解这个德国独裁者在他一生中的最困难时刻，也是他的军队和国家的最困难时刻，所显示出来的性格。

> 他们已经在那儿投降了——正正式式、完完全全地投降了。他们本来应该团结一致，负隅顽抗，然后用最后一粒子弹自尽……那个人［保卢斯］应该举枪自戕，正像历来的司令官眼看大局已去便拔剑自刎一样……甚至瓦鲁斯[*]还对他的奴隶下命令说：“现在杀死我吧！”

希特勒越说越对保卢斯的贪生怕死感到恨之入骨。

> 你们应该想象得到：他将被带到莫斯科——还可以想象到那里的陷阱。在那里，任何文件他都会签字。你们看吧，他会写自白书，发表声明。他们将从精神堕落的斜坡上一步步往下走，直到深渊的最底层……你们看吧，不出一个星期，赛德利茨、施密特甚至保卢斯就要上电台广
> 播[†]……他们将被送到留布兰卡，在那里将被老鼠啃掉。一个人怎会这样 932
> 贪生怕死？我实在弄不明白……
>
> 生命是什么？生命就是民族。个人总是要死的。在个人生命之外，还有民族。任何人如果不是因为他的职责使他还离不开这个痛苦的现世，他怎么能害怕使自己从苦难中解脱出来的这一死亡的瞬间？不能！
>
> ……许多人已不得不牺牲自己的生命，而现在却有这样一个人，在最后时刻玷污了许许多多人的英名。他本该以一死而摆脱一切痛苦，升入永

---

* 瓦鲁斯是罗马帝国奥古斯都王朝的将军，负责指挥驻日耳曼的罗马军队。公元9年，日耳曼的凯鲁斯奇人部落爆发起义，瓦鲁斯率兵征讨，在条顿堡森林中了埋伏，部队全部被歼，瓦鲁斯自杀。——译者

† 希特勒这个预言说中了，只是时间上有些出入。次年7月，保卢斯和赛德利茨做了所谓“自由德国全国委员会”的领导人，果然在莫斯科电台发表广播讲话，呼吁德国陆军除掉希特勒。

生不朽和民族长存的天国，但他却偏爱去莫斯科！……

就我个人而言，使我最伤心的是，竟然提拔他这样的人当陆军元帅。我本来是想以此满足他最后的欲望的。在这次战争中，我将不再任命陆军元帅了。小鸡还没孵出来，就不该先数有多少个。[27]

希特勒和蔡茨勒将军接着就如何向德国人民公布投降消息的问题简单地交换了意见。2月3日，即保卢斯等投降后的第三天，最高统帅部发布了一项特别公报：

斯大林格勒战役已经结束。第六军团在保卢斯陆军元帅的卓越领导下，忠实地履行了他们打到最后一息的誓言，为优势的敌人和不利于我军的条件所压倒。

德国广播电台在宣读这项公报时，先放送低沉的鼓声，宣读之后放送了贝多芬第五交响乐的第二乐章。希特勒宣布全国志哀四天。四天之内各地剧院、电影院和一切娱乐场所停止营业。

德国历史学家瓦尔特·戈利茨在他所写的关于参谋总部的一本历史书中认为，斯大林格勒战役“是第二个耶拿*，肯定是德国军队所曾遭到的最大的一次失败”。[28]

还不仅如此。斯大林格勒战役与阿拉曼战役、英美在北非登陆合在一起，标志着第二次世界大战到了伟大的转折点。纳粹德国的征服达到高潮时，曾席卷大半个欧洲，打到离亚洲不远的伏尔加河，在非洲也几乎打到尼罗河，现在退潮已经开始，而且一退就再也不能回涨了。纳粹进行大规模闪电攻势，以成千上万的坦克和飞机打得敌人胆战心惊、溃不成军的时刻，现在也已告终了。当然，德军在局部地区还会做拼死的进攻，例如1943年春在哈尔科夫、1944年圣诞节前后在阿登。但这些进攻也只是以后两年，也是最后两年的战争中德军拼命进行的防御战的一

* 1806年拿破仑在耶拿战役中打败过普鲁士军队。——译者

部分。希特勒手中已失去了主动权，而且一失而不能再得了。现在他的敌人已夺走了主动权，而且紧紧地掌握住了主动权。这种主动权不只是在 933
地面，而且还在空中。1942年5月30日晚间，英国第一次以1 000架飞机轰炸科隆，随后又在这多事的夏天对其他城市进行了更多的同样规模的轰炸。德国的平民也开始和在斯大林格勒、阿拉曼的德国士兵一样，尝到了战争的恐怖。而在此以前，只有他们的军队把这种恐怖加在别国人民的头上。

纳粹的可怕的大迷梦，终于在冰天雪地的斯大林格勒，在酷热如焚的北非沙漠破灭了。保卢斯和隆美尔的失败不仅决定了第三帝国的灭亡命运，而且决定了希特勒和他的党卫军刽子手们一直忙于在占领区内建立的荒诞不经、令人毛骨悚然的所谓新秩序的灭亡命运。在本书最后一章写到第三帝国覆亡之前，我们最好先来看看这种新秩序——它的理论和它的野蛮的实践——是什么样子，看看欧洲这个古老而文明的大陆在像做了一场噩梦一般经历了新秩序的初步恐怖之后，好容易逃脱幸免的究竟是什么。不论对本书来说也好，对亲身经历过这种新秩序的或者在新秩序结束之前已遭屠杀的
善良的欧洲人来说也好，这都是第三帝国全部历史中最黑暗的一章。 934

注 释

1.《主要战犯的审讯》，第20卷，第625页。

2. 哈塞尔：《冯·哈塞尔日记》，第208页。

3. 同上，第209页。

4. 施拉布伦多夫：《他们几乎杀死了希特勒》，第36页。

5. 哈塞尔：《冯·哈塞尔日记》，第243页。

6. 1940年1—2月间起草的第一个草案全文，见哈塞尔：《冯·哈塞尔日记》，第368—372页；第二个草案，1941年底定稿，见惠勒-本内特：《权力的报应》，附录A，第705—715页。

7. 哈塞尔：《冯·哈塞尔日记》，第247—248页。

8. 同上，第247页。

9.《德军在俄国的战役——计划和行动，1940—1942年》（华盛顿陆军部出版，1955年），第120页。这项研究工作主要依靠缴获的德国陆军记录和专题论文，它们是由德国将领为美国陆军历史科提供的。这些文件到作者写本书时尚未为美国历史学者普遍利用。但是我必须指出，在我准备写本章及以后几章时，美国陆军部军事历史处处长办公室对于我阅读德国文件材料提供了很大的帮助。

10.《主要战犯的审讯》，第7卷，第260页（保卢斯在纽伦堡的证词）。希特勒的话是在

1942年6月1日，即进攻开始前不到一个月时讲的。

11.《齐亚诺日记》，第442—443页。

12. 同上，第478—479页。

13. 同上，第403—404页。

14.《海军事务元首会议记录》，1942年，第47页（6月15日在伯格霍夫的一次会议）。另见第42页。

15. 哈尔德：《统帅希特勒》，第50—51页。

16.《海军事务元首会议记录》，1942年，第53页（8月16日在希特勒大本营的一次会议）。

17. 哈尔德：《统帅希特勒》，第50页。

18. 同上，第52页。

19. 这里所引用的希特勒和哈尔德的话载哈尔德的日记和书，另引自海因茨·施罗特：《斯大林格勒》，第53页。

20. 拜尔莱因将军引自隆美尔的文件，见《致命的决定》，弗赖丁和理查逊编辑，第110页。

21. 拜尔莱因引用了这项命令，同上，第120页。

22. 本章所述希特勒的最高统帅部会议的这个文件及其他许多文件的来源是出自所谓最高统帅部日记，在1943年春天以前是由赫尔穆特·格雷纳博士记的，从那以后直到战争结束系由波西·恩斯特·施拉姆博士记的。日记原稿已于1945年5月初在约德尔的副手温特将军的命令下销毁了。战后，格雷纳把他保存的那一部分札记和草稿重新整理出来，最后交给在华盛顿的陆军部的军事历史处。这个材料有一部分已刊载在格雷纳的《武装部队的最高领导，1939—1943》一书中。

23.《贝当审讯录》（巴黎，1945版），第202页——赖伐尔的证词。

24.《齐亚诺日记》，第541—542页。

25. 这一节材料引自弗赖丁所编的《致命的决定》一书刊载的蔡茨勒将军关于斯大林格勒的文章。其他来源有：最高统帅部作战日志（见注22）、哈尔德的书和海因茨·施罗特的《斯大林格勒》。施罗特是德国第六军团随军记者，有机会看到最高统帅部关于各项军事命令、作战指令的记录，用无线电打字电报机发出的电报、附有记号的地图以及在斯大林格勒的许多人员的私人文件。他在第六军团投降前脱身出来，被指派撰写第六军团在斯大林格勒时的官方历史书，所根据的材料是最高统帅部当时所拥有的文件，戈培尔博士禁止出版这本书。施罗特在战后找回了他的原稿，继续研究这次战役，重写了这本书。

26.《齐亚诺日记》，第556页。墨索里尼的建议载第555—556页，同时在德国方面，最高统帅部12月19日的作战日志也予以证实。

27. 费利克斯·吉尔伯特：《希特勒指挥他的战争》，第17—22页。这本书是根据希特勒在最高统帅部召开的军事会议的速记记录编成的。不幸的是，这些记录只找到很零碎的一部分。

28. 戈利茨：《德军总参谋部》，第431页。